노무현과 함께한 1000일

지은이 이정우

1950년 대구에서 나고 자랐다. 1972년 서울대학교 경제학과를 졸업한 뒤 대학원을 졸업했으며, 1983년 하버드대학교에서 경제학 박사 학위를 받았다. 1977년부터 경북대학교에서 38년간 불평등의 경제학, 비교경제론, 경제민주주의 등을 강의했다. 2003년부터 2005년까지 참여정부 초대 대통령 정책실장, 대통령 정책기획위원장 겸 정책특보를 역임하면서 참여정부의 경제, 사회 정책의 기초를 놓았다. 그 뒤 한국장학재단 이사장을 지냈고 지금은 경북대학교 명예교수로 있다.

대표 저서로《불평등의 경제학》《약자를 위한 경제학》《왜 우리는 불평등한가》가 있으며, 공저로는 《노무현이 꿈꾼 나라》《헨리 조지와 지대개혁》《어떤 복지국가인가?》《불평등 한국, 복지국가를 꿈 꾸다》《비정상 경제회담》《경국제민의 길》등 50여 권이 있다.

노무현과 함께한 1000일

ⓒ 이정우, 2024

초판 1쇄 발행 2024년 5월 20일 | **초판 4쇄 발행** 2024년 6월 10일

지은이 이정우
펴낸이 이상훈
인문사회팀 최진우 김지하
마케팅 김한성 조재성 박신영 김효진 김애린 오민정

펴낸곳 ㈜한겨레엔 www.hanibook.co.kr
등록 2006년 1월 4일 제313-2006-00003호
주소 서울시 마포구 창전로 70(신수동) 화수목빌딩 5층
전화 02-6383-1602~3
팩스 02-6383-1610
대표메일 book@hanien.co.kr
ISBN 979-11-7213-056-5 03300

노무현과 함께한 1000일

초대 정책실장 이정우가 기록한
참여정부의 결정적 순간들

이정우 지음

노무현 시대의 징비록, 참여정부 천일야화

참여정부는 2003년 2월 25일 출범하여 5년간 노무현 대통령이 이끈 정부다. 이 시기는 북핵 위기, 카드 대란, 화물연대 파업, 은행 파업, 철도 파업, 전교조의 대정부 투쟁, 스크린 쿼터를 둘러싼 영화계 갈등, 심각한 경기 불황, 부동산 폭등 등 엄청난 내우외환에 시달린 시기였다. 게다가 근소한 표차로 당선된 노무현 대통령에 대해 상대방 진영에서는 도무지 대통령으로 인정하지 않으려는 거부감이 팽배해 있었다. 선거 상대방이었던 이회창 후보와 비교하면 상고 출신으로 변방의 변호사였던 노무현 당선자는 여러모로 대비되는 존재였다. 보수 언론도 참여정부를 연일 맹공격했다. 해묵은 색깔 공세에다가 대통령의 말실수까지 더해져 언론은 연일 호재를 만난 양 참여정부를 폭격했다. 5년간 하루도 조용히 지나가는 날이 없었다고 해도 과언이 아니다. 매일 시끄럽고 살얼음판을 걷는 형국이었다.

세월이 꽤 흐른 지금은 참여정부에 대한 평가가 눈에 띄게 달라졌다. 누구도 노무현이라는 대통령에 대해 더 이상 시비를 걸지 않고, 심지어 보수 진영에서도 노무현을 인정 내지는 존경하는 분위기가 완연하다. 이와 같은 평가의 반전이 일어난 까닭은 무엇일까? 참여정부 이후의 여러 정권에 대한 국민적 실망의 반사 이익일 가능성도 있다. 그리고 시간이 지남에 따라 과거의 오해와 불신이 저절로 희석되고, 노무현이라는 정치인의 진정성을 국민 다수가 이해하게 된 것도 작용했을 것이다. 그리하여 지금 노무현은 역대 대통령 중 박정희를 제치고 우뚝 정점에 서 있다.

20년 전 당시의 언론, 정계, 학계의 참여정부 평가와 현재의 평가는 상전벽해와 같은 차이를 보이는데 과연 어느 것이 옳은가. 과거의 평가는 아마 상당 부분 감정적, 관성적 음해, 비방이 많아서 객관성을 갖기 어렵다고 한다면 현재의 호의적 평가는 그 이후 정부들의 실정에 힘입은 반사 이익 효과가 일부 있으므로 이 역시 완전한 객관성을 갖고 있다고 보기 어렵다. 진실은 아마 양극단의 중간쯤 어딘가에 있을 것이다. 우리는 감정적, 맹목적 비난도 자제해야 하지만 동시에 무비판적, 추종적 상찬도 경계해야 한다. 오직 객관적 눈으로 과거에 있었던 일을 냉철하게 평가하고 반성할 필요가 있다.

마침 2023년 2월 25일은 참여정부 출범 20주년이 되는 날이었다. 10년이면 강산도 변한다는 세월이 두 번이나 흘렀으니 이제는 참여정부를 객관적, 역사적으로 평가할 수 있는 시점에 도달했다고 볼 수 있지 않을까. 나는 경북대 교수로 재직하던 중 역사의 수레바퀴 속에서 뜻하지 않게 노무현 대통령 인수위 경제1분과 간사를 맡아 두 달간 일했고, 그 뒤 더욱 뜻밖으로 참여정부의 초대 대통령 정책실장이라는 중책을 맡았다. 이제 21년이 흘러 참여정부를 평가할 때가 되었으므로 그때 있었던 일을 가감 없이 기록하여 역사에 남겨야 할 책무를 느낀다.

대통령 정책실장은 원래 없던 직책으로 노무현 대통령의 의지에 따라 신설된 자리다. 그 뒤 정부가 여러 번 바뀌면서 이 자리는 유지되기도 하고(이명박, 문재인 정부) 없어지기도 했다(박근혜, 윤석열 정부). 정책실장이라는 자리는 정부 부처 중 외교, 국방, 통일을 제외한 모든 부처의 모든 정책을 총괄, 조정하는 일에다가 덧붙여 대통령 국정과제라고 하는 장기적 정책 과제의 추진을 담당하는 엄청나게 중요한 자리다. 나는 그 일을 하는 동안 너무 힘들어 어느 신문과의 인터뷰에서 "정책실장이라는 자리는 육체적으로 철인鐵人을 요구하고, 정신적으로 만능, 무소부지의 철인哲人을 요구한다. 도저히 인간이 맡을 수 없는 자리"라고 말한 적이 있다. 실제로 그런 생각이 들었다.

참여정부 때 있었던 일에 대해서는 이미 여러 사람이 이런저런 형태로 기록을 남기고 있다. 그러나 가장 아쉬운 점은 노무현 대통령의 부재다. 대통령이 살아 계시면 가장 확실한 회고록을 남길 수 있었을 것이다. 그러나 불행히도 대통령 부재라는 상황에서 누군가가 그 공백을 메울 수밖에 없다. 당시 각료나 청와대 참모들에게 주어진 숙제다. 나는 정책실장으로서 1년, 그리고 그 뒤 대통령 정책특보 겸 정책기획위원장으로서 1년 반, 도합 2년 반(약 1000일) 동안 정책의 최일선에서 일한 경험을 되살려 당시의 상황을 상세히 서술하려 한다. 그리하여 먼 훗날 역사에 참여정부가 정확하고 객관적으로 자리매김하는 데 일조하고자 한다.

역사에 남을 만한 회고록이나 일기로는 임진왜란 때 나왔던 이순신의 《난중일기》, 유성룡의 《징비록》, 그리고 6·25 동란 때 나온 김성칠의 《역사 앞에서》 등이 있다. 미국에서 요직을 맡았던 사람이 쓴 회고록 중 대표적인 것은 헨리 키신저의 회고록 《백악관의 나날들The White

House Years》, 그리고 빌 클린턴 대통령 밑에서 노동부 장관을 지낸 로버트 라이히가 쓴《캐비닛에 갇혀서Locked in the Cabinet》('캐비닛'에는 장롱과 내각이라는 두 가지 뜻이 있다)가 있다. 이 두 사람은 하버드대학교 교수 출신이라는 공통점이 있다. 이 중에서 이순신, 김성칠, 라이히의 회고록은 일기 방식이고 유성룡, 키신저는 주제 중심이다. 이들 회고록의 고전을 참고하면서 '현대판 징비록' 비슷한 회고록을 쓰는 것이 나의 목표다.

회고록의 내용은 2002년 8월 노무현과의 첫 만남부터 시작해 대략 1000일 동안 벌어진 일을 날짜순으로 기술하되(그래서《한겨레》연재 당시 제목이 〈참여정부 천일야화〉였다), 그중 중요한 정책적 의미가 있는 주제에 대해서는 따로 중점적으로 서술할 계획이다.

말하자면 사건과 정책의 조합으로 이루어지는 것이다. 그리하여 중요 정책의 생성 과정을 생생히 기술함과 동시에 하루하루 일상적으로 일어났던 숨은 이야기나 재미있는 에피소드를 소개한다는 장점이 있을 것이다. 정책에 관심을 가질 학자, 관료, 전문가들과 흥미로운 뒷이야기에 관심을 가질 일반 독자들의 수요를 함께 충족하는 것이 이 회고록의 목표다.

참여정부에서 일하는 동안 보수 언론, 학자, 정치인들의 공격은 당연히 각오한 것이므로 견딜 만했다. 가장 견디기 어려운 것은 우군으로 여겼던 진보 언론, 학자들로부터의 비난이었다. 앞에서 오는 화살보다 등 뒤에서 오는 화살이 더 깊이 박혔다. '참여정부는 비전이 없다, 개혁 후퇴다, 왼쪽 깜빡이 넣고 우회전한다' 이런 비난은 참으로 감내하기 어려웠다. 이제 21년 만에 그때 그 순간을 되돌아보니 악몽이 되살아난다. 당시는 문자 그대로 사면초가요, 고립무원이었다. 그러나 아주 소수이지만 참여정부의 입장을 이해하고 글과 말로 응원을 보내 준 몇몇 학자와 기자들에 대해서는 마음속 깊이 고마움을 느낀다. 다음에 들어설 진보 정부는 참여정부의 시행착오를 거울삼아 부디 성공하기를 바란다.

끝으로 이 책을 출판하기까지 온 힘을 다해 준 한겨레출판의 최진우 팀장과 직원들에게 감사드린다. 그리고 책 집필에 많은 조언을 해 주고 오래 기다려 준 우리 가족에게도 고마움을 전한다. 티 없이 자라고 있는 어린 손자가 장차 살아갈 세상은 불합리하고 억울한 일이 없는, 정의가 승리하는 세상이 되기를 바라는 마음으로 이 책을 독자들 앞에 내놓는다.

2024년 4월, 유채꽃 피는 봄날에
이정우 씀

차 례

2장 ◦ 천하대란의 시대

3장 ◦ 개혁 또 개혁

4장 ❧ 참여정부의 공과

5장 ┊ 못다 한 이야기들

1장

참여정부의 탄생

1. 노무현과의
첫 만남

○
●

2023년 2월 25일은 참여정부 출범 20주년이 되는 날이다. 10년이면 강산도 변한다는데 세월이 꽤 흐른 셈이다. 박학다식한 후배 김기원 교수(방송통신대 경제학과)는 나를 볼 때마다 참여정부 회고록을 쓰라고 권했다. 언젠가는 미국 클린턴 대통령 밑에서 노동부 장관을 지낸 로버트 라이히 교수(하버드대학교)의 회고록 《캐비닛에 갇혀서》를 선물로 주기도 했다. 그런 회고록을 쓰라는 압박이었다. 나는 회고록의 필요성에 동의하면서도 아직은 때가 아니라고 도망다녔다. 그랬던 김기원 선생이 몇 년 전 불귀의 객이 되고 말았다.

또 인수위와 참여정부에서 동지로 함께 일했던 학구파 후배 정태인 선생도 2022년 10월에 유명을 달리하고 말았다. 진보 진영에서 김기원, 정태인은 자타가 공인하는 브레인이었고, 둘 다 욕심이라곤 없는 이 시대 보기 드문 양심가였다. 나는 이들 후배를 자주 만나 의논하면서 많은 걸 배웠고 마음속으로 크게 의지하곤 했다. 이들이 차례로 일찍 세상을 떠나고 나니 마음 한구석이 뻥 뚫린 듯하고, 무엇보다 믿고

대통령 집무실에서. 자료 출처: 노무현재단

의논할 상대가 사라짐에 허전하고 외로운 심정을 가누기 어렵다.

　이들보다 먼저 노무현 대통령이 돌연 세상을 떠났다. 2009년 5월 23일 아침, 그날의 충격을 어찌 잊으랴. 노무현 대통령은 솔직하고 욕심이 없었다. 대통령의 인기 따위에는 아예 관심이 없었고, 오직 나라와 국민이 잘되기만을 바랐다. 또 외부에 알려진 좌충우돌 이미지와 달리 실제로는 매사에 최선을 다하는 학구파 대통령이었다. 당시 여론은 노무현 대통령과 참여정부에 싸늘했지만 시간이 지나면서 조금씩 평가가 달라지고 있다. 언젠가는 참여정부와 노무현 대통령에 대한 정확한 역사적 평가가 내려질 것이다. 노무현 대통령의 부재로 인해 누군가가 대신 그때 기록을 남겨야 한다.

나라도 가서 돕지요

노무현, 김기원, 정태인, 세 사람은 나의 인생에 큰 영향을 주었다. 노무현 대통령 덕분에 나는 엄청난 중책을 맡아 일하면서 모르던 세상일을 많이 배웠다. 김기원, 정태인은 비록 후배지만 배울 게 많은 그야말로 후생가외後生可畏였다. 나는 참여정부 회고록 쓰는 일을 이제는 해야겠다고 결심했다. 21년 전 본의 아니게 역사의 소용돌이 한복판에 들어가 역사의 현장을 목격한 사람으로서 정확한 기록을 남길 의무감을 느꼈다. 긴 세월이 흘렀고, 내 글이 나가면 상처를 받을 사람도 있겠지만 어쩌랴. 역사를 기록하는 일은 누군가 해야 하는 너무나 중요한 일이 아닌가. 사적인 이해관계, 호불호를 훌쩍 초월하는 일이다.

내가 읽은 역사적 기록 중에는 이순신의《난중일기》, 유성룡의《징비록》, 김성칠의《역사 앞에서》가 있다. 셋 다 전쟁이라는 난리 통 속에서 남긴 희귀한 일기 또는 회고록으로 우리에게 큰 감동을 준다. 참여정부 때도 하루하루가 살얼음판을 걷는 형국이었고 난리 통이었다. 나는 정말 우연하게도 참여정부의 인수위부터 시작해 초대 대통령 정책실장, 그리고 마지막에는 대통령 정책특보 겸 정책기획위원장을 맡아 1000일 가까이 대통령 바로 옆에서 정책적으로 보좌했던 남다른 경험을 했으므로 그때 일을 가감 없이 후세에 남길 의무를 느낀다.

노 대통령은 늘 기록의 중요성을 강조했다. 참여정부 출범 후 6개월이 지났을 때 대통령은 나에게 중요한 건 기록해 두라고 권했다. 나는 천성이 게을러 평생 일기라는 걸 써 본 적이 없다. 그러나 참여정부 인수위에 발탁되는 순간 이런 중요한 역사적 장면은 기록해 둘 필요가 있겠다는 생각이 들어 일기를 쓰기 시작했다. 아무리 피곤해도 꼭 일

이정우 교수가 참여정부 인수위 때부터 청와대를 나올 때까지 기록한 10권의 일기장. 자료 출처: 이정우

기를 써 놓고 잠자리에 들었다. 그 일기가 이 회고록의 바탕이다. 그러지 않았다면 대개 다 잊었을 것이다. 20년 만에 일기를 꺼내 먼지를 털고 읽어 보니 '아, 이런 일이 있었나' 놀라기도 한다. 기록의 중요성을 실감한다.

노무현 대통령과의 첫 만남부터 이야기해야겠다. 2002년 제16대 대통령 선거가 한창일 때 나는 김대중 정부의 정책기획위원회 50명 위원 중 한 명이었다. 역시 위원이었던 고려대 행정학과 윤성식 교수와 2002년 8월 초에 만나 대화를 하고 있었다. 윤 선생은 노무현 후보를 돕고 있는데, 돕겠다고 캠프에 왔던 교수들이 썰물처럼 빠져나간다고 개탄하는 게 아닌가. 그때는 노무현 후보의 지지율이 10%대, 이회창 후보의 지지율은 40%대로 상대가 안 될 때였다. 그 이야기를 듣고 내가 불쑥 말했다. "아니, 교수들이 도우려고 왔으면 끝까지 도와야지. 지지율 낮다고 도망가는 그런 의리 없는 사람들이 어디 있어요. 나도 사

노무현과 함께한 1000일

실 노무현 좋아하는데."

그러자 윤 선생이 반색을 하며 좀 도와달라고 했다. 그래서 나는 이렇게 대답했다. "사람들이 도망가고 있다면 나라도 가서 돕지요."

어무이 말이 맞았심더

며칠 뒤 정세균 의원한테서 전화가 왔다. 얼마 뒤 '노무현 후보 공약 점검회의'가 있으니 참석해 달라고. 그래서 2002년 8월 중순, 서울 여의도 산은캐피탈 건물에서 열린 회의에서 노무현 후보를 처음 만났다. 이 회의에는 인하대 경제학과의 김대환 교수, KDI(한국개발연구원) 유종일 박사를 포함해 10여 명이 참석했다. 첫 만남에서 나는 약간의 정책적 건의를 하면서 내 딴에는 그것보다 더 중요한 걸 건의했는데, 그건 제발 말을 줄이라는 충고였다. 회의를 마치고 대구로 내려가면서 생각해 보니 초면에 내가 실례를 했구나 싶었다. 그래도 다시 만날 일은 없을 것이고 그건 중요한 일이니 말하길 잘했다고 스스로 정당화했다. 그러고는 노 후보가 기분이 상해 다시는 연락이 오지 않겠지 했는데 웬걸, 며칠 뒤 다시 연락이 오기를 8월 말일에 후보와 조찬 모임을 갖자는 게 아닌가. 참석자는 김대환 교수와 나 둘뿐이라고 했다. 그래서 '아, 노무현이라는 정치인은 옹졸하지 않구나' 하는 생각이 들었다.

8월 말일, 그날은 내 생일이었다. 아침 일찍 여의도에 있는 맨하탄호텔(지금은 켄싱턴호텔) 일식당에 갔다. 김대환 교수와 나, 그리고 노 후보와 여러 명의 젊은 보좌관이 함께 아침밥을 먹었다. 밥을 먹으며 김대환 선생과 나는 몇 가지 정책 건의를 했는데 좌중의 분위기가 착 가라

앉아 있었다. 보좌관들의 어깨가 축 처져 있고 정책이니 공약이니 하는 게 귀에 들어오지 않는 것 같았다. 지지율이 워낙 낮아서 그런 것 같았다. 그래서 내가 화제를 바꾸어 이런 이야기를 했다.

"우리 어머니가 1년 전 2001년 9월에 돌아가셨습니다. 돌아가시기 한 달 전, 어머니는 사경을 헤매고 있던 어느 날 여론조사 기관의 전화를 받아 이런 대화를 주고받았다고 합니다. 귀하가 지지하는 정당은? 민주당. 제일 좋아하는 정치인은? 노무현. 내년 연말 대선에서 누가 당선될 거라고 생각합니까? 노무현."

대구에 사는 80대 할머니가 이런 대답을 하니 전화를 건 상담원이 놀라는 눈치였다고 한다. 그날 저녁 집에 모인 우리 형제들은 이 이야기를 듣고 어머니를 놀렸다. "아이고, 어무이도 참, 노무현이 훌륭하지만 대통령 될라마 아직 멀었심더."

노무현 대통령과 함께 차를 마시며 담소를 나누는 모습. 자료 출처: 이정우

이런 이야기를 하자 노무현 후보가 말했다. "아, 좀 더 오래 사셨더라면 좋았을 텐데 안타깝습니다." 그러고는 다음 일정이 있어 후보 일행은 먼저 자리를 떴다. 보는 눈도 있고 하니 우리 둘은 5분만 있다가 나가는 게 좋겠다고 하면서. 그래서 둘이서 식당 안에서 잠시 기다리고 있었다. 그런데 복도를 나가던 노 후보가 갑자기 발길을 돌려 다시 식당 안으로 뚜벅뚜벅 되돌아오는 게 아닌가. 무슨 일인가 의아해하는 나에게 노무현 후보가 싱긋 웃으며 악수를 청했다. "어쩐지 내가 대통령이 될 것 같은 기분이 듭니다."

그로부터 넉 달 뒤, 나는 '노무현 대통령 당선'이라는 대문짝만 한 제목이 1면 톱에 실린 《한겨레》를 들고 어머니 산소에 올랐다. 산소에 엎드려 나는 이렇게 말했다. "어무이 말이 맞았심더."

2. 노무현 당선은
민주 세력의 첫 승리

○
●

제16대 대통령으로 노무현 후보가 당선된 것은 역사적 대사건이었다. 나는 사전 투표를 해 놓고 선거 날인 2002년 12월 19일에는 일본 교토에 가 있었다. 교토대학교와 경북대학교의 경제학부가 오래전부터 해 오던 공동 세미나 참석차 교토대에 간 것이다. 하루 종일 논문 발표와 토론을 마치고 양국 교수들이 식당으로 옮겨 갔을 때 마침 저녁 6시 TV 뉴스가 나왔다. 첫 뉴스로 출구 조사에 기초해 노무현 당선을 예측하는 자막이 크게 떴다. 순간 교토대 교수들은 일제히 박수를 치며 환영했다. 교토대 경제학부는 일본 진보 경제학의 메카답게 이회창보다는 노무현을 좋아하는 분위기가 역력했다.

나는 노무현 후보를 2002년 8월에 두 번, 그리고 9월에 한 번, 도합 세 차례 만났고 그 뒤로는 만난 적이 없다. 왜냐하면 나는 당시 한국경제학회 창립 50주년 기념 학술 대회에 논문을 발표해 달라는 의뢰를 받아 일생일대의 논문을 쓰는 데 매달려 있었기 때문이다. 그해 12월

노무현과 함께한 1000일

초에 열린 학술 대회에서 내가 논문을 발표할 때 청중석 맨 앞자리에는 한국경제학회 초대 회장을 지냈던, 말로만 듣던 연세대학교 최호진 교수가 노구를 이끌고 참석해 경청하고 있었다. 나는 이 논문을 쓰느라 바빠 노무현 후보를 도우려야 도울 수 없는 형편이었다. 가끔 공약으로 쓸 만한 좋은 아이디어가 떠오르면 당시 노무현 캠프에서 일하던 조재희 박사에게 전화나 이메일로 전달하는 정도였다.

그런데 선거 전날 밤, 일본 교토의 호텔로 조재희 박사의 다급한 국제 전화가 왔다. 조금 전 정몽준이 배신해서 난리가 났다는 것이다. 이 일을 어떡하나. 선거에 이기긴 어렵겠구나 싶었다. 걱정이 되어 잠이 오지 않았다. 그런데 다음 날 오후 6시 첫 뉴스에 노무현 당선 예상으로 뜨니 그 기쁨은 더욱 컸고 감개무량하기 그지없었다.

2002년 12월 19일 당선을 축하하는 꽃다발을 들어 보이며 환하게 웃고 있는 노무현 대통령 부부. 민주당 의원들과 당직자들이 환호하고 있다. 자료 출처: 노무현재단

정몽준의 배신과 전화위복

당시 선거 본부를 지휘했던 정대철 고문에게 나중에 들은 그날의 비화는 이러하다. 선거 전날 밤 정몽준이 변심한 뒤 노무현 캠프에서는 정몽준을 만나려고 백방으로 노력했지만 허사였다. 선거 본부는 초상집 분위기가 됐다. '내일 선거는 보나 마나 졌구나' 하는 분위기였으리라. 정대철 고문이 노무현 후보의 손목을 잡아끌다시피 해서 정몽준 집으로 갔다고 한다. 그런데 자동차가 이화여대 앞에 이르자 노 후보가 갑자기 안 가겠다고 우겼다. 안 가겠다는 후보를 계속 설득해서 억지로 정몽준 집까지 가긴 갔다. 모두가 잠든 한밤중 정몽준 집 앞에서 노 후보가 문전박대당하는 한 장의 사진은 사람들의 뇌리에 깊이 각인됐고 아마 다음 날 선거에 영향을 미쳤을 것이다.

돌이켜 보면 정몽준의 배신은 노무현에게 오히려 전화위복이 되었을 가능성이 크다. 인간만사는 새옹지마라는 말이 떠오른다. 막판 돌발 변수 없이 선거를 치렀더라면 결과가 어떻게 되었을는지 모르겠다. 믿었던 동지의 배신이라니, 그것도 선거 전날 밤에. 이런 충격이 젊은이들을 대거 투표장으로 나오게 했다. 우리나라 사람들은 너나 할 것 없이 의리를 중시하고 배신자를 싫어한다. 신숙주가 성삼문을 배신한 것은 아니고 원래 수양대군과 가까운 사이였고 그래서 출세했는데도 불구하고 많은 사람이 신숙주를 배신자라고 욕한다. 심지어 이광수는 소설 《단종애사》에서 병을 앓다가 죽은 신숙주의 부인이 남편의 배신을 질타하면서 자살했다는, 없는 이야기를 지어냈다. 정몽준의 변심은 그날 홧김에 한 우발적 행동인지 아니면 고도의 작전인지는 아직 밝혀지지 않고 있지만(나는 후자라고 본다) 어쨌든 결과는 일반적 기대와 정반대로 가 버렸다. 유달리 배신을 싫어하고 의리를 중시하는 우리 민족의 심성을 무시한 데서 온 실패가 아니었을까. 어쨌든 사필귀정事必歸正이다.

노무현의 승리는 여러모로 의미가 크다. 해방 후 민주 세력이 선거를 통해 이긴 최초의 선거였다. 물론 5년 전 김대중의 승리가 있었지만 그것은 김종필과의 연대, 즉 'DJP 연합'이라는 고육지책을 써서 얻은 승리였고 그래서 당선 뒤에도 계속 진보, 보수 연합 정권으로서의 한계에 직면했다. 내가 국민의정부에서 대통령 자문 정책기획위원을 맡고 있었는데, 거기에 들어간 이유는 이렇다. 당시 정책기획위원장을 맡고 있던 서울대학교 한상진 교수로부터 정책기획위원회에 들어와 같이 일하자는 제의를 받고 처음에는 거절했다. 그러나 다음 날 마음을 바꾸어 위원직을 수락했는데 그 이유는 오직 하나, 김대중 대통령이 약속했던 박정희기념관 건립을 막아 보겠다는 일념 때문이었다.

나는 김대중 대통령이 박정희기념관을 건립하겠다는 공약을 내놓았을 때 이건 아니다 싶어 대구, 경북 교수들의 반대 성명을 주도해 300명이 넘는 교수의 서명을 받아 발표하기도 했다. 그래도 효과가 없었다. 그런데 내가 대통령 자문위원회에 들어가면 대통령을 만날 기회가 올 것이고, 박정희기념관을 지어서는 안 되는 이유를 조목조목 설명할 기회가 오지 않을까 하는 일말의 희망, 그것 때문에 나는 정책기획위원회에 들어갔다. 그러나 그 뒤 대통령과 만나 식사할 기회가 세 차례 있었지만 발언할 기회는 찾아오지 않았다. 그리고 나중에서야 안 사실이지만 박정희기념관은 DJP 연합 때 김종필이 요구한 하나의 조건이었다고 하니 내가 혹시 김대중 대통령에게 건립 반대 의견을 냈더라도 아무 소용이 없었을 것이다.

너에게 묻는다

2002년 선거에서 노무현 승리는 특별한 의미를 갖는다. 이것은 해방 후 선거 역사에서 민주 진보 세력의 첫 승리다. 그것도 보수와의 연합이 아닌 자력으로 이뤄 낸 승리다. 이 얼마나 감격스런 일인가. 이런 선거 혁명이 있기까지는 물론 노무현이라는 걸출한, 지금까지 흔히 보던 정치인과 사뭇 다른 정치인이 있었다. 3당 합당 때 홀로 일어나 "이의 있습니다"라고 외치던 패기, 떨어질 줄 뻔히 알면서도 지역주의 타파를 위해 출마하고 떨어지고를 반복했던 용기, 그런 것이 많은 국민에게 감명을 주었다. 그렇고 그런, 늘 보던 약삭빠른 정치인과는 다른 새로운 인간형이 출현한 것이다. 이 사람이라면 뭔가 다르지 않을까 하는 희망을 노무현에게 걸었던 수많은 민초가 있었다. 썩어 빠진 정치판을 한번 바꿔 보자는 민초들의 염원이 결집된 것이 2002년 대선이었다.

내가 나중에 우연히 듣고 깜짝 놀란 이야기가 하나 있다. 그날 2002년 12월 19일 대선에서 노무현 후보에게 한 표를 찍기 위해 유럽에서 한국까지 비행기를 타고 온 유권자가 있었다. 한국의 어느 저명한 가톨릭 주교의 여동생이 유럽에서 수녀로 활동하고 있었는데, 노무현에게 한 표를 보태기 위해 그 먼 길을 비행기를 타고 귀국했다는 것이다. 지금은 재외국민이 투표에 참가할 수 있지만 그때는 그런 제도가 없었다. 물론 한 표로 승부가 바뀔 일은 없다. 그런데도 한 표를 찍기 위해 10시간 넘게 비행기를 타고 온 수녀를 생각하면 나는 도대체 그렇게 치열하게 살았던 적이 한 번이라도 있었나 하는 자괴감이 든다. "연탄재 함부로 발로 차지 마라. 너는 누구에게 한번이라도 뜨거운 사람이었느냐?"라는 안도현의 시 〈너에게 묻는다〉가 생각난다.

변화를 바라는 수많은 민초의 염원, 이것이 뭉쳐 2002년 우리나라 최초의 선거 혁명이 일어났다고 생각한다. 해방 후 반세기 만에 기적이 일어난 것이다. 1950년대에는 이승만 독재에 항거한 진보당 조봉암 후보가 선전했으나 상상을 초월하는 부정 투개표에 선거를 도둑맞았고 그 뒤 억울하게 사형까지 당했다. 1960년대에는 제법 박빙의 선거가 있었지만 졌고, 유신 독재 이후에는 선거 자체가 무의미했다. 1980년대 전두환과 노태우의 승리, 그리고 호랑이를 잡기 위해 호랑이 굴에 들어간다고 했던 김영삼의 승리가 있었다. 그리고 DJP 연합이라는 절반의 승리에 이어 노무현의 승리는 민주 세력 최초의 자력 승리였다. 오래 억압받던 민중의 승리이자 역사의 진보다. 노무현 정부는 중요한 역사적 시험대에 올랐다.

3. 지방 중시,
학자 중심의 인수위

○
●

        대선이 끝나자 여러 신문에서 제16대 대통령직 인수위원 예상 명단을 내기 시작했다. 그중에는 내 이름이 나오는 신문도 있었다. 실제 나는 한국경제학회 50주년 기념 논문 쓰기에 쫓겨 선거 캠프에는 간 적도 없고 후보를 만난 것도 딱 세 번뿐이었는데, 내 이름이 난다는 것은 뜻밖이었다. 그래도 만사불여튼튼, 캠프에서 일하던 조재희 박사에게 전화해 혹여 인수위에 내 이름이 들어가는 일이 없도록 하라고 단단히 일러두었다. 그런데 12월 26일, 아침 일찍 친구가 건 전화벨 소리에 잠을 깼다. 《중앙일보》 1면에 인수위 명단이 보도됐는데 내 이름이 경제1분과 간사로 났다는 것이다. 깜짝 놀라 급히 조재희 박사에게 전화해 이름을 빼 달라고 했지만 지금은 도저히 안 된다고 했다.

        인수위원장 임채정 의원에게 전화를 걸어 인수위원직을 고사했다. 그러나 임 위원장도 지금은 사퇴가 불가하다고 했다. 그래서 2개월 인수위가 끝난 뒤에는 반드시 대학으로 돌아가겠다는 약속을 두 번 세

번 다짐받고 인수위원직을 수락했다. 공무원 친구들 몇 명에게서 축하 전화가 왔다. 조금 뒤 두 군데 신문(《한겨레》,《중앙일보》)과 간단한 전화 인터뷰를 했다. 이튿날까지 집 전화통에 불이 났다. 집과 연구실 전화 는 아예 안 받았다. 조교 말에 따르면 학과 사무실에 온 전화만 해도 수 십 통이라고 했다. 염량세태炎涼世態란 말을 실감했다.

학자 군주 노무현

12월 28일(토) 12시, 국회 귀빈 식당에서 인수위 상견례가 있었다. 위 원장은 임채정 의원, 부위원장은 김진표 국무조정실장, 간사 6명(정무 김병준, 외교통일안보 윤영관, 경제1 이정우, 경제2 김대환, 사회문화여성 권기홍, 기획조정 이병완)과 이종오 국민참여본부장을 비롯해 총 25명으로 구성 된 대통령직 인수위원회가 출범했다. 경제1분과는 재경부, 기획예산 처, 공정거래위, 금융감독위, 국세청 등을 담당하며 위원은 나 이외에 허성관 교수(동아대학교), 이동걸 박사(금융연구원), 정태인 선생이었다. 이날 인수위원 25명의 휴대폰 번호가 적힌 비상 연락망을 한 장씩 나 눠 주는데 내 이름만 공란이었다. 나는 그때까지 휴대폰이 없었기 때 문이다. "어제 급히 휴대폰을 샀으니 번호를 좀 받아 적어 주세요" 하니 모두들 웃었다. 휴대폰 없이 시골 선비로서 유유자적하던 좋은 세상은 끝나 버렸다. 아, 지난날이여, 안녕.

노무현 인수위는 온통 학자로 채워졌다. 게다가 지방대 교수가 많이 발탁된 특징이 있었다. 우리나라에만 있는 희한한 말인 '지방대학'(선 진국 명문대학은 대부분 지방에 있다)은 은근히 업신여기는 뉘앙스를 풍긴다. 잘못된 풍조다. 그런 의미에서 노무현 인수위는 지방을 중시하는 당선자의 철학을 보여 준 통쾌한 인선이었다. 국민의정부 인수위는 대부분 정치인으로 구성됐고 하는 일도 주로 인사 문제에 집중했다고 한다. 김영삼 정부 출범 때 장관 인선에 참여했던 어느 선배한테서 들은 바로는 호텔방에 소수가 모여 하루 이틀 만에 전광석화처럼 해치웠다고 한다. 그에 반해 노무현 인수위는 장관 인선에 최초로 국민 참여방식을 도입했고, 투명하고 합리적인 인선이 되도록 노력했다.

노무현 인수위는 학자 중심으로 짜였고 하는 일도 5년간 주요 국정 업무의 큰 방향을 잡아 보고서를 쓰는 일이었다. 이것은 '학자 군주 노무현(노 대통령 서거 후 내가 붙인 이름)'다운 방식이었다. 노무현 캠프에서 일했던 학자가 25명 정도라고 하던데, 인수위 25명과 숫자가 비슷했다. 이회창 후보를 도왔던 학자들이 500명이라는 소문이 돌았다. 그들은 대선 직전 서울의 '하림각'이라는 큰 식당에서 단합 대회를 열어 필승을 다졌다고 한다. 그 많은 사람이 이 후보와 1 대 1로, 즉 500장의 사진을 찍었다고 한다. 25 대 500의 싸움에서 노무현이 이겼으니 다윗이 골리앗을 이긴 셈이다.

12월 30일(월) 외교통상부에 설치된 인수위로 첫 출근을 하려고 임시 거처인 분당에서 새벽 6시 20분에 나섰다. 사방이 캄캄한데 중천에 눈썹달과 별 하나가 유난히 밝게 빛나고 있었다. 분당에서 광화문으로 가는 길은 승용차와 버스로 가득 차 꼼짝달싹 못 하고 빨간 후미등 행렬만 끝없이 보였다. 심한 교통 체증 탓에 첫 모임에 5분 지각하고 말았다. 인수위 현판식을 한 뒤 인수위 역할에 관한 설명을 들었다. 할 일은 주로 세 가지라고 한다. 첫째는 정책 비전 제시, 둘째는 중요한 현안 과제 처리, 셋째는 인사 자료 축적. 하나같이 중요한 일이다.

12월 31일(화) 인수위 업무 방향을 잡는 회의를 했다. 매일 8시 30분에 간사 회의를 열고, 매주 화요일 10시에는 당선자가 주재하는 인수위 전체 회의를 열기로 했다. 재경부에서 여직원 1명과 기사 1명, 차량 1대를 보내 주어 큰 도움이 됐다. 인수위 취재 경쟁이 뜨거웠다. 100명이 넘는 기자가 안테나를 쫑긋 세우고 치열한 취재 경쟁에 돌입했다. 기자들은 인수위원 말 한 마디라도 따내려고 질문 공세를 퍼부었다. 말 한 마디만 삐끗해도 지뢰가 터지는 난리 통이 두 달간 이어졌다. 인수위가 위치한 외교통상부 건물은 한마디로 전쟁터였다.

2002년 12월 30일 대통령직 인수위원회 현판식에 참석한 노무현 대통령 당선자. 왼쪽부터 이병완 기획조정분과 간사, 이종오 국민참여센터 본부장, 이은영 정무분과 간사, 이낙연 대변인, 노무현 대통령 당선인, 임채정 인수위원회 위원장, 김진표 부위원장, 권기홍 사회문화여성분과 간사, 김병준 정무분과 간사. 자료 출처: 노무현재단

5년을 같이 가자

인수위를 둘러싸고 좌충우돌, 소란이 있었다. 환경운동가 김은경 전문위원(문재인 정부 때 환경부 장관)이 '경인운하 백지화' 발언을 해서 파문이 일었다. 2003년 1월 9일 노동부 업무보고에서 박태주 전문위원이 보고 내용에 격분해 퇴장하면서 보고서를 쓰레기통에 던지는 일이 일어났다. 바로 다음 날 《뉴욕타임스》 돈 커크Don Kirk 기자가 전경련 김석중 상무의 말을 인용한 기사에 '새 정부의 목표는 사회주의Their goal is socialist'라는 표현이 있어 한동안 시끄러웠다. 인수위가 전경련에 해명을 요구했다. 김 상무는 그런 말을 한 적이 없다고 잡아뗐다. 김각중 회장은 사과 공문을 인수위원장에게 보냈고, 인수위는 그걸 수용하고 더 이상 문제 삼지 않기로 했다. 손병두 부회장은 "전경련은 항상 여당에 협조한다"며 사태 수습에 나섰다.

1월 10일 금요일 저녁에 당선자와 인수위 간사단의 첫 회식이 광화문 부근 모 식당에서 있었다. 가는 날이 장날이라고 마침 이 식당이 누전으로 정전이 되는 바람에 급히 비상 전등을 동원했다. 칠흑 같은 어둠 속에 조명등 몇 개가 눈부시게 비치는, 마치 영화 촬영장 같은 분위기 속에서 식사를 했다. 경호원들은 무척 긴장했으리라. 이 자리에서 당선자는 개혁과 노사정 문제를 조각 그림 맞추기에 비유하며 설명했다. 나는 과거처럼 개혁이 용두사미가 되지 않도록 개혁점검위원회 같은 게 있으면 좋겠다고 건의했다. 당선자는 앞으로 장관은 5년을 같이 가겠다고(다만 좋은 사람일 때) 말했다. 다음 날 인수위 전체 조회 겸 임명장 수여식에서 당선자는 "생색내는 사람보다 각자 자기 분야에서 묵묵히 일해 신망을 얻는 사람을 중용하겠다. 그리고 인수위에 나온 공무원들은 나중에 각 부처에 돌아가 개혁 전도사가 되어 달라"고 연설했다.

나는 장관들과 5년을 함께 가겠다는 당선자의 말에 크게 고무됐다. 왜냐하면 우리나라 장관의 임기가 과거에는 2년 정도 됐으나 점차 짧아져 평균 1년 정도로 떨어졌기 때문이다. 미국 장관들은 기본적으로 대통령과 임기를 같이하는데 우리나라는 단명 장관이 너무 많다. 국정 위기가 올 때마다 장관을 희생양 삼는 경우가 많아서다. 그래서 장관 목숨이 파리 목숨이다. 새로 온 장관이 업무를 파악하는 데 1년이 걸린다는데 업무 좀 알 만하면 나간다는 뜻이다. 이런 비효율, 불합리가 어디 있을까. 그래서 나는 노 대통령에게 장관 임기가 너무 짧으니 부디 오래 쓰시라고 두어 차례 건의한 적이 있다. 그런데 아쉽게도 참여정부에서도 그리 되지는 않았다. 중국에 이런 명언이 있다. "의심나는 사람은 쓰지 말고, 쓴 사람은 의심하지 말라疑人勿用 用人勿疑." 무릇 모든 조직의 장이 명심해야 할 말이다.

4. '참여정부'
작명 전말

○
●

    인수위 안에서는 당선자의 신념에 맞게 개혁을 주장하는 학자들의 목소리가 대세였다. 재벌개혁, 민영화, 민영화한 공기업의 지배구조 등이 자주 화제에 올랐다. 전기, 전화, 철도, 수도, 가스 등 소위 망 산업network industries의 민영화 문제가 쟁점이 됐다. 국민의정부 때는 국제통화기금IMF과 미국의 압력하에 민영화가 적극 추진되었다. 망 산업 민영화는 1990년대까지는 세계적 유행이었으나 무리한 민영화 과정에서 숱한 문제점이 발생했다. 미국 캘리포니아의 정전 사태, 영국의 철도 충돌 사고 등이 대표적이다. 그 뒤 민영화에 대한 광범위한 반성이 일어났다. 인수위 경제1분과의 정태인, 임원혁 박사는 망 산업 민영화는 옳지 않다는 결론을 당선자에게 보고했고, 민영화를 더 이상 추진하지 않는다는 원칙을 세웠다.

    또 하나 중요한 문제가 KT, 국민은행, 한국전력공사, 포항제철(현 포스코) 등 민영화한 공기업 문제였다. 이런 회사는 공기업도 아니고 민간 기업도 아닌 어중간한 성격인데, 기업 지배구조에 문제가 많았다.

1월 13일 월요일 오후, 당선자 주재하에 경제1분과 위원 4명과 김효석 의원, 정세균 의원, 그리고 맥킨지의 도미닉 바튼Dominic Barton이 참석한 한국경제 진단 토론이 있었다. 김효석 의원은 지배주주가 없는 민영화 공기업 임원들의 '참호 구축entrenchment' 문제를 지적했다. 몇몇 개인이 기업에 참호를 구축하고 기업을 사유화해 배타적 지배구조를 형성하는 문제다. 특히 당시 포철 회장의 임기 만료와 맞물리면서 후임 회장 인선을 놓고 긴장 상황이 벌어지기도 했다.

12대 국정과제

인수위가 학자 중심으로 짜이다 보니 온갖 뒷말이 무성했다. 당선자는 관료들과 인수위의 협력을 강조했다. 재경부의 어느 고위 공무원은 인수위에 학자들이 포진한 데 대해 어떻게 생각하느냐는 기자들의 질문을 받고 이렇게 호기롭게 답해 화제가 됐다. "비록 지금은 학자들 세상처럼 보이지만 반년만 지나면 다시 재경부 세상이 될 겁니다." 과거 정부에서는 맞는 말이었을 게다. 늘 그랬으니까. 그러나 이번 대통령은 달랐다. 학자 군주 노무현 정부에서 학자들의 국정 참여는 꽤 오래 갔다.

1월 14일(화) 회의에서 당선자는 토론 문화를 강조하면서 한국을 '토론 공화국'으로 만들자고 말했다. '토론 공화국'이라는 말이 언론에 오르내리자 2003년 12월, 두산그룹 박용성 회장(당시 상공회의소 회장)이 참여정부를 'NATO 공화국'이라며 공개적으로 일침을 가하기도 했다. NATO는 'No Action Talk Only'의 약자로, 행동은 하지 않고 말만 무성하다는 뜻이다. 재치 있는 조어이긴 한데, 글쎄요? 동의하기 어렵다. 왜냐하면 참여정부는 말만 한 게 아니고 일도 많이 했으니까. 게다가 과거 독재 시절을 생각해 보라. 재벌 총수가 말 한 마디 잘못해도 혼나고 청와대 회의에 지각했다고 재벌이 해체되는 운명을 맞았다던 그때 그 시절을 생각하면 참여정부는 신사였다.

인수위는 동북아 시대, 균형발전, 정부혁신 등 12대 국정과제를 선정했다. 제목만 정한 것이 아니고 내용까지 채운 보고서를 만드는 것이 인수위원들의 주요 업무였다. 그걸 위해 학자들을 기용한 것이다. 참여정부 출범 후 12대 국정과제를 추진할 주체로 대통령 산하에 12대 국정과제위원회가 발족해 다수 국정과제를 실행에 옮겼다. 참여정부의 업적 중 상당수는 12개 위원회의 작품이다. 한때 참여정부를 가리켜 '위원회 공화국'이라고 비아냥거리는 풍조가 있었는데 그것은 실상을 모르고 하는 소리다. 위원회는 실제로 많은 일을 했다.

그밖에 정부 각 부처의 업무보고를 받고 비판 및 개선책을 제시하는 것도 인수위의 중요 업무였다. 그리고 국민참여 방식으로 장관 후보들을 뽑고 토론을 통해 그 범위를 좁혀 당선자에게 소수의 최종 후보를 추천하는 것도 인수위원들의 할 일이었다. 시기적으로 보면 인수위 초기는 각 부처 업무보고가 중심이었고, 1월 하순에는 12대 국정과제 확정 및 보고서 작성에 주력했으며, 2월에 들어서는 인사 추천이 주된 업무였다고 할 수 있다. 3개의 과정에 다수의 외부 학자, 전문가를 초빙해 많은 이야기를 듣고 의견을 수렴했다. 학자들의 의견을 경청하는 인수위였다.

참여정부의 탄생

노무현 정부의 명칭 논의가 2월 10일(월) 아침, 제5차 당선자 주재 전체 회의에서 있었다. 국민 공모를 거쳐 올라온 원안이 '국민참여정부'라고 되어 있기에 나는 반대했다. 첫째, 이름이 너무 길어 부르기 불편하고 둘째, 국민의정부와 혼동을 일으킬 우려가 있다. 줄여서 '참여정부'로 하자고 내가 제안했더니 만장일치로 통과됐다. 김용철 변호사의 책《삼성을 생각한다》(2010)에서 '참여정부'라는 명칭을 삼성이 정했다고 하는 주장은 옳지 않다. 그리고 이날 회의에서 참여정부의 3대 국정목표를 토론해서 정했다. 국민과 함께하는 민주주의, 더불어 사는 균형 발전 사회, 평화와 번영의 동북아 시대가 그것이다.

지방에서 올라온 인수위원이 많다 보니 이들의 서울 생활이 더러 가십 기사로 나기도 했다. 나는 인수위 숙소인 프레지던트호텔에 주로 묵었지만 가끔은 큰딸 집에 가서 잘 때도 있었다. 《조선일보》 기자가 시집간 딸로 오해해서 내가 딸, 사위와 한방에서 자는 만화를 신문에 실었다. 사촌누나한테서 전화가 왔다. 딸 시집가는데 연락도 안 해서 섭섭하다고. 시집은커녕 대학 다니는 딸의 원룸에 가서 잔 것인데, 만화까지 그려 놓아 남의 집 혼삿길 막을 뻔한 오보였다. 《조선일보》는 곧 사과하고 정정했다.

2월 18일(화) 오전, 대구 지하철 화재로 192명이 사망하는 참사가 일어났다. 2월 20일(목)에 당선자, 대변인 이낙연, 문재인, 권기홍과 함께 대구에 갔다. 중앙로 지하철 참사 현장에 도착해 헬멧을 쓰고 지하로 내려갔다. 입구에 사람들이 놓고 간 추모 국화꽃이 수북이 쌓여 있었다. 지하 1, 2, 3층이 모두 다 타서 새까맣다. 지하철 1호선은 평소 내

가 출퇴근 때 자주 이용했고, 중앙로역은 대구의 도심 한복판이라 사
람들이 북적대던 곳인데 지금은 괴괴 적막하다. 마지막 순간 매캐한
연기 속에서 시어머니에게 휴대폰으로 어린 남매를 부탁한다고 유언
을 남긴 영천의 젊은 엄마가 생각난다. 앞으로 지하철 타고 이곳을 지
나갈 수 있을까.

영남대학교 병원에 가서 부상자들을 격려한 뒤 대구시민회관으로
이동해 2층에 모신 영정 앞에 조의를 표하고 유족 대표와 당선자의 면
담이 이루어졌다. 2층 복도가 사람들의 고함과 울부짖음으로 가득 찼
다. 어렵사리 사람들을 헤집고 면담하는 방으로 들어가니 실종자 대표
5명은 앞줄에, 사망자 대표 5명은 뒷줄에 앉아 있었다. 주로 앞줄 사람
들이 발언하고 뒷줄은 침묵을 지켰다. 실종자 대표 여성 한 명이 발언
을 많이 했다. 30분 정도 면담을 마친 뒤 계단을 내려오는데 1층 홀을
가득 메운 군중이 당선자 발언을 요구했다. 당선자가 깊은 애도와 더
불어 전국 지하철의 안전을 점검하되 대구를 제일 먼저 하겠다고 약속
했다. 발언이 끝나자 여성 대표가 "길을 열어 드립시다" 해서 군중 사이
길을 헤치고 나왔다.

2월 21일(금) 인수위 마지막 출근 날이다. 오전 9~10시 당선자가 주
재하는 인수위 마지막 전체 회의(7차)가 열렸다. 당선자는 대구 참사에
죄인이 된 심정이라고 말하며 사과했다(나흘 뒤 대통령 취임사에서 다시 희
생자들의 명복을 빌었다). 인수위원들이 두 달간 정성을 쏟은 12대 국정
과제 보고서를 당선자에게 제출했다. 간사는 제외하고 전 위원들이 돌
아가며 한마디씩 발언했다. 여러 위원이 당선자에게 수구초심首丘初心
을 부탁했다. 내가 마지막에 1분 발언을 자청하고 두 가지 이야기를 했
다. 첫째, 심심한 대통령이 되어 달라. 우리나라 기관장이 모두 너무 바

노무현과 함께한 1000일

빠 생각할 시간이 없는 게 문제다. 둘째, 대구 지하철 참사 때 기관사가 응급조처를 외면하고 사령실과 통화하는 데 매달리는 바람에 화를 키웠는데 이는 관료주의의 극치다. 그러므로 민주화와 개혁이 새 정부의 과제다. 이 발언은 다음 날 신문에 '심심한 대통령'론으로 소개됐다.

5. '정의가 패배하고…'
취임사 뒷이야기

○
●

　1월 20일(월) 인수위 기획조정분과에서 일
하던 성경륭 교수가 오더니 대통령 취임사 기초위원회에 경제 분야 담
당자로 내가 뽑혔다고 알려 주었다. 그래서 바로 옆방의 취임사 준비
위원장 지명관 교수에게 인사를 하러 갔다. 지명관 교수는 과거 독재
암흑기에 일본 잡지 《세카이世界》에 〈한국으로부터의 통신〉을 연재한
분이다. 이 글은 유신 독재의 참상과 학생, 지식인들의 저항을 세계에
알린 귀중한 글이었다. 중앙정보부에서 눈엣가시 같은 저자 'TK생'을
체포하려고 혈안이 되어 설쳤지만 정체조차 파악하지 못했다. 그 전설
적 우국지사 'TK생'이 바로 지명관 교수다. 잠시 대화했는데도 존경심
이 절로 우러나왔다.

취임사가 완성되기까지

1월 24일(금) 오후 2~5시 취임사 준비 모임에 처음 참석했다. 위원들 면면을 보면 지명관 위원장, 소설《객주》의 작가 김주영, 언론인 김종심, 당선자 대변인 이낙연, 사회학자 성경륭과 김호기, 정치학자 임혁백과 조기숙, 그리고 간사는 당선자의 오랜 비서 윤태영, 여기에 내가 경제학자 몫으로 추가된 것이다. 김주영 작가는 어릴 때 대구 대봉동 이웃에서 살았고 누님끼리 친구라서 금세 가까워졌다. 이날 회의에서는 글의 큰 윤곽에 대한 토론을 했다.

1월 27일(월) 오후 6시, 타워호텔에서 취임사 3차 모임이 있었다. 김종심, 김호기 위원이 작성한 초안을 검토했다. 상당한 명문장이라 내마음에 쏙 들었다. 글의 큰 틀만 의논하고 세세한 문장은 다음에 다듬기로 했다. 사흘 뒤 다시 모여 김종심, 김호기의 초안을 놓고 자구 수정을 했다.

2월 3일(월) 오후 4~6시, 5차 회의이자 당선자가 주재하는 취임사 첫 독회를 열었다. 뜻밖에도 당선자는 전면 수정을 희망했다. 김종심 선생의 초안은 명문장이었는데 당선자와 취향이 달랐는지 채택되지 않아 아쉬웠다. 그리고 당선자는 글의 순서에 대해서도 큰 문제를 앞에 놓고 작은 문제는 뒤로 돌리는 방식으로 바꿔 달라고 요구했다. 일주일 뒤 6차 회의에서는 조기숙 교수가 동북아-남북문제-국내 순으로 새로 써 온 원고를 위원들이 검토한 뒤 국내 부분을 좀 더 보강하자고 합의했다.

2월 12일(수) 오후 4~6시, 맨하탄호텔 2층에서 7차 회의가 열렸다. 나는 경제 내용은 이미 검토가 끝나 별로 더 할 말도 없어 다음과 같은 한 문장을 넣자고 제안했다. '정의가 패배하고 기회주의자가 득세하는 굴절된 풍토는 청산되어야 합니다.' 너무 강한 표현이라고 일부 위원이 반대했지만 내가 강력 주장한 끝에 초고에 집어넣는 데 성공했다. 그 뒤 9차 회의에서는 당선자 대변인 이낙연과 윤태영 간사가 최종 정리한 초고를 놓고 검토 회의를 열었다. '정의가 패배하고⋯' 문장은 여기서 삭제되었다가, 예수도 아닌데 부활해서 최종 원고에 살아남았다. 후유! 다행이다. 나로서는 이 문장 하나에 큰 의미를 두고 있었다.

내가 이 문장을 그렇게 중시한 이유는 이렇다. 취임사 기초위에 참석하라는 말을 듣고 나는 역대 대통령의 취임사를 읽어 보았다. 하나같이 화려하고 훌륭한 문장이었지만 한국 현대사의 최대 비극, 즉 독립운동가들은 해방된 조국에서 제대로 대접도 못 받은 채 3대가 망하고 친일파, 매국노들은 처벌받기는커녕 자손 대대로 떵떵거리고 잘사는 기막힌 모순을 언급한 취임사는 없었다. 아니, 이 뒤틀린 역사, 억장이 무너지는 현실을 언급한 대통령이 한 명도 없었단 말인가. 그래서 나는 만사를 제쳐 놓고 이 문제 하나만은 확실히 짚어야겠다고 결심했다. 해방 후 우리 정부가 들어선 지 어언 반세기가 흘렀건만 국내외에서 그토록 신산 고초를 겪었던 수많은 애국자와 유족의 한을 풀어 주는 말이 대통령 취임사에서 나오지 않았다는 것은 너무 무심하지 않은가. 그래서 경제 분야 서술을 마친 뒤 나는 '정의가 패배하고⋯'라는 문장을 반드시 넣자고 주장했던 것이다. 엎치락뒤치락 우여곡절은 있었지만 그 문장이 최종적으로 노무현 대통령 취임사에 들어간 것은 정말 다행이었고, 이로써 큰 숙제를 하나 해낸 느낌이 들었다.

노무현과 함께한 1000일

마음을 어루만진 문장

2월 25일(화) 대통령 취임식 날이다. 나는 갓 임명받은 대통령 정책실
장으로서 청와대 버스를 타고 국회의사당 앞마당 취임식장으로 갔다.
식장에서 이현재, 이홍구 전 총리, 조계종 총무원장 법장스님을 만나
인사했다. 그리고 인수위원들과 반갑게 재회했다. 오전 10시에 취임식
이 시작됐다. 국립묘지에서 분향을 마친 뒤 국회로 들어오는 대통령
차량 행렬이 취임식장의 대형 화면에 떴다. 어머니 생각이 났다. 아, 살
아 계셨으면 누구보다 기뻐하셨을 텐데.

대통령 취임사가 국회 앞마당에 울려 퍼졌다. 여러 차례 박수가 터
졌다. 특히 "정의가 패배하고 기회주의자가 득세하는 굴절된 풍토는

2003년 2월 25일 취임사를 하는 노무현 대통령의 뒷모습. 이날 참석한 기자와 국민들이 국회
대정원을 넘어 여의도를 가득 메웠다. 자료 출처: 노무현재단

청산되어야 합니다"라는 대목에서 자연 발생적으로 특별히 우레와 같은 박수가 쏟아졌다. 국민 마음속에 이런 심정이 광범위하게 퍼져 있구나 하는 생각이 들었다. 일종의 한풀이, 해원解冤이다. 사람은 억울함이 마음속에 있으면 명랑하게 살 수가 없고 살아도 사는 게 아니다. 이것은 매우 중요하다.

3월 1일(토) 오전 10시 장충동 국립극장에서 열린 3·1절 기념식에서 나는 단상에 올라 대통령 내외 옆에 앉았다. 이곳은 1974년 8월 15일 광복절 경축식장에서 육영수 여사가 총을 맞은 바로 그 자리다. 젊은 날의 나는 그날이 공휴일이라 집에서 라디오를 틀어 놓은 채 책을 읽고 있었다. 그런데 경축식 라디오 중계방송을 하던 아나운서의 목소리가 갑자기 높아지고 따닥따닥 하는 딱총 소리 같은 게 들렸다. 그때의 충격이라니. 육 여사는 곧장 서울대병원에 실려가 응급 수술을 받았으나 저녁 7시께 운명했고, 광복절 경축식 합창단의 일원이었던 성동여자실업고등학교 학생 장봉화 양은 식장에서 총알 한 방에 꽃다운 목숨을 잃었다.

현장에서 체포된 재일동포 문세광은 재판을 받고 그해 연말 서둘러 사형이 집행됐다. 문세광을 수사한 검사는 김기춘(나중에 법무부 장관, 청와대 비서실장)이었다. 그러나 1989년 9월 《월간 다리》 잡지에 실린, 15년 전 경축식 현장에 출동했던 서울시경 총알감식계장 이건우 경감의 증언을 보면 이 사건은 의혹투성이다. 무엇보다 '총알 개수가 다르므로 문세광은 범인이 아니라고 생각한다'는 이 경감의 주장은 '심각한 문제 제기'가 아닐 수 없다. 이 경감은 이런 의문을 내내 마음속에 품고 있다가 1987년 6월 항쟁 이후 우리 사회가 민주화로 나가자 용기를 내어 양심선언을 하고는 10년 뒤 세상을 떠났다.

내가 옛 생각에 잠겨 있는 순간 노무현 대통령이 연단에 나가 3·1절 기념사를 낭독했다. 그런데 연설문에 '정의가 패배하고 기회주의자가 득세…'라는 그 문장이 나오는 게 아닌가. 바로 이 대목에서 청중들의 우레 같은 박수가 쏟아지는 것은 며칠 전 취임식 때와 꼭 같았다. 많은 사람의 억울한 심정을 그 문장이 대변해 준 것일까. 식이 끝나고 주차장으로 이동하는 엘리베이터 안에서 대통령이 말했다. "오늘 연설문은 영 힘이 없어." 내가 답했다. "그래도 '정의가 패배하고 기회주의자가 득세…' 대목은 힘이 있었고 박수도 우렁찼습니다" 하니 대통령 내외가 웃었다.

강원국 연설비서관이 쓴 베스트셀러 《대통령의 글쓰기》(2014)라는 책에 이런 이야기가 나온다. 3·1절 기념사 초고는 원래 강 비서관이 썼는데 바로 전날 노무현 대통령이 한 문단을 추가해 달라고 강 비서관에게 주었다. 그 문단에 '정의가 패배하고 기회주의자가 득세…'라는 문장이 들어 있었다. 그렇다면 노 대통령과 내가 이심전심이었던 셈이다. 그 뒤 한나라당, 새누리당, 국민의힘으로 당명은 자꾸 바뀌면서도 시종여일 바뀌지 않는 한 가지는, 이 문장을 갖고 노 대통령의 역사 인식을 문제 삼아 시비를 걸었다는 점이다. 독립지사들과 유족의 한을 풀어 주고 민족정기를 바로 세운 대통령의 역사관에 무슨 잘못이 있단 말인가. 이 문장에 시비를 거는 자들이야말로 역사 인식의 빈곤을 스스로 드러낼 뿐이다.

6. 첫 정책실장은
누구인가?

○
●

　　　　　노무현 대통령은 사람 이름을 통 못 외운
다고 들었다. 이름을 외울 정도면 꽤 가까운 사이라고 한다. 인수위가
시작하고 한 달 뒤쯤 인수위 복도에서 우연히 노 당선자를 마주친 적
이 있는데 1~2초 생각하더니 '이 정 우 교수'라고 겨우 내 이름을 기억
했다. 인수위가 끝나 가던 2월 19일(수) 오후 3시, 당선자 비서실에서
연락이 왔다. 당선자가 나를 보자고 한다고. 인수위 안에 있는 당선자
집무실로 갔다. 방이 아주 작았다. 독대는 처음이다. 당선자는 모피아
Mofia(재경부와 마피아의 합성어. 재경부 관료들을 마피아에 비유하는 비난조 용어)
를 비판하는 유인물을 보여 주며 참고로 한번 읽어 보라고 했다. 그리
고 경제부총리와 인수위원들 몇몇에 대한 인물평이 화제에 올랐다. 당
선자는 잘 아는 인수위원들에 대해 간단한 인사 자료를 만들어 제출해
달라고 했다.

　　그러다가 당선자가 불쑥 "정책실장을 맡아 주지 않겠습니까?"라고
뜻밖의 제안을 했다. 나는 깜짝 놀라 능력 부족, 건강 문제 등의 이유로

그런 중책을 맡을 사람이 못 된다고 극구 고사했다. "그럼 정책실장으로 누가 적임이겠습니까?" 하고 묻기에 강철규 교수(참여정부 초대 공정거래위원장)를 강력 추천했다. 조금 뒤 "경제부총리로는 누가 좋겠습니까?" 하고 묻기에 이번에도 강철규 교수를 추천했다. 그러자 당선자가 "그분은 아까 추천하지 않았습니까?" 한다. 나는 대답했다. "아, 그분은 뭘 맡아도 잘할 분이라서요."

그밖에 훌륭한 인물로 경북대학교 동료 김민남, 김윤상 교수를 추천했더니 당선자는 좋은 사람들은 따로 인사 자료를 만들어 달라고 했다(인수위 마지막 날 나는 몇 사람의 인사 자료를 정찬용 인사보좌관에게 제출했다). 그밖에 박정희기념관 문제, 박찬석 경북대 총장이 주장하는 인재지역할당제를 잠시 토론했고 인수위원 몇몇의 거취에 대한 이야기도 나누었다. 약 30분간 시종 화기애애한 분위기에서 대화를 하다가 밖에 김병준 정무분과 간사가 대기 중이라 서둘러 방을 나왔다.

대통령의 성공 조건

나는 이로써 정책실장 이야기는 끝났다고 생각했다. 초대 대통령 정책실장에 누가 임명되느냐가 당시 언론의 관심사였다. 매일같이 정책실장 하마평이 신문에 오르내렸다. 이 자리는 새 정권의 방향타와 같은 상징성이 있어 관료가 오면 안정을, 개혁파 학자가 오면 개혁을 의미하는 것으로 언론에서는 해석했다. 대통령 정책실장은 노무현 대통령이 신설한 자리다. 그전에 청와대 실장은 비서실장과 경호실장밖에 없었다. 정책실장 자리가 신설된 배경을 알려면 박세일, 김병국 교수 등이 공저한《대통령의 성공조건 1, 2》(2002)를 읽어야 한다.

이 책의 저자들은 이런 주장을 한다. 대통령은 권력 기관을 과감히 내려놓아야 하며, 대통령의 정보 기관장 독대를 없애야 한다. 청와대는 정책(일) 중심으로 가야 하고 정책의 기획, 조정, 모니터링 기능이 중요하다. 대통령은 행사 참석보다 정책에 주력하고, 소수의 대통령 프로젝트에 집중한다. 대통령 프로젝트에 집중하기 위해 청와대에 정책실을 신설한다. 그리고 인사수석실을 신설한다. 최고정책조정회의를 설치하고 정책실장이 참석한다. 국책 연구소를 재편하여 국회 산하기관으로 만들어 국회의 정책 역량을 높인다. 대통령은 소수의 대통령 프로젝트와 외교 안보에만 전념하고 나머지 국정은 총리에게 위임한다. 총리 산하 국무조정실의 기능을 대폭 강화한다. 총리의 위상을 높이기 위해 총리의 장관 제청권을 강화하고, 각 부처 장관이 먼저 총리에게 보고한 뒤에 대통령에 보고하는 방식도 고려할 수 있다.

대충 이것이 이 책의 골자다. 대통령에 대한 통념을 깨뜨린 참신하고 획기적인 내용을 담고 있다. 노무현 대통령은 2002년에 이 책이 나오자마자 읽은 모양이다. 2002년이면 대선이 있던 해인데 그 바쁜 일정 속에서 어떻게 두터운 두 권짜리 책을 읽었는지 놀랍다. 노 대통령의 독서열은 알아줘야 한다. 내가 대통령에게 보고하러 갈 때 한두 페이지짜리 보고서와 더불어 읽고 있던 책을 들고 들어가는 경우가 많았다. 보고가 끝나면 대통령은 그게 어떤 책인지 반드시 질문하고는 "나는 요새 바빠 책 읽을 시간이 없어요"라며 한탄하곤 했다.

대선 시기 어느 날 노 후보가 살던 명륜동 빌라에 기자들을 초청했다고 한다. 그 집 거실 책장에 책이 빽빽이 꽂혀 있었다. 어느 기자가 호기심이 발동해 노 후보에게 물었다. "이 많은 책 중에 몇 권쯤 읽었

습니까?" 노 후보가 대답하기를 "거의 다 읽었습니다." 참석한 기자들
이 깜짝 놀랐다고 한다. 우리나라 역대 대통령 중 독서를 많이 한 대통
령은 내가 알기로 김대중, 노무현, 문재인이다. 역사상 성군으로 불리
는 당 태종, 청 강희제, 조선의 세종과 정조의 공통점은 독서다. 네 명
의 왕은 신하들을 능가할 정도로 엄청난 독서량을 자랑했고 당대 최고
석학이었던 신하들과 대등하게 토론할 실력이 있었다. 물론 독서를 많
이 한다고 반드시 성군이 되는 건 아니지만 독서를 안 하고 성군이 되
기는 글렀다.

　나는《대통령의 성공조건》을 한참 뒤에 읽고 나서야 비로소 노무현
대통령이 취임 직후 실행에 옮긴 청와대 직제·기능 개편이 이 책에 크
게 의존했음을 알게 됐다. 나는 이 책의 주장에 대부분 동의하지만 다
동의하는 것은 아니다. 예를 들어 책임총리제는 찬성하지 않는다. 한국
의 총리제는 이승만 대통령의 욕심 때문에 생긴 기형적 제도인데, 대
통령제하에서 총리라는 자리 자체가 특이하고 예외적이다. 그 결과 청
와대와 총리실이 많은 고급 인력을 이중으로 쓰면서 중복되는 일을 하
고 있다. 그야말로 옥상옥이다. 차라리 총리를 폐지하고 부통령을 러닝
메이트running mate로 뽑아 청와대 안에서 일하게 하면 예산과 인력을 크
게 절감하면서 업무의 효율성도 높일 수 있다. 그게 진짜 대통령제가
아닌가.

정책실장이 된 연유

다시 정책실장 이야기로 돌아가자. 나는 정책실장 제의를 극구 고사하

고는 나흘 뒤 2월 23일(일) 인수위 업무가 끝나 프레지던트호텔에 있던 짐을 차에 싣고 한강 다리를 건너고 있었다. 핸드폰이 울려 받으니 인수위 동료였던 윤후덕 전문위원(현재 파주 국회의원)이었다. 내가 정책실장에 임명될 것 같으니 뉴스를 들어 보라고 한다. 차의 라디오를 켜니 정말 그런 뉴스가 나왔다. 아니, 이럴 수가. 강력 고사도 소용없구나. 인수위 두 달만 봉사하고 학교에 복귀한다는 임채정 위원장의 약속도 공수표가 되고 말았다. 정부에 들어가 일한다는 생각은 정말 조금도 없었다. 두 달 전 인수위원 임명 때도 그랬지만 일이 이렇게 되고 보니 관두고 싶어도 관둘 수가 없다. 차를 돌렸다. 중책을 어찌 감당하나 걱정이 앞섰다.

세월이 흐른 뒤 정운찬 서울대 총장한테 이런 이야기를 들었다. 인수위 때 노무현 당선자가 불러 만났더니 경제부총리를 제의하더라. 그

2003년 2월 26일 정부 출범 후 첫 수석보좌관회의를 앞두고 찍은 기념사진. 왼쪽부터 유인태 정무수석 비서관, 나종일 국가안보 보좌관, 박주현 국민참여수석, 문희상 비서실장, 노무현 대통령, 이정우 정책실장, 문재인 민정수석, 김희상 국장보좌관. 자료 출처: 노무현재단

노무현과 함께한 1000일

런데 본인은 총장 선거 과정에서 이런 약속을 했다고 한다. "역대 서울대 총장이 임기를 채운 사람이 3명밖에 없는데 나는 반드시 임기를 채우는 총장이 되겠습니다." 그래서 무슨 일이 있어도 총장 임기를 채워야 한다고 말했다. 당선자가 그런 사정을 이해하고는 적임자를 추천해달라고 해서 두 사람을 추천했다. 김종인과 이정우. 그랬더니 당선자가 말하기를 "이정우 교수는 작년 대선에서 내 지지율이 바닥일 때 와서 도와준 사람입니다." 이런 대화를 했다는 것이다.

그렇다면 내가 정책실장이 된 까닭은 정 총장의 추천 덕분 아닐까. 그리고 인수위가 끝날 무렵 경제1분과의 정태인 위원이 출입 기자들에게 '정책실장은 무조건 이정우라야 한다'고 쓸데없는 이야기를 마구 떠들고 다닌 것도 작용했을지 모르겠다. 하여튼 나는 대선 기간 딱 세 번 만난 사람에게 중책을 맡긴 까닭이 내내 궁금했다. 언젠가 노 대통령에게 직접 여쭤 봐야지 생각하고 있었다. 그러나 국가 대사에 바쁜 대통령에게 개인적인 질문을 하는 것은 실례라서 감히 여쭙지 않았다. 나중에 봉하에 가서 여쭤 보려 했는데 그만 영구 미제가 되고 말았다.

7. 내각 구성과
첫 국무회의

○
●

    2월 26일(수) 아침, 평생 처음 관용차로 출근을 했다. 오전 8시 노무현 대통령 주재 첫 수석회의가 열렸다. 기자들이 사진 촬영을 마치고 퇴장하자 대통령의 제1성이 울렸다. 대통령은 대구 지하철 참사에 애도와 유감을 표시했다. 사후 대책 담당을 민정수석실에서 정책실로 총괄 이전하라고 지시했다. 그러나 회의를 마치고 복도로 나오면서 대통령은 사고 수습은 역시 정책실보다 민정수석실이 맞겠다고 수정했다. 문재인 수석은 벌써 가고 없었다. 그래서 인수위에서 내가 쓰던 책상 열쇠를 반납하러 정부청사 별관으로 가는 길에 18층 민정수석실에 들러 업무 담당이 바뀌었음을 통보해 주었다. 그리고 4층 내가 쓰던 방으로 내려갔더니 불과 며칠 전까지 도떼기시장 같았던 인수위 공간이 고요하기가 절간 같았다. 재경부에서 파견 나와 두 달간 도와주었던 이연희 씨 혼자 방 정리를 하고 있었다. "사람들 가마 타는 즐거움은 알아도, 가마꾼의 괴로움은 모른다人知坐與樂 不識肩與苦"라는 다산의 말이 생각났다.

늘공, 어공, 코드 인사

오후 3시, 대통령 취임 축하객으로 온 (푸틴 측근이라고 하는) 러시아의
국영 기업 가스프롬Gazprom의 사장과 면담했다. 나이가 불과 41세. 함께
온 주한 러시아 대사도 40대로 아주 젊었다. 가스프롬의 직원 숫자가
무려 36만 명이라고 해서 놀랐다. 과거 다수 국영 기업이 민영화했지
만 구소련의 대기업, 대공장 모델의 잔재가 남아 있다. 스탈린은 한때
이렇게 명령한 걸로 유명하다. "달에서도 보일 정도로 큰 공장을 지어
라!" 소련 경제가 망한 이유 중 하나는 대기업, 대공장에 대한 집착이
다. 그 바람에 운영의 유연성과 효율성이 떨어지고 고비용이 초래됐
다. 기업에는 적정 규모라는 게 있는데 사회주의 경제는 그걸 무시한
것이다.

2월 27일(목) 아침 일찍 고건 총리 임명장 수여식에 참석했다. 참여
정부 초대 총리를 누가 맡을지 만인의 관심사였다. 여러 명이 하마평
에 올랐지만 일찌감치 고건 총리로 정해졌다. 고건 총리는 평생 수많
은 관직을 두루 거친 백전노장의 유능한 관료로 정평이 나 있다. '행정
의 달인'이란 별명이 잘 어울린다. 사람들은 '개혁 대통령'에 '안정 총
리'라고 해석했다. 초대 내각 구성을 보면 경제 부처는 보수 관료, 일명
'늘공(늘 공무원)', 비경제 부처는 개혁파 '어공(어쩌다 공무원)'으로 확연
히 갈라졌다. 전자에는 재경부 김진표, 산자부 윤진식, 정통부 진대제,
건교부 최종찬, 기획예산처 박봉흠 등이 임명됐고 후자에는 교육부 윤
덕홍, 노동부 권기홍, 환경부 한명숙, 문화관광부 이창동, 여성부 지은
희 등이 포진했다. 이런 분업은 노 대통령의 국정 철학을 반영한 것으
로 보인다. 즉, 경제 분야는 경험 많고 안정감 있는 관료에게 맡기되 사

회 분야는 개혁파에 맡긴다는 구상이다. 그 대신 경제 부처이지만 경제 검찰이라 불리는 공정거래위, 금융감독위는 부처 성격에 맞게 개혁적 인사를 기용하려고 꽤 고심했다. 공정거래위원장은 개혁파 학자 강철규로 일찍 정해졌고, 금융감독위원장은 장고 끝에 관료 출신 이정재, 부위원장은 학자 출신 이동걸로 타협이 이루어졌다.

노 대통령의 개혁적 성향이 인사에 반영된 것은 사회 부처였고 경제 부처는 그렇지 못했다. 이는 노 대통령의 성격이 보기와는 달리 온건하고 조심성이 많음을 보여 준다. 흔히 사람들은 노 대통령이 급진적, 격정적 성격이라고 생각하는데, 대중 연설은 그렇게 하지만 실제 국정 운영상 중요한 인사나 정책 결정에는 대단히 신중하고 조심성이 많았다. 노 대통령의 철학은 약자에 대한 동정심이 강하고 효율보다는 공평과 정의를 추구하는 전형적인 진보 성향이지만 동시에 개혁 일변도의 부작용에 대해서도 굉장히 조심했다. 그리고 과거에 진보적 이념 서적을 많이 읽었지만 시대 변화에 맞지 않는 이념적 진보, 틀에 박힌 진보는 불신했다.

결과적으로 참여정부 초대 내각은 진보와 보수의 조화로 이루어졌다. 진보 대통령에 보수 총리, 보수 경제 부처에 진보 사회 부처, 보수 부총리에 진보 정책실장, 이런 식이다. 당시 보수 언론에서는 걸핏하면 참여정부 인사를 '코드 인사'라고 공격해 댔는데, 실제 인사 내용을 보면 전혀 코드 인사가 아니었다. 오히려 너무 조화, 타협으로 가다 보니 국정이 종종 삐거덕거렸고 그게 참여정부의 한계였다. 그런데 이명박, 박근혜, 윤석열 정부는 100% 보수 인사로 채우는데도 보수 언론은 절대로 코드 인사를 비판하지 않는다. 일관성이 전혀 없다. 언론이 이래서야 되겠는가.

노무현과 함께한 1000일

총리의 정면 경고

2월 27일(목) 총리 취임식에 바로 이어 오전 9시에 대통령 주재 수석회의가 열렸다. 노 대통령이 길게 발언했다. "국정 전반은 정책실이 아니라 총리에게 맡기고 대통령은 국정과제위원회에 전념하겠다. 단, 긴급상황, 부처 갈등 상황은 파악해야 한다. 제목만 관리하고 있다가 장시간을 요하고 총리가 역부족일 때는 보고해 주면 대통령이 총리에게 의견을 주겠다. 국정 중심은 정책이 아니고 정치다. 정치적 관점에서 비서실장이 관장하라. 정책실은 상황만 파악하고 지켜보기만 하라. 정책실은 장기 정책 과제 중심으로 가야 한다." 이는 앞으로 참여정부 운영에 대한 기본 원칙의 천명이었다. 이 원칙은 앞에서 소개한 책《대통령의 성공조건》에 나온 것인데, 나는 이때까지 이 책을 읽지 않아 대통령 발언의 의미를 잘 이해하지 못했다.

국무회의 운영안이 의제로 올라온 데 대해 대통령은 "이것은 수석회의에 올릴 만한 안건이 못된다. 매주 '통과 의례' 국무회의를 마친 뒤 '테마' 국무회의를 갖자. 수석들도 의제를 제안할 수 있다. 외부 전문가도 참석시키자. 예를 들어 9~10시는 통과 국무회의, 10~12시는 (뿌리 뽑는) 테마 국무회의, 이렇게 하면 좋지 않겠는가"라고 말했다. 형식적 회의를 싫어하고 토론을 좋아하는 노 대통령의 성향을 잘 보여 준다.

3월 3일(월) 오전 9시, 대통령 주재 수석회의에서 국무회의 참석 범위를 토론했다. 정책실장, 국가안보보좌관, 금감위원장을 배석자에 추가했다. 금감위원장 배석을 과거에 모 인사가 고의로 막았다고 하니 기가 찰 노릇이다. 그리고 통상교섭본부장은 과거 국무회의 참석 대상이 아니었는데 '의장(대통령)이 필요하다고 인정하는 경우'로 새로 배석자로 추가했다. 왜냐하면 반기문 외교보좌관이 말하기를 외국에 나가면 장관만 상대하려는 경향이 있기 때문에 통상교섭본부장의 직급이 대외 교섭력에 매우 중요하다고 해서다. 서울시장의 경우에는 내가 "지자체장 중 유독 서울시장만 참석할 이유가 없으니 서울시장은 빼는 게 맞다고 봅니다"라고 하니 대통령도 동의하여 본인 양해하에 빼는 걸로 결론이 났다. 이때는 이명박 시장이 국무회의에 배석하고 있었다. 오후에 권오규 정책수석이 서울시 부시장과 통화했다. 서울시는 지자체협의회장 자격으로 배석을 주장하다가 결국 포기했다.

3월 4일(화) 국무회의에서 국무위원만 앞줄에 앉고 배석자들은 뒷줄에 앉기로 정했다. 예를 들어 공정거래위원장과 금융감독위원장은 장관급이지만 국무위원이 아니므로 뒷줄 배석자 자리로 이동했다. 이것도 꽤 중요한 변화다. 오후에 고건 총리가 나한테 전화해 국무회의에 서울시장 배석을 뺀 것을 항의했다. 짐작건대 총리 자신이 최근까지 서울시장을 하고 있었기 때문에 이 문제를 심각하게 생각하는 것 같았다. 나는 다 같은 지자체장인데 유독 서울시장만 국무회의에 참석할 이유가 없다고 주장했다. 내가 반대 의견을 굽히지 않자 고건 총리는 이렇게 말했다. "그렇다면 정식으로 이야기하겠는데 그런 문제는 총리하고 의논해야 하는 것 아닙니까." 이쯤 되면 정면 경고다. 이런 문제가 바로 앞에서 이야기한 청와대와 총리실의 중복, 옥상옥 문제다. 국무회의 의장인 대통령이 배석자 범위를 정한 것인데, 총리하고 다시 의논하라고 하니 일이 복잡해진다.

그날 밤 이의근 경북지사한테서 전화가 왔다. 전국 시장도지사협의회에서 원래 이 지사가 4선 도지사로서 협의회장으로 추대됐지만 국무회의 참석 편의성을 고려하여 서울시에 양보했다고 한다. 안 그래도

노무현과 함께한 1000일

서울 중심, 지방 소외가 심각한데 국무회의에 서울시가 배석하는 것은 문제가 있다는 데 인식을 같이했다. 국무회의 배석 문제 해결책으로 각 지자체가 윤번제로 참석하는 방안, 현안이 있는 지자체가 참석하는 방안, 부지사가 대신 참석하는 방안 등 여러 가능성을 의논했다. 이 문제는 3월 7일(금) 수석회의에서 현안이 있는 지자체장이 참석하고, 시도지사협의회의 요청이 있으면 대통령이 적극 참석하겠다는 약속을 하는 걸로 결론이 났다.

8. 뜨거운 감자,
대북 송금 특검법

○
●

앞에서 늘공의 경제 부처와 어공의 사회 부처 장관 인선이 대조적이라고 했는데, 다른 부처를 살펴보자. 법무부 강금실, 행자부 김두관 장관은 예상을 깬 인사였다. 종래 주로 검찰 출신이 법무부 장관을 맡아 온 관례에 비하면 판사 출신 여성 법무부 장관은 파격적이었다. 강금실 장관은 대통령의 파격적인 '검사와의 대화'에 배석했다. 파격 대통령, 파격 장관, 파격 대화였다. 젊은 검사들은 기고만장하고 무례했다. 김두관 장관 임명은 남해군수 출신 행자부 장관이란 점에서 역시 전례를 찾기 힘든 파격이었다.

대북 송금 특검 논의

대통령 취임식 다음 날인 2월 26일(수) 국회에서 한나라당 주도로 2000년 남북정상회담과 관련된 대북 송금 특검 법안이 통과됐다. 이 문제는 참여정부가 문을 열자마자 들이닥친 최대 난제이자 발등에 떨어진 불이었다. 2월 27일(목) 아침 수석회의에서 박주현 국민참여수석이 이 문제를 보고했다. 박 수석은 "2주간의 시간이 있으니 여론 추이를 보자. 여야 합의는 불가능하고, 거부권 행사 가능성을 시사하되 행사는 자제함이 옳겠다"고 말했다. 나종일 국가안보보좌관은 특검이 반드시 나쁜 것은 아니고 대북 관계 투명성 제고, 외국의 신뢰 상승 효과가 있을 거라고 말했다. 대통령은 "대국민 이미지가 걱정이고 외교상 부담을 남겨 유감이다. 국회 결정을 존중하되 여야가 수사 범위를 합의하면 특검이 존중하지 않겠느냐. 사건의 성격을 보면 당사자들이 나서지 않고 대통령 뒤에 숨어서 이용하다가 이 지경까지 왔다"고 말했다.

이날 12시에 대통령, 총리, 비서실장, 정책실장, 국가안보보좌관이 청와대 본관에서 점심을 먹었다. 대통령이 대북 송금 특검에 대해 고건 총리에게 의견을 묻자 총리는 답변하기가 곤란한지 침묵을 지켰다. 대통령은 "새 정치를 바라는 국민의 희망을 꺾는 게 되기 때문에 거부권 행사가 참 어렵습니다"라고 말했다. 그러더니 "인수위원 다면 평가 결과가 나왔는데 이정우 실장이 모든 분야에서 1위를 했습니다"라고 알려 줘 깜짝 놀랐다. 다면 평가는 상명여대 전기정 교수(나중에 청와대 업무과정개선BPR, Business Process Reengineering 비서관)의 작품이다. 리더십, 책임감, 성실성, 창의력 등 분야별로 인수위원들이 상호 평가하는데, 상대평가라서 다 좋은 점수를 줄 수는 없다. 두 달간 고락을 함께한 동료들을 두고 구태여 우열을 가리자니 인간적으로 괴로운 일이었다. 이런 평가는 참 미국적 방식이구나 싶었다.

3월 3일(월) 대통령 주재 수석회의에서 대통령이 대북 송금 특검 문제에 대해 참모들의 의견을 구했다. 문재인 민정수석과 박주현 국민참여수석은 "국내 위법은 철저히 조사하되 대북 송금 부분은 비공개로 한다"는 의견을 냈다. 나도 이 주장에 동조했고 '지는 길이 이기는 길'이라며 수용을 주장했다. 유인태 정무수석은 종교 지도자 회합과 제한적 특검 수용 의견을 냈다. 대통령은 결론을 유보한 채 "덮자는 것이 과연 누구를 위한 것이냐?"라고 반문했다. 3월 5일(수) 아침 9시, 수석회의에서 대북 송금 특검 문제가 또 논의됐다. 유인태 정무수석이 보고하기를 대북 송금 특검에 대해 민주당 국회의원의 7할은 거부권을 행사해야 한다는 의견이라고 했다. 다른 한편 국민 여론 조사 결과를 보면 거부권 행사에 대해 찬성 31%, 중립 32%, 반대 37%로 거의 3등분으로 나타나 민주당 국회의원들과는 생각이 달랐다.

이날 오후에 권오규 정책수석, 조윤제 경제보좌관과 함께 대통령 보고를 했다. 국제 신용평가기관 무디스Moody's가 다음 주 초에 각국 신용평가회의를 여는데, 한국을 현행 'A-'에서 'Baa1'으로 강등을 검토 중이라고 했다. 이유는 오직 하나, 북핵 위기. 평가 한 등급 인하 시 금리 0.2% 상승효과가 있고 금액으로는 5억 달러 손실이 발생한다고 한다. 나종일 국가안보보좌관과 의논 끝에 반기문 외교보좌관과 재경부 대표단을 미국, 홍콩에 파견해서 설명하기로 했다(그런 노력 덕분인지 3월 13일 무디스는 한국 신용 등급 현상 유지를 결정했다. 이 평가는 국내 언론 보도와 여론 동향에 민감하게 반응한다고 한다). 보고 후 복도로 나오며 대통령이 나를 보고 "윤덕홍이 어떤 사람입니까?" 하고 묻기에 복도에서 길게 설명할 수도 없어서 "훌륭한 사람입니다"라고 대답했다. 내친김에 금감위원장에 이동걸 박사를 추천했더니 대통령이 웃으며 "이정우 사단 형성"이라고 농담을 했다.

노무현과 링컨

3월 11일(화) 아침, 국무회의가 끝난 뒤 총리의 대통령 주례 보고에 배석했다. 총리실에 차관 2명 신설안을 가져왔기에 나는 과다하다고 반대했다. 앞에서 말한 바 있지만 나는 총리실의 비대에 반대하는 입장이다. 그러나 노 대통령은 일을 많이 맡기면 된다며 선선히 허락해 주었다. 여성, 청소년심의관 등 세 자리 신설 결론이 났다. 내가 청소년심의관은 기존 청소년위원회와 중복된다고 다시 반대하니 고건 총리는 "한번 알아보겠다"고 했다.

3월 13일(목) 저녁에 정찬용 인사보좌관, 이동걸과 함께 관저로 가서 금감위원장 인선을 의논했다. 며칠 전 내가 공정위, 금감위에 개혁파 기용을 건의했을 때 대통령은 "칼은 뽑지 않고 칼집에 넣은 채 조용히 개혁하는 것이 낫다", "관료라고 해서 반드시 반개혁은 아니다"라고 말했다. 금감위원장 최종 후보는 전 재경부 차관 이정재, 그리고 개혁파 경제학자 이동걸로 좁혀졌다. 대통령은 전자로 가면 국민이 안심할 것이고, 후자로 가면 생소해서 혹시 불안해할지 모른다고 하면서 일단 정책실장이 두 사람을 만나 보라고 지시했다. 저녁 6시부터 대통령 관저에서 실장, 수석의 만찬이 있었다. 주로 경제 불안과 특검이 화제였다. 참석한 실장, 수석 중에서 특검 수용파가 나를 포함해 6명, 거부파가 2명이었다. 만찬이 늦게 끝난 뒤 나는 이정재, 이동걸과의 3이(李) 심야 회동을 위해 마포의 가든호텔 커피숍으로 달려갔다.

3월 14일(금) 아침 대통령에게 어제 심야 회동 결과를 보고하고 금감위원장 이정재, 부위원장 이동걸로 가는 게 좋겠다고 건의했다. 당일 오후 5시에 열린 국무회의에서 이정재 금감위원장, 송광수 검찰총장 안

2003년 3월 14일 오후 5시, 임시 국무회의에서 노무현 대통령은 '대북 송금 특검법 수용'을 발표했다. 자료 출처: 노무현재단

이 통과됐다. 이어서 다시 대북 송금 특검에 대한 토의가 있었다. 특검에 대해 거부를 주장한 장관이 5명 있었고, 수용을 주장한 장관은 1명밖에 없어 청와대 수석들의 의견과는 정반대 분포를 보였다.

노 대통령은 토론 종결을 요청하고는, 링컨이 어느 날 국무회의에서 장관 전원이 반대했으나 자신의 의지대로 원안을 통과시켰던 일화를 소개하면서 대북 송금 특검을 수용하겠다고 선언했다(노 대통령은 링컨 전기인 《노무현이 만난 링컨》(2001)의 저자다. 두 사람은 공통점이 많다. 대학을 안 나온 변호사, 발명 특허 출원, 토론을 좋아함, 낙선과 실패의 연속, 예상을 깨고 대통령 당선, 제16대 대통령). 회의장 밖에 4명의 중진 정치인(김원기, 정대철, 이상수, 이낙연)이 대통령의 거부권 행사를 촉구하러 와 있었지만 한 발 늦었다. 바로 춘추관에 가서 대북 송금 특검을 수용하겠다는 대통령 기자회견에 배석했다. 대통령의 어조는 비장했고, 연설에 감동적 대목이 있었다.

이로써 참여정부 첫 2주간 뜨거운 감자였던 문제가 일단락됐다. 안타깝게도 이때부터 참여정부와 동교동 사이에 냉기류가 흐르기 시작했다. 이 문제에 대해 노 대통령이 여러 날을 고심하고 기회가 있을 때마다 총리, 장관, 수석들의 의견을 묻고 또 묻는 것을 지켜보았다. 나는 고뇌에 찬 대통령의 결정이 옳은 방향으로 내려졌다고 생각한다. 무엇보다 '새 정치를 바라는 국민의 희망을 꺾을 수 없다'는 노 대통령의 말이 천금의 무게로 다가왔다.

9. 아! 통한의
제주 4·3

○
●

3월 31일(월) 오전 9시, 대통령 주재 수석회의에 김대중 정부 때 설립된 제주4·3조사위원회가 '제주 4·3 사건 진상 조사 보고서'를 제출했다는 보고가 올라왔다. 다만 사건의 민감성을 고려하여 6개월간의 수정 시한을 두었기 때문에 아직 확정된 보고서는 아니다. 노 대통령이 며칠 뒤 열릴 4·3 추모식에 대통령이 참석할지 말지를 물었다. 유인태 정무수석은 참석을 권고했고, 김희상 국방보좌관은 반대했다. 반기문 외교보좌관과 문재인 민정수석은 절충론을 폈다. 즉, 이번에는 참석하지 않되 6개월 뒤 4·3 보고서가 확정되면 내년에는 꼭 참석하겠다고 약속하자는 것이다. 절충론이 채택됐다.

대통령의 사과

4월 3일(목) 8시 30분, 대통령 주재 수석회의가 열렸다. 좌석 배치가 원

노무현과 함께한 1000일

래대로 횡으로 돌아왔다(대통령의 허리 통증 때문에 좌석 배치가 종으로 바뀌었다가 원상회복된 것이다. 그러나 얼마 뒤 다시 종으로 바뀌었다). 유인태 수석은 내년 4월 3일 제주도 추모식에 대통령이 참석해서 사과할 것을 권유했다. 그 말에 내가 동조하면서 평소 나답지 않게 길게 발언했다(나는 평소 회의에서 발언을 잘 하지 않고, 하더라도 짧게 하는 편이다). '해방 후 혼란기에 민간인의 억울한 죽음이 50만 내지 100만 명이나 되는데 어떤 대통령도 이것을 언급한 적이 없고 교과서에도 제대로 된 설명이 없다. 전국이 시체로 뒤덮이고 유족들의 한이 하늘에 사무친다. 4·3은 그 비극의 정점이다. 내년에 제주도에 가서 대통령이 사과를 하되 오늘은 역사적 의미가 있는 날이니 그냥 넘기지 말고 위로의 뜻으로 한 말씀하시기 바란다. 서독 수상 빌리 브란트는 사민주의자로서 나치에 반대했고 전쟁에 전혀 책임이 없는 사람이지만 1970년 폴란드의 전몰위령비 앞에서 무릎 꿇고 사과했다. 온 세계가, 사과할 필요 없는 사람이 사과했다고 평가했는데 그 사과로 세계인이 감동을 받았다. 그 점에서 독일은 과거를 청산하고 사과한 것으로 인정받았지만 일본은 아직 그렇지 못하다. 내년에 노 대통령이 4·3에 대해 공식 사과하는 것이 옳다고 생각한다.' 대충 이런 내용의 발언이었다. 그러자 김희상 국방보좌관이 반대했다. "4·3을 폴란드에 비유함은 천부당만부당하다. 군경의 명예도 걸린 문제이므로 신중해야 한다"고 주장했다.

수석회의를 마치고 이해성 홍보수석에게 전화를 걸어 대통령의 4·3 사건 위로 말씀이 나가도록 부탁하니 벌써 송경희 청와대 대변인이 언론 브리핑을 시작했다고 한다. 그래서 대통령의 위로 말씀이 꼭 나가도록 조치해 달라고 이 수석에게 부탁했다. 나중에 송 대변인에게 물어보니 그 말을 했다고 한다. 다행이다.

세월이 반년 흘러 그해 10월 31일(금) 제주도에 내려간 노 대통령이 오찬 연설에서 4·3 사건에 대해 제주도민에게 사과했다. 전혀 예상 못한 일이었다. 이날 저녁 나는 동북아 학술회의 참석차 방한한 중국과 일본의 학자, 언론인들과 만났다. 중국인 6명과 일본인 3명이 참석했는데 나는 이들에게 참여정부의 목표와 현실을 설명해 준 뒤 질의, 응답 시간을 가졌다. 일본어, 중국어 순차 통역을 하니 시간이 많이 걸렸다. 나는 참여정부의 국정 목표인 '평화와 번영의 동북아 시대'를 설명하면서 오늘 제주도에 내려간 대통령이 오찬 연설에서 해방 직후의 4·3 사건에 대해 최초로 공식 사과한 것의 의미를 해설해 주었다. 중국인, 일본인들은 깊은 관심을 갖고 경청했고 그밖에 여소야대 정국, FTA 등에 대해서도 질문했다.

그날 밤 9시 TV 뉴스에서 노 대통령이 제주도민 앞에 사과하는 장

2003년 10월 31일, 라마다 프라자 제주호텔에서 '도민과의 대화'가 열렸다. 여기에서 노무현 대통령은 사상 최초로 4·3 사건에 대해 제주도민에게 공식 사과했다. 자료 출처: 노무현재단

면을 보았다. 노 대통령은 이렇게 말했다. "저는 국정을 책임지고 있는 대통령으로서 과거 국가 권력의 잘못에 대해 유족과 도민 여러분께 진심으로 사과와 위로의 말씀을 드립니다. 무고하게 희생된 영령들을 추모하며 삼가 명복을 빕니다." 대통령이 갑자기 4·3 사건에 대해 과거 국가 권력이 저지른 잘못으로 인정하고 국가를 대표해 사과를 하자 전혀 예상 못 하고 있던 오찬장의 참석자들은 순간 술렁거리고 장내는 온통 감동과 흥분의 도가니로 변했다. 할머니와 아주머니들은 깜짝 놀라 눈물을 흘리기도 했다. 뒤쪽에 서 있던 아주머니 한 명은 아나운서가 마이크를 갖다 대며 소감을 묻자 흥분을 감추지 못하고 떨리는 목소리로 이렇게 대답했다. "우리 생전에 이런 날이 올 줄 몰랐습니다." 그것을 보는 순간 가슴이 찡해 오며 대통령이 사과하길 참 잘했구나 싶었다.

제주와 4·3

노무현 대통령은 2년 반 뒤인 2006년 4월 3일, 제58주기 4·3 위령제에 참석해 이렇게 연설했다. "2년 반 전, 저는 4·3 사건 진상 조사 결과를 보고받고 대통령으로서 국가를 대표해 여러분께 사과드린 적이 있습니다. 그때 여러분이 보내 주신 박수와 눈물을 저는 지금도 생생히 기억하고 있습니다. 그리고 그것이 무엇을 의미하는지 늘 가슴에 새기고 있습니다." 노 대통령은 4·3 추모가 국가적 행사로 승격한 것을 전임 김대중 대통령과 제주4·3조사위원회의 공로로 돌렸다.

4·3 사건은 1947년 3·1절 기념식에 참석한 시민을 향해 경찰이 발

포하여 6명이 사망한 사건에서 시작해 약 7년간 계속된 대규모 민중 항쟁이다. 당시 제주도는 해외에서 귀환한 동포 6만 명의 구직난, 콜레라, 극심한 흉년, 생필품 부족과 물가고, 친일 경찰의 존속, 미군정 관리들의 부패, 이승만의 욕심에 의한 남한 단독정부 추진 등에 대한 불만이 팽배해 있었다. 민중의 자연 발생적인 항의와 요구를 군경이 무자비하게 진압하는 과정에서 수많은 희생자가 나왔다. 경찰 총수 조병옥 경무부장은 "제주 상공에서 기름을 붓고 섬을 몽땅 불태워 버려야 한다"고 말했다. 이런 끔찍한 말을 하다니. 당시 진압 책임자 중 대화를 통해 문제를 풀려고 한 온건파인 9연대장 김익렬 중령은 유격대장 김달삼과 담판을 해서 중요한 4·28 합의를 이뤄 분쟁 해결의 실마리를 마련했다. 그러나 대다수 강경파에 둘러싸인 김익렬 중령은 수적 열세였고, 윌리엄 딘William F. Dean 군정 장관이 주재한 대책회의에서 강경파 조병옥과 대립해 멱살잡이까지 하며 싸운 뒤 해임됐다. 결국은 강경파가 득세하여 앞뒤 가리지 않는 무차별 진압에 나선 결과 최악의 사태로 치달았다. 특히 조병옥이 치외법권적 폭력 무뢰배인 서북청년단을 제주도에 투입한 결과 고립무원의 섬은 폭력과 테러가 난무하는 생지옥이 됐다. 당시 제주도민 30만 명 중 최소 3만 명이 목숨을 잃었으니, 제주도민 중에서 일가친척 중 희생자가 나오지 않은 집이 드물 것이다. 1980년 광주도 그랬지만 대부분의 민중 항쟁이 얼마든지 대화와 순리로 풀 수 있는 것을 강경파가 파국으로 몰고 가는 경우가 많다.

나는 학교 다닐 때 이 엄청난 사건에 대해 한 번도 들어 본 적이 없었고, 4·3 사건은 내가 배운 역사 교과서에는 아예 나오지도 않았다. 20대 후반쯤 역사책을 읽다가 우연히 미국인 학자 존 메릴John Merrill이 쓴 〈제주도의 반란〉이라는 논문을 읽고서 이 사건을 처음 알게 됐다.

요즘은 좋은 책이 많지만 그때만 해도 한국 현대사는 불모지였다. 학교에서 배운 한국사는 늘 고인돌, 고려 무신정권 이야기만 하다가 끝나기 일쑤였다. 물론 고대사, 중세사도 중요하지만 뭐니 뭐니 해도 중요한 것은 현대사가 아닌가. 현대사는 현재의 나라 모습과 우리 사고방식을 지배하고 있다고 해도 과언이 아니다. 그럼에도 불구하고 왜 현대사를 이렇게 소홀히 취급하나. 이승만, 박정희 정권이 자신의 치부가 드러날까 두려워 유독 현대사를 가르치지 않은 게 아닌가 하는 의심이 든다.

하여튼 반세기나 지각이지만 4·3 사건에 대해 노무현 대통령이 최초로 국가를 대표해 공식 사과한 것은 참으로 잘한 일이다. 나는 이런 정부에서 일하는 것에 자부심을 느꼈다. 한참 뒤 나는 4·3 사건을 모티브로 한 대표적 소설 《순이 삼촌》의 작가 현기영 선생을 청와대 행사에서 뵙게 되어 매우 반갑고 영광스러웠다. 4·3은 오랜 세월 금기였고, 이 소설은 독재 시절 탄압을 받았던 소설이다. 세상에는 원통한 일이 많지만 그래도 민주화를 통해 우리는 한 발짝씩 앞으로 나아간다.

10. 경제부총리의
'법인세 인하' 돌출 발언

○
●

　　　　　　　　참여정부 초대 내각의 구성은 전체적으로
개혁적 색채가 강했으나 유독 경제 부처만은 정통 관료 중심으로 보수
적이었다. 당시 국민 여론 조사에서 그렇게 받아들여졌고 《뉴욕타임
스》도 그렇게 평가했다. 그러나 청와대 참모진은 개혁적 정책실장 밑
에 재경부 관료 출신 권오규 정책수석, 그리고 경제보좌관에는 온건
중도파의 조윤제 서강대 교수로 혼성 부대였다. 관료들이 장악한 경
제 부처와 청와대 사이의 관계에 대해 언론은 많은 기사를 쏟아냈다.
관료 편을 들면서 학자들을 실물 경제에 약하다고 폄하하는 기사가
많았다.

관료와 학자, 정책과 정부

참여정부 첫 주에 김진표 경제부총리가 아침 라디오 인터뷰에서 느닷

없이 법인세 인하 발언을 했다. 중요한 경제정책은 경제 부처 장관들과 청와대 경제 참모들의 회동인 청와대 서별관 회의를 거쳐 발표하는데 이 발언은 그런 절차 없이 나왔다. 사실 법인세 인하는 2002년 대선의 쟁점이었다. 한나라당 이회창 후보가 법인세 인하를 주장하자 민주당 노무현 후보는 반대했다. 2002년 대선 때 TV 토론을 보고 있으려니 노무현 후보가 법인세 인하는 소수의 (재벌) 대기업에만 득을 주고 다수의 중소기업과는 상관없다고 하며 반대했다. 맞는 말이지만 더 중요한 이유가 있다. 법인세 인하 이유는 주로 두 가지다. 국내 기업의 투자 촉진과 외국 기업의 국내 투자 유치. 그러나 법인세 크기는 기업의 투자 결정과 무관함이 경제학 교과서에 이론적으로 증명되어 있고, 다국적 기업이 해외 투자 결정을 할 때 그 나라의 법인세 수준은 별 영향을 미치지 못한다는 실증 연구 결과가 있다. 그러므로 노무현이 옳았다.

그럼에도 불구하고 경제부총리가 다시 이 문제를 정권 초기에 꺼내든 것은 참으로 이해하기 어려웠다. 아니나 다를까, 부총리 발언에 대해 어떻게 생각하느냐고 묻는 기자의 전화가 바로 날아왔다. 나는 "부총리가 투자가 걱정돼 그런 발언을 한 모양인데 대통령 생각하고는 다르지만 그렇게 생각할 수도 있겠지요"라고 대수롭잖게 답했다. 기자는 두 사람을 싸움 붙이고 싶었겠지만 목적을 달성하지 못했다. 논란은 더 이상 확대되지 않았다. 김진표 부총리와 나는 불화 없이 1년을 보냈고 10·29 부동산 대책도 잘 협력해 만들었다. 법인세 해프닝에서 보듯이 관료들은 실무에는 강하지만 이론이나 최신 연구 동향에는 아무래도 학자만 못하다. 그러므로 학자들을 가리켜 실물 경제를 모른다는 식으로 무시하면 안 된다. 사실 실물 경제라는 말 자체가 외국에는 없는 이상한 말이다. 관료와 학자의 관계는 상호 보완적이며, 둘 사이에 협력이 잘돼야 정책이 성공하고 정부도 성공한다.

3월 5일(수) 3시, 대통령이 주재하는 새해 예산 편성 지침 회의에 배석했다. 참석자는 기획예산처의 박봉흠, 변양균, 임상규, 정해방, 최경수. 보육 소관이 여성부냐 복지부냐, R&D 예산의 중복, 낭비 문제를 집중 토의했다. 소위 '타성 예산'이란 것이 있어 3월에 삭감됐다가 8월에 부활하곤 하는데, 예를 들면 민간 지원 예산이 그렇다고 한다. 대통령이 가장 낭비가 심한 예산은 어디냐고 물었다. 기획예산처는 '농업과 중소기업 분야'라고 답했다. 1년에 9조 원이 나가는 농업 보조를 400만 농민으로 나누면 1인당 200만 원이 넘는다. 두 분야에 특히 지역 이기주의, 부처 이기주의가 강하다는 것이다.

3월 10일(월) 아침 대통령 주재 수석회의를 마치고 권오규, 조윤제와 함께 헬기를 타고 과천 정부청사로 날아갔다. 헬기를 난생처음 타 본다. 10분 만에 도착했다. 빠르다. 오전 10~12시 재경부 업무보고에 참석했다. 김영주 차관보가 20분 정도 보고하고 난 뒤 토론이 있었다. 변양호 국장이 기억에 남는 발언을 했다. 1997년 금융 위기 이후 나라 전체로 안전 희구 성향이 높아져 금융기관 보유 1000조 원의 자산 중 주식은 7~8조 원에 불과하다며 좀 더 진취적인 전략이 필요하다고 주장했다. 대통령은 며칠 전 나온 김진표 부총리의 법인세 인하 발언에 대해 짤막하게 언급했다. 국민들이 오해를 할까 봐 부총리 발언을 제지했다고 하면서 조세 구조는 전반적으로 공정화, 투명화가 중요하므로 전반적인 세제 개편 연구가 필요하다. 그러므로 토지보유세를 포함해 세제를 종합 검토할 것을 지시했다. 나도 옆에서 거들었다. "부동산 투기를 잡기 위해 토지보유세 강화가 꼭 필요하다. 지금은 경기가 나쁘지만 정권 후반부에는 나아질 것이니 눈앞만 보지 말고 장기적, 구조적 경제 체질 개선에 힘써야 한다"고 강조했다.

이상만큼 경험도 중요

재경부 업무보고에 이어 12시에 과천 정부청사 국무위원 식당에서 재계 5단체장과 상견례 겸 오찬 좌담회가 있었다. 김재철 무역협회장이 말하기를 "통상교섭본부장 임기가 외국은 보통 5~10년인데 한국은 1년 반밖에 안 된다. 매번 국제회의에 명함만 돌리고 간다고 소문이 났다"는 것이다. 권오규 정책수석이 동조하면서 자기 경험을 이야기했다. 본인이 경제기획원 미국과장을 했던 3년 반 동안 외교부 국장이 4명 거쳐 갔고, 지적 재산권 담판 때는 미국 측 협상 상대방이 20년 동안 한국과 일본만 전담한 베테랑이어서 상대하기 버거웠다고 한다. 심각한 문제다. 내가 역사 이야기를 한마디 했다. "율곡부터 이완용까지 조선 시대 고위 관료들의 임기가 짧았다. 평생 관직을 30~40개 거치니 직책 하나에 1년 정도, 따라서 전문성이 낮았다"고 말했다.

당시 쟁점이던 집단소송이 화제에 올랐다. 박용성 상공회의소 회장은 남소(소송 남발)를 우려해 집단소송제에 반대하면서 현행법으로도 충분히 처벌이 가능하다고 주장했다. 예를 들어 공정위 단속 시 집단소송에 진입토록 하면 남소 방지가 가능하다는 것이다. 김효석 의원은 공정위, 금감위가 솜방망이에 불과하므로 집단소송제 도입이 반드시 필요하다고 반론을 폈다. 노 대통령은 "집단소송제를 반년쯤 시행해 보고 남소 우려가 현실화하면 그때 가서 수정하면 되지 않겠습니까"라고 말했다.

3월 11일(화) 오후 권오규, 조윤제와 함께 자민련의 김종필 대표를 예방했다. 김 대표는 쾌활한 웃음으로 우리를 맞이했다. 본인의 5·16 경험을 이야기하면서 "세상일은 이상만 갖고는 안 되고 경험 많은 사람들의 도움이 필요"하다고 강조했다. 사실 'JP'한테는 물어보고 싶은 게 많았다. 특히 1969년 박정희의 3선 개헌에 반대하다가 왜 찬성으로 돌아섰는지 몹시 궁금하다. JP는 세상을 떠나기 전《중앙일보》와 긴 인터뷰를 했는데 이것이 책으로 나왔다. 읽어 보니 국민이 궁금해하는 비밀에 대한 증언이나 고백은 없고 자화자찬은 많다. 5·16 직전 불안해서 찾아갔던 점쟁이 백운학의 에피소드는 재미있지만 다른 역사적 증언은 별로 없다. 반대로 3선 개헌에 끝까지 반대했던 정구영의 회고록《실패한 도전》(1987)은 아주 솔직하고 충실한 내용이라 대조적이고 그 고매한 인품에 존경심이 절로 들었다.

참여정부 초기 경제팀에 관한 재미있는 기사가 하나 났다.《위클리이코노미스트Weekly Economist》라는 경제 주간지에서 어느 유명한 관상가에게 초기 경제팀의 사진을 보여 주고 받은 관상 평이 실렸다(2003년 3월 11일 자). 김진표 부총리는 분별력과 대인 관계가 좋고 위아래가 다 좋아하는 리더형, 권오규 정책수석은 폭넓은 대인 관계에 분석력이 뛰어나고 진실하며 합리적, 조윤제 경제보좌관은 성격이 따뜻하고 정직, 겸손, 원만한 성품. 그런데 이정우에 오면 확 달라진다. "전형적인 원리원칙형, 직관력이 뛰어나고 합리적이지만 개혁 성향이 강한 사육신 '성삼문형'" 사실 내가 좀 그런 면이 있다. 사진만 보고 내 성격을 알아낸 것이 신기했다.

사실 우리 조상 중에 사육신 박팽년의 사위가 있어 집안이 쫄딱 망하고 오랜 세월 벼슬길이 막혔다고 들었다. 나는 20대 때 노량진을 지

참여정부 출범 초기에 《위클리이코노미스트》에 실린
경제팀의 '관상' 분석 기사. 자료 출처: 이정우

나다가 사육신묘 팻말이 있기에 올라가 본 적이 있다. 실제로 성삼문,
박팽년 등의 묘가 눈앞에 나타나 깜짝 놀랐고 가슴이 두근두근했다.
만고 충절에 존경의 절을 하고 내려왔다. 전설에 의하면 김시습이 사
육신의 시신을 수습해 나룻배로 한강 건너 노량진에 묻었다고 한다.
오래 뒤 다시 가 보니 초라한 묘가 거대한 호화 분묘로 바뀌어 있어 실
망스러웠다. 사육신묘는 원래의 작고 초라한 묘가 어울린다.

11. 경제학자
스티글리츠

○
●

인수위가 끝나 갈 무렵인 2003년 2월 17일 (월) 아침, 경제1분과의 정태인 위원이 반가운 소식을 전해 왔다. 영국 케임브리지대학교 경제학과의 장하준 교수가 노벨 경제학상 수상자 조지프 스티글리츠Joseph Stiglitz 교수에게 노무현 정부 경제자문위원장을 맡아 달라고 부탁해 승낙을 얻었다고 한다. 장하준 교수는 몇 년 전 《사다리 걷어차기》(2004)와 《나쁜 사마리아인들》(2007)이라는 베스트셀러로 이름을 날린 경제학자다. 스티글리츠는 어떤 사람인가? 미국 매사추세츠공대MIT에서 경제학 박사 학위를 받았고, 여러 대학을 거쳐 컬럼비아대학교 경제학과 교수로 있으며, 클린턴 행정부에서 대통령 경제자문위원장을 지냈고 세계은행 연구 담당 부총재를 역임했다. 부총재로 있을 때 김대중 정부의 외환위기 극복 기념 심포지엄 참석차 방한해 기조 강연을 한 적도 있다. 경제의 다방면에 걸쳐 많은 학술적 기여를 했으며 무엇보다 진보적 경제학자라는 점이 돋보인다. 노벨 경제학상 수상자는 압도적으로 보수파가 많은데 예외가 조지프 스티글리츠와 폴 크루그먼이다.

스티글리츠와 대통령 경제자문위원장

지금까지 노벨 경제학상을 받은 학자의 압도적 다수는 시장 만능주의
를 설파하는 시카고학파에 속하는데 이 학파의 총수는 밀턴 프리드먼
Milton Friedman이다. 그가 1980년에 쓴 《선택할 자유》는 한국에 번역돼 많
은 독자를 얻었는데 그중 커다란 감화를 받고 '자유, 자유'를 외치는 독
자가 바로 윤석열 대통령이다(대통령 취임사에 '자유'라는 단어가 35회 나온
다). 이 책은 경제학의 문외한이 처음 읽으면 빠져드는 마력이 있으니
주의해야 한다. 한 나라의 경제를 이끌어 가는 두 개의 기구인 시장과
정부 중 전자를 강조하는 입장이 시카고학파다. 시카고학파의 문제점
에 대해서는 한때 시카고대학교 경제학과 교수였고 노벨 경제학상 후
보에 오르던 일본의 저명한 경제학자 우자와 히로부미宇澤弘文 교수와
내가 나눈 2009년 《한겨레》 대담을 읽어 보기 바란다. 시카고학파의
대척점에서 정부의 역할을 강조하는 입장이 케인즈주의인데 그 총수
는 MIT의 폴 새뮤얼슨Paul Samuelson이다. 프리드먼과 새뮤얼슨은 행정부
쪽에서 일한 적이 있고 시사 문제에 대해 수시로 신문, 잡지에 기고하
는 등 현실 참여파 학자(폴리페서)다. 두 사람은 사사건건 생각이 달라
평생을 싸운 라이벌이었다.
　지리적으로 보면 미국 대학 중에서 대륙의 중앙에 위치한 대학들은
시카고대학의 영향을 받아 시장 만능주의 학풍이 강한 반면, 양쪽 해
안에 가까운 대학은 정부의 개입을 찬성하는 케인즈주의에 가깝다. 전

자는 보수적, 후자는 진보적이라 할 수 있다. 후자의 예로는 동부의 하버드, MIT, 예일, 프린스턴, 서부에는 버클리가 있다. 같은 캘리포니아 주립 대학이지만 UCLA는 시카고학파에 깊이 경도돼 있다. 대학의 학풍은 연구, 강의에 깊은 영향을 미친다. 경제학의 양대 학파라 하지만 실제 노벨 경제학상은 시카고학파 쪽이 거의 싹쓸이하다시피 한다. 이들이 심사위원에 들어가니 계속 동류 재생산이다. 그렇다 보니 미국 유학을 다녀 온 한국인들은 시카고학파의 시장 만능주의자가 되어 돌아오는 경우가 매우 많다. 심지어 정부 관료들 중에도 이런 사람이 많다. 스스로 정부에서 일하면서 정부의 역할을 무시하고 시장 만세를 외치니 자기모순이다. 나는 다행히 하버드대학교에 입학해 5년간 자유로운 분위기 속에서 진보적 공부를 할 수 있었다.

경제학계의 거물인 스티글리츠 교수가 대통령 경제자문위원장을 맡겠다고 자원한다는 반가운 소식을 바로 당일 인수위 간사 회의에 보고했다. 당연히 통과될 줄 알았다. 그런데 국가 간 이익 충돌 등의 이유로 6명의 간사 중 4명이 반대하고 찬성은 한 명도 없었다. 임채정 위원장은 간사들의 토론을 지켜본 뒤 앞으로 연구해 보자며 보류했다.

며칠 뒤 스티글리츠 교수가 대통령 취임 축하객으로 한국에 왔다. 대통령 취임식 전날인 2월 24일 오후 3시, 스티글리츠, 장하준 교수와 함께 삼청동 대통령 안가로 갔다. 안가라는 데를 처음 가 보았다. 10·26 사건이 일어났던 궁정동 안가를 김영삼 대통령이 말끔히 철거한 이후 남은 안가는 몇 채 안 되는 것 같았다. 안가라고 해서 뭐 별난 데는 아니고 평범한 작은 한옥이었다. 거기서 당선자와 넷이서 1시간 환담을 나누었다. 스티글리츠 교수는 시장 만능주의를 비판하고 노동자 경영 참가를 지지하는 등 진보적 견해를 피력했다. 그리고 미국 정부의 최고 경제정책 심의 기구인 국가경제위원회NEC에 대한 의논도 했다. 그 무렵 문희상 비서실장이 나에게 NEC에 대한 질문을 한 적이 있다. 당시 국내 일각에서 제안하던 NEC 설치에 당선자는 동의하지 않았다. 우리나라에서는 경제부총리가 경제정책의 좌장 역할을 하므로 구태여 NEC 같은 조직이 필요하지 않다는 생각이었다. 반면 외교 안보 쪽은 좌장이라 할 만한 장관이 없기 때문에 국가안전보장회의NSC의 필요성을 인정했고, 실제로 노 대통령은 청와대 안에 NSC를 설치해 외교 안보 사령탑 역할을 맡겼다.

경제수석의 폐지

참여정부 초기 청와대 조직의 큰 변화 중 하나는 경제수석의 폐지였다. 그 대신 보완의 의미로 대통령 경제보좌관이 신설됐다. 경제수석이 없어진 이유는 과거에 경제수석이 재벌과 장관들 위에 군림하면서 때때로 월권, 전횡 시비에 휘말렸기 때문으로 추측된다(내가 일하던 정책실장실은 과거 경제수석실이었다. 과거 독재 시절에 재벌들이 경제수석을 만나려고 수석실 앞 복도 의자에 줄지어 앉아 있었다는 전설이 내려온다). 나는 신설된 경제보좌관의 역할이 뭔지 궁금해 그날 안가에서 당선자에게 질문하니 한국경제의 대외 홍보와 대통령의 경제 가정교사 역할, 두 가지라는 답이 돌아왔다. 며칠 뒤 초대 대통령 경제보좌관에 서강대 조윤제 교수가 임명됐는데 나하고는 20대 때부터 잘 아는 사이다.

스티글리츠 교수가 대통령 자문위원장을 맡겠다고 당선자에게 직접 제안했고 그 뒤 나와 하얏트호텔 커피숍에서 좀 더 구체적으로 의논했다. 스티글리츠 자문위원장 문제를 조윤제 경제보좌관한테 의논했더니 스티글리츠 교수가 월가와 사이가 나빠 미국 기업의 한국 투자에 방해가 될까 봐 반대했다. 주위 반대를 무릅쓰고 추진해 볼까 하다가 접고 말았다. 노 대통령의 일하는 스타일로 봐서 이 안건을 올리면 참모들의 의견을 물어볼 텐데, 동조자가 한 명도 없다. 스티글리츠 교수는 몇 달 뒤 서울대에서 강연했는데 나는 토론자로 참석했다. 2006년 스톡홀름의 노벨상 시상식에 갔을 때 다시 만나 반가웠다. 여전히 한국에 깊은 애정과 관심을 갖고 이것저것 많은 질문을 했다.

2006년, 그해 노벨 경제학상 수상자인 에드먼드 펠프스Edmund S. Phelps 교수와 인사하고 대화를 나누었는데 별로 감명을 못 받았다. 1000명이 참석한 기념 만찬에서 노벨상 수상자들이 차례로 연단에 올라 수상 소감을 피력했다(영화 〈뷰티풀 마인드〉에서는 수상식장에서 바로 수상 소감을 피

2006년 12월 스웨덴에서 열린 노벨상 시상식에서 조지프 스티글리츠 교수와 이정우 교수가 대화를 나누고 있다. 자료 출처: 이정우

노무현과 함께한 1000일

력하는데 실제로는 자리를 옮겨 만찬장에서 한다). 가장 감동적인 연설은 노벨 문학상을 받은 오르한 파묵이었고, 가장 졸렬한 연설은 경제학상의 펠프스였다. 그는 젊을 때 돈 버는 걸 공부하고 싶어 경제학을 선택했다고 말해 품위와 거리가 먼 연설을 했다.

시카고학파 경제학은 현실과 유리되어 있고 역기능이 큰데 한국에서는 이런 경향이 더 심하다. 한국의 경제학자 중에는 한국경제는 무시하고 수학만 만지작거리는 자가 많고 계속 동류 재생산으로 숫자를 불리고 있다. 그래서 초기 노벨 경제학상 수상자인 스웨덴의 칼 군나르 뮈르달Karl Gunnar Myrdal이 가끔 생각난다. 《아시아의 드라마》라는 명저를 쓴 뮈르달은 밀턴 프리드먼이 1976년 노벨 경제학상을 받자 강력 규탄하는 글을 썼다. 왜냐하면 프리드먼은 1973년 쿠데타로 집권한 칠레의 악명 높은 군부 독재정권에 대해 자유시장경제를 회복했다는 이유로 찬양했는데, 이런 사람은 노벨상의 정신에 부합하지 않는다는 것이다. 뮈르달은 이럴 바엔 차라리 노벨 경제학상을 폐지하자고 주장했다. 경제학계의 이런 보수적 풍토에서 스티글리츠는 소중한 자산이다. 스티글리츠가 참여정부의 자문을 맡았더라면 하는 일말의 아쉬움이 있다.

12. 첫 장관 연수회와
참여정부의 개혁 과제

○
●

2003년 3월 7~8일 이틀간 과천 중앙공무원 교육원에서 장관·위원장·수석 연수회가 열렸다. 정부 출범 후 갖는 첫 연수회에서 대통령은 자신의 국정 철학을 장관들에게 전달하기 위해 다음과 같은 내용의 긴 기조연설을 했다.

노 대통령의 국정 철학

나의 일생은 끊임없는 도전이었다. 막상 대통령이 되고 보니 앞으로 5년간 국민의 먹을거리를 어떻게 장만하나 하는 고민이 앞선다. 첫째, 정치의 본질은 권력 투쟁이다. 그러나 민심을 얻기 위해 왕도王道 사상이란 것도 나오고, 국민에 대한 봉사가 필수적이다. 국민은 스스로 주인이라는 인식을 가져야 한다. 그래야 정치인에게 속지 않는다. 둘째, 정치는 기본적으로 조삼모사다. 같은 일을 하면서도 국민을 기분 좋게 만드는 기술이 필요하다. 셋째, 정치는 국방, 치안, 경제와 직결된다. 넷째, 국정 비전을 내놓아 국민에게 길을 제시해야 한다. 국정은 근본적으로 다양한 이해관계를 조정, 통합하는 일이다. 다섯째, 적절한 위기 관리가 필요하다.

참여정부는 개혁 정부가 되어야 한다. 개혁 정부라 함은 첫째, 왕성한 기술혁신이다. 둘째, 시장개혁이다. 재벌개혁을 포함한 시장개혁에 대해서는 외국에서 지켜보고 있다. 기업은 단기적으로는 개혁이 부담스러울 수 있다. 필요시 속도 조절은 하되 1회성 개혁이 아니라 5년 상시 개혁이 돼야 한다. 셋째, 문화 혁신이다. 이것은 가치 지향의 사회로 가자는 뜻이다. 페어플레이 문화, 원칙과 신뢰가 확립돼야 한다. 넷째, 동북아 시대. 이것은 시장 확대를 의미한다. 다섯째, 지방화. 수도권 집중으로 인한 부담과 갈등 비용이 크므로 균형발전이 반드시 필요하다.

개혁 과제는 첫째, 정치개혁이다. 정치권이 자율적으로 개혁하기를 기다리고 있다. 만일 안 하면 대통령이 당원들을 설득할 것이다. 둘째, 정부개혁. 영국의 대처 총리나 뉴질랜드는 '작은 정부'를 지향하지만 나는 '작은 정부'를 공약한 적이 없다. 그것보다는 '효율적 정부'가 더 중요하다. 개혁의 결과 남는 인력을 중요한 새 일에 투입해야 한다. 조직 개편은 일거에 하지 않겠다. 1~2년 일해 가면서 천천히 하겠다. 셋째, 언론개혁. 언론 개혁을 위해서는 국민적 분위기 조성이 필요하다. 언론개혁은 언론 스스로 하는 게 좋고, 정부가 나서는 것은 한계가 있다. 정부는 적어도 언론과 유착은 말아야 한다. 정부와 언론이 긴장 관계를 유지하는 것은 나쁘지 않다. 내가 대통령에 당선된 것도 언론과 유착하지 않고 싸워 온 덕분이라고 생각한다. 앞으로도 언론과 적당히 타협할 생각은 없다. 예를 들어 '가판 신문 안 보기' 운동 같은 것이 필요하다. 넷째, 교육개혁.(이 부분은 제목만 말하고 지나갔다.) 다섯째, 권력 기관 문제. 앞으로 국정원장의 정치 보고를 받지 않겠다. 국정원은 이제 창조적인 일을 해야 한다. 예를 들어 동북아 시대에 맞는 새 역할, 남북문제나 국제적으로 할 일이 있을 것이다. 검찰도 달라져야 한다. 정부를 마지막으로 지켜 주는 힘은 검찰이 아니고 국민이다. 5년간 당당하게 나가겠다. 대통령이 검찰에 의지하면 검찰이 국민 위에 군림한다. 검찰을 개혁해야 한다. 국민으로부터 불신을 받는 조직이 환골탈태하려면 서열을 타파하고 과감한 발탁 인사가 필요하다. 결론적으로 정부는 학습, 진화하는 조직이 돼야 한다. 장관은 공무원들이 일하게 해야 하고, 일하는 10개 중 1개라도 채택될 거라는 신뢰를 주어야 한다. 공무원들은 국회에 가서 시달리고 고생한다. 공무원들을 신뢰하며 시작하려고 한다. 과거 국정감사 뒷바라지를 하려고 정부 부처 옆에 방한 칸 얻어 놓고 불철주야 노력하는 공무원을 보고 우리나라가 앞으로 잘되겠구나 하는 생각이 들었다.

38명의 대통령

이상 대통령의 기조연설을 들은 뒤 장관들은 조를 나누어 분임 토의에 들어갔다. 나는 허성관, 이창동, 김두관 장관, 유인태 정무수석과 함께 4분과 소속이었다. 토의 1주제는 언론개혁이었다. 이창동 장관이 주무 장관으로서 견해를 피력했다. "언론개혁은 기관이나 힘을 통해 하려고 해서는 안 된다. 법과 제도의 문제도 아니다. 새로운 대언론 관계를 정립해야 한다. 문화관광부에는 3대 원칙이 있다. 첫째, 개방. 둘째, 공평.

브리핑의 기회 균등을 말한다. 셋째, 정보 공개. 기자실을 폐쇄하고 브리핑 룸이나 취재 지원실을 만들어 정보를 신속 과감하게 공개한다. 정부 서류 중 상당 부분은 공개가 가능하다."

허성관 장관은 "신문 가판은 언론이 주도권을 잡기 위해 일단 기사화해 놓는 것인데, 이제는 세상이 바뀌고 있고 기사 작성이 정확해야 한다. 가판 구독 금지가 맞다"고 주장했다. 김두관 장관은 "남해 군수 시절 《동아일보》는 남해에 주 5일 상주하며 취재했다. 언론은 일단 일이 터지면 안 봐준다. '모든 힘이 ('조중동'이 모여 있는) 태평로에서 나온다'는 말이 있다. 언론개혁은 국민의 바람이고, 참여정부가 개혁 정부가 되느냐 성패의 관건이 될 것이다"라고 말했다. 이창동 장관이 동조했다. "오직 합리, 정도의 길밖에 없다. 기자들의 인터뷰 요청이 쇄도하지만 일관성 유지를 위해 일절 거부하고 있다. 퇴근 때 부처 앞이나 집 앞에 기자가 대기하고 집에서도 전화벨이 계속 울린다. 언론 좋아해서 자꾸 노출되다간 쉽게 무너진다." 윤영관 외교부 장관이 영국 정치가 파월의 말을 인용해서 좌중을 웃겼다. "정치가와 파리의 공통점은 무엇일까? 신문에 맞아 죽기 쉽다."

연수회 둘째 날, 다면 평가 이야기가 나왔다. 진대제 장관은 기업에서 해 보니 다면 평가는 인기투표와 비슷해 문제가 많아 폐기하는 추세라고 말했다. 한명숙 장관도 일을 추진하는 사람은 주위와 충돌해 점수가 낮게 나오기 쉬우므로 다면 평가를 과신하면 안 되고 참고 자료 정도로 봐야 한다고 주장했다.

고건 총리는 서울시장 때 추진했던 'OPEN'이라는 개방 행정에 대해 이야기했다. 부패 추방을 위해 공무원이 단돈 만 원만 받아도 퇴출시켰고 민원 담당 지역을 무작위로 운영했다. 시정 외압에 대해서는 시장이 방패 역할을 했다. 그리고 민원을 온라인으로 처리했더니 투명성이 높아졌다. 고건 총리는 결론으로 '햇빛은 최고의 살균제'라는 명언을 남겼다.

개혁과 저항이라는 주제로 토론이 이어졌다. 유인태 수석은 후천 개벽이란 표현을 썼다. "참여정부는 국민이 변화를 명한 정권이다. 이번 장관 인사는 파격이다. 김원기, 정대철조차 한 명도 추천하지 못했다. 이번 조각은 혁명이다." 이창동 장관은 이렇게 말했다. "젊은 교사 시절에는 나이 50 넘는 교사들 다 나가면 좋겠다고 느낀 적도 있었다. 권위주의 문화는 YS, DJ 시절에도 지속됐다. 이걸 깨려면 문화 충격이 필요하다. 김수환 추기경이 'YS, DJ도 대통령 되기 전과 후가 다르더라. 노무현 대통령은 달라지지 않기를 희망한다'고 말했다고 한다. 대통령 집무실의 권위주의와 화려한 카펫, 누가 대신 문 열어 주는 문화가 바뀌지 않으면 개혁은 불가능하다."

평소 말이 적은 조영길 국방부 장관이 연공 인사에 대해 기억에 남는 한마디를 남겼다. "검찰과 국방부는 기수별 승진을 하고 있는데 이렇게 하는 나라는 한국밖에 없다." 듣고 보니 우리가 크게 잘못하고 있음을 알겠다. 한명숙 장관도 중요한 말을 했다. "4월 국회가 열리면 공무원들은 국회에 매여 1개월 업무 공백이 생긴다. 정부의 국회 대응에 개선이 필요하다. 공무원 채용 경로를 다양화해야 한다. 고시는 전문성이 낮다. 별정직, 개방직을 늘려야 하는데 한두 명 뽑아 봐야 왕따가 되기 때문에 3분의 1 정도가 바람직하다."

대통령이 연수회의 결론을 내렸다. "정부 인력 충원에 고시라는 단일 입구가 있는데 기수별 서열 문화가 문제. 여성, 장애인, 이공계, 지방의 인재를 뽑을 채용 경로 다양화가 필요하다. 우리의 목표는 일

노무현과 함께한 1000일

2003년 3월 8일 과천 중앙공무원교육원에서 1박 2일로 열린 국정 토론회 겸 연수회를 마치
고 촬영한 기념 사진. 자료 출처: 노무현재단

류 국가 만들기다. 이는 개혁을 통해 가능하며 정부개혁이 가장 중요
하다. 지도자가 조직을 감동시키는 것은 열정과 학습, 토론이다." 끝으
로 노 대통령은 고려대 윤성식 교수의 저서《정부 개혁의 비전과 전
략》(2002)을 읽어 보라고 추천하면서 "여러분이 38명의 대통령이 되어
주세요"라는 말로 이틀간의 연수회를 끝냈다.

13. 파격
또 파격

○
●

파격 대통령 하면 먼저 노태우 대통령이
떠오른다. 대통령 하면 으레 입에 힘주고 권위를 내세우던 것에 익숙
한 국민에게 '보통 사람의 시대'라는 구호 아래 대통령이 와이셔츠 차
림으로 회의를 하는가 하면 가방을 직접 들고 다녀 참신한 느낌을 주
었다. 일종의 쇼겠지만 나는 쇼치고는 괜찮다고 생각했는데 그 뒤 조
갑제와의 인터뷰를 보면 이런 행동은 기획된 인기 작전이 아니고 원
래 군에 있을 때부터 성향이 그랬다고 하니 놀랍다.(《노태우 육성 회고록》
(2007))

참여정부, 파격 정부

그러나 파격이라면 참여정부를 따라올 정부가 없다. 유인태 정무수석
말마따나 참여정부는 '후천 개벽'이었다. 노무현 대통령이 파격의 선봉

장이었다. '검사와의 대화(2003년 3월 9일)'만 해도 그렇다. 과거 같으면 평검사들이 대통령을 만날 일은 아예 없을 것인데 언감생심 토론이라니. 나는 대통령이 검사들과 토론을 벌인다는 말을 듣고 깜짝 놀라 문희상 비서실장에게 누구의 발상인지 물어보았다. 대통령 생각이라는 것이다. 만약 수석회의에 이 토론이 안건으로 올라왔으면 나는 반대했을 것이다. 문희상 실장도 같은 생각이었다. 비서실장이 대통령을 말렸지만 안 되더라는 것이다.

"이쯤 되면 막가자는 거지요"라는 대통령의 말은 사람들의 기억에 남았는데, 과연 토론이 득이 됐는지 의문이다. 다음 날인 3월 10일(월) 수석회의에서 이해성 홍보수석이 보고하기를 '검사와의 대화' 시청률은 33.6%를 기록했고, 대통령이 완승을 거두었으나 위엄이 손상되었고 앞으로 여기저기서 대통령 토론을 요청하면 어떻게 하나 걱정했다.

2003년 3월 9일에 열린 '검사와의 대화'. 노무현 대통령은 이 자리에서 검찰의 독립과 정치적 중립을 강조했다. 자료 출처: 노무현재단

노 대통령은 "검찰은 특수 조직이고 현재 심각한 국면이어서 예외적으로 토론을 한 것"이라고 답했다. 대통령의 검찰 불신 발언이 나오자 김각영 검찰총장은 토론회 직후 항의성 사표를 냈다. 문재인 민정수석은 나중에 쓴 회고록 《문재인의 운명》(2011)에서 이날 토론에 나온 검사들의 오만방자한 태도를 비판하며 '목불인견目不忍見(차마 눈 뜨고 볼 수 없다)'이라고 썼다.

청와대 앞길 개방도 파격이었다. 이것도 수석회의 토론을 거쳐 나온 게 아니고 노 대통령의 결정이었다. 과거에는 청와대 앞길의 시민 통행이 제한돼 있었다. 뭐든지 안보, 안보 하던 시절에는 그게 당연한 듯 보였다. 그래서 오랫동안 청와대는 왕조 시대 궁궐보다 더 깊은 구중궁궐이었다. 그러나 노무현 대통령은 취임 초 청와대 앞길을 개방해 시민들의 자유로운 통행을 허용하라고 지시했다. 그런다고 대통령의 안위가 문제될 일이 뭐 있겠느냐는 것이었다. 지금은 별거 아닌 걸로 여기지만 당시만 해도 청와대 앞길 개방은 파격이었다. 뿐만 아니라 2003년 4월 대통령 별장 청남대를 국민들에게 돌려주기도 했다.

앞서 자민련을 찾아가 김종필 대표를 만났던 이야기를 했다. 김종필 대표는 차 한 잔을 하면서 그의 독특한 쉰 목소리로 "술 잘합니까? 앞으로 가끔 술도 한잔하고 그럽시다"라고 제의했다. 그러나 그 뒤 JP와의 술자리는 없었다. 술을 한잔했으면 깊이 감추어 둔 이야기를 들을 수 있었을까. 참여정부 청와대의 특징은 술을 멀리한 것이었다. 내 차를 모는 기사는 청와대에만 16년을 근무한 베테랑이었는데, 역대 정부에 비해 참여정부는 일하는 방식이 달라도 너무 다르다고 했다. 전 정부에서는 청와대 수석들의 심야 술자리 참석이 일주일에 두서너 차례는 있었다고 한다. 술자리 상대는 주로 언론 쪽이었고 귀가 시간이 대개 자정 전후였다고 한다. 그러고 보니 국민의정부 때 정책기획위원 50명이 청와대에 가서 김대중 대통령과 오찬을 하던 날이 생각난다. 내 옆자리에 앉은 박지원 비서실장이 전날 밤 늦게까지 모 신문사 사람들과 마신 술이 덜 깨 정신이 몽롱하다고 하소연했다.

그래서 '밤의 대통령'도 존재하고, '역사는 밤에 이루어진다'는 말도 나온 것일까. 그에 비하면 참여정부 청와대는 술과 담쌓은 정부였다. 청와대 회식에서도 포도주 한 잔 마시는 것이 고작, 술을 권하고 따르는 게 아예 없었다. 술 마실 일이 없으니 나처럼 태생적으로 술이 약한 사람도 생존이 가능했다. 과거 정부 같으면 나 같은 비주류는 며칠도 못 버티었을 것이다. 이 점에서 나는 노 대통령에게 감사한다.

정부와 언론의 긴장 관계

파격과 반골이라면 나도 별로 빠질 생각이 없다. 새로 부임한 청와대 참모들이 여러 언론사를 예방하는 것이 오랜 관례였다. 예전에는 '아무개 수석 본사 예방', 이런 짤막한 기사가 신문 2면에 자주 나곤 했다. 참여정부 초기 수석회의에 관례대로 언론사 예방을 할 것인지가 안건으로 올라왔다. "다른 나라는 이런 거 안 할 겁니다. 하지 맙시다" 하며 내가 반대하니 여러 수석이 동조해 관례를 깨고 언론사를 찾지 않았다. 언론사들이 괘씸하게 여겼을 것이다. 그 바람에 언론의 참여정부 공격이 더 심해졌을지도 모르겠다. 참여정부는 5년 내내 언론의 공격에 시달렸고 하루도 잠잠한 날이 없었는데 내 책임도 있을 것 같다. 노무현 대통령이 강조한 정부와 언론의 긴장 관계, 이것이 당시 유행어가 됐다. 촌철살인의 대가 유인태 정무수석은 청와대 기자들과의 친목 모임에서 '긴장'이라고 건배사를 해 좌중의 폭소를 유발했다.

3월 25일(화) 저녁 조해녕 대구시장, 이의근 경북도지사, 김달웅 경북대 총장, 임대윤 대구 동구청장과 나중에 시민사회수석이 된 이강철, 그리고 정부 쪽에서는 윤덕홍, 이정재, 권기홍, 이창동 장관이 함께한 회식에 나도 참석했다. 과거 TK 정권이 오래갔지만 대구 출신 장관 숫자에 관한 한 2003년이 역대 최다이지 싶다. 오랜만에 고향 사람들이 모여 분위기가 아주 좋았다. 대구 지하철 참사, 유니버시아드 대회 유치, 문화수도 등이 화제에 올랐다. 이의근 지사는 경주, 안동이 있는 경북이 당연히 문화수도가 돼야 한다고 주장했고 이창동 장관이 수긍했다. 그때는 광주가 문화중심 도시로 지정된다고 하던 때였다. 모임이 파할 때 대구 상의회장이 장관들에게 선물을 하나씩 주기에 받아서 집에 와 열어 보니 제법 큰 황금 열쇠가 들어 있었다. 당시는 '김영란법'이 없었지만 선물치고는 과했다. 내가 이튿날 장관들에게 전화를 해서 만장일치 의견으로 일괄 돌려주었다. 이런 것도 오랜 관행인지 모르겠으나 타파해야 할 관행이다. 인정과 부패는 경계가 애매하고 이 경계선에서 발을 헛디디며 망하는 사람이 많다.

4월 9일(수) 오전 7시 30분 코엑스 컨벤션홀 3층에서 열리는 제35회 국가조찬기도회에 참석하라는 연락을 받았다. 나는 신자가 아니지만 관례라고 해서 참석했다. 주최 측의 안내를 받아 헤드 테이블에 앉았다. 옆 테이블의 황우여, 박진 등 국회의원들과 악수했다. 조금 뒤 정대철 민주당 대표가 와 내 옆에 앉았다. 악수를 하긴 하는데 내가 누군지 모르는 것 같았다(석 달 전 인수위 때 넷이서 장시간 저녁 식사를 했다). 조금 뒤 박희태 의원이 나타나 앉을 곳을 찾아 헤매니 정대철 대표가 박희태 의원을 불렀다. 나를 보고 "자네 저기 가서 좀 앉지" 하는 게 아닌가. 이런! 나를 후배 국회의원쯤으로 여겼나 보다. 행사 개시 직전이고 3000명의 참석자들이 헤드 테이블로 시선을 집중하고 있었다. 내가 누구라고 설명하기도 그렇고 해서 옆 테이블에 가서 앉으려는데 빈자리 두 개는 김영진 농림부 장관과 미국 대사 몫이라 한다. 순간적인 판단에 그냥 나가는 게 맞겠다 싶어 밖으로 걸음을 옮기니 정대철, 박희태, 두 의원이 미안해하며 일어서려는 동작을 취했다. 괜찮으니 그대로 앉아 계시라고 손짓하고 퇴장했다. 모양새가 이상하게 됐지만 팔자에 없는 설교를 안 듣고 시간도 절약하니 전화위복이라는 생각이 들었다. 바로 사무실에 출근해 경위를 설명하고 나는 무교이므로 앞으로 종교 행사에는 이름을 넣지 말라고 했다. 그 뒤 종교 행사에는 일절 가지 않았다. 그것도 관행 타파라면 타파였다. 그날 오후 정대철 대표한테서 실수를 사과하는 전화가 왔다.

14. 국정과제위원회,
국정의 중심에 서다

○
●

 노무현 대통령은 일상적 정책은 장관이나 총리에게 맡기고 그 대신 기존의 정부 부처에서는 해결하기 어려운 구조적, 장기적 난제를 푸는 것이 대통령의 할 일이라고 생각했다. 예를 들어 양극화, 저출산, 인구 고령화, 균형발전 등의 장기 과제를 해결하려면 기존 정부 부처의 틀을 넘어서는 국정과제위원회 조직이 필요하다는 생각이다. 이것은 앞서 이야기했듯이 노 대통령이 박세일, 김병국 등의 공저《대통령의 성공조건》을 읽고 얻은 생각이다. 이런 생각은 우리나라 역대 대통령과 전혀 다른 스타일이다. 한국의 역대 대통령은 대개 만기친람萬機親覽형이었다. 즉, 대통령은 대한민국에서 일어나는 모든 문제를 파악하고 해결해야 한다는 사고방식인데, 이는 일종의 강박 관념이다. 그것은 실현 불가능할 뿐 아니라 국소적인 데 매이다 보면 큰 걸 놓치게 된다. 그래서 일은 열심히 하는데 지나고 보면 남는 게 없다.

소수 과제 집중형 대통령

역사적으로 만기친람의 대표 군주는 청나라 5대 황제 옹정제다. 그는 매일 전국에서 올라오는 수백 건의 보고를 밤늦게까지 꼼꼼히 읽고 일일이 붉은 글씨로 지적 사항을 써서 내려 보냈다. 이를 주비유지朱批諭旨라고 한다. 또 그는 비밀경찰을 동원해 신하들을 끊임없이 감시했다. 예를 들어 신하들이 밤에 모여 골패 놀이를 한 걸 황제가 다 알고 있다. 그러고는 "어젯밤 골패 놀이할 때 무슨 이상한 일이 없었소?" 하고 묻는다. 신하가 대답하기를 "글쎄요, 도중에 골패가 한 개 없어졌습니다." 그러자 옹정제가 골패를 하나 꺼내며 "혹시 이거 아니오?" 이런 식이다. 신하들이 질겁할 수밖에. 옹정제는 옥좌 뒤에 '위군난爲君難(군주 노릇하기 어렵다)'이라고 써서 걸어 놓았는데 신하들은 '신역불이臣亦不易 (신하 노릇도 쉽지는 않습니다)'라고 대답했다. 옹정제는 과로 끝에 56세의 나이로 세상을 떠나 아버지 4대 황제 강희제나 아들 6대 건륭제만큼 오래 못 살았고 업적도 한참 뒤진다.

만기친람과 소수 과제 집중, 어느 게 옳을까? 나는 후자가 옳다고 생각한다. 다행히 노무현 대통령은 만기친람형이 아니라 소수 과제 집중형이었다. 이 점이 노 대통령과 다른 대통령들과의 근본적 차이다. 나는 그때까지는 《대통령의 성공조건》 책을 읽지 않았지만 인수위가 끝나는 날 대통령에게 '심심한 대통령'이 되라고 권한 것도 정신적으로 일맥상통한다. 심심한 대통령의 정반대가 이명박 대통령이었다. 그는 사업가 출신답게 매우 부지런해서 새벽부터 밤까지 일했고, 주말에도 쉬지 않아 '월화수목금금금'이란 신조어를 낳았다. 그러나 지나고 보니 내세울 만한 업적이 없음은 참으로 아이러니다(그렇다고 노무현 대통령이 게으르다는 뜻은 아니다. 실제로 매우 부지런했다).

　김대중 대통령의 비서실장을 지낸 전윤철 전 경제부총리를 2003년 만나 식사를 한 적이 있는데, 그가 나에게 물었다. 혹시 노무현 대통령이 주말에도 참모들에게 전화를 하거나 불러내는지를. 내가 그런 일은 거의 없다고 대답하니 부러워하면서 자기는 비서실장을 할 때 김대중 대통령이 주말에도 시도 때도 없이 불러 잠시도 쉴 틈이 없었다고 했다. 그 이야기를 듣고 나는 운이 좋구나 생각했다. 이 점이 매우 중요하다. 역설적으로 들리겠지만 국정에는 부지런함과 세심함이 해롭고, 게으름과 대범함이 덕목이다(영국 철학자 버트런드 러셀의 《게으름에 대한 찬양》을 읽어 보기 바란다). 중요한 것은 부지런함이 아니고 아이디어이며, 좋은 아이디어는 바쁜 데서 나오지 않고 여유에서 솟아나기 때문이다. 참여정부가 시간이 흐른 뒤 차차 좋은 평가를 받는 것은 노무현 대통령이 일상 정책을 장관과 총리에게 맡기고, 국정과제위원회를 지휘해 국가적 장기 과제와 씨름한 덕분이라고 본다.

국정과제위원회의 출범

노 대통령은 참여정부 출범 초기에 정책실장에게 국정과제위원회 출범 임무를 맡겼다. 내가 위원회 출범 준비를 하면서 중간보고를 하지 않았더니(이것은 학자 출신의 특징이다. 관료 출신은 동작이 빠르고 중간보고를 잘한다), 노 대통령이 답답해했다. 3월 21일(금) 오전 9시, 대통령 주재 수석회의에서 노 대통령은 "정책실장은 일부러 일상 정책을 면제해 주는데…" 하면서 국정과제위원회 발족이 늦어지고 있음을 질책했다. 실은 기존 위원회들을 정비한 뒤 새 위원회들을 발족하라는 지시도 있고 해서 시간이 걸린 것이고, 사실 준비가 다 돼 있었는데 수석회의에서 지적을 들으니 조금 억울했다. 오후에 보고하겠다고 답하고 실제로 오후 2시에 김병준, 성경륭 교수, 조재희 비서관과 함께 진척 상황을 보고했더니 대통령이 만족해했다.

3월 25일(화) 정오 본관 백악실에서 정책실 세 비서관과 함께 대통령과 식사를 하며 국정과제위원회 운영 계획을 의논했다. 노무현 대통령은 위원회 일 이외의 나머지 일은 모두 장관, 총리에게 위임하겠다고 했다. 만기친람형 대통령을 하지 않겠다는 중대 선언이다. 위원회는 장관 및 학자로 구성키로 했다. 대통령은 주 1회 위원회 회의를 주재하겠다며 놀라운 의욕을 보였는데 무리한 느낌이 들었는지 10분 뒤 월 1회로 수정했다. 그러나 나중에 보니 실제로 그보다 훨씬 많은 월 2~3회 국정과제회의를 소화했다. 노무현 대통령은 워낙 토론을 좋아해서 대단히 많은 회의를 주재했다. 역대 대통령 중 단연 '회의의 제왕'이지 싶다. 수석회의만 해도 매주 2~3회, 즉 월 10회 정도 주재했는데 전두환 대통령은 월 1회 수석회의를 주재했으니 10배 차이가 난다(《전두환 육성증언》(1992)).

3월 30일(일) 춘추관에 나가 기자들에게 국정과제위원회 출범 준비 상황을 설명했다. 위원회에는 장관들과 학자들이 들어오는 구조다. 국정과제위원회의 윤곽이 드러나자 각 위원회에 어떤 부처가 들어오느냐를 놓고 부처 간 경쟁이 벌어졌다. 대통령이 위원회에 관심이 많다는 사실이 관가에 소문이 났는지 각 부처는 서로 위원회에 들어오겠다고 기를 썼다. 흔히 언론에서 대통령 위원회를 가리켜 형식적, 낭비적, '옥상옥'이라고 매도하는데 이는 맞을 수도 있고 틀릴 수도 있다. 대통령의 관심이 관건이다. 대통령이 위원회에 무관심하면 위원회는 옥상 옥이 된다. 그러나 대통령이 관심을 가지면 위원회는 엄청난 위력과 효능을 발휘한다. 이것을 실증한 것이 참여정부다.

4월 1일(화) 오전 9시부터 12시 10분까지 길게 열린 국무회의에서 동북아 시대, 정부혁신, 균형발전, 3개 국정과제위원회에 대해 부처 간 참가 경쟁이 벌어졌다. 통일부는 동북아위원회에 들어가기를 희망하고 교육부는 정부혁신위원회, 과기부는 동북아위원회, 환경부는 균형 발전위원회에 참가하겠다는 등 신청이 빗발쳤다. 심지어 법무부도 탈락에 불만을 표시했다. 노 대통령은 일단 위원회를 출범하고 추후에 고쳐 나가자고 장관들을 설득했다.

4월 16일(수) 오전 10시부터 오후 5시까지 과천 중앙공무원교육원에서 국정과제 워크숍이 열렸다. 내가 사회를 보면서 참여정부 12대 국정과제를 이순신 장군이 감옥에서 풀려나 수군을 재건하던 고난의 시기에 선조에게 올린 장계에 나오는 '12척의 배今臣戰船尙有十二'에 비유했다. 이순신 장군은 명량해전에서 '필생즉사 필사즉생必生則死 必死則生'의 각오로 12척의 배로써 일본 수군 130척의 배를 격파했으니 이는 동서고금 해전사 최고의 승리다. 실제로 참여정부 국정과제위원회는 초기에 7개로 시작해 차차 늘어나 나중에 12개가 됐다. 12개의 위원회와 약 20개의 정부 부처가 종횡으로 엮이는 일종의 매트릭스 조직, 이것을 통해 중요한 국가적 장기 과제를 해결한다는 전혀 새로운 국정 운영 방식이 출현한 것이다.

노무현 대통령은 위원회 출범에 고무된 표정으로 연설했다. "국가 균형발전은 말은 쉽지만 행동은 어렵다. 종합적 접근이 필요하다. 이번에는 꼭 한번 해 보자. 여러 위원회 안에 최고 전문가들이 모여 있어 성

노무현과 함께한 1000일

2007년 1월 31일 '참여정부 4주년 기념 국정과제위원회 합동 심포지엄' 중 노무현 대통령이 자리에 누워 휴식을 취하고 있다. 자료 출처: 노무현재단

공할 수 있다. 이게 성공하면 어떤 혁명보다 더 큰 혁명이 될 것이다. 7대 국정과제들이 잘 풀리면 나라가 달라질 것이다. 인기에 연연하지 않고 흔들리지 않겠다. 1~2년만 고생하면 국민이 알아줄 것이다. 범정부적인 전략 구도를 짜 달라." 이런 취지로 대통령 연설이 있었다. 국정과제위원회의 역사적 출범이었다.

15. 동북아위원장을
찾습니다

○
●

　　　　　　　　참여정부에는 이순신 장군의 12척의 배에
비유할 만한 12대 국정과제위원회가 맹활약을 했는데, 그 선발 주자는
정부혁신위원회와 균형발전위원회였다. 전자는 김병준 교수, 후자는
성경륭 교수가 위원장을 맡아 척척 노를 저어 나갔다. 두 교수는 대선
때 노무현 후보를 도왔고 인수위에서도 활동했으므로 노 대통령의 국
정 철학을 누구보다 잘 이해하고 있었다. 4월 9일, 대통령이 두 위원회
위원들에게 위촉장을 수여하고 오찬을 함께했다. 그러나 동북아위원
회는 위원회 명칭부터 시비가 걸리고 위원장 인선이 난산이었다. 중국
이 '동북아 중심 국가'라는 표현에 거부감을 표시했다. 그 대신 '동북아
경제중심'은 문제가 없다고 했다. 3월 중순에 위원장을 찾기 시작해 꼬
박 한 달이 걸렸다. 그 과정에 교훈적인 것이 있어 기록해 둔다.

위원장 후보를 물색하다

3월 15일 인수위에 참가했던 아무개 교수를 동북아위원장으로 추천했더니 노 대통령은 '아이디어가 없다'며 동의하지 않았다. 그러면서 "(과거 5공, 6공 때 경제수석과 재무부 장관을 지냈던) 사공일 같은 스타일이 필요하다"고 말했다. 3월 17일(월) 수석회의에서 노 대통령은 "동북아위원장은 세계적 안목을 가진 기업가 출신이 좋겠다"고 말했다. 그 뒤 여러 사람에게서 동북아위원장 추천을 받아 후보가 10명을 훌쩍 넘었다. 직접 만나 대화를 나누어 본 사람도 여럿 있었다(물론 동북아위원장 면접이라는 내색은 전혀 하지 않았다).

동북아위원회가 하는 일이 주로 동북아 지역의 평화 정착과 더불어 물류, 금융 허브를 구축하고 외국인 투자를 유치하는 일이기 때문에 추천 후보는 주로 기업가들이 많았다. 3월 27일(목) 오후, 몇몇 기업가 후보를 대통령에게 보고했더니 별로 탐탁지 않은 눈치였다. 의논을 마치고 대통령 집무실을 나오는데 양길승 부속실장이 노 대통령에게 "관저에서 영식(윗사람의 아들을 높여 부르는 말)이 기다리고 있습니다"라고 보고했다. 노 대통령은 "영식이라 부르지 말고 건호라 부르세요"라 했다. 격식과 허례허식을 싫어하는 노무현다운 반응이었다.

3월 말께 동북아위원회 비서관으로 인수위 경제1분과에서 같이 활동했던 정태인 위원을 추천했다. 정태인 위원은 5년간 동북아 문제를 연구했고, 인수위 때도 이 문제를 주도했다는 사실을 대통령은 전혀 모르고 있었다. 좀 더 과거로 돌아가면 정태인은 누구보다 먼저 정치인 노무현이 흙 속의 진주임을 알아보고 그에게 한국 정치의 미래와 희망을 걸었던 사람이다. 그래서 경제 가정교사 노릇과 방송 출연 시

코치 노릇까지 하면서 누구보다 열심히 도왔다. 게다가 동북아 문제에 전문성이 있으니 즉석에서 동북아비서관으로 결정됐다.

문제는 위원장이었다. 여러 사람이 여러 인사를 추천했다. 정운찬 총장은 김재철 무역협회장을 추천했고, 김진표 부총리와 권오규 수석은 삼성의 현명관 부회장을 추천했다. 나중에 동북아위원으로 들어온 박학다식한 최명주 교수는 박성용 금호그룹 회장을 추천했다. 진대제 장관은 후보를 10명이나 추천했다.

4월 들어 다국적 기업의 한국 지사장이나 한국의 해외투자 기업 사장 중에서 위원장 후보를 찾았다. 4월 2일(수) 중국에 한국 공장을 30개 이상 창립해 모두 성공시켰던 유능한 기업가를 만났다. 이 기업가가 말하기를 창립 공장 중 여러 개가 한국의 지자체와 결연 사업을 벌였는데 기념사진만 찍고는 끝이더라고 했다. 다음 선거에 이용하는 것 말고는 아무 생각도 없는 것이니 참 한심한 일이다. 이 성공적 기업가는 상당한 호감을 주었는데 민정수석실에서 검증한 결과 국적이 미국이라고 해서 아깝게도 탈락했다.

몇몇 후보는 검증 과정에서 부동산이 중요한 걸림돌이 됐다. 어떤 후보는 다른 조건은 다 좋았는데 부동산이 전국에 15건이나 돼서 탈락했다(동북아위원회 교수 중에는 전국 부동산이 50건이 넘는 교수도 있었으나 위원장이 아니었으므로 문제 삼지 않았다). 대기업 사장을 역임한 또 다른 후보는 사장 시절 이런 일이 있었다. 한 임원이 보고하러 사장실에 들어가니 사장이 벽에 걸린 전국 지도를 유심히 보고 있었다. 임원이 "무슨 사업 구상이라도 하십니까?"라고 물어보니 사장 왈 "아니, 전국에 있는 내 부동산을 보고 있는 중이야. 여기도 내 땅, 저기도 내 땅" 이러더라는 것이다. 단박에 탈락. 이런 사람은 사익 추구에는 귀신이지만 공적인 일에는 부적격이다. 대한민국의 부동산 투기가 망국병에 이르렀구나 하는 생각이 절로 들었다.

장고 끝에 결정된 위원장

4월 10일(목) 오후 9시에 대우전자 출신 배순훈 사장, 정태인, 임원혁 박사와 플라자호텔 커피숍에서 만났다. 탱크주의로 유명한 배순훈 사장은 첫인상이 겸손하고 '적당한' 사람으로 보였다. 재주가 있어 보이고 말도 조용조용하게 해서 좋은 인상을 받았다. 배 사장은 한국 기업에 분식 회계가 만연해 있는데 일정한 유예 기간을 제시하고 그 뒤에는 엄벌해야 한다고 상당히 개혁적인 주장을 했다. 세계적 베스트셀러 《좋은 기업을 넘어 위대한 기업으로》의 저자 짐 콜린스는 훌륭한 기업가의 최고 특징은 겸손이라고 주장하는데 배순훈 사장이 바로 그런 분으로 보였다.

4월 11일(금) 박성용 회장을 만나 식사를 같이했다. 박 회장은 클래식 음악에 조예가 깊고 음악 꿈나무들의 후원자로 유명한 분이다. 나도 클래식 듣기가 취미이므로 대화가 잘 됐다. 박 회장은 이날 작곡가 윤이상과 통영음악제 이야기를 많이 했다. 윤이상 선생의 부인이 과거 한국 정부가 남편을 납치, 투옥했던 잘못을 사과하기 전에는 통영음악제 참석을 거부한다고 했다(1967년에 박정희, 김형욱이 유럽에서 활동하던 윤이상, 이응로 등 저명 예술가들을 납치해 한국으로 끌고 와 간첩으로 몰아가려다가 유럽 각국의 항의를 받고 석방했던 용공 조작 사건, 소위 '동백림 사건'). 박성용 회장은 매우 훌륭하지만 연세가 좀 많았다.

4월 11일(금) 오후 8시 반, 서두칠 사장을 만났다. 농협과 대우, 한국 전기초자를 거쳐 현재 이스텔Eastel사 사장이다. 노 대통령이 가장 존경하는 기업가라고 말한 바로 그 사람이다. 구제 불능의 적자 기업 한국초자를 흑자 기업으로 전환시켰다. 3년간 일요일과 공휴일, 명절까지 하루도 쉬지 않고 매일 6시에 출근해서 밤늦게 퇴근했고, 구미의 13평짜리 아파트에 살면서 기사 없이 손수 운전을 했다. TV와 PC의 모니터 제조에서 세계적인 경쟁력을 갖추고 저가인데다가 불량률을 크게 낮춘 것이 성공 비결이다. 한국초자의 성공담은 《우리는 기적이라 말하지 않는다》라는 제목으로 2001년 출판돼 베스트셀러가 됐고 인세는 전액 사원들에게 돌려주었다.

서두칠 사장의 아버지 이야기도 들었다. 서 사장의 바로 위 형이 교통사고로 사망했다. 아버지가 아들의 사망 보상금 수령을 거부하다가 결국 나중에 받았는데 금액을 3등분해서 3분의 1은 사고를 낸 자동차 운전수에게 주었고, 3분의 1은 기부를 했고, 3분의 1만 받았다고 한다. 보기 드문 일이다. 서 사장의 인품과 최선을 다하는 정신은 부전자전인가 싶었다. 서 사장은 시간이 없어 교회에 나가지 않고 골프도 치지 않는다고 한다. 밤늦게 임원혁 박사가 합류해 정태인 비서관과 셋이 의논한 끝에 위원장 후보 1번 배순훈, 2번 서두칠로 합의했다. 서 사장은 대단히 유능하지만 현재 회사를 맡고 있어 위원장을 하기는 어려울 것 같았다.

4월 15일(화) 저녁 노무현 대통령과 부시 미국 전 대통령의 만찬이 있었다. 나는 보고차 관저에서 기다리고 있었는데 대통령은 상춘재 만찬 후 걸어서 관저로 귀가했다. 노 대통령은 관저 앞마당에서 경호원과 대화를 나누었다. 그 경호원은 전두환 시절부터 근무했고 백담사에서도 근무했다고 했다. 노 대통령은 아랫사람과 대화할 때도 절대 말을 놓지 않고 언제나 예를 갖추었다(초면에도 예사로 말을 놓은 모 대통령과 대비된다). 경호원과의 대화가 끝나기를 기다려 내가 내일 출범하는 동북아위원회의 선장으로는 배순훈 전 대우전자 사장이 좋겠다고 건의를 했더니 대통령은 "그리 갑시다"라고 선뜻 동의했다. 오랜 산고 끝에 드디어 동북아위원회 위원장이 결정됐다. 선장 없는 출범은 면했다. 후유! 천만다행.

16. 토론식
업무보고

○
●

2003년 3~4월에 정부 각 부처가 차례대로 대통령에게 업무보고를 했다. 주요 현안은 무엇이고 올해 무슨 일을 하겠다는 것을 밝히는 대단히 중요한 회의다. 대표적인 몇 개 부처를 소개한다. 3월 19일(수) 오후 3시, 노동부 업무보고가 있었다. 장차관, 실국장들은 물론이고 국회의원, 관련 전공 교수들도 참석해 열띤 토론을 벌였다. 노 대통령은 노동부 보고서에 만족을 표하면서 노동문제가 산적해 있음을 한탄했다. 최근 두산중공업 노사 분규 때 권기홍 노동부 장관이 창원에 내려가 직접 조정해 문제를 잘 해결한 것을 칭찬하면서 앞으로 이런 문제가 생기면 대통령이 직접 관여하겠다고 말했다. 3월 9일(일) 집에서 쉬고 있는데 권기홍 장관한테서 전화가 와서 내일 창원에 내려가겠으니 대통령에게 전해 달라고 했다. 다음 날 3월 10일(월) 오전 수석회의 직전에 대통령에게 권 장관이 창원 두산중공업에 내려간다고 보고했더니 대통령은 "무리하게 타결하려고 하지 말고 성의 있게 협상해 보라"고 지시했다. 권 장관에게 이를 전달했는데 다행히 협상 결과가 좋아 잘 타결됐다.

노민기 근로기준국장이 "공공 부문의 비정규직 조사에 솔선수범할 필요가 있다"고 하자 박봉흠 기획예산처 장관이 조사를 적극 지원하겠다고 응원했다. 노 대통령은 정부개혁실에서 조사하라고 지시했다. 인수위원으로 활동했던 정영애 선생(나중에 청와대 인사수석)이 지방노동위 공익위원 자격을 완화할 필요가 있다고 제안하자 노 대통령이 찬성 의사를 밝혔다. 정병석 중앙노동위 상임위원이 "그럴 필요가 있기는 한데 공익위원 선임은 노사 양측의 찬반 투표를 거치므로 한계가 있다"고 말했다.

노 대통령은 "노동부는 실세 장관이 있고 대통령도 바뀌었으니 노동부 공무원들은 의욕을 갖고 일하라"고 힘을 실어 주었다. 그리고 한국의 고질적인 대결적 노사관계에 대해 언급하면서 "신뢰가 핵심이다. 그러기 위해서는 투명성을 높여야 한다. 노조에 회사 장부를 공개할 수 있는 기업이 돼야 한다"고 말했다. 그리고 노동부 업무보고를 마무리하며 이렇게 말했다. "갈등 조정은 정부의 임무다. 이번 두산중공업 사태가 그걸 잘 보여 준다. 가장 중요한 것은 사회통합이다. 아울러 경쟁력 향상을 도모해야 한다. 신뢰와 투명성이 관건이다."

특별교부세 개혁

3월 24일(월) 오전 10시부터 행정자치부 업무보고가 있었다. 첫머리에 박주선 의원이 공무원 노조에 대해 이야기하자 김두관 장관이 답하기를 "공무원 노조를 전교조 수준으로 인정하고 개혁의 동반자로 삼아야 한다"고 진취적인 발언을 했다. 역대 행자부 장관 중 이런 전향적 인식을 가진 장관은 없었다. 남해군수 출신이 여러 계단을 건너뛰어 장관이 될 때 일부 반대가 있었으나 그 뒤에 보니 일을 아주 잘했다. 그러나 2003년 9월, 야당인 한나라당은 한총련의 미군 기지 침입 사건을 이유로 행자부 장관 해임건의안을 통과시켰다. 말도 안 되는 억지였지만 노무현 대통령과 김두관 장관은 그냥 수용했다(20년 뒤 더불어민주당이 이태원 참사 이유로 이상민 행정안전부 장관을, 그리고 외교 참사 이유로 박진 외교부 장관 해임건의안을 통과시켰으나 윤석열 대통령과 두 장관은 요지부동이었다. 실제 두 장관은 참사에 큰 책임이 있다).

고려대 행정학과 윤성식 교수가 행자부 업무보고에 참석해 전문가로서 견해를 피력했다. 윤 교수는 노 대통령이 공무원들의 필독 도서로 추천한 《정부 개혁의 비전과 전략》의 저자이기도 하다. 윤 교수는 이렇게 말했다. "중앙과 지방의 관계 변화가 개혁이다. 20~30년 뒤의 국민 의식, 문화, 정보화, 세계화를 생각하면서 양자 간의 협력 모델을 만들어야 한다. 권한과 예산을 무조건 지방정부에 이양한다고 능사가 아니다. 지방 이양이 또 다른 집중과 독선에 빠질 위험도 있으므로 견제 장치가 필요하다. 서구는 시민사회가 성숙돼 있으나 한국은 아직 그렇지 못하므로 지방 정치가 중요하고, 지방에 인재가 오는 것이 중요하다. 지역인재할당제는 한시적 조치일 뿐 근본 대책은 아니다. 인재가 지방에 모일 인센티브가 필요하고 지방 경제가 살아나야 한다."

노무현 대통령은 행자부 업무보고에 대체로 만족한다면서 이렇게 말했다. "행정개혁을 10년 이상 계속해야 한다. 행자부가 개혁의 견인차가 되어 달라. 과거 많이 했던 정부 조직 뜯어고치기는 하지 않겠다. 합리적 행정, 내용 혁신으로 큰 효과를 볼 수 있다. 모든 조직은 기득권을 버리고 국민에게 봉사해야 한다. 경찰도 치안이나 정책을 위한 정보는 보고하되 정치적 성격의 정보 보고는 이제 중단하라. 5년 내내 행정개혁을 하겠다. 일상 업무는 총리에게 위임하고 대통령은 대통령 어젠다agenda에 집중하겠다." 이것은 앞서 말한 만기친람형이 아닌 과제집중형 대통령이 되겠다는 선언이다.

그리고 행자부에서 관리하면서 대통령과 행자부 장관이 지방을 방문할 때 선심성으로 나눠 주는 예산인 특별교부금 1조 8000억 원 문제를 노 대통령이 제기했다. 노 대통령은 이것은 나쁜 관행이므로 폐지하거나 개선해야 한다고 주장했다. 이 문제를 놓고 정세균 의장, 김병준 위원장은 현상 유지를 주장했고 고건 총리, 박봉흠 장관은 축소를 주장해 약간의 논쟁이 벌어졌다. 참여정부에서 결국 특별교부세는 종래 9.1%(11분의 1)에서 5%로 대폭 축소됐는데 이는 하나의 개혁으로 기록되어야 한다.

역사적 지지율의 중요성

3월 28일(금) 오후 감사원 업무보고가 있었다. 이종남 감사원장과 6인의 상임위원, 그리고 7인의 국장이 참석했다. 정부혁신위원장을 맡은 김병준 교수가 과도한 감사 때문에 공무원들의 복지부동 부작용이 발생함을 지적하면서 종래 직무 감찰 중심에서 성과 평가 중심으로 가야 한다고 주장했다. 이종남 감사원장은 5국이 직무 감찰을 하지만 나머지 1~7국의 회계 감사와 분리할 수 없다고 반박했다. 윤성식 교수도 미국에서 감사원 탄생의 배경이 행정부에 자유재량을 주되 공무원들의 부정을 막기 위해서였다고 설명하면서 부정 적발보다는 정책 평가로 감사원의 업무 방향을 바꾸어야 한다고 주장했다.

실제로 2003년 당시 우리나라 공무원들이 감사받은 횟수를 보면 감사원 감사 연평균 1회에 7일, 상급 단체 감사가 연평균 2회에 6일, 기타 감사가 20회에 55일, 모두 합하면 연평균 24회에 68일간 감사를 받고 있었다. 공무원들이 일을 위해 감사를 받는지, 감사받기 위해 일을 하는지 모를 지경이다. 이러니 공무원의 복지부동이 만연하고, '감사 때문에 일 못하겠다'는 불평이 나올 수밖에 없다. 노무현 대통령은 업무보고 말미에 네 가지를 주문했다. 첫째, 국회 기능을 지원하기 위한 감사원의 역할을 모색하라. 둘째, 국가적 평가 인프라를 구축하라. 셋째, 공무원의 창의적, 적극적 업무를 유인할 방안을 마련하라. 넷째, 행정에 대한 시민 통제 또는 시민 참여 방안을 마련하라.

몇 달 뒤 2003년 8월 임기가 끝난 이종남 감사원장의 후임으로 노 대통령은 윤성식 교수를 깜짝 지명했다. 윤 교수는 한국과 미국 대학에서 행정학, 경제학, 경영학, 회계학을 공부한 박학다식하고 개혁적인 인재다. 전공, 연구 업적과 개혁성으로 봐서 딱 적임이었다. 그런데도 국회 청문회 과정에서 한나라당이 기어코 낙마시키고 말았다. 낙마 이유도 별로 근거가 없었고 심지어 초등학교 성적이 나쁜 걸 트집 잡았으니 기가 막힌다. 어릴 때 공부 못했던 학생이 커서 대기만성 했으면 오히려 상을 줘야 하는 것 아닌가. 우리나라 정당들은 대국적으로 정치를 하지 않고 오직 당리당략에 사로잡혀 닭싸움하듯 정치를 하는 게 문제다.

끝으로 윤석열 정부 업무보고에 대해 한마디. 윤 대통령은 작년 부처 업무보고를 장관 1인만 참석시켜 총리, 비서실장 등 4~5인이 단출하게 둘러앉아 받았다. 참여정부의 수십 명이 참석한 토론식 보고와는 너무 달랐다. 이래서야 무슨 보고가 제대로 되겠는가. 각 부처 실국장들은 1년 중 업무보고 때 대통령 얼굴을 한번 보는데 이들의 참석을 막는 것은 사기 측면에서도 좋지 않다. 윤 대통령이 국정 파악에 자신이 없어 그랬나 하는 추측이 가능하다. 임기 초기 대통령은 아직 업무 파악이 안 돼 업무보고를 받는 것은 꽤 힘든 일이다. 전두환 대통령도 부처 업무보고 받는 것이 처음에는 힘들었으나 여러 해 받고 나니 별거 아니더라고 말한 바 있다(《전두환 육성증언》).

그런데 며칠 전 언론에 보도된 역대 대통령의 취임 1주년 국민 지지율을 보니 1위 문재인(78%), 2위 김대중(60%), 3위 박근혜(57%), 4위 김영삼(55%), 5위 노태우(45%), 6위 윤석열(35%), 7위 이명박(34%)에 이어 노무현(25%)이 꼴찌라고 한다. 참여정부는 사면초가였고, 보수뿐 아니라 진보도 공격했으니 그럴 만도 하다. 그러나 노무현 대통령은 나중에 '역대 대통령 중 가장 존경하는 인물' 조사에서 1, 2위를 다투었다. 이걸 보면 당대 지지율과 역사적 지지율은 다르다는 것을 알 수 있다. 어릴 때 공부 못해도 나중에 석학이 되는 경우가 있듯이 대통령도 당대에 욕먹더라도 나중에 역사적 인정을 받는 경우가 있다. 물론 당대 지지율보다는 역사적 지지율이 훨씬 더 중요하다.

17. 형식적·상투적
업무보고를 질타하다

○
●

　　　　　　　앞서 노동부, 행자부, 감사원 업무보고 이야기를 했다. 대체로 명랑한 분위기 속에서 활발한 토론이 있었다. 그러나 모든 부처 업무보고가 다 그랬던 것은 아니다. 정반대로 무거운 분위기 속에서 대통령의 질책을 들었던 경우도 있었다. 3월 14일(금) 오전 10시, 농림부 업무보고가 그랬다. 정세균 민주당 정책위의장이 모두 발언을 했다. "쌀과 우유의 과잉 생산이 문제가 되고 있는데 이것은 과거 정책의 실기 탓이다. FTA(자유무역협정)가 세계 대세이므로 장차 중국, 일본까지 염두에 두고 미리 연구를 해 둬야 한다. 농외소득을 올릴 방안을 강구해야 한다."

　　바로 이어 인수위원으로 일했고 농업TF의 간사를 맡은 농촌경제연구원의 정명채 박사가 중요한 이야기를 했다. "우루과이 라운드 이후 다국적 농기업들이 세계 지배 전략으로 각국의 농업 유통망을 장악하려고 시도하는 중이므로 대응이 시급하다. 협동조합 조직이 외부 공격에 방어력이 높으니 적극 육성할 필요가 있다. 예를 들어 캐나다의 곡

물협동조합이나 유럽의 협동조합이 좋은 사례다. 이에 비해 한국의 농협은 신용 사업 중심이고 경제 사업이 약해 방어 태세가 안 되어 있다. 농협의 방향 전환이 시급하다."

타성적인 농업정책 문제

노 대통령이 쌀 수매가 문제를 거론했다. 매년 추곡 수매가 때문에 시끄럽다. 농민들은 수매가 인상을 요구하고 정부는 예산을 절약하려다 보니 매년 수매가 전쟁이 벌어진다. 노 대통령은 수매가를 2% 인하하면서 직불 보조금 800억 원을 지불하는 것이 농민들에게 더 유리하지 않느냐고 제안했다. 기획예산처는 쌀 수매가가 일본은 21% 인하, 대만은 동결인데 반해 한국은 26% 인상이어서 정부 예산에 큰 부담으로 작용한다고 보고했다. 노 대통령은 "정부가 해결할 수 없는 방향으로 밀어붙여 농민들을 결국 수렁에 빠뜨렸다"고 농림부를 강하게 질타했다. "이것은 정치권과 정부의 책임인데 모두가 반성해야 한다. 수렁으로 몰고 가서는 안 되고 반대 방향으로 가야 한다. 대가를 지불하더라도 수매가 인하를 반드시 관철해야 한다. 공직자들이 자세를 바로잡고 생산적 대안을 개발해야 한다."

이런 대통령 발언의 의미를 이해하려면 그때의 정황을 알아야 한다. 당시 김영진 농림부 장관이 여러 무리한 요구를 하고 있었다. 농가 자금 대출을 2년 거치 5년 분할 상환에서 3년 거치 7년으로 바꿔 달라, 2% 인하하기로 예정된 추곡 수매가를 동결해 달라, 그러면서 그 대가인 800억 원 지원은 그대로 해 달라, 농가 부채 탕감을 해 달라 등 온갖 요구를 하고 있었다. 대통령은 이런 농림부의 무리한 요구를 비판한 것이다.

정세균 정책위의장이 옆에서 거들었다. "농업 구조 개선 사업에 42조 원, 그리고 농특세 15조 원이 투입되다 보니 과잉 생산으로 치달았고 가격이 하락할 수밖에 없다. 국제적으로 플러스 효과가 있지만 정치적으로는 마이너스다. 국회도 농민들의 압력에 굴복하여 한-칠레 FTA에 반대하고 수매가 인상을 요구하는 분위기가 있다." 이봉수 농업 특보는 양특(양곡관리특별회계) 적자가 과연 농민을 위한 것인지 질문하면서 농림부의 고질적인 인사 편중을 비판했다.

노 대통령은 추곡 수매제도를 언제까지 끌고 갈 건지 근본적인 질문을 던지면서 미래를 내다볼 정책을 세워야 한다고 강조했다. 쌀 재고의 적정량은 600만 석인데 당시 재고가 1200만 석이라 600만 석이나 초과였고, 초과 재고의 유지비만 해도 1년에 2700억 원에 달했다. 노 대통령은 마무리 발언에서 질책을 해서 미안하다고 사과하면서 어쨌든 과거 방식을 계속 끌고 가서는 안 되고 정책의 대전환이 있어야 한다고 강조했다. 농업에 10년간 80조 원을 쏟아부었는데 문제는 해결되지 않은 채 최근 과잉 생산으로 적자는 커져만 가고 농가 부채도 쌓여만 가니 보다 근본적인 대책을 세워 달라고 주문했다.

농가 소득 중 농업 소득이 차지하는 비중이 한국은 50%인데 반해 일본은 15%이고, 쌀이 차지하는 비중은 한국이 25%, 일본은 5%다. 한국 농가의 쌀 의존도가 너무 높다. 한국 농가가 특별히 정부 보조를 많이 받는 것도 아니다. 한국 농가 소득 중 정부 보조 비중이 10%로 미국 (30%)이나 유럽(36%)에 비하면 낮은 편이다. 한국 농가는 점차 노령화하면서 농가 인구가 급격히 감소하고 있다. 2003년 한국 농가의 평균 경작 면적은 1.3정보(1정보는 약 1만 제곱미터)로서 과거 평균 1정보보다 넓어졌는데 그것은 주로 농가 인구 감소 때문이다. 유럽은 더 심하다. 유럽의 농가 인구는 1958년 1700만 명에서 2000년에는 400만 명으로 감소했고, 그 덕분에 평균 경작 면적은 7정보에서 30정보로 넓어졌다. 농가당 30정보면 윤택한 생활이 보장되지만 우리처럼 1정보 남짓한 경지로는 아무리 발버둥 쳐도 잘살기 어렵다.

어쨌든 과거 농업 정책이 추곡 수매가 인상이라는 고식적 대책에 장기간 의지해 왔고, 그것은 생산 증가를 가져와 가격을 떨어뜨리니 자가당착이고 진퇴양난이다. 앞뒤 모순되는 정책을 관성적으로 반복해 온 것이다. 노무현 대통령이 농림부 보고에 대해 답답해하고 화를 낸 것은 이런 이유에서다. 농업 정책은 참여정부 들어와 근본적으로 바뀌기 시작했다. 종래의 모순적 가격 지지 정책과 결별하고 논농업 직불제, 쌀 소득보전제 등 보다 시장 친화적 정책으로 방향을 바꿈으로써 지속 가능한 농정의 단초를 제공했다고 할 수 있다.

경제적 약자를 위한 근본적 방안

4월 10일(목) 오전 10시, 중소기업특위와 중소기업청 업무보고가 있었다. 다른 부처 업무보고와 마찬가지로 정세균 민주당 정책위의장이 모두 발언을 했다. 특히 1997년 이후 한국 기업들이 중국, 동남아로 빠져나가는 소위 산업 공동화 우려와 산업 인력 구인난 문제에 대해 이야기했다. 그러면서 중기특위 5년간 활동이 미미하니 중소기업청과 통합하는 게 어떻겠느냐고 제안했다. 인수위원으로 활동했던 한국개발연구원의 박준경 박사가 정부의 지원을 받은 중소기업에 과연 경제적 효과가 있었는지 근본적인 질문을 던졌다.

노무현 대통령은 '왜 중소기업중앙회에서 고용허가제 도입을 반대하나? 정부가 협의한 적이 있느냐? 없다면 직무 유기가 아니냐'고 따져 물었다. "중소기업 지원 예산이 1년에 5.5조 원이나 되는데 금융 지원에 4.4조 원이 나가고 신보(신용보증기금), 기보(기술보증기금) 출연 및 조세 감면에 6400억 원, 이차 보전에 1500억 원이 나가고 있다. 더 이상 이런 식의 요소 투입 증대형 지원 정책은 곤란하고 기술혁신으로 방향을 바꾸어야 한다. 고령 농민이나 외국인 노동자를 쓰는 중소기업이나 연명 원리로 연명하는 것은 마찬가지다. 농민이나 중소기업이나 정치적 압력을 가해 무조건 지원받던 옛날 방식은 이제 한계에 왔다. 정책 금융이 중소기업 지원의 핵심이었던 시절도 있었지만 이제는 시대가 바뀌었다. 대덕연구단지 등을 이용해 기술 개발을 위한 지원을 해 줘야 한다. 덜어 내야 할 일과 새로 할 일을 살펴야 한다. 중기특위 업무가 중복이라면 부처와 통합이 맞다. 중소기업 지원 정책을 근본 재검토하자."

노 대통령은 틀에 박힌 형식적 보고, 상투적 보고를 매우 싫어했다. 고용허가제, 중소기업 지원 등 상투적 태도의 보고에 대해 대통령이 비판하는 바람에 회의장 분위기가 저기압이 됐다. 다행히 회의 끝머리에 어느 국장과 장하진(뒤에 여성부 장관), 장흥순의 발언으로 분위기가 좋아졌다. 특히 장흥순 벤처기업협회장은 벤처 생태계 양성을 강조하면서 "벤처가 죽어야 벤처가 산다"는 인상 깊은 말을 남겼다. 그가 지방대와 지방 산업이 결합하면 비전이 있다고 말하자 노 대통령이 기뻐하면서 갑자기 옆에 앉은 나를 보고 "이 실장, 된다고 하니 열심히 해 봅시다"라고 해서 얼떨결에 "예, 그렇게 하입시더"라고 대답했다.

농림부와 중소기업청(특위)에 대한 노 대통령의 고민은 비슷했다. 오랜 타성적 정책을 버리고 농민, 중소기업이라는 경제적 약자를 도울 근본적 방안을 찾자는 것이었다. 약자에게 돈을 쥐어 준다고 문제가 해결되는 게 아니다. 그들의 자생력을 길러 줘야 하고 시장 원리에 부합하는 정책을 써야 한다는 문제의식이다. 여기에 노 대통령의 깊은 고민이 있었다.

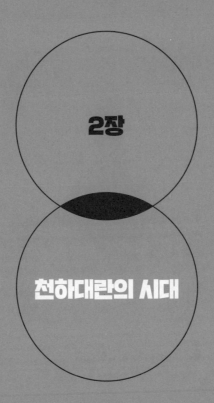

2장

천하대란의 시대

18. 핵폐기장과 양성자 가속기 연계안

○
●

　4월 2일(수) 오후 7시, 팰레스호텔 일식당에서 윤진식 산자부 장관, 박호군 과기부 장관, 진대제 정보통신부 장관, 김태유 청와대 과기보좌관과 식사를 했다. 윤진식 장관이 양성자 가속기 사업에 핵폐기장을 연계하는 안을 내놓았다. 핵폐기장을 받아들이는 지역에 양성자 가속기 사업 가산점을 주자는 것이다. 그러나 양성자 가속기 사업의 주무 부처인 과기부하고는 의논도 없이 불쑥 내놓은 아이디어였다. 당연히 박호군 장관은 반대했고 옆에서 듣고 있던 나도 반대했다. 아무리 핵폐기장 부지 선정이 어렵더라도 이런 방식은 곤란하지 않은가. 과기부에서 진행하는 양성자 가속기 사업의 1차 심사는 끝났고 곧 2차 심사와 최종 발표만 남았는데 갑자기 핵폐기장과 연계한다는 것은 문제가 있다. 연말까지 핵폐기장 위치를 정하라는 대통령 지시 때문에 산자부가 초조한 나머지 무리수를 두는 것으로 보였다.

2003년 3월 25일 노무현 대통령이 청와대에서 산업자원부 업무보고를 받고 "지역의 경쟁력을 유지하고 장기적으로는 잠재력 강화 방안을 마련"하라고 지시했다. 자료 출처: 노무현재단

신뢰, 나라 경영의 요체

화제를 돌려 진대제 장관이 전자정부 이야기를 했다. 전자정부 사업은 각 부처마다 각개 약진하다 보니 이런저런 문제가 많다고 한다. 윤진식 장관이 R&D 예산의 중복 문제를 제기하기에 내가 맞장구를 쳐주었다. 김태유 보좌관은 에너지 전문가인데 이라크 전쟁을 석유 수요자와 공급자의 대결로 해석하는 논리를 폈다. 한국경제는 유가가 배럴당 50달러까지 오르면 붕괴하기 때문에 미국은 옳고 전쟁도 옳다고 주장해 선뜻 동의하기 어려웠다.

4월 12일(토) 오전 8시 반부터 대통령 없이 수석회의가 열렸다. 참여정부 50일간의 평가와 반성이 잘 요약, 정리되어 있었다. 김태유 보좌

노무현과 함께한 1000일

관에 의하면 어제 오후 6시 관저 만찬에서 노 대통령과 과기부, 산자부 장관, 과기보좌관, 정책수석이 핵폐기장과 양성자 가속기 사업의 결합 문제를 논의했고, 대통령이 이 문제를 다음 국무회의 안건으로 올리라고 지시했다고 한다. 나중에 박호군 장관한테서 들은 바로는 이날 관저 회의에서 박 장관은 1 대 4의 힘겨운 논쟁을 했다고 한다.

이날 수석회의에서 권오규 정책수석이 철도청 해고자 복직 문제에 민정수석실과 정무수석실이 개입하는 것을 비판했다. 문재인 수석이 기분이 상했는지 좀 언성을 높여 반론을 폈다. 권오규 수석도 지지 않고 재반박했다. 내가 끼어들어 권오규 수석 편을 들어주었다. 노동부가 보고하고 의논해야 할 청와대 부서가 다섯 군데나 돼 어느 장단에 춤을 춰야 할지 모른다고 하니 협상 창구를 단일화할 필요가 있다고 내가 말했다. 박주현 수석이 노동 관련 여러 팀을 통합해 정책실이 주관할 것을 제의했다. 업무과정개선 비서관실에서도 노동 관련 업무 중복 문제를 지적하며 개선안을 마련해야 한다고 주장했다.

조금 뒤 관저에 가서 대통령에게 몇 가지 보고를 했다. 청와대 빈부격차팀 구성을 놓고 정무수석실과 정책실 사이의 의견 대립을 보고하면서 정무 쪽에 팀을 만들 것인지 대통령에게 여쭈니 좀 더 생각해 보겠다고 했다. 인재지역할당제가 장점이 있으나 과도하게 적용하는 것은 문제가 있으니 각종 고시 이외에 다른 방식으로 도입할 것을 대통령에게 건의했다. 그리고 양성자 가속기 사업과 핵폐기장 연계안의 부당함을 지적하고 다음 기회로 돌리도록 건의했다. 비유하기를, 이것은 입시 도중에 입시 과목을 추가하는 것과 마찬가지라고 했다. 그러나 대통령의 입장은 단호했다. 양성자 가속기만큼 전국 어디에 가도 무방한 사업은 없다고 하면서 요지부동이었다. 내가 계속 대통령에게 두 사안의 분리를 건의하자 대통령은 버럭 화를 내며 "교수들은 대통령 머리 위에 올라타려고 그래요"라고 했다. 내가 "정부가 약속을 지키지 않으면 정부와 대통령이 신뢰를 잃을까 봐 말씀드리는 겁니다"라고 했더니 대통령의 화가 다소 가라앉았다. 거듭 재고를 요청하고 물러났다. 귀갓길에 박호군 과기부 장관한테서 전화가 와 이 문제를 함께 걱정했다. 박 장관이 한 번만 더 대통령에게 말씀드릴 수 없겠느냐고 하기에 더 이상 말을 꺼내기는 어렵다고 대답했다.

4월 14일(월) 오전 9시부터 11시까지 대통령 주재 수석회의가 열렸다. 아침 《한겨레》 기사 중에 고려대 장하성 교수(나중에 문재인 정부의 정책실장)의 경제관료 비판 글과 박원순 변호사의 투명 사회를 위해 청와대부터 예산 공개를 솔선수범하라고 주장하는 글에 대해 노 대통령이 이의를 제기하면서 적극 논박할 것을 지시했다. 그러면서 박정희기념관에 대해 대통령과 총리의 생각은 다르니 기념관 문제를 법적 검토하라는 지시를 내렸다. 박정희기념관 건립이 형식적으로는 국민 모금 방식이지만 실제로는 몇몇 재벌이 부랴부랴 거액을 내어 금액을 채운 것이라 문제가 있었다. 국민 모금 방식이 아니므로 정부 지원을 해 줄 수 없다고 참여정부에서 브레이크를 걸었지만 우여곡절 끝에 결국 건립되고 말았다. 박정희기념관은 내가 1년 전에 대구와 경북에서 300명 이상의 교수 서명을 모아 반대 성명서를 발표하기도 했던 사안인데 결과가 그리되어 허무했다.

4월 15일(화) 오전 9시부터 12시까지 국무회의가 열렸다. 대표적인 사회갈등 문제 25개가 소개됐다. 그중 하나인 핵폐기장 문제는 17년째 표류 중인 정부 숙원 사업이다. 이것을 양성자 가속기와 연계하는 안건이 올라왔다. 산자부 대 과기부의 대결이다. 이것을 연계하자는 산자부 주장에 대해 대통령이 장관들의 의견을 구했지만 아무도 말하지 않았다. 회의가 끝날 때쯤 노 대통령이 이 문제를 재차 거론하며 강하게 연계를 주장하고 난 뒤 장관들의 의견을 묻자 박봉흠 장관이 찬성했다. 아무도 반대가 없어 연계안이 통과됐다. 내가 국무위원이라면 반대했을 텐데 모두 침묵을 지켰다. 이러면 정부가 공신력을 잃지 않을까 걱정이 됐다. 공자는 나라를 다스리는 3대 요체로 병兵(국방), 식食(민생), 신信(신뢰)을 들었다. 그중 하나를 버린다면 뭘 버립니까 물으니 '병'을 버리라 했고, 또 하나 버린다면 뭘 버립니까 물으니 '식'을 버리라 했다. 결국 공자는 신뢰를 나라 경영의 핵심으로 보았다.

핵폐기장과 양성자 가속기

4월 17일(목) 오전 9시부터 10시까지 대통령 주재 수석회의가 열렸다. 박주현 수석이 참여정부 수석회의 최초로 지각을 했다. 유인태 수석의 휴대폰 벨이 갑자기 울려 당황해하니 노 대통령이 "부시 대통령은 핸드폰 벨 울리는 걸 아주 싫어한답니다. 그러나 저는 괜찮습니다"라고 농담을 했다. 유인태 수석이 "저는 어차피 미국 못 가니 괜찮습니다"라고 농담으로 받았다.

오후 2시 나는 《뉴욕타임스》의 하워드 프렌치 기자와 인터뷰를 했다. 주로 차별시정조치Affirmative Action와 지역 문제에 대한 질문이 많았다. 박정희 정권과 김대중 정권 때 전라도 지역 차별에 대해 질문하기에 내가 대답하려는데 옆에서 조인강, 조태열(조지훈 시인의 아들, 윤석열 정부 외교부 장관) 두 국장이 너무 예민한 주제라고 답변을 만류해서 참았다.

양성자 가속기 사업에 대해 예상대로 지방에서, 특히 대구와 강원도에서 강한 반발이 나왔다. 4월 24일(목) 오후 3시 조해녕 대구시장이 양성자 가속기 문제로 대통령 면담을 요청했지만 실현되지 않았다. 4월 29일(화) 12시부터 1시 반까지 시도지사 오찬이 있었다. 조해녕 대구시장이 지하철 참사 수습 지원을 해 준 데 대해 감사하면서 양성자 가속기와 핵폐기장을 연계하는 문제는 정부의 공신력이 문제가 된다며 반대했다. 그러자 노 대통령이 "이번에는 그냥 넘어가고 대구는 다음에…"라고 말했다.

결국 양성자 가속기 건은 윤진식 산자부 장관의 승리로 끝났다. 윤 장관은 그 뒤 이명박 정부에서 인수위원, 경제수석, 정책실장을 거쳐 새누리당 국회의원을 두 번 지내는 등 승승장구했다. 노 대통령 퇴임 후 내가 2009년 3월 봉하에 뵈러 갔을 때 노 대통령은 "내 각료 중 유일한 배신자가 윤진식 장관"이라 말했다. 나는 그런 사람이 여럿인데 왜 한 명이라고 하실까 하는 생각이 들었다.

5월 7일(수) 오후 4시 반부터 6시까지 카이스트 이건재 박사, 서울대 이현철 교수 등 전문가들을 청와대 정책실에 초청해 핵폐기장 문제를 토론했다. 전문가들은 부피가 큰 중저준위 폐기물과 고준위 폐기물을 분리하는 아이디어를 냈다. 추후 재처리 가능성이 있느냐 없느냐, 또는 발전소 내에 보관할 수 있느냐 없느냐의 차이가 있다고 한다.

그 뒤 핵폐기장 문제는 2003년 7월, 김종규 부안군수가 주민 동의 없이 유치 신청을 했다가 주민들이 들고일어나 살벌한 폭력 사태가 벌어졌고, 주민 투표에서 91%의 반대로 부결됐다. 결국 2005년 말 정부가 3000억 원 지원과 한수원(한국수력원자력발전) 본사 이전이라는 커다란 인센티브를 내건 뒤 신청한 4개 지역 중 경주가 주민 투표 90%의 찬성으로 핵폐기장 부지로 선정됐고 한수원과 양성자 가속기는 경주로 갔다. 20년 고투의 종착지는 고도 경주였다.

19. 수도권 공장 증설과 균형발전

○
●

3월 11일(화) 오전 9시 국무회의가 열렸다. 김진표 경제부총리가 외국인 투자의 발목을 잡는 사례를 발표했다. LG필립스의 수도권 투자 건이 들어 있었다. 이 회사는 제7세대 LCD를 제작하는 회사로 대만, 중국보다 기술이 3~5년 앞선다. 경기도 파주에 2007년까지 100억 달러를 투자할 계획을 갖고 있다. 한국에서 반제품을 생산하여 중국 난징에 갖고 가 조립, 완성할 계획인데 물류비 절감을 위해 인천공항 부근 입지를 희망한다. 이 회사가 들어서면 약 1000명의 고급 인력 일자리가 생긴다. 이 경우는 너무나 매력이 크고 불허했을 때 중국으로 갈 가능성이 높기 때문에 특별히 예외를 인정해 주자고 고건 총리, 윤진식 산자부 장관, 최종찬 건교부 장관이 주장했다. 한명숙 환경부 장관은 "이런 식으로 예외를 인정하면 정책의 신뢰성이 문제가 된다. 국내 기업은 역차별을 받는 셈이므로 곤란하다. 환경 단체들을 설득하려는 노력을 기울여야 한다"고 반론을 폈다. 수도권 과밀 억제의 주무 부처인 건교부의 최종찬 장관은 수도권 진입을 막는 것보다는 지방에 갈 인센티브를 주는 것이 더 효과적인 정책이라고 주장했다. 노 대통령은 "지방을 살리고 수도권 집중을 막아야 하는 것이 대전제이지만 인천공항이 있는 이상 그 주변에 공장을 지으려고 하는 것은 불가피한 면이 있다. 환경부, 건교부에서 미리 입지 조사를 해서 자료를 축적하고 국토 관리의 새 틀을 마련하라"고 지시했다.

동계올림픽 유치위원회 만찬

3월 27일(목) 12시 손학규 경기지사가 찾아와 향원 식당에서 점심을 같이 먹었다. 300인 이상 규모의 기업에 적용하는 수도권 공장 규제를 논의하러 왔다. 이 규제의 예외로는 첨단 24개 업종 또는 외국인 지분 51% 이상인데, 2002년 초에 LCD가 추가됐다. 그리고 외국인 지분 기준도 51%에서 50%로 살짝 낮추었다. 지분 50%라는 이유로 아깝게 탈락하는 톰슨Thompson, 코닝Corning 등의 회사를 구제하기 위해서다. 2003년 말 예외 조항의 일몰 시한이 다가오는데 LG필립스는 파주 LCD 공장에 100억 불 투자 계획이 워낙 매력이 커서 얼마 전 국무회의에서 예외를 인정해 주었다. 단 2003년 말까지 산업 단지를 완성해야 혜택을 보게 되어 있는데 이 기간을 좀 연장해 달라는 부탁이다. 그렇게 하지 않으면 이 회사는 투자선을 중국으로 돌릴 가능성이 크다고 한다. 우리로서는 한국의 지방 투자가 상책이요, 수도권 투자가 중책이라면 중국으로 빠져나가는 것은 하책인데, 상책을 목표로 하다가 자칫 하책으로 떨어질 위험이 있으므로 대책을 강구할 필요가 있겠다고 대답했다.

4월 3일(목) 오후 6시, 청와대 백악실에서 2010년 동계올림픽 한국 유치위원회 초청 만찬이 있었다. 공로명 위원장(전 러시아·일본 대사, 외교부 장관), 이연택 체육회장, 김진선 강원지사, 김운용, 박용성, 이건희 IOC 위원, 이창동 장관, 권오규 정책수석과 내가 참석했다. 이연택 회장은 내년 올림픽에 태권도에서 금메달을 소수 딸 것으로 기대한다고 말했다. 그러면서 선수들의 보상이 적어 사기가 낮다고 덧붙였다. 월드컵 축구팀 이야기가 나오자 김운용 IOC 위원은 불쾌한 듯 신경질적인 반응을 보였다. 김운용 위원은 생활 체육을 강조하면서 아마 이연택 회장하고는 철학이 다르고 사이가 좋지 않은 듯했다. 김운용 위원은 2002년 월드컵 경기 때 축구 경기장을 전국에 10군데나 짓는 것을 반대했고 후안 안토니오 사마란치Juan Antonio Samaranch도 반대했으나 정몽

2003년 4월 3일 노무현 대통령은 동계올림픽 유치위원들과 만찬을 가지며 노고를 치하했다. 왼쪽부터 이창동 문화관광부장관, 노무현 대통령, 국제올림픽위원회 김운용 위원, 이건희 위원. 자료 출처: 노무현재단

준 축구협회장이 밀어붙인 것을 비판했다.

권오규 정책수석은 IOC 총회가 열릴 체코를 유치위원회가 직접 방문할 것을 권유하면서 독일보다 체코의 경제발전 모델이 북한에 더 의미가 있다고 주장했다. 노 대통령이 권오규 수석을 칭찬했다. "정책실장은 그렇다 치고 정책수석은 모르는 게 없어요." 그 말을 받아 이건희 회장이 "우리가 스카우트하려 했는데 선수를 뺏겼습니다"라고 맞장구를 쳤다.

이건희 회장은 식사 도중 느릿느릿한 말투로 노 대통령에게 두 가지 권고를 했다. "첫째, 하루에 1시간 반 이상 운동을 하셔야 합니다." 노 대통령은 아침에 30분간 스트레칭을 한다고 대답했다. 이 회장이 노 대통령에게 물었다. "아침에 몇 시에 일어나십니까?" "5시에 일어납니다." "5시에 기상하면 몇 시간 주무십니까?" "11시쯤 취침해서 잠은 잘 자는 편이며, 점심 먹고 30분 정도 낮잠을 잡니다." 그러자 이건희 회장의 다음 건의가 이어졌다. "둘째로 신문과 잡지를 일절 읽지 마십시오. 스트레스만 받을 뿐입니다. 그 대신 좋은 책을 남더러 읽으라 하고 요약 보고를 많이 받으십시오." 옛날 우화에 나오는 어느 게으른 왕을 연상시키는 발언이다. 어느 왕이 세상의 현인들에게 진리가 무엇인지 책을 읽고 공부해서 한두 마디로 답을 가르쳐 달라고 요구했다는 이야기다. 이것은 황제적 공부 방법인데 글쎄요, 그것보다는 노무현 대통령처럼 직접 독서를 많이 하는 것이 더 나은 방법이 아닐까.

식사를 마치고 헤어질 때 이건희 회장은 나와는 냉랭하게 형식적 악수를 하더니 내 뒤에 서 있던 권오규 수석과 악수하면서 "고명한 이름을 익히 들어 알고 있습니다. 다음에 꼭 식사를 모실 테니 가르침을 받을 기회를 주십시오"라고 놀랄 만큼 정중히 인사했다. 두 사람의 나이는 이 회장이 10살 정도 연상이니 과공비례過恭非禮라는 느낌을 받았다.

삼성 대 균형발전

5월 14일(수) 오후 4시, 삼성전자 최 아무개와 또 한 명이 내 사무실에 찾아와 기흥 공장 증설 문제를 설명하고 협조를 부탁했다. 5월 17일 (토) 오전 10시 반, 균형발전위원회 기조실장을 맡고 있는 이정호 교수 (나중에 시민사회수석)와 균형발전위원회 운영 계획을 논의하면서 삼성 전자의 공장 증설 요청 건을 의논했다. 위원회에서는 일단 보류키로 했다고 한다. 균형발전위원회의 기본 입장은 먼저 지방 발전 계획을 발표하여 지방에 희망을 준 다음 수도권 공장 증설을 예외적으로 허용 한다는 2단계 접근이었다. 산자부의 입장은 애매모호, 이중적이었다.

　5월 30일(금) 오전 7시 관저 조찬 모임에 참석했다. 주제는 금융 정책 기조와 경제 챙기기. 삼성전자와 쌍용자동차의 수도권 공장 증설 건이 안건에 올랐다. 삼성전자는 50% 증설, 쌍용자동차는 100% 증설을 요구한다. 노 대통령이 "이거 허가 안 해 주면 중국 간다는데 사실입니까?" 하고 물으니 권오규 정책수석이 "틀림없이 갑니다"라고 두 번 반복해서 답했다. 노 대통령이 "이 양반이!" 하며 권 수석 얼굴을 물끄러미 쳐다보았다.

　정책실의 이병완 비서관(나중에 청와대 홍보수석, 비서실장)이 김영삼 대통령 실화를 소개했다. 남해안 치어 방생 행사에 참석해 연설하려는데 갑자기 불어온 강풍에 연설 원고가 날아가 난감해진 YS. 원래 원고에는 "오늘 우리는 바다에 치어를 방생했습니다"였는데 YS는 이렇게 연

　　　　　　　　　　　　　　　　　　　　노무현과 함께한 1000일

설했다. "오늘 우리는 바다에 생선을 심었습니다." 재미있는 실화라 모두 웃었다.

6월 11일(수) 퇴근 때 차 속에서 전화가 불이 났다. 내일《동아일보》《대한매일》(현《서울신문》)에 삼성 기흥 공장 증설을 허용키로 했다는 청와대 고위 책임자 기사가 나는데 사실 확인차《매일경제》김상협 기자와《중앙일보》등에서 무수히 전화가 왔다. 처음에는 받다가 나중에는 받지 않았다. 다음 날 알아봐도 누구 말인지 모르겠고 결국 사실무근 보도가 되었다.

6월 27일(금) 오후 5시 반에서 9시 반, 하반기 경제정책 기조 회의가 있었다. 부총리를 비롯한 경제 장관들과 청와대 권오규, 조윤제, 내가 참석했다. 국채 발행에 김진표 부총리가 찬성하고 박봉흠 예산처 장관은 반대했다. 차세대 성장 동력 안건을 논의했다. 삼성, 쌍용자동차의 수도권 공장 증설이 안건으로 올라왔기에 성경륭 균형발전위원장, 한명숙 환경부 장관과 내가 반대했다. 권오규 정책수석이 "그러면 내용은 증설로 픽스fix하고 시기만 미루자"고 하기에 내가 다시 반대했다. "픽스는 무슨 픽스냐, 이렇게 중요한 일을 함부로 바꿀 수 없다. 다음에 본격 검토하자"고 보류시켰다. 삼성 대 균형발전의 싸움은 치열했다. 참여정부는 지방에 애정을 가졌고, 균형발전을 국정 목표로 내건 첫 정부인데 첫걸음부터 행마가 쉽지 않았다.

20. 카드 대란과
학자 출신의 활약

참여정부가 출범할 때 발등에 떨어진 불이
여럿 있었는데 그중 하나가 카드사 부실 사태였다. 사태가 워낙 심각
해 언론은 '카드 대란'이라 불렀다. 2002년부터 연체율이 급상승하며
시작된 카드사 부실은 2003년 들어 더 심각해졌다. 당시 9개 전업 신
용 카드사 중 대출 서비스를 하지 않던 비씨카드를 제외한 8개 신용 카
드사 모두 큰 적자를 기록해 부도 위기에 몰렸다. 만일 카드사들이 도
산하면 이들이 발행한 채권(일명 카드채), 또는 다른 금융기관에서 빌린
90조 원의 채무 변제가 불가능해지므로 금융기관의 연쇄 부실과 금융
시장 대혼란이 불가피하다.

카드 대란의 배경

카드 대란은 1997년 터진 금융 위기 이후 침체에 빠진 경기를 활성화

하려고 국민의정부가 과도하게 규제 완화를 한 데서 빚어진 결과였다. 국민의정부는 소비 촉진을 통해 내수를 진작하여 침체된 경기를 부양하는 한편 지하경제를 양성화하여 부족한 세원을 발굴한다는 일석이조의 묘수라고 생각해 1999년부터 대대적인 신용카드 장려 정책을 폈다. 1999년 2월에 총 여신액의 40%로 규정된 카드사 신용 판매 취급 비중 규제를 폐지했고, 5월에는 월 70만 원이던 신용카드 현금 서비스 이용 한도를 폐지했으며, 8월에는 신용카드 사용액에 대한 소득공제제도를 도입했고, 2000년에는 신용카드 영수증 복권 추첨제를 실시하는 등 신용카드 사용을 적극 권장했다(상세한 내용은 참여정부의 경제정책을 다룬 《경국제민의 길》(2015)에 수록된 이동걸 박사의 '금융' 편을 살펴보라).

그러나 최악의 실수는 카드사의 '가두 회원 모집' 허용이었다. 일명 '길거리 모집'이라 불리는 이 회원 모집 행태는 카드사 간의 과당 경쟁이 일어나면서 길거리에 탁자를 놓고 지나가는 행인들을 붙잡고 카드를 발급해 주는 그야말로 무모한 행동이었다. 이런 행태의 위험성을 인식한 금융감독원이 2002년 2월과 4월 두 차례에 걸쳐 길거리 모집 규제에 나섰으나 총리실 규제개혁위원회의 반대로 브레이크가 걸렸다는 설이 있다. 길거리 카드 발급이 누구 책임인가, 금융감독위원회냐 규제개혁위원회냐 하는 문제가 자연스레 떠올랐다. 시중에는 이런저런 소문이 많이 돌았다. 4월 21일 저녁 강철규 공정거래위원장한테서 전화가 와서 카드 대란의 배경이 된, 카드를 길거리에서 판매한 문제는 당시 규제개혁위원회(위원장 강철규) 소관이 아니고 금융감독위원회(위원장 이헌재)의 책임인데 그쪽에서 거꾸로 책임을 전가한다고 억울해했다. 규제개혁위 안문석 위원장과 규제개혁위원인 인하대 김대환 교수에게 확인한바 결론적으로 그것은 규제개혁위 책임이 아니고 금융감독위원회의 책임임이 밝혀졌다. 그래서 나는 2003년 4월 24일(목) 오후, 노 대통령에게 길거리 카드 발급 사태의 책임은 시중의 소문과 달리 규제개혁위가 아니고 금융감독위에 있다는 사실을 보고드렸다. 그럼에도 불구하고 길거리 카드 발급은 규제개혁위의 무모한 규제 완화에 책임이 있다는 시중의 소문이 워낙 널리 퍼져 있어서 그런지 노 대통령은 11월 13일(목) 오후 3시, 규제개혁위의 대통령 보고(세종실)에서도 길거리 카드 발행을 허용한 규제개혁위를 비난하는 일이 벌어졌다. 그러자 인하대 김대환 교수가 그건 오해라고 바로잡았고 안문석 위원장이 추가 설명을 했다. 그래도 노 대통령은 납득이 안 되는지 고개를 갸웃하며 반신반의하는 눈치였다. 이 해프닝은 한번 잘못 입력된 정보는 좀처럼 교정되지 않는다는 것을 보여 준다.

　나는 미국에서 신용카드를 두 번 발급받았는데 첫 번째는 유학 시절인 1978년, 두 번째는 교환 교수로 갔던 1993년이었다. 두 번 다 신청에서 발급까지 한 달 이상이 걸렸고, 마지막 단계에 은행 쪽에서 나한테 전화를 걸어 이것저것 묻고 난 뒤 비로소 카드가 나왔다. 과거 조그만 잘못이라도 있으면 카드 발급에 브레이크가 걸린다. 이것이 신용카드 천국으로 불리는 미국의 관행이다. 그런데 묻지도 따지지도 않고 길거리에서 즉석 발급이라니 이것은 몰상식, 무책임의 극치였다.

카드 대란을 타개하다

무분별한 규제 완화와 카드사 간의 과당 경쟁은 폭발적인 신용카드 발급으로 이어졌다. 길거리에서 소득 확인 없이 카드를 발급하니 실직자,

대학생, 심지어 사망한 사람 명의로도 카드가 발급되었다. 1999년 말 한국에서 4000만 장 정도 존재하던 신용카드는 정부의 경기 부양 의지와 신용카드사들의 과당 경쟁에 힘입어 2002년에 1억 장 이상으로 급증하여 경제 활동 인구 1인당 평균 4장 이상의 신용카드를 보유하게 되었다. 이에 따라 신용카드 이용액은 2000년 225조 원에서 2002년 681조 원으로 불과 2년 만에 3배로 늘었고 그 덕분에 신용카드사들은 2000년부터 흑자를 누리게 됐다. 1998년 이후 신용카드 수량과 이용액의 증가세는 가히 폭발적이었다.

약간의 국제비교를 보면 당시 상황이 얼마나 비정상적이었는가를 알 수 있다. 한국의 국민 1인당 신용카드 이용 금액을 미국, 영국, 캐나다, 일본과 비교하면 1999년까지는 미국, 영국, 캐나다, 일본, 한국의 순서였다. 그러나 한국은 2000년에 일본을 추월했고, 2001년에 캐나다, 2002년에는 영국마저 추월하여 미국 다음의 2위로 올라섰다. 2000~2002년 3년간 한국의 신용카드 이용액 약진은 기네스북에 오를 만한 기현상이다.

이것은 분명 내수 경기 진작에는 도움이 됐을 것이다. 그러나 역사적으로 유명했던 네덜란드의 튤립 투기나 18세기 영국의 '남해의 거품' 사건에서 보듯이 거품 경제의 특징은 무한정 계속될 수 없다는 사실이다. 2002년을 정점으로 거품은 급속히 꺼지기 시작했다. 카드 거품의 부작용을 우려한 정부가 2002년 3분기에 접어들면서 현금 서비스 제한 등 카드 규제를 강화하는 쪽으로 정책을 급선회함에 따라 신용카드 이용액이 급감했고 이는 소비 지출 감소 및 경제성장 둔화로 이어졌다.

참여정부 첫해인 2003년에 신용카드사들은 2000년부터 쌓아 왔던 흑자를 모두 잃고도 남는 10조 원 이상의 당기 순손실을 기록했고, 카드 사용의 급감은 경기 후퇴에 큰 몫을 하게 됐다. 2002년에서 2003년 한 해 동안 신용카드 이용액의 감소분은 무려 142조 원에 달해 당시 국내 총생산의 19%, 민간 소비 지출의 34%에 달했다. 이것 하나만으로도 큰 불황을 초래할 만한 규모였다. 거품이 꺼지는 과정은 심각한 불경기로 이어졌고 그 수습 책임은 참여정부의 몫이 됐다. 카드 대란은 가계 부채 누적 등 우리 경제에 큰 후유증을 남겼다. '이 세상에 공짜 점심은 없다'는 경제학의 금과옥조金科玉條를 다시 한번 되새기게 된다.

참여정부가 취한 카드 대란 대책은 부실 정리, 자본 확충, 채무 만기 연장 등이었다. 우선 기존 부실을 조속히 정리하고 추가 부실이 발생하지 않도록 영업 건전화를 유도했고, 이미 발생한 부실에 대해서는 카드사들이 자본 확충을 통해 스스로 흡수토록 하는 한편 카드채 등에 대해서는 채권 금융사들이 만기 연장을 해 줌으로써 카드사들의 급격한 자금 경색을 막아 주었다.

카드사들의 영업 행태 건전화를 위해 부당한 카드 회원 모집을 금지하고, 현금 대출 위주의 영업 행태를 개선하도록 하는 조치를 취했다. 자본 확충 방안으로 8개 전업 카드사가 4.5조 원의 증자 계획을 2003년 4월 초에 확정하고 집행하기 시작했다. 그러나 은행계열 전업 카드사(국민카드, 외환카드, 우리카드)의 경우에는 증자만으로는 불충분하다고 판단하여 모은행에 흡수·합병토록 했다. 그리고 부실이 가장 크고 심각했던 LG카드는 모그룹인 LG그룹의 자금 지원과 함께 채권 은행이 3.5조 원의 채권을 출자 전환하여 인수함으로써 해결하였다. 삼성카드는 삼성캐피탈과 합병하면서 1.5조 원을 증자하여 자본 여력을 대폭 확충했다. 이러한 경영 개선 조처와 부실 처리의 결과 카드사들의 경영 수지도 빠르게 개선됐다. 2003년 하반기 7.7조 원에 달했던 카드 업계 손실은 2004년 상반기 1.5조 원으로 대폭 감소했고 2004년 하반기에는 1700억 원의 흑자로 돌아섰다. 이로써 카드 대란은 2004년 초 위험한 고비를 넘겼고, 2004년 말에 이르러 경영 개선과 자본 여력 확충으로 사태는 마무리되었다.

참여정부의 카드 대책에 대해 진보 학자들은 동의하지 않았다. 장하성 교수(문재인 정부 초대 정책실장)는 《한겨레》와의 인터뷰(2003년 4월 14일 자)에서 실패한 회사는 문 닫게 하고, 책임자에게 책임을 물어야 하는데 그렇게 하지 않음을 비판했다. 예를 들어 삼성카드의 부실 책임은 삼성그룹 총수에게 물어야 한다는 주장이다. 이 인터뷰를 노 대통령이 읽고 그날 수석회의에서 비판했음은 앞서 소개했다. 5월 1일 (목) 오후 7시, 광화문 어느 식당에서 경제학자들의 회식이 있었는데 참석자는 장하성, 장하원, 유종일, 김상조, 이동걸, 정태인, 임원혁, 서동만과 나였다. 여기서 카드 대란 대책이 논의됐다. 김상조 교수(문재인 정부 3대 정책실장)는 그해 여름 금융 대란 가능성을 우려하면서 세 가지 대책을 제시했는데 책임자 문책, 경영진 문책, 망할 회사는 망하게 하자는 것이었다. 장하성 교수와 비슷한 주장이다. 이 주장에 대해 이동걸 금감위 부위원장이 반대해 논쟁이 벌어졌다. 두 사람은 평소 비슷하게 개혁적 성향이지만 카드 대란 대책에서는 입장이 달랐다. 실제로 카드 대란 해결에는 이동걸 금감위 부위원장의 역할이 컸다. 이전 정부의 경제 관료들이 제대로 막지 못하고 저질러 놓은 카드 대란을 학자 출신이 정부에 들어가 말끔히 해결한 것이다. 그토록 심각했던 카드 대란을 정부가 공적 자금을 한 푼도 투입하지 않고 깨끗이 타개했으니 이는 높이 평가할 만하다.

21. 화물연대 파업과
물류 대란

○
●

2003년 5월 6일(화) 오전 6시에 전화가 와서 잠이 깼다. 비서실장실에서 온 전화였는데 8시까지 관저로 나오라고 한다. 가 보니 권오규 정책수석이 놀란 표정으로 앉아 있고 문희상 비서실장, 유인태 정무수석, 문재인 민정수석, 정만호 비서관이 속속 참석했다. 포항에서 화물연대가 포항제철(현 포스코)에 대한 운송을 거부하고 도로를 점거한 사태에 대통령이 진노한 상태다.

이어서 9시부터 12시까지 국무회의가 열렸다. 노트북을 놓고 하는 첫 회의인데 사용이 불편했다. 화면 보랴 메모하랴 오히려 토론에 방해가 되는 느낌이었다. 국무회의 후반에 노 대통령이 "5월 2일부터 화물연대가 포항제철의 출입문을 화물차로 막고 시내 화물차 운행을 방해해서 도시 질서가 붕괴하고 있는데 왜 부처에서 보고를 하지 않느냐?"고 질책했다. 건교부, 행자부, 공정위 어디도 사태를 파악하지 못하고 있었다.

파업과 중간 착취

5월 7일(수) 오전 8시 반, 대통령 집무실에서 화물연대 대책회의가 열렸다. 문희상, 유인태, 문재인, 권오규, 이해성, 박주현과 내가 참석했다. 전체 화물차 중 5대 운수회사(대한통운, 동방, 삼일, 천일, 한진) 소유 차량이 약 600대고 화물연대 소속 지입 차주 소유는 2500대다. 지입 차주는 분류하자면 노동자가 아니고 개인택시 비슷한 자영업자에 속하는데, 화주와의 관계에서 보면 노동자성도 있는 복합적 존재다. 포철에서는 지입 차주들에게 톤당 2만 1500원을 지급하는데 운송 대금의 어음 할인료가 월 60만 원, 유가가 월 300만 원, 그밖에 지입료 등등을 빼고 나면 지입 차주들의 월 소득이 40~60만 원에 불과할 정도로 사정이 열악했다. 화물 운송 세계에서는 대기업의 횡포가 만연하고 법으로는 1차 하청만 허용되지만 현실에서는 재하청, 재재하청이 횡행하고 있었다. 듣고 있던 유인태 정무수석이 "한국은 갑의 사회"라고 촌철살인을 날렸다.

4월에 포항에 사는 지입 차주 박상준 씨(60세)가 빚 8000만 원을 비관해 유서를 써 놓고 자살한 사건이 지입 차주들의 뒤끓는 분노에 불씨를 던진 도화선이 됐다. 포항에서 시작한 파업은 급속히 전국으로 번져 갔고, 화물연대 회원은 나날이 급증하여 2만 명을 넘어섰다. 화물연대는 "물류를 멈춰 세상을 바꾸자"라는 무시무시한 구호를 내걸고 전국적 파업에 들어갔다. 부산항 하역이 멈출 위기였고, 정말로 물류가 멈추고 세상이 멈출 것 같은 대란이었다.

5월 9일(금) 오전 9시, 대통령 주재 수석회의에서 포항 화물연대 사건을 다시 토론했다. 문재인 민정수석이 보고하기를 이 사건은 소관 부처가 애매하다. 산자부는 포철의 입장만 대변하면서 초기 대응이 미흡했다고 말했다. 문재인 수석은 나중에 쓴 회고록 《문재인의 운명》(2011)에 이렇게 썼다. "노무현 대통령은 화물연대가 '물류를 멈춰 세상을 바꾸자'라는 구호를 내걸고 부산항 수출입을 막아 주장을 관철하려는 방식에 화를 많이 냈다. 내게 단호한 대응을 지시했고, 군 대체 인력 투입도 적극 검토하라고 지시했다."

나종일 안보보좌관과 유인태 정무수석이 조정 기구의 필요성을 제기하면서 구시대라면 이런 사건은 국정원에서 처리했을 것이라고 했다. 나는 이렇게 말했다. "이것은 10년 누적된 문제다. 중간착취 구조가 문제이고, 어음 할인료가 월 60만 원이나 된다. 그리고 화물연대를 무시하고 상대해 주지 않아 분노가 폭발한 것이다. 차제에 제도를 개선하되 법적으로 엄격하게 대응해야 한다. 처벌이 불가피하지만 정상 참작할 필요가 있다."

노 대통령이 이렇게 결론을 내렸다. "이번 기회에 근본적, 제도적 해결책을 마련하자. 첫째, 이 문제에 무조건 '법과 원칙'을 내세우기 어려운 면이 있다. 둘째, 지입 차주들의 생활이 가능하도록 제도적 해결책을 마련하자. 셋째, 정부 운영 시스템을 바꿔 미리 위기를 감지하고 진단, 대처할 수 있어야 한다. 부처 간 사각지대가 없어야 한다. 사회갈등의 조정 기구로서 국정원을 활용하는 것에는 부정적이다. 왜냐하면 과거 국정원이 정권 안보 차원에서 미봉책으로 일관해 왔기 때문이다. 그들은 약자에 관심이 없고 국민 정서에도 맞지 않다. 그러니 첫째 부처의 신속 대응, 둘째 관계 장관회의, 셋째 총리실, 넷째 청와대 이런 순서로 일을 처리해 주기 바란다."

5월 11일(일) 오전 9시부터 10시 반까지 대통령이 방미 인사 겸 긴

노무현과 함께한 1000일

급 국무회의를 열었다. 화물연대 파업에 대해 노 대통령은 물류 대란이 없도록 당부했다. "IMF 사태 이후 운수업계 구조조정 과정에서 지입 차주라는 복잡한 형태가 나타났다. 형식에 구애받지 말고 정부가 해결해야 한다. 관계 장관회의 등을 통해 우선 발등의 불을 끄고 난 뒤 제도 개선을 하자"고 말했다. 이 문제를 놓고 허성관 해수부 장관과 최종찬 건교부 장관의 논쟁이 있었다. 허성관 장관은 "이 문제는 건설 하도급, 농수산물 유통과 마찬가지로 우리나라의 고질적 먹이 사슬 문제다. 대형 운수 회사들이 IMF 사태 때 핵심 역량인 트럭을 대량 처분한 것이 잘못돼서 회사 소유 트럭이 전체 20%밖에 안 되고 해고자들이 대거 지입 차주가 됐다. 부산-서울 통행료가 7만 원인데 심야(12~6시) 할인 50%를 받으려고 밤에 운전하니 위험하다. 1998년에는 컨테이너당 운송료를 43만 원 받았는데 과당 경쟁으로 지금은 15~30% 인하됐다. 포철의 퇴직 임원, 고위직 친인척들이 운수를 담당하니 이런 먹이 사슬을 타파하지 않고는 문제가 해결되지 않는다"고 열변을 토했다. 노 대통령은 "여기까지 온 데는 정부 책임이 있다. 그러나 양보를 강요할 수는 없고 집단적 업무 방해이므로 정부가 개입해야 한다"고 말했다. 이날 오후 노 대통령은 첫 미국 방문길에 올랐다.

대화와 타협으로 해결하다

사태는 계속 긴박하게 돌아갔다. 5월 12일(월) 오전 9시 수석회의에서 청와대 비상대책회의를 구성했다. 비서실장, 정책실장, 정무수석, 민정수석이 오후 3시에 회의를 열기로 했다. 오전 4시에 나온 노정 합의안을 놓고 화물연대에서 찬반 투표를 한단다. 오후 10시 15분 긴급 뉴스에 부산 화물연대에서 2200명이 찬반 투표를 해서 찬성 977표(46%), 반대 1100표(52%)로 나와 파업을 강행한다고 한다. 오후 11시 10분에 비서실장실에서 전화가 오기를 내일 오전 8시에 다시 긴급 대책회의를 연다고 했다.

5월 13일(화) 오전 8시 비상대책회의가 열렸다. 노 대통령이 미국에서 새벽에 청와대로 전화를 했는데 연결이 안 되고 몇 차례 공전 끝에 경호실로 겨우 연결이 됐다고 한다. 화물연대는 해산, 귀가했는데 7명에게 체포 영장을 발부해 업무방해죄로 구속한다고 했다. 대체 인력은 없고 별로 뾰족한 수가 없다. 5월 14일(수) 오전 9시부터 10시까지 수석회의에서 화물연대의 위탁, 수탁과 지입 차주 문제를 논의했다.

화물연대 파업은 하루에 1500억 원의 피해를 가져왔다. 제도의 희생자들인 트럭 기사들이 물류를 멈추면 세상을 바꿀 수도 있음을 증명했다. 결국 5월 15일 협상에서 타결이 됐다. 화물연대는 경유값 인하, 고속도로 통행료 인하, 지입제 폐지, 특수고용 노동자 산재 보험 가입, 노동자성 인정 등을 쟁취하고 물류 대란은 끝났다. 문재인 수석은《문재인의 운명》에서 이렇게 썼다. "결국 화물연대 파업은 합의 타결됐다. 말이 합의 타결이지 사실은 정부가 두 손 든 것이었다. 화물연대로선 대성공을 거두었다. 사회적 지위도 높아지고 조합원도 크게 늘었다."

전체적으로 보면 정의감에 입각해 대화와 타협으로 문제를 푸는 노무현다운 해결 방식이었다. 5월 19일(월) 오전 9시부터 10시까지 대통령 수석회의에서 물류 대란 문제를 다음 날 국무회의 안건으로 올리기로 했다. 그래서 수요일 물류 회의를 오늘 오후 2시로 앞당겼다. 2시부터 3시 반까지 물류 대란 세미나가 있었다. 신동선 박사(교통개발연구원), 김한영(건교부), 노동팀장 박태주, 그리고 정태인, 임원혁이 참석했다. 신동선 박사는 미국과 유럽 다수 국가에서 하는 개인 사업자화하는 방안과 대형화하는 방안 두 가지 안에 대해 장단점이 있다고 했다. 각국의 실태를 봤을 때 물류 방식의 정답이 뭔지는 자신 있게 말하기 어렵다는 생각이 들었다. 화물연대는 8월에 다시 파업을 벌였으나 정부가 제압했고, 2004년 정부는 화물자동차 운송사업법을 개정해 화물 노동자에게 업무 개시 명령을 내릴 수 있게 했다. 2022년 11월, 화물연대의 16일간 파업 때 윤석열 정부가 이 명령을 요긴하게 써먹었다.

22. 방미·방일, 균형 외교에 힘쓰다

○
●

　　2003년 5월 11일(일) 노무현 대통령은 6박 7일 방미 길에 올랐다. 노 대통령은 2002년 대선 기간 중 "반미면 어떠냐"고 호기로운 발언을 해서 보수 언론의 공격을 받았었다. 노 대통령은 미국을 한 번도 가 본 적 없는 첫 대통령이다. 노 대통령은 미국이 초행길이고 권양숙 여사는 미국 서부를 두 번 갔었고 동부는 처음 가 본다고 했다. 출국 며칠 전 벤처기업 전문가인 경북대학교 이장우 교수에게서 전화가 와서 방미 수행단의 벤처기업가 7명이 몽땅 서울 사람이라 문제가 있다며 대구 대표를 한 명 추천하기에 정무수석실에 이야기해서 추가했다. 대통령 출국 환송차 나는 아내와 함께 서울공항에 갔다. 대통령, 고건 총리, 정대철 민주당 대표와 둘러앉아 차 한잔을 했다. 미국까지 비행시간을 물어보니 13시간 걸린다고 한다. 내가 1978년에 미국 유학을 갈 때 하와이, 댈러스를 거쳐 보스턴까지 28시간 걸렸다고 하니 모두 놀랐다.
　　2층 환송대에 장관들이 부부 동반으로 줄을 서는데 내 자리가 어딘

2003년 5월 11일 뉴욕 존 F. 케네디 국제공항에 도착한 노무현 대통령 내외가 환영 인사들에게 손을 들어 보이고 있다. 자료 출처: 노무현재단

지 몰라 우왕좌왕하니 노 대통령이 "짝이 바뀔 뻔했네요"라고 농담을 했다. 노 대통령은 평소 명랑하고 유머가 많았다.

미국에서도 당당했던 대통령

노 대통령은 미국 대통령의 영빈관인 블레어 하우스Blair House에서 묵었는데, 거기서 일하는 할머니가 노 대통령의 일정표를 보더니 깜짝 놀라며 "내가 여기서 평생 일했지만 이렇게 부지런한 국가 원수는 처음 본다"고 했다고 한다. 또 노 대통령이 부시 대통령과 전화로 회담할 때 배석했던 외교부 고위 관료가 "노 대통령만큼 미국 대통령 앞에서 당당하게 할 말을 하는 대통령은 본 적이 없다"고 말하는 걸 들은 적이 있다.

며칠간 화물연대 파업과 씨름한 뒤 5월 17일(토) 오후 5시, 나는 서울공항의 대통령 귀국 환영식에 참석했다. 의장대 사열을 마친 뒤 헬기를 타고 청와대로 돌아오니 직원들이 관저 앞에서 대통령을 환영했다. 고건 총리와 문희상 비서실장, 유인태, 문재인 수석과 관저 만찬이 있었다. 노 대통령은 부시와 회담 뒷얘기를 했다. 부시 대통령이 부인 로라의 이름을 부르며 문을 열다가 문전박대를 당하고 무안해하더란 이야기, 그리고 부시가 폼을 잡으며 큰 목소리로 떠드는 스타일이어서 노 대통령과는 정반대인 것 같다고 했다. 인텔 방문 시에는 노 대통령이 시차 관계로 잠이 모자라 깜박 졸다가 깨어나 원고도 없이 엉터리 같은 즉석연설을 했다고 솔직하게 이야기했다. 그동안 있었던 화물연대 파업, 교육부의 나이스NEIS(교육행정정보시스템), 새만금 등이 화제에 올랐다. 화물연대 파업은 대통령 방미 기간 중 타결됐지만 최종찬 건교부 장관이 물류 대란에 책임을 지고 사의를 표명한다고 보고하니 노 대통령은 바로 반대했다. 노 대통령은 "장관을 오래 쓰겠다. 인품이나 도저히 안 되겠다 싶은 문제가 있으면 몰라도 실수 한번 했다고 장관을 바꾸지 않고 만회할 기회를 주겠다"고 하기에 내가 옳은 말씀이라고 동조했다. 8시 넘어 모임이 파했는데 노 대통령은 일주일 강행군과 장시간 비행에도 불구하고 피곤한 기색이 없어 놀라웠다.

방미 한 달 뒤, 노 대통령은 일본을 국빈 방문했다. 나도 방일 수행단에 포함됐다. 6월 5일(목) 9시, 대통령 주재 수석회의에서 이해성 홍보수석이 "지난번 방미 때 구설에 올랐으니 내일 방일 때는…"이라고 말하다가 노 대통령의 질책을 들었다. 참여정부를 상투적으로 공격하는 언론을 그대로 인정하는 거냐고 노 대통령이 따지는 바람에 이 수석이 무안해졌다. 나는 중국이 1972년에 일본과 국교 정상화를 할 때 저우언라이周恩來 총리가 과거사 문제에 대해 '용서하되 잊지 않겠다恕而不忘'는 한마디로 일본을 제압하고 일본 국민을 감동시켰던 이야기를 하며 한국과 중국의 과거사 접근 방법의 차이를 설명했다. 따라서 일본 지도자 앞에서 과거사 언급을 최소화하고 미래 지향적 이야기를 하시라고 권했다.

숨 가쁜 방미·방일 일정

6월 6일(금) 서울공항에서 11시 20분에 출발했다. 공군 1호기 대통령 전용기를 탔는데 생각보다 협소했다. 비행기 안에서 윤영관 외교부 장관이 반기문 외교보좌관에게 뭔가 불만이 있는지 큰 소리로 따졌다. 사람들은 영문을 몰라 가만히 있었다. 나중에 반 보좌관에게 한마디 위로의 말을 건넸더니 "외교학과 한참 후배인데…" 하며 섭섭해했다. 오후 1시 반 도쿄 하네다 국제공항에 도착, 차를 타고 베르사유 궁전풍의 영빈관으로 갔다. 3시에 고이즈미 준이치로 총리가 영빈관에 와서 환영식이 열렸다. 노 대통령이 의장대를 사열했다. 양쪽으로 일본과 한국 초등학생들과 한복 입은 부인들이 다수 도열해 양국 국기를 흔들며 열렬히 환영했다. 마침 현충일이라 감개무량했다.

3시 반에 황궁을 예방해 천황 내외와 인사를 나누었다. 자애로운 인상의 노부부였다. 특히 천황비는 최초의 평민 출신이라 처음에는 구박을 받았다는데 얼굴에 따뜻함과 고상함이 넘쳤다. 직원들이 친절하고 정원이 아름다웠다. 차 10여 대가 모두 떠날 때까지 천황 내외는 서서 손을 흔들고 있었다. 나중에 듣기로 천황은 한국을 방문해 과거사를 진심으로 사과할 의향이 있었다는데 끝내 실현되지 않아 아까운 생각이 든다.

오후 7시 반에서 10시 반까지 황궁 만찬에 참석했다. 내 옆에 가와구치 외상이 앉았다. 가와구치는 영어를 잘하고 꾸밈없는 성격이다. 주말엔 비디오를 5~6개나 빌려 본다고 한다. 아들은 미국 회사에 근무하고 딸은 미국 대학원생인데 핵폭탄을 연구한다기에 다음에 '북핵'을 연구해 보라고 권했다. 가와구치 외상은 김명자 전 환경부 장관의 안부를 물었다. 오케스트라가 양국 음악을 번갈아 연주했다. 10시쯤 대통령 내외와 황족이 퇴장하기에 끝나는가 보다 했는데, 옆방으로 옮겨가 칵테일파티로 이어졌다. 천황 내외와 잠시 대화했다. 천황에게 아버지가 황궁 바로 앞에 위치한 제일생명 회사에서 해방 전에 근무했다고 말하니 연세를 묻고 건강, 장수를 기원해 주었다. 제일생명 건물은 미군이 전후 맥아더 사령부로 쓰려고 폭격 대상에서 제외했다는 유명한 건물이다. 황태자 내외와도 잠시 대화했다. 마사코 황태자비는 1981~1985년에 하버드를 다녔고 경제학과 제프리 삭스_{Jeffrey Sachs}가 지도 교수였다고 한다. 나하고 2년이 겹쳐 대화의 공통분모가 있었다. 노대통령 내외는 옆에서 일본인들과 대화했다. 이런 파티 방식은 여러 사람과 대화할 수 있어 좋았다. 아베 신조 부부와도 잠시 대화했는데, 부인이 한국 드라마 광팬이고 한국어를 배우는 중이라며 친근감을 표시했다.

6월 7일(토) 오전 9~10시 정상 회담에 이어 10~11시 확대 정상 회담에 김진표 부총리, 윤진식 산자부 장관과 내가 배석했다. 11시 공동

기자회견에서 노 대통령이 "한국은 아무래도 압박보다는 대화에 무게"라고 하자 고이즈미 총리는 "압박은 대화를 위한 수단"이라고 대답해 한국 입장에 다가왔다. 고이즈미 총리는 여러 차례 노 대통령을 칭찬했다. 오후 7~9시 고이즈미 총리 초청 만찬에 참석했다. 우에노 부장관, 노 대통령 취임식 때 만났던 누카가 중의원 의원, 자민당 간사장 등을 만났다. 우에노 부장관은 초청 가수 보아의 사인을 받고 좋아하더니 조금 뒤 황두연 통상교섭본부장과 나한테도 사인을 받아 주는 친절을 베풀었다. 고이즈미 총리가 가수 보아의 팬이라서 초청했다고 한다.

6월 8일(일) 오전 11~12시, 아카사카 프린스호텔에서 재일 동포 간담회가 열렸다. 심수관, 유미리, 장훈 선수가 단상에 앉았다. 이종원 릿쿄대학교 교수와 재일 동포 참정권 운동을 하는 서용달 교수를 반갑게 재회했다. 6월 9일(월) 오전 11~12시, 노 대통령의 일본 의회 연설에 배석했다. "유사 법제에 대해 한국 국민은 불안과 의혹의 눈으로 바라보고 있다"는 문장을 추가해 연설했다. 연설 도중 박수가 18회 쏟아졌다. 오후 2시 천황 내외에 작별 인사를 하고 3시 10분에 하네다공항을 출발해 5시에 서울공항에 도착했다. 나흘간 1분도 쉬지 않은 강행군이었다. 미국 블레어 하우스의 할머니가 놀랄 만도 하다. 노 대통령은 당시 북핵 위기, 이라크 파병 등 험난한 국제 상황 속에서 미국, 일본과 가까이 지내면서 중국과도 우호 관계를 유지하는 '균형 외교'를 아주 잘했다. 노 대통령은 미국, 일본에 이어 바로 다음 달에는 중국을 방문했다. 지금 윤석열 대통령은 미국, 일본에만 경도돼 균형을 잃고 국익을 손상하고 있어 걱정이다.

23. 철도 구조개혁,
드디어 완성

○
●

　　　　　　제2차 세계 대전이 끝난 뒤 세계는 국유
화가 시대의 대세였다. 철도, 우편, 전화, 전력, 가스 등이 대개 국가에
의해 운영됐다. 철도의 민영화 문제가 세계적 쟁점으로 떠오른 것은
1990년대였다. 이때는 세계은행이 민영화가 정답이라는 식으로 강력
추천하면서 각국에서 민영화가 새로운 시대적 조류였다. 영국은 1만
5000킬로미터의 철도를 100개 회사로 쪼개어 민영화했는데 그 결과
관리 불능에 빠져 열차 충돌 사고가 일어나는 등 엄청난 후폭풍에 시
달렸다. 한국에서도 김영삼, 김대중 정부 때 철도 민영화 문제가 간헐
적으로 떠올랐으나 뚜렷한 결론 없이 표류하고 있었다. 이 문제를 본
격 검토하여 결론을 내린 것은 참여정부였다.

철도 구조개혁의 핵심

2003년 4월 24일(목) 오후 3시, 청와대 정책실에서 철도 구조개혁의 첫 토론이 있었다. 상하(철도에서 상은 철도의 운영, 하는 선로 부설을 의미함) 분리 문제에 대해 철도 전문가 양 아무개 박사, 철도대학교 최연혜 교수(뒤에 한국철도공사 사장, 새누리당 국회의원, 현 한국가스공사 사장), 한국개발원KDI의 임원혁 박사는 상하 분리를 찬성했으나 문재인 민정수석은 납득할 수 없다며 반대했다. 대체로 현재의 철도청 체제에서 공사로 전환하는 안과 1년 뒤 개통될 고속철도와 일반 철도는 통합 운영하자는 것이 다수 의견이었다.

4월 28일(월) 오후 3시 반, 청와대 정책실에서 제2차 철도 회의가 열렸다. 외부 전문가로 김동건 서울대 행정대학원 교수, 손의영 서울시립대 교수, 그리고 민주노총의 이론가 오건호 실장 등이 참석했고 정부에서는 문재인 민정수석, 권오규 정책수석, 최재덕 건교부 차관, 김세호 철도청장, 기획예산처 서동환 국장이 참석했다. 오건호 실장은 조직 분리, 상하 분리보다 회계 분리를 주장했다.

김세호 철도청장은 "상하 분리는 고속철이 적어도 1만 킬로미터 이상 상당히 진행된 다음에 시작해야 한다. 기존 철도와 고속철은 1단계에서는 47% 공동 운영하면서 하나의 관제탑에서 관리할 계획이다. 20량 가까운 고속철의 영리 수지를 맞추려면 기존 철도와 연계가 불가피하다"고 했다.

1999년 철도구조개혁위원장을 맡았던 김동건 교수는 이렇게 말했다. "1998년 국민의정부 때 민영화 논의를 시작해서 3개 회계법인에 연구 용역을 의뢰해 2000년 12월 최종안이 확정됐다. 결론은 느슨한 공사화, 그리고 상하 분리였다. 상하 분리하되 선로의 유지 보수와 개량은 외주에 맡기는 것으로 결정했다. 기관 분리는 불가하고 기관 통합이 옳다. 그리고 회계 분리가 가능하다 하더라도 효율적일지 의문이다"라고 하면서 오건호 실장의 회계 분리론에 반대했다.

손의영 교수는 철도 문제에서는 현실보다 원리가 중요하다고 강조했다. 최선은 상하 분리이고 차선은 공사화하면서 고속철도와 일반 철도로 수평 분리하는 것이라고 주장했다. 노동팀장을 맡고 있는 박태주 박사는 "철도개혁에서 거대 노조의 출현을 우려할 필요는 없다. 유럽 운수 노조는 'ITF'라는 국제 산별 노조로 조직돼 있다. 한국에서 과거 구조조정하면서 노조를 배제해 온 것이 잘못이다"라고 비판했다.

기획예산처 서동환 국장은 "결국 경영 수지 개선 여부가 관건인데 구조개혁 뒤 비용이 상승할까 봐 걱정이다. 철도청에서 철도공사로 바뀌면 근로기준법상 3조 2교대로 근무하게 되고 비용이 상승할 우려가 있다. 회계 분리하면 운영 적자가 감소할 것인지 장기적 관점에서 봐야 한다"고 주장했다.

고속철 시대의 개막

4월 30일(수) 오전 10시, 청와대 집현실에서 대통령 주재 철도 구조개혁 회의가 열렸다. 최종찬 건교부 장관이 경과보고를 했고, 권오규 정책수석이 1, 2차 토론회를 요약 보고했다. 김동건 서울대 교수가 국민의정부 때 철도구조개혁위원회의 2년 반 활동을 보고했다. 김동건 교수는 "과거 1960년대에는 상하 통합이 대세였으나 최근 세계적 추세는 상하 분리다. 선로 건설을 국가가 맡고, 운영은 분리해서 먼 미래에는 민영화해야 한다. 정책 흐름의 일관성이 있어야 하고, 6~7년 전에 폐기된 안으로 되돌아갈 수는 없다"고 주장했다.

토론자로 민주노총의 오건호, 최연혜 철도대 교수 등이 참석했다. 상하 분리를 주장하는 사람은 김동건, 최종찬, 권오규이고 회계 분리를 주장하는 사람은 오건호다. 오건호는 유럽의 다수 국가가 조직 분리보다 회계 분리로 가고 있으며 1991년 유럽연합EU에서 회계 분리 지침을 내놓았다고 말하며 "한국에서 조직 분리가 곤란한 이유는 첫째, 한국 선로는 고밀도이며 시설과 운영은 밀접한 교감이 있어야 한다. 한국은 산악 지형이 많고 신호 시설의 현대화도 부족하다. 둘째, 전철화, 복선화 등 개량 사업이 많아 안전 문제가 심각하다. 내년에 개통할 고속철도와 일반 철도는 당연히 통합해야 한다. 분리 시 수지가 안 맞는 다수 지선은 고사할 텐데 고속철보다 더 중요한 것은 지선이다. 단일 공사로 가되 예를 들어 방송공사처럼 공익 법인화를 해서 공익 이사를 두고 공익성 모델로 가야 한다. 프랑스와 같은 민주적 경영 모델을 만들자"고 매우 진보적인 주장을 폈다.

한편 지난 회의 때 분리를 주장했던 최연혜 교수는 오늘은 통합을 주장했다. 일반 철도와 고속철도 모두 통합할 것을 주장한 것이다. "철도는 흑자 전환이 거의 불가능하다. 투자가 크고 회수 기간이 긴 특징이 있다. 인건비 등 비용 절감은 한계가 있다. 미국이 심지어 교도소를 민영화하면서도 국영 철도Amtrak의 정부 지분을 계속 유지하면서 1년에 1억 달러씩 적자를 보는 것은 다 이유가 있다"고 했다.

노 대통령이 "민영화하는 이유는 경쟁을 일으켜 효율성을 높이고 비용을 절감하자는 것인데 철도의 경우에는 민영화하든 안 하든 어차피 경쟁이 없지 않느냐. 민영화를 통한 비용 절감이 없다면 도대체 뭐 때문에 민영화를 하느냐"고 근본적인 질문을 던졌는데 아무도 대답을 못 했다. 노 대통령이 철도의 상하 분리에 대해서는 책임성이 높아진 다는 이유로 쉽게 동의하면서 "일반 철도와 고속철도를 분리해서 경쟁 이라도 시켜야 효율성이 높아지는 것 아니냐"라고 비슷한 질문을 다 시 했다. 대통령 질문에 답하는 사람이 없기에 내가 나서서 헝가리의 경제학자 야노스 코르나이Janos Kornai가 말하는 연성 예산 제약soft budget constraint(사회주의 기업의 경우 예산이 있기는 하나 적자를 봐도 망하지 않고 생존 하므로 고무줄 예산 제약이라는 뜻)이라는 개념으로 민영화 이유를 설명하 자 대통령이 비로소 수긍했다. 그러자 갑자기 회의가 일사천리로 진행

2004년 3월 12일 경남 창원시에 위치한 (주)로템을 방문해 고속철도 제작 공정을 둘러보고 있다. 노무현 대통령은 로템 방문 중 탄핵소추안 가결 소식을 들었다. 자료 출처: 노무현재단

노무현과 함께한 1000일

되어 일반 철도와 고속철도는 경쟁을 포기하고 통합, 상하는 분리하는 것으로 결론이 났다. 회의가 끝나자 최종찬 건교부 장관이 나한테 오더니 악수를 청하면서 "몇 년간 앓던 이가 빠진 듯하다"고 기뻐했다. 철도 구조개혁 문제를 놓고 몇 년간 여러 견해가 백가쟁명百家爭鳴 하던 것이 이 회의에서 최종 정리가 된 셈이다.

7월 12일(토) 오전 11시, 김세호 철도청장이 내년 4월 고속철 개통 준비 상황을 보고하러 왔다. 그런데 고속철도공단이 인력 맞교환이 안되고 차량을 넘겨주지도 않는 등 비협조 문제가 많은데 건교부도 손놓고 나 몰라라 한다는 것이다. 일이 안 돌아가니 문재인 민정수석은 대통령 주재 회의가 필요하겠다고 했다. 7월 25일(금) 오전 10시, 청와대 정책실에서 고속철 대책회의를 열었다. 최재덕 건교부 차관, 김세호 철도청장, 이 아무개 고속철도공단 이사장, 김 아무개 교통국장이 참석했다. 김세호 철도청장이 웃으며 "이 회의 소집 공고가 나간 뒤 최근 며칠 사이 급속히 협조가 잘된다"면서 지금은 별로 문제가 없고 추후 지방 행사에서 고속철 문제를 한 번 더 다루면 좋겠다고 하기에 그리하기로 했다. 청와대가 나서야 일이 돌아간다면 그것도 문제다. 고속철은 예정대로 2004년 4월 1일에 개통되어 우리도 고속철 국가 반열에 올랐고, 한국철도공사는 2005년 1월 1일에 출범했다.

24. NEIS,
나이스냐 네이스냐?

○
●

　　5월 15일(목) 오후 2시, 윤덕홍 교육부 장관
이 찾아와 '나이스NEIS' 문제를 의논했다. 나이스는 새로운 국가적 교육
정보 체제다. 원래 2001년 5월 전자정부 사업의 일환으로 나이스를 시
작했다. 처음에는 교육부가 학생들의 인권 침해 소지와 보안의 불완전
때문에 반대했는데 당시 청와대의 질책을 받고 적극 추진으로 돌아섰
다. 비용을 보면 나이스는 500억 원, 그 대안인 C/S Client/Server는 1500억
원이 든다. C/S는 서버를 각 학교에 두는 개별 관리 방식이고, 나이스
는 서버를 교육청에 두는 통합 관리 방식이다. 전교조는 학생의 신상
정보가 인터넷과 연결되어 유출될까 봐 나이스에 반대했다(전교조는 나
이스가 '나이스nice'하지 않다고 시종 '네이스'라고 불렀다). 2003년 3월 1일 전
교조는 나이스 입력을 거부하고 분회장들이 연가 투쟁에 돌입했다. 앞
서 2003년 2월 국가인권위에 진정을 넣었는데, 5월 12일에 인권위가
전교조 손을 들어주는 결정을 내렸다. 이에 교육부 장관과 전교조가
합의하기를 국가인권위 결정을 존중하여 보건 자료, 학사 자료는 폐기

하고 올해 입시는 그냥 갈 수밖에 없다고 했다.

나이스를 둘러싼 논쟁

5월 20일(화) 오전 9시, 국무회의에서 나이스 문제 토론이 있었다. 윤덕홍 교육부 장관은 나이스 사태를 보고하면서 고3 입시에 나이스의 부분적 사용이 불가피하다고 설명했다. 노 대통령은 "전교조가 연가 투쟁을 벌이면 처벌을 예고하고, 예고된 처벌은 집행할 수밖에 없다. 전교조가 정부의 굴복을 강요하고 있다. 징계 시 교사 인력 부족을 미리 조사해 두라. 인권위가 복잡한 기술적 문제에 대해 지나치게 깊이 구체적으로 권고하는 것은 온당치 못하다. 교육부는 인권위와 계속 협의하라. 국가의 합리적 의사 결정을 힘으로 뒤엎으려는 기도는 용납해서는 안 된다. 현 정부는 윤덕홍 장관을 포함해 과거 사회 민주화에 기여한 사람들이 일하고 있다"고 단호한 어조로 말했다.

젊을 때 교사를 했던 이창동 장관이 "전교조의 역사를 보면 순기능도 있다. 교장 자살 사건 이후 전교조가 조직 수호 차원에서 과민 반응을 보이는 것 같다. 정부의 지나친 대응은 금물이다"라고 소신 발언을 했다. 그러자 윤덕홍 장관은 "현 전교조 지도부는 최고 강경파들이라 대화가 잘 안 된다. 최대한 신중히 판단하겠으나 처벌은 엄정해야 한다. 입력 항목 중 벌써 100개를 포기했다"고 말했다. 윤영관 외교부 장관은 "시대가 바뀌었는데 전교조가 과거 사고방식에 얽매여 반미 교육을 하는 건 곤란하다"고 비판한 반면 이창동, 지은희 장관은 전교조를 옹호했다. 고건 총리와 박봉흠, 김두관 장관은 과거 무리한 전자정부

추진이 문제를 야기한 면이 있음을 지적했다. 노 대통령이 "전교조의 선거 공약에 나이스 폐기가 들어 있다. 정부는 다른 방법이 없다. 정부는 몰릴 만큼 몰렸다. 교육부는 마음의 준비를 하고 처벌을 예고한 뒤 처벌할 수밖에 없다"고 결론을 내렸다.

5월 22일(목) 오후 2시, 청와대 정책실에서 나이스 문제를 토론했다. 박백범, 박태주, 남영주 등이 참석했고 전교조 사무처장과 교육부의 김동옥 정보화 담당관 사이에 열띤 논쟁이 있었다. 전교조는 교무, 학사, 보건 항목을 삭제하고 C/S를 강화 사용하자고 주장한다. 전교조 추정으로는 5년간 1000억 원이 소요될 것으로 본다. 그러나 C/S는 보안상 문제가 있고 총비용이 2~3조 원 소요될지도 모른다. 게다가 C/S 복귀 시간이 6개월까지 걸릴 수도 있다.

이날 오후 5시, 노 대통령의 미국 제너럴일렉트릭GE 제프리 이멜트 Jeffrey Immelt 회장 접견에 배석한 뒤 내가 일어서면서 대통령에게 "나이스 강행 시 일부 교사들의 입력 거부, 입시 자료 중 담임 교사의 주관적 평가 부문 누락 위험도 있고 하니 타협하는 게 좋겠습니다"라고 건의하니 노 대통령은 태연히 "괜찮습니다. 한 1000명 잘라도 좋습니다"라고 말했다. 그래서 "그게 아니고 2001년 나이스 사업을 시작할 때 1년간 교사들에게 전혀 알리지도 않아 절차상 문제가 있습니다. 노사정위원장의 중재 노력 의사가 있으니 중재에 한번 맡겨 보시죠"라고 말했다.

5월 23일(금) 오전 7시 주간 기조 회의가 관저에서 열렸다. 문희상, 권오규, 정찬용, 이병완, 이광재, 서갑원이 참석했다. 노 대통령이 나이스 토론회를 주재하겠다고 하기에 내가 반대했다. "검사와의 대화도 결과는 좋았지만 사실 법무부 장관에게 맡겼더라면 더 좋았을 겁니다"라고 말했다. 문희상 비서실장은 아르헨티나 출장차 공항으로 출발하고 나도 9시에 분야별 수석회의를 주재하러 일어서니 노 대통령이 "회의에 가거든 대통령이 나이스 토론회를 하겠다고 전하시오"라고 말했다.

9시 15분부터 내가 수석회의를 주재했다. 대통령이 나이스 토론을 하겠다는 뜻을 전하니 김희상 국방보좌관과 유인태 정무수석이 "절대 안 된다"며 강력 반대했고, 문재인 민정수석은 노사정위가 중재 노력을 하고 있으니 막후 협상을 지켜보자고 했다. 오후 2시, 대통령에게 대통령의 나이스 토론 주재 반대가 오전 수석회의 전체 의견이라고 보고해도 대통령은 생각을 바꾸지 않았다. 이런저런 이유로 내가 계속 반대하자 대통령이 정색해서 "건의는 건의로 그쳐 주세요"라고 해 대화가 중단됐다.

결과적으로 성공적인 전환

5월 27일(화) 오전 9시, 국무회의에서 다시 나이스 토론이 있었다. 윤덕홍 장관이 C/S 복귀는 2조 원이 든다고 하자 진대제 장관이 보안 방법은 많다고 했다. 이창동 장관은 "이 문제는 가치의 충돌이다. 교육은 철학이다"라고 말했다. 노 대통령은 "합의는 다행이다. 교사들이 불편한 구체제로 돌아간 건 유감이다. '아무리 좋은 재판도 화해보다 못하다'는 법언이 있다. 모두 불만이지만 모두를 만족시킬 정책은 없다. 쌍방의 주장이 일리 있으나 교육계 각 세력의 힘겨루기 양상이다. 교육 당사자들을 충분히 이해시키며 추진했는지, 교육부가 합리적으로 대응했는지 의문이다. 정보의 중앙 집중을 반대하는 것은 아날로그적 사고다. 보건 의료 정보, 국세청 정보도 있지 않느냐. 교단의 갈등 해소를 위해 노력해 달라. 한 발짝씩 양보하자. 장관은 심기일전하여 열심히 일하라"고 말했다. 강금실 장관은 교단 갈등이라는 대통령의 시각에 동의하지 않았다. "입시, 고시 등 시험 위주로 사람 키우는 방식을 재고해야 한다"고 근본적, 철학적인 문제 제기를 했다. 역대 정부 국무회의에서 여러 장관이 이 정도로 소신 발언을 하고 토론한 적이 있는지 모르겠다. 아마 최초일 것이다. 노 대통령은 잘못된 걸 보면 불같이 화를 내는 격정적 성격인데 좀 지나면 이성을 회복해 합리적 결정을 내리는 경우가 많았다. 나이스 문제도 그랬다.

5월 28일(수) 오전 9시, 경제 분야 수석회의에서 다시 나이스 문제를 토론했다. 김태유 과기보좌관은 전기가 처음 도입됐을 때 미국에서 반대자가 많았다는 이야기를 했다. 새 기술이 겪는 운명인지도 모른다. 이날 전교조는 나이스 반대 연가 투쟁 돌입을 선언했다. 당시 여론 조사를 보면 국민의 82~95%가 나이스에 반대했다. 학부모 14만 명이 나이스 거부 서명록을 청와대에 제출했고 추가로 40만 명이 준비 중이라 했다. 500개 사회단체가 나이스에 반대했다. 학부모회는 진보, 보수 간에 의견이 갈렸고 교사 단체도 전교조와 교총의 의견이 달랐다. 정부는 사면초가 상황에서 힘겹게 싸웠다. 그 뒤 나이스 문제는 대안인 SA, C/S, 그리고 나이스 중 자유롭게 선택하도록 하자 장점이 많은 나이스로 급속히 통일되어 오늘에 이르렀다.

지금 와서 돌이켜 보면 그때 여러 걱정은 기우에 불과했다. 그러나 윤덕홍 장관은 나이스 파동 때문에 전교조와 갈등을 빚었고 결국 장관 직을 1년도 못 하고 물러났다. 교육부 장관 교체 소문이 퍼지자 전교조에서 나한테 전화를 걸어 장관을 바꾸지 말아 달라고 부탁했다. 대통령에게 달려가 전하니 노 대통령은 "이제 와서 그러면 어떡합니까. 너무 늦었습니다"라고 했다. 전교조가 나이스 사태를 돌아보며 그때 너무 심하게 반대했다고 생각하는지, 그게 나는 궁금하다.

25. 노동문제의
이모저모

○
●

4월 30일(수) 노무현 대통령 주재 노동 회의가 집무실에서 열렸다. 권기홍 노동부 장관은 근로 감독관 숫자를 늘릴 필요가 있다고 말했다. 노동계에서 '선생님'으로 불리는 김금수 노사정위원장은 노동부 공무원들의 이동이 잦아 전문성이 떨어지는 문제를 지적했다. 신홍 중앙노동위원장은 2002년 노동위원회 조정 1030건 중 조정 성립 비율이 44%로서 1999년의 22%에 비해 두 배라 양호한 편이라고 말했다. 문재인 민정수석은 노동위원회의 인적 구성을 변화시킬 필요가 있어 보이는데 그럴 용의는 없느냐고 신홍 위원장에게 질문했다.

노 대통령은 오늘은 노동문제의 큰 틀을 논의하자고 말했다. "노동 측은 국제 표준global standard을 주장하면서 노조 설립의 자유를 요구하고, 필수 공익 법인의 직권 중재를 요구한다. 빈발하는 노조 가압류 문제에 대해서도 불만이 많다. 그 반면 사용자 측은 한국의 노조가 세계에서 최고 강경 노선이라고 주장한다. 노동문제 중에는 경영권과 근로

조건의 어느 영역에 속하는지 구분이 애매한 경우가 있다. 노사 양측이 받으려고만 하고 주는 데는 인색하다. 장차 노사의 합리적 행동 기준, 문화, 제도를 형성해 가야 한다. 해고가 부자유스러워 발생하는 대량의 비정규직에 대해 '동일 노동, 동일 임금'의 원칙을 어떻게 적용할지 매우 어려운 문제다. 현재 노사 협상은 정규직 위주이고 비정규직을 무시하고 있다. 하청기업 노동자들도 무시하고 차별한다. 노사정위원회에 민주노총이 계속 참여를 거부하고 있는데, 들어오라고 애걸할 필요는 없다. 노사 간 큰 질서의 그림을 제시하자. 큰 그림 속에서 노사, 노사정, 청와대, 중노위의 역할이 각각 무엇인지 생각하자. 노사 분규 처리는 노동부 장관이 담당하되 청와대 민정수석실, 정무수석실과 협조할 필요가 있다. 노동 전략 수립의 지휘탑은 노사정위가 돼야 한다." 노동문제, 노사관계에 대한 노 대통령의 기본적 생각을 보여 주는 발언이다.

노동운동에 대한 우려

5월 28일(수) 정오에 노사 협력 모범 수상자 오찬이 청와대 영빈관에서 있었다. 노 대통령은 본인의 변호사 시절을 회고하면서 노조 설립을 도와준 예가 3000건 정도는 될 것이라고 말했다. 문재인 민정수석도 노동 변호사를 계속했다면서 "최근에 와서 노사 분규는 대통령 지시와 다르게 처리해 다소 불만스럽지만 그냥 수용하겠다. 권기홍 장관과 문재인 수석은 잘못 뽑은 것 같다"고 농담을 했는데 다음 날 언론에 그대로 보도가 됐다. 노 대통령은 평소 장난기가 많고 농담을 자주 한다. 그

자리에 앉아 이야기를 들은 사람은 웃고 좋아하는데 언론이 앞뒤 상황과 문맥을 빼고 보도하면 이상한 말이 되는 경우가 많았다. 그래서 수많은 구설수와 평지풍파에 시달렸다.

5월 29일(목) 오전 9시, 수석회의에서 노 대통령은 "문재인 수석은 '왕 수석'이라는 말이 있고 집사람(권양숙 여사)과 주위 사람들이 모두 문 수석이 전면에 나서는 걸 반대하지만 노동 현안을 잘 아는 사람이 조정하는 게 필요해서 자꾸 나서게 된다. 화물연대, 철도, 나이스 문제 등에 다른 참모들도 적극 나서 달라"고 말했다. 수석회의 직후 한국노총 이남순 위원장의 대통령 면담(백악실)에 배석했다. 조흥은행 매각, 한전의 배전 분할 문제를 의논했다. 그리고 이 위원장은 청와대에 민주노총에 가까운 사람은 여럿인데 한국노총 출신은 한 명도 없다고 유감을 표명했다. 최근 노동 사건이 모두 민주노총의 승리로 끝났다고 한다. 특히 2002년 철도 파업 해고자 48명의 복직 요구를 당시 이근식 행자부 장관이 거부했는데 이들이 한국노총을 탈퇴하고 민주노총으로 가자마자 바로 복직됐다. 이 일로 한국노총은 결정적 타격을 입었다고 한다. 그러나 민주노총 가까운 사람들이 대선에서 노무현 후보를 적극 도왔고, 한국노총은 이회창 후보를 지지했다는 것은 널리 알려진 사실이었다.

6월 1일(일) 오후 6시, 관저 만찬에 경제 부처 장관들이 참석했다. 노 대통령이 노사관계 개혁을 정책실장이 챙기라고 말했다. 대통령이 "정부가 노조에 임금 인상 자제를 요구할 수 있나. 공기업의 임금 억제도 곤란한 것 아닌가?"라고 질문하기에 내가 네덜란드와 스웨덴 예를 들어 "강력한 노조일수록 사회적 책임성을 갖고 행동하며 과도한 임금 인상을 자제한다. 특히 수출이 큰 비중을 차지하는 한국경제에서는 임금 인상 자제는 매우 중요하다"고 답했다. 6월 19일(목) 오전 9시, 대통령 주재 수석회의에서 철도노조가 4·30 청와대 철도 합의 이후 철도청의 협의 요청을 세 차례 무시하고 연금 불이익을 이유로 6월 28일에 파업 예정이라는 보고가 올라왔다. 노 대통령은 "요즘 노동운동은 도덕성, 책임성을 상실한 게 아닌지 우려된다"고 말했다.

노사가 서로 양보해야 한다

6월 20일(금) 오후 9시, 정부청사 별관에 있는 민정수석실에서 노동 대책회의가 열렸다. 김금수, 권기홍, 문재인, 박태주, 권재철이 참석했다. 모두 최근 노동 관련 노 대통령의 발언이 뭔가 입장 변화를 나타내는 게 아닌지 걱정했다. 그래도 예년에 비해 파업 일수도 감소했고 상황은 낙관적이라고들 하기에 나는 반론을 제기했다. 정권 초기 힘이 있을 때 빨리 네덜란드, 아일랜드, 스웨덴 같은 노사정 대타협 모델로 가야 한다고 주장했다.

7월 11일(금) 오전 7시 30분, 김금수, 권기홍, 문재인, 노동부의 노민기 노사국장과 함께 며칠 뒤에 있을 대통령 보고 안건을 검토했다. 노사정위원회 보고는 추상적 10대 원리를 천명하는 내용이고, 노동부 쪽은 국제 표준에 어긋나는 각종 제도나 관행을 시정하겠다는 구체적 내용을 담고 있었다. '노'에 유리한 것도 있고 '사'에 유리한 것도 있는데 대체로 노보다 사에 유리한 흥정이 될 듯했다. 그걸 보더니 김금수 위원장은 "왜 분란을 일으키는가? 이대로 나가면 전쟁이 일어난다"며 강력 반대했다. 그러나 나머지 참석자들은 노동부 초안에 찬성했다. 7월

14일(월) 오후 3시, 대통령 주재 노동 관련 회의가 열렸다. 김금수 노사정위원장은 추상적인 10대 원칙을 천명했고, 권기홍 노동부 장관은 구체적 사항을 제시했다. 예상대로 노 대통령은 노동부의 구체적 안을 선호했다. 8월 중 연구회에서 내용을 다듬어 중간발표하고 10월 말 노사정위원회에 넘겨 본격 논의한 후 정면 돌파하기로 했다.

7월 28일(월) 오전 11시, 대우일렉트로닉스 인천 공장을 방문했다. 이 회사는 원래 1만 8000명이 일하고 있었는데 4000명으로 대규모 구조조정을 하고 워크아웃을 통해 회생한 세계 10대 가전 회사 중 하나다. 인천 공장에는 800명 노동자가 소형 냉장고를 생산하고 있었다. 노 대통령은 노동자들 앞에서 즉석연설을 해 박수갈채를 받았다. 노동자들이 '노무현 파이팅!'을 연호했다. 직원 식당에서 300명이 함께 설렁

2003년 7월 28일 노무현 대통령은 인천에 위치한 대우일렉트로닉스를 방문해 임직원들을 격려하고 오찬 간담회를 가졌다. 자료 출처: 노무현재단

노무현과 함께한 1000일

탕을 먹었다. 노 대통령은 노동운동이 지금 이대로는 안 된다면서 노사 쌍방의 양보를 강조했다. 기업 측도 법과 공권력 투입을 요구하기 전에 스스로 투명 경영을 해야 한다고 말했다.

7월 31일(목) 오전 9시, 수석회의에서 노 대통령은 현대자동차 파업에 대해 긴급조정권을 발동하기로 한 어제 총리 주재 국정 현안 조정 회의 결정 사항을 긴급 조정의 법적 요건이 불충분하다고 비판했다. 이런 문제는 대통령하고 의논해야 할 것 아니냐고 권오규 정책수석을 질책했다. 정부 안에 이견이 있다는 이야기가 언론에 나가도 좋다고 대통령이 말하자 김희상 국방보좌관은 "대통령 말씀이 옳지만 언론에 나가면 정부 혼선이라고 비판받을 겁니다"라고 반대했다. 나도 생각이 같다며 반대하자 대통령이 물러섰다. 회의 후 권오규 수석한테 들으니 어제 회의에서 긴급조정권 발동을 주장한 사람은 뜻밖에도 문재인 수석(오늘부터 여름휴가)이었는데 장관들은 의견이 없었고, 본인은 좀 늦추자고 주장했다고 하니 권 수석은 억울하게 대통령 질책을 받은 셈이었다.

26. 네덜란드
모델 소동

○
●

      7월 1일(화) 청와대 브리핑팀에서 노사 문제에 대해 묻기에 네덜란드 모델을 언급했다. "한국의 수출 주도형 산업 구조와 외자 유치 필요성을 생각하면 종래의 대립, 투쟁적 노사관계는 곤란하다. 네덜란드와 같이 노조는 임금 인상을 자제하는 대신 사용자는 노조의 권리와 '제한된 범위 내에서의 경영 참여'를 보장하는 윈윈 모델이 필요하다"고 말했다. 나의 평소 소신을 이야기한 것인데 뜻밖에 이날 밤 MBC 9시 뉴스에서 청와대의 노동 정책이 유럽 모델로 정해졌다고 보도해 깜짝 놀랐다.

    7월 2일(수) 《조선일보》가 네덜란드, 아일랜드 특집을 실었고 《중앙일보》는 인터뷰를 게재하는 등 거의 모든 신문에서 네덜란드 모델을 대서특필했다. 소동이 일파만파로 번져 나가기에 7월 3일(목) 오후 4시, 춘추관에 가서 진화에 나섰다. 수십 명의 기자 앞에서 1982년 네덜란드 경제가 어려워 '유럽의 병자', 혹은 '네덜란드병'이라는 말이 유행할 때 노사가 대타협을 이루어 바세나르 협약을 맺음으로써 '네덜란드의 기적'을 일궈 냈다는 사실을 설명했다. 세계화 시대를 맞아 국제 경쟁이 치열하고 중국 경제가 급성장하는 걸 생각할 때 노사가 한 걸음씩 물러나 나라를 생각해야 한다고 강조했다. 기자들은 경영 참여에 대해 집중적으로 캐물었다. 나는 "모든 나라는 경영 참여를 하고 있는데 다만 수준이 다를 뿐이다. 유럽이 가장 적극적이고 미국, 영국은 소극적이다. 한국은 노사협의회를 통한 참여가 있으나 수준이 낮으므로 내용을 발전시켜야 한다"고 말했다.

노사 문제와 네덜란드 모델

7월 4일(금) 오후 3시 중소기업협동조합중앙회 초청 간담회에 가서 강연을 했다. 불경기, 지방 균형발전, 금융, 어음 문제, 인력 수급, 임금, 노사 문제, 그리고 네덜란드 모델을 언급했다. 이어서 중소기업가들 10명이 발언을 했는데 대부분 정부 지원 요청이었고 스스로 애국자라고 자화자찬하기도 했다. 기업가들의 경제 인식에 동의하기 어려웠다. 나는 무수히 많은 국내외 기업가들을 만났는데 외국 기업가들이 훨씬 개방적, 합리적, 진보적이어서 놀라웠다.

7월 9일(수) 정오,《연합뉴스》논설위원 10명과 점심을 먹었다. 화제는 온통 네덜란드 모델에 쏠려 완전 네덜란드 청문회가 됐다. 논설위원이면 언론인으로서는 꼭대기에 올라간 사람들인데도 전반적 인식이 보수적이며 태도가 오만하다는 인상을 받았다. 내가 만난 언론인 중 젊은 기자들은 꽤 개혁적이고 심지어 조중동 기자들 중에도 말이 통하고 의기투합할 때도 있었던 반면, 상층으로 올라갈수록 산소가 부족한 느낌이 들었다. 보수성은 언론계 상층의 공통 특징이었다. 언론에 대한 재벌의 영향력이 하도 커서 보수적이지 않고는 살아남기 어려운 구조 때문인가 하는 생각이 들었다.

바로 그 무렵 네덜란드의 카린 판 헤닙Karien van Gennip 통상 장관이 47명의 기업가를 이끌고 한국을 방문했다. 주한 네덜란드 대사관이 한국에서 벌어지는 네덜란드 모델 소동을 보고했던 모양이다. 통상 장관이 나에게 면담을 요청하기에 쾌히 승낙했다. 네덜란드 모델이 한창 시끄러운 때라 헤닙 장관의 동정이 신문에 기사로 등장했다. 그런데 장관과 인터뷰를 한 결과 '네덜란드에는 경영 참여가 없다', 혹은 '경영 참여가 있지만 부정적으로 본다' 이런 기사가 나는 게 아닌가. 믿기 어려웠다. 7월 12일(토) 오전 10시, 네덜란드 통상 장관과 경제국장, 암스테르담 상공회의소 회장, 주한 네덜란드 대사가 내 사무실에 왔다. 헤닙 장관은 34세의 아주 젊은 여성이었다. 언론 보도에 난 것과 같이 경영 참여에 대해 부정적으로 이야기했느냐고 헤닙 장관에게 물어 보니 전혀 사실이 아니라고 했다. 그러면 그렇지. 이런 언론을 어떡해야 하나.

일행 중에 한스 즈바르츠 암스테르담 상공회의소 회장은 머리가 반백인 노신사였는데 이렇게 말했다. "실제 네덜란드 기업에는 활발한 경영 참여가 있고 긍정적 효과가 있다. 최근 네덜란드 경제가 후퇴하는 기미를 보이는 것은 세계적 불황 영향이 크고, 임금 인상은 자만심의 발로다. 위기가 오면 다시 단합할 것이다." 경제국장은 이렇게 말했다. "네덜란드에 투자한 미국 기업들이 처음에는 미국에 없는 직장평의회works councils를 걱정하지만 직접 경험해 본 뒤에는 매우 만족해 다른 미국 기업가들에게 좋다고 선전하더라." 역시 내 생각대로였다. 그래서

노무현과 함께한 1000일

이런 내용을, 경영 참여를 하면 회사가 망한다고 생각하는 한국의 재계 인사들에게 꼭 좀 이야기해 주고 가라고 부탁했다. 그들은 도와주고 싶은데 내일 귀국해야 하니 나중에 누군가를 보내 설명하도록 하겠다고 약속했다. 그리고 실제 이들은 약속을 지켜 두 달 뒤 네덜란드의 저명한 기업가를 한국에 보내 재계 인사들 앞에서 강연회를 가졌는데 한국 언론에서는 거의 다루지 않았다.

여전히 풀지 못한 숙제

7월 14일(월) 오전 4시, 복통으로 깨어나 아침을 굶었다. 9시 수석회의에서 노 대통령은 당시 인구에 회자되던 '2만 불 시대'에 대해 양적, 경제적 개념보다 사회 구조, 의식, 관행을 바꾸자는 것이라고 말했다. 이해성 홍보수석이 '소득 증가 운동'으로 부르면 어떻겠느냐고 제안하기에 내가 1960년대 일본의 이케다池田 정부의 국정 목표가 '소득 배증'이었다고 소개해 주었다. 이어서 헬기로 과천으로 이동해 제1회 대통령 경제·민생 점검회의에 참석했다. 부총리가 하반기 경제운용 계획을 설명했고, 노 대통령은 "'법과 원칙'과 공권력 투입은 다른 것이니 동일시해서는 안 된다"고 말했다. 정세균 의원이 "네덜란드 모델이 새 정부의 노동 정책인 것 같은데 아마 여야정 합의하는 모델인 모양이다"라고 하기에 내가 네덜란드 모델을 간략히 설명하고 한국에는 시기상조지만 양보 정신과 타협하는 자세는 배울 만하다고 말했다. 그리고 100년 전 미국의 노사관계가 아주 험악했을 때 재계가 애호했던 구호가 바로 '법과 원칙Law and Order'이었다고 소개해 주었다. 7월 15일(화) 노 대통령에게 네덜란드 통상 장관과 상공회의소 회장 면담 내용, 네덜란드에 투자한 미국 기업의 태도 변화를 보고했다.

7월 16일(수) 오전 7시 30분, 롯데호텔에서 열린 대한상의 조찬간담회에 갔더니 외국 대사 몇 명을 포함해 340명이나 참석해 대성황이었다. 나는 세 가지를 말했다. 첫째, 정책의 일관성을 강조하면서 전 정부 때 경기 살린다고 무리했던 부동산 경기 부양, 카드 남발을 비판했다. 둘째, 2만 불 시대를 위해서는 사회보장 확충이 필요하다. 사회보장 지출의 대 국민 소득 비율이 OECD 국가는 1만 불 시대에 벌써 16%였는데, 우리는 아직 10%에 못 미친다. 셋째, 노사 문제에 관해 네덜란드, 아일랜드, 스웨덴의 사회적 대화 모델에서 교훈을 얻자. 외국인 입을 통해 한국은 수준이 안 돼 네덜란드 모델 적용은 무리라고 주장하는 언론에 대해 '사람은 반드시 자기를 스스로 업신여긴 후에야 사람들의 업신여김을 받는다人必自侮然後人侮之'는 맹자 말을 인용해 비판했다. 다른 나라에 없는 한국의 기업별 노조는 투쟁과 협력의 두 얼굴을 동시에 가진 정신분열증적 현상이므로 문제가 있다고 말했다. 함께 간 재경부 최광해 과장은 혹시 언론이 산별 노조 지지로 해석할까 봐 걱정하는데 나는 할 말은 하는 성격이라 별로 개의치 않았다.

7월 18일(금) 오후, 데니스 코모Denis Comeau 캐나다 대사가 찾아왔다. 수도 이전 가능성을 타진하러 온 듯했다. 왜냐하면 캐나다가 1994년에 사 둔 땅에 건물을 신축할지 말지 결정하기 위해서다. 코모 대사도 네덜란드 모델 소동을 알고 있었다. 코모 대사는 캐나다 대기업에 노조 추천 이사를 1명씩 두는데 좋은 효과가 있다고 했다. 이런 식으로 각국은 여러 형태의 경영 참여를 하고 있으며 대체로 긍정적 효과가 있다. 그런데도 한국 재계는 유독 경영 참여를 극단적으로 혐오한다. 당시

노무현과 함께한 1000일

경총, 전경련뿐 아니라 양대 노총도 네덜란드 모델을 반대했다. 참여와 타협이 사는 길인데도 노사는 죽는 길인 줄 알고 극구 반대한다. 노사 쌍방의 반대를 극복하고 사회적 대타협을 이루는 것, 이것은 아직도 풀지 못한 우리의 숙제다.

27. "이정우 죽이기는 노무현 죽이기"

○
●

　　7월 3일(목) 아침 《중앙일보》 1면 톱과 3면 전면에 나를 공격하는 기사가 났다. 언론에서 투척하는 가장 강력한 폭탄이 '1톱 3전'이라고 한다. '정부 노사정책 헷갈린다'는 제목하에 '대통령은 영미식, 정책실장은 유럽식'이라고 부제를 달았다. 대통령과 정책실장이 다른 소리를 내니 정책 혼선이라는 비판이다. 내용을 보니 별 근거도 없는 의도적, 악의적 공격이었다. 삼성전자 공장 증설을 보류한 데 대한 보복 또는 나의 축출 공작으로 보였다. 삼성전자의 수도권 공장 증설 문제는 안 해 주겠다는 것이 아니고, 참여정부의 국정 목표가 균형발전이니만큼 먼저 지방을 살릴 큰 그림을 제시한 뒤 수도권에도 첨단 산업의 일자리 확충을 하는 것으로 균형발전위원회가 순서를 정한 것이다. 이 입장은 지극히 온당하고 합리적인 것이었다. 잠시 기다리면 되는데도 삼성은 참지 못하고 당장 해내라고 온갖 압력을 가해 왔다.

1톱 3전 폭탄

오전 8시 반 국정과제회의 참석차 대전에 갔다. 배순훈, 이종오, 성경
륭, 김병준 위원장이 참석했고 신행정수도 계획에 대해 권오규 정책수
석이 보고했다. 회의는 잘 끝났다. 오후에 서울로 돌아가는 버스에 오
르려는데 관용차에 오르던 노 대통령이 나를 흘깃 돌아보더니 "정책
실장은 내 차로 같이 갑시다"라고 했다. 오늘 아침 《중앙일보》 기사 때
문이구나 하고 직감했다. 덕분에 대통령의 벤츠 관용차를 처음 타 보
았다. 대통령의 관용차는 항상 똑같은 3대가 동시에 움직였다. 혹시 있
을지 모르는 암살 기도를 예방하려는 조처다. 진시황이 똑같은 수레를
3대 움직였던 것과 같은 이치다.

　차의 앞좌석에는 여택수 수행비서가 앉았고, 뒷좌석에 대통령과 내
가 앉았는데 내부 공간은 생각보다 좁았다. 여택수 비서가 아침 《중앙
일보》 1톱 3전 기사를 이야기하자 노 대통령은 이렇게 말했다. "내가
영미식으로 가야 한다고 이야기한 기억이 없어요. 설사 그랬다손 치더
라도 그때 상황에 따라, 아마 미국 가서 주인 듣기 좋으라고 한마디 한
것이 어떻게 대통령 정책인가. 내용을 알아보고 정면 대응하세요. 나는
원래 후보 시절부터 유럽 모델을 선호했어요."

　이어서 네덜란드, 스웨덴 노사관계에 대해 대화를 나누었다. 새만금
헬기 사건으로 사표를 낸 3명의 비서관 후임도 의논했다. 정책관리는
기획예산처 출신 김성진, 농업은 김인식으로 쉽게 정해졌는데 노동비
서관은 후보가 여러 명이라 선택이 쉽지 않았다. 노 대통령은 최영기
박사에 호감을 표시했다. 노 대통령은 이렇게 말했다. "청와대 노동팀
이 할 일은 첫째, 미래 구상과 장기 전략 수립, 둘째, 노사 분규 현장에

가서 설득해 내는 작업이다. 두 가지 일은 성격이 아주 다른데 이것을 어떻게 조화시키느냐가 문제다. 노동의 장기 전략을 노사정위원회에 맡긴 이유는 노동부 공무원들에 대한 불신 때문이다. 김금수 위원장은 고집이 세고 타협하지 않는데 그분 성격이 원래 그런가요?"

그리고 노 대통령은 얼마 전 미국 방문 후 귀국하던 날 청와대 직원들이 도열해서 환영한 행사에 대해 더 이상 하지 말라고 여택수 비서에게 지시했다. 여택수 비서가 오랜 관례라고 하니 노 대통령은 "나는 싫다. 섬김 받는 거 귀찮다"라고 했다. 한 시간 이상 이런저런 이야기를 나누는 동안 차는 청와대에 도착했다. 나는 바로 춘추관으로 가서 네덜란드 모델에 대해 기자회견을 했다.

7월 21일(월) 오전 7시, 예정에 없던 관저 조찬 모임이 있었다. 김영진 농림부 장관이 돌연 사표를 던지고 잠적하는 바람에 후임 인사를 논의했다. 농업비서관은 김인식으로 확정됐다. 11시, 김인식 비서관이 왔기에 농업 분야의 전략 지도를 준비해 달라고 부탁했다. 12시, 영빈관에서 국제 기능 올림픽 선수단 격려 오찬에 참석했다. 스위스가 1위, 한국은 금메달 9개로 2위를 했으니 장하다. 나하고 같은 테이블에 앉은 프레스 금형 부문 우승자 서 아무개 경북기계공고 졸업생에게 이것저것 물어보았다. 대구의 내가 사는 동네에 있는 학교 졸업생이 큰일을 해내 아주 반가웠다.

오후 6시 반, 관저 만찬에 참석했다. 정책실의 세 비서관과 조재희 전 비서관이 참석했다. 조 비서관 후임인 김성진 비서관이 대통령에게 첫인사를 했다. 초반에는 주신구라忠臣藏, 흑선, 난학蘭學, 이토 히로부미, 사카모토 료마(노 대통령은 대하 소설 《료마가 간다》를 읽었다고 했다) 등 일본 역사 이야기를 많이 했고 후반부에는 하반기 경제정책을 검토했다. 이상 7월 21일 일정을 상세히 기록했는데, 노무현 대통령과 하루 세 끼 식사를 같이한 진기록을 세운 날이기 때문이다. 2016년 국정 농단 사건이 터졌을 때 김기춘 비서실장에게 박근혜 대통령을 1주에 몇 번 만나는지 질문하자 "한두 번 뵐 때도 있고 못 뵐 때도 있고…"라고 우물쭈물 대답해 사람들이 깜짝 놀랐다. 세상에 이런 일이! 최측근인 비서실장이 이렇다면 당시 국정은 4인방, 10상시로 불리던 비서들이 쥐고 흔들었다는 말이 된다. 또 다른 비서실장은 6개월 임기 중 박근혜 대통령을 딱 두 번 봤다고 하니 기가 막힌다. '이게 나라냐' 하는 말이 나올 만하다.

두 번째 1톱 3전

7월 22(화) 아침 《중앙일보》에 두 번째 1톱 3전 폭탄이 터졌다. 요지는 대통령은 변했는데 정책실장은 계속 일자리 창출을 방해한다는 것이다. 주로 삼성전자 공장 증설 문제다. 기사를 쓴 기자가 평소 아는 대학 후배라서 놀랐다. 언론계는 참 비정한 세계로구나 싶었다. 9시, 국무회의에서 행정개혁 로드맵 보고(정부혁신위)와 학교 안전(교육부) 보고가 있었다. 노 대통령이 회의 도중 갑자기 일어나 뒤에 배석해 있는 나한테 와서 종이를 한 장 건네주고 갔다. 정부혁신위의 국고 보조금 정비 계획에 대한 대통령 의견이 펜으로 적혀 있었다. 꼭 중앙에 필요한 것 아니면 모두 지방에 줄 것, 그리고 인력 변경이 있는지 명시하라는 내용이었다. 회의가 끝나고 김병준 위원장에게 전달했다. 국무회의 도중 옆에 배석한 문희상 비서실장에게 원래 매주 수요일에 하던 수석들의 비서실장 공관 만찬을 여름에는 쉬고 월 1회로 바꾸자는 수석들의 의견 메모를 보였더니 문 실장은 만면에 희색을 띠며 '따봉'이라고 했다. '외모는 장비, 지략은 조조'라고 불리는 문희상 실장은 판단력이 좋고 인간적인 매력이 있었다.

국무회의가 끝나 일어서는데 노 대통령이 나를 보더니 "정책실장, 부안군이 핵폐기장 거부하면 새만금 못 준다고 합시다"라고 했다. 같이 집무실로 걸어가면서 《중앙일보》 지난번과 오늘의 1톱 3전이 삼성전자 공장 증설 때문인 것 같다고 했더니 노 대통령이 이렇게 말했다. "가서 싸우세요. 이정우 죽이면 노무현 죽이는 거라고 얘기하세요." 바로 옆에 보고차 대기하던 나종일 안보실장이 대통령의 단호한 어조에 놀라 쳐다봤다.

이런 일도 있었다. 첫 번째 1톱 3전이 나온 다음 날 오전 7시, 관저 조찬 기조 회의에서 언론 대응이 화제에 올랐다. 노 대통령은 "언론과 혼자 싸우는 느낌"이라고 말했다. 그러더니 대통령이 나에게 말했다. "이 실장, 어제 《중앙일보》 말이죠. 세상에 그런 데가 어디 있어요. 하도 화가 나서 내가 어젯밤에 잠을 잘 못 잤어요." 아니, 나는 잘 잤는데 대통령이 잠을 설치다니. 이런 대통령을 위해서라면 더 열심히 일해야겠다는 생각이 들었다.

《사기열전》에 자객 예양豫讓의 이야기가 나온다. 예양이 섬기던 주군 지백智伯이 조양자趙襄子에 의해 살해됐다. 예양이 "선비는 자기를 알아주는 사람을 위해 목숨을 바친다士爲知己者死"라면서 주군의 복수를 결심한다. 무술을 연마해 천하무적의 경지에 오른 뒤 얼굴과 목소리마저 바꾸어 조양자에 접근했으나 두 번의 암살 기도가 실패로 돌아갔다. 조양자가 예양에게 "너는 왜 이렇게까지 지백을 섬기느냐?"고 물으니 예양은 "지백은 나를 국사國士로 대접했으니 나도 그 은혜를 갚으려한다"고 답했다. 그리고 바로 예양은 자결했다. 그날 나라의 지사들이 모두 울었다.

자객 예양 이야기

예양은 중국 진晉나라 사람이다. 어릴 때 남한테 양보를 잘하는 아이여서 할아버지가 손자 이름을 '양讓'으로 지었다고 한다. 예양은 일찍이 범范 씨와 중항中行 씨를 섬겼으나 이름이 알려지지는 않았다. 그 뒤 그들을 떠나 지백을 섬겼다. 지백은 예양을 매우 존경해 크게 우대했다. 지백이 조양자를 치자 조양자는 한나라, 위나라와 힘을 합쳐 지백을 멸망시키고 지백의 자손까지 다 죽이고 땅을 세 나라가 나누었다. 게다가 조양자는 지백에 대한 원한이 커 지백의 두개골에 옻칠을 해 술잔으로 사용했다.

예양은 산속으로 달아나 탄식하여 이렇게 말했다. "아, '선비는 자기를 알아주는 사람을 위해 죽고, 여자는 자기를 사랑하는 사람을 위해 단장한다士爲知己者死, 女爲悅己者容'고 한다. 지백이 나를 알아주었으니 내 기필코 원수를 갚은 뒤에 죽겠다."

그러고는 성과 이름을 바꾸고 죄수가 되어 조양자의 궁궐에 들어가 화장실의 벽을 바르는 일을 했다. 몸에 비수를 품고 있다가 기회가 오면 조양자를 죽일 계획이었다. 조양자가 화장실을 가는데 어쩐지 가슴이 두근거렸다. 그래서 화장실 벽을 바르는 죄수를 잡아다 조사해 보니 예양이었다. 품속에는 비수가 감춰져 있었다. 예양이 말했다. "지백을 위해 원수를 갚으려 했소." 주위에 있는 사람들이 모두 예양을 죽이라고 했다. 그러자 조양자가 말했다. "그는 의인이다. 내가 조심하여 피하면 그만이다. 지백이 죽고 그 뒤를 이을 자식조차 없는데 그의 옛 신하가 주인의 원수를 갚으려 했으니 이 사람은 천하의 현인이다." 그러고는 예양을 풀어 주었다.

예양은 풀려나 무공을 연마해 천하 고수가 됐다. 몸에 옻칠을 해 나환자로 꾸미고 숯가루를 먹고 목소리를 바꾸어 아무도 자기를 못 알아보도록 하고 시장을 돌아다니며 구걸을 했다. 그의 아내마저 예양을 못 알아봤다. 얼마 뒤 새로운 다리 준공식이 열리는 날, 조양자가 수레를 타고 다리로 향했다. 수레가 다리에 가까이 갔을 때 갑자기 말이 놀라 공중으로 뛰며 앞으로 가려 하지 않았다. 조양자가 다리 밑을 수색하라고 지시하자 병사들이 거지를 한 명 끌고 왔다. 변장을 했지만 조양자는 그게 예양임을 대번에 알아보았다.

조양자가 예양에게 물었다. "너는 일찍이 범 씨와 중항 씨를 섬기지 않았느냐. 지백이 그들을 멸망시켰건만 너는 원수를 갚기는커녕 지백에게 예물을 바치고 그의 신하가 되지 않았느냐. 지백도 이제 죽었는데 너는 왜 이리 끈질기게 지백의 원수를 갚으려 하느냐?" 예양이 대답했다. "범 씨와 중항 씨는 나를 보통 사람으로 대했으므로 나도 그들을 보통 사람으로서 보답했을 뿐입니다. 그러나 지백은 나를 국사로 대우했으므로 나도 국사로서 그에게 보답하려는 것입니다."

조양자가 탄식하고 울면서 말했다. "아, 예양이여. 그대가 지백을 위해 충성과 절개를 다했다는 이름은 이미 이루어졌고, 내가 그대를 용서하는 일도 이미 충분했다. 더 이상 너를 놓아주지 않겠다." 예양이 답했다. "신이 듣건대 '현명한 군주는 다른 사람의 아름다운 이름을 가리지 않고, 충성스런 신하는 이름과 지조를 위하여 죽는다'고 합니다. 전날 군왕께서 신을 너그러이 용서한 일로 천하 사람들 가운데 당신의 어짊을 칭송하지 않는 이가 없습니다. 오늘 일로 신은 죽어 마땅하나 부디 당신의 옷을 베어 원수를 갚도록 해 주신다면 죽어도 여한이 없겠습니다." 이 말을 듣자 조양자는 그의 의로운 기상에 탄복하여 자기 옷을 예양에게 갖다주게 했다. 예양이 그 옷을 받자 공중으로 휙 던지더니 순식간에 세 번 뛰어올라 칼로 베고는 이렇게 말했다. "이것으로 나는 지백의 원수를 갚았다." 그러고는 바로 칼에 엎어져 자결했다. 예양이 죽던 날 조나라의 지사들이 모두 울었다고 하고, 그 다리를 '예양교'라고 부른다. 조양자가 자기 옷을 받아 보니 옷에 피가 묻어 있었다(물론 중국식 과장이다). 충격을 받은 조양자는 시름시름 앓다가 1년 뒤 세상을 떠났다.

28. 보수 언론의
행태

○
●

　《중앙일보》가 두 차례 1톱 3전 폭탄을 던질 무렵인 7월 9일(수) 《중앙일보》 계열 영자 주간지에 4인의 'jeer(김운용, 박지원, 돈 먹은 서예가협회장, 이정우)' 기사가 났다. 악의적 보도의 연속이다. 덕분에 'jeer(조롱, 야유)'라는 단어를 하나 배웠다. 삼성이 처음부터 그렇지는 않았다. 인수위 때 인하대 경제학과의 윤진호 교수한테서 이런 이야기를 들었다. 삼성 임원단과 협력하자는 제의가 와서 공동 세미나를 한두 번 했는데 조금 뒤 없어졌다고 한다. 윤 교수 말로는 자기가 인수위 경제분과 간사인 김대환, 이정우 교수와 가까운 후배라 삼성에서 접근한 것 같다는 것이었다. 그 뒤 삼성에서 이정우는 '포섭 불가'라고 판단해 포기했다는 말을 들었다. 대학 3년 후배인 윤진호 교수는 노동경제학의 대가로서 특히 비정규직 문제의 최고 전문가였는데 안타깝게도 몇 년 전(2016년) 세상을 떠났다.

오만한 보수 언론

지방대 교수인 내가 갑자기 인수위, 청와대에 등장하자 언론의 주목을 받았다. 내 성격이 감추고 돌려 말하는 걸 싫어하는 편이라 언론에 좋은 취재원이 되었던 모양이다. 그러다 보니 각종 언론 사고, 필화, 구설수에 시달렸다. 언론과는 별별 일이 다 있었다. 인수위 때 어느 일요일, 기자들이 내 사무실에 무단 침입해 책상 서랍을 뒤진 사건이 발생했다. 4명의 기자 이름이 보고돼 왔다. 나는 중요 서류를 서랍에 두지 않았기 때문에 그 기자들은 허탕을 쳤다. 좀 꾸짖고는 더 이상 문제 삼지 않았다. 그중 한 기자는 꽤 친해졌다. 그는 본인의 생각과 달리 신문사에서 이정우를 공격하라고 지시하니 몹시 괴롭다고 실토하기도 했다. 살구색 신문인《문화일보》는 어느 날 나를 공격하는 데 1면과 끝면 사설 포함해 총 5개 면을 동원한 적도 있다. 이건 기네스북에 올라야 할 것이다.

나는 진보, 개혁 성향이긴 한데 과격, 급진은 아니다. 그런데도 보수 언론은 나의 이념을 자주 문제 삼았다.《월간조선》은 2004년 11월호에 이정우 특집을 실어 나의 사상을 검증했다. 경북대 홈페이지에 올라와 있는 내 책과 논문 중 몇 편을 읽은 모양이다. 이런 고마운 일이 있나. 그래서 내린 결론이 이정우는 사회주의자는 아니고, 헨리 조지 Henry George 주의자다. 그러나 요주의 관찰해야 한다는 것이었다. 휴! 다행이다. 헨리 조지 덕분에 내가 빨갱이 딱지를 면했다.

그리고《○○일보》는 사설탐정을 고용해 나를 미행했다는 이야기를, 청와대를 나온 뒤에 들었다. 한 달간 나를 미행했는데 아무 소득이 없어 그만두었다고 한다. 한국 보수 언론의 행태는 상상을 초월한다.

누구라도 무릎 꿇릴 수 있고, 자기들이 세상을 지배한다는 오만은 어디서 오는 것일까.

7월 18일(금) 《조선일보》에 이틀 전 비서실장 공관 만찬 시 수석들의 대화 내용이 일부 기사화됐다. 누가 누설했는지, 혹시 도청 장치라도 있는지 귀신이 곡할 노릇이다. 수석회의를 마치고 나오면서 권오규 수석이 나더러 강연, 인터뷰를 하지 말라고 말렸다. 대체로 늘공(직업 공무원)들은 사고를 염려해 언론을 멀리한다.

나는 어공(어쩌다 공무원)으로서 생각이 달랐다. 나는 언론 사고의 위험을 무릅쓰고 꾸준히 강연하러 다녔고, 사람들이 알아주지 않는 비주류 언론의 인터뷰 요청에도 적극 응했다. 내가 2005년 8월 정책기획위원장을 그만둘 때 정은영 비서가 나에게 커다란 쇼핑백을 하나 건네주었다. 1년 반 위원장 시기 동안 내가 한 강연과 인터뷰 녹음테이프가 50개 넘게 들어 있었다.

보수 언론의 집중포화

8월 25일(월) 새 정부 출범 6개월이 되는 날이다. 보수 언론이 비난 일색의 특집을 실었다. 《매일경제》는 전문가 30인(보수 경제학자, 경영학자, 재계 인사. 진보는 0명)이 뽑은 교체 대상 각료 순위를 발표했다. 순서대로 보면 장관은 윤덕홍, 권기홍, 이창동, 김진표, 진대제이고 청와대 참모는 이정우, 문재인, 유인태, 문희상, 정찬용인데, 득표 퍼센트에서 내가 종합 1위의 영광을 차지했다. 10명 중 진보 개혁 성향이 많고 특히 대구 출신이 5명이라 이채로웠다.

오후 3시, 인왕실에서 노 대통령의 경제 신문(6개지) 편집국장 인터뷰에 배석했다. 첫 질문자로 나선《매일경제》장용성 편집국장이 장관과 참모를 교체할 용의가 없는지를 대통령에게 물었다. 노 대통령은 이렇게 답했다. "장관을 너무 자주 바꾸면 안 되는데 과거 너무 자주 교체했다. 아직 6개월밖에 안 돼 교체할 생각 없다. 청와대에는 문희상 실장이 잘하고 있고, 본인 바로 앞에서 이런 말 하기는 뭣하지만 정책실장은 학계에서 실력으로나 인품으로나 검증받은 인물이고, 경제보좌관도 학계에서 검증받았고, 문재인 수석도 부산에서 인권 변호사로 신망이 두터운 인물이다. 고로 바꿀 사람 없다." 대통령은 그 뒤 두

2003년 8월 25일 《매일경제》는 노무현 대통령 취임 6개월 특집으로 '교체해야 할 참모'에 대한 여론 조사 성적표를 발표했다. 자료 출처: 이정우

번 더 정책실장을 언급하며 힘을 실어 주었다. 끝나고 복도에서 장용성 국장에게 "금방 쫓겨나지 않아서 미안하군요" 하자 "그게 아니고 죄송합니다" 하며 얼버무렸다. 편향된 30명에게 물어 참모를 교체하라는 이런 언론이 과연 옳은가.

11월 24일(월) 오후 4시, 서울대 경제연구소에 강연하러 갔다. 6층 세미나실에 이승훈, 김인준, 표학길, 이준구, 이지순, 양동휴, 이영훈, 이근 교수와 대학원생을 합쳐 30명 정도가 모였다. 강의 제목은 '참여정부의 경제정책'. 경제성장과 사회통합을 동시에 달성할 5대 과제(분권·분산, 부동산, 교육개혁, 여성 인력, 노사 문제)를 이야기했다. 나라의 틀을 바꿀 개혁인데, 해결이 어렵지만 역대 정부처럼 회피하지 않고 정면 승부하겠다고 말했다. 역사, 경험담 등을 섞어 가며 열심히 이야기했는데 반응은 시큰둥했다.

이영훈 교수는 "YS도 실패했고 DJ도 실패했는데 개혁이 성공할 수 있겠나"고 부정적으로 논평했다. 이 교수는 경북고 2년 후배인데 학창 시절 민주 투사가 지금은 극우파가 됐다. 초청자인 이승훈 경제연구소장은 "오해하던 것 많이 풀렸다. 앞으로 자주 와 주면 좋겠다"고 했지만 모교에만 자꾸 올 수는 없다고 답했다.

알고 보니 그 작은 세미나실에 조중동을 비롯해 기자가 4명 앉아 있었다. 11월 26일(수)《조선일보》와《동아일보》가 나의 서울대 특강을 이틀 연속 악의적으로 보도했다.《조선일보》는 서울대 교수들의 참여정부 비판을 이틀 연속 실었고,《동아일보》는 '서울대 교수들 정부 비판'이라고 큰 제목을 달았다. '정책실장에게 호된 쓴소리' 운운하는데 당시 분위기는 전혀 그렇지 않았다. 90분간 이야기한 내 말은 거의 싣지 않고 교수들의 발언만 부각했다. 30여 명의 교수, 학생들과 비공식적 좌담하는 장소에 기자가 4명이나 들어와 녹음하는 것도 희한하지만 문맥을 자르고 단어를 떼어 보도하는 방식은 보수 언론의 전매특허다.

조중동의 집중포화로 전운이 감돌 때 뜻밖의 반전이 일어났다. 11월 27일(목) 저녁 《한겨레》 곽정수 기자가 라디오 방송에 나가 "나도 거기에 있었다"며 서울대 강의 사건의 전말을 상세히 설명했다. 그리고 나도 기자이지만 이럴 수가 있느냐고 조중동을 규탄했다. 그날 참석했던 조중동 모든 기자가 이건 너무했다고 사적으로 이야기하더란다. 순식간에 사태가 종결됐다. 그가 없었다면 조중동에 봉변을 당할 뻔했으니 곽정수 기자는 나의 백기사였다.

이런 일도 있었다. 2004년 문희상 비서실장이 총선 출마차 청와대를 떠났고, 후임에 연세대 총장을 지낸 보수 성향의 김우식이 임명됐다. 연세대 졸업생 이광재의 추천이라고 소문이 났다. 어느 날 수석회의가 끝나 일어서는데 김우식 실장이 대통령에게 서류를 하나 내밀며 안건이 하나 남았다고 말했다. 제목을 보니 '이정우에 대한 언론 비판' 모음집이었다. 노 대통령이 제목을 흘깃 보더니 "됐어요. 벌써 일어섰는데, 뭘" 하며 자리를 떴다. 나를 공격해서 쫓아내려 했던 세력은 보수 언론과 야당뿐 아니라 청와대 내부에도 있었다는 뜻이다.

참여정부는 5년 내내 보수 언론의 공격에 시달렸다. 공격받은 횟수에서 압도적 1위는 물론 노무현 대통령이다. 2위는 누구일까? 아마 나일 것이다. 나는 대통령보다 훨씬 적지만 다른 참모들과는 비교가 안 될 정도로 많은 공격을 받았다. 그 정도 공격을 받으면 대개 대통령은 참모를 교체한다. 잘못이 없어도 교체하는 게 불문율이자 관례다. 내가 그토록 공격받으며 2년 반 동안 일한 건 예외 중의 예다. 이건 오로

지 노무현 대통령이 지켜 준 덕분이다. 언론의 압력에 굴하지 않은 이런 대통령은 일찍이 없었다. 그런 대통령 밑에서 일한 나는 행운아였다.

29. 언론과의
전쟁

○
●

　　참여정부 초기에 보수 언론은 보통 새 정부에 주는 선물인 소위 '허니문(정부 공격을 자제)' 기간도 없이 바로 맹공을 퍼부었다. 참여정부를 아예 인정하지 않으려는 태도였다. '경기 침체', '경제위기', '경포대(경제를 포기한 대통령)', '아마추어 정권', '정책 혼선' 등등 모든 단어를 동원해 공격했다. 그때쯤 신문고시 개정이 문제가 됐다. 쟁점은 신문에 대한 규제를 원래대로 신문사 자율로 하느냐 공정거래위 규제로 하느냐. 당시 신문 판촉 사원이 가가호호 누비며 신규 구독자에게 몇 달간 구독료 면제, 자전거, 선풍기 등 선물까지 줬다. 건설 토호가 지방 언론을 소유해 비리를 은폐하는 무기로 이용하는 경우도 많았다. 심지어 기자 월급을 안 주는 지방 신문사도 더러 있었다. 민간에 나가 뜯어먹으라는 뜻이니 민폐가 얼마나 컸을까.

　　이런 언론계의 비리에 대해 당연히 정부 규제가 필요했다. 2003년 4월 23일(수) 오후 6시, 청와대 정책실에 파견을 나온 공정거래위 김원준 과장이 보고하기를 규제개혁위원회에서 신문고시 개정을 논의했는데 전경련 산하 한국경제연구원의 이인실 박사는 신문사 자율 규제 유지를 주장한 반면, 새로 규제개혁위원이 된 경제 1분과의 제프리 존스 Jeffrey D. Jones(주한 미국상공회의소 회장)는 자율 규제 폐기를 주장해 의견이 대립했다고 한다.

언론과의 정면 승부

5월 1일(목) 오전 9시, 대통령 주재 수석회의에서 이해성 홍보수석이 대통령 방미 홍보에 대해 보고하자 노 대통령이 "대통령 홍보가 돼서는 안 되고 국가 홍보여야 한다. 시장경제 원칙을 천명하고 주한 미군 문제 등 불안을 해소할 문안을 외교보좌관과 경제보좌관이 마련하라"고 지시했다. 박주현 수석이 신문고시가 규제개혁위 경제 1분과에서 어정쩡하게 개정됐다고 보고했다. 신문고시를 공정위에서 다루되 예외 조항 세 개(초범, 소액, 쌍방 협의)를 두는 바람에 다 빠져나가는 엉성한 그물이 되었다. 노 대통령이 화를 내며 "판을 깨도 좋으니 새로 고쳐라. 신문고시는 원칙대로 가야 한다. 전력투구해야 한다. 오보에 적극 대응하도록 국무회의에서 이야기하겠다"고 말했다. 회의 뒤 나는 규제개혁위원회 안문석 위원장, 그리고 규제개혁위원인 김대환, 남궁근 교수와 통화해 신문고시 개정 문제를 의논했다.

5월 2일(금) 밤 강철규 공정거래위원장한테서 전화가 왔다. 신문고시 예외 조항 3개 중 초범, 소액 두 조항을 폐기하면 공정위 원안과 비슷하게 되는데, 규제개혁위 회의에서 제프리 존스와 김대환 교수가 활약해 그렇게 결론이 났다고 한다. 바로 전화로 보고하니 노 대통령이 기뻐하며 "제프리 존스는 애국자다. 표창해야 한다"고 했다. 제프리 존스는 우리말을 꽤 잘했고 유머가 많았다. 어느 날 회의에 참석해 노무현 대통령의 발언을 들은 뒤 제프리 존스가 "대통령 말씀을 들으니 속이 다 시원합니다"라고 말해 좌중의 폭소를 자아냈다. 이 정도면 우리말의 달인이다.

5월 6일(화) 오전 8시, 관저 회의가 열렸다. 매일 반복되는 언론의 참여정부 공격에 대해 내가 "언론에 너무 신경 쓰지 말고 개혁 청사진을 제시하면 되지 않겠습니까"라고 하니 노 대통령은 동의하지 않았다. "그렇지 않다. 청사진이 없는 게 문제가 아니다. 청사진은 이미 제시하지 않았느냐. 이정우 정책실장이나 강금실 법무부 장관을 보면 개혁 의지를 모르겠나. 언론의 태도가 문제다. 정면 대응해야 한다"고 단호하게 말했다. 문재인 민정수석도 노 대통령에게 언론을 너무 과민하게 생각하는 게 아닌지, 황장엽 문제와 국정원 폐지 문제를 예로 들며 이야기했지만 노 대통령은 요지부동이었다. 5월 26일(월) 오전 9시, 대통령 주재 수석회의에서 노 대통령이 다시 언론에 대한 불만을 표출했다. "대통령더러 말 줄이라, 나서지 말라고 하는데 일주일간 입 닫고 있어 볼까요" 하며 참모들에게 좀 더 적극적으로 나서라고 주문했다.

언론의 공격에 흔들림 없이

5월 27일(화) 오전 9시, 국무회의에서 강금실 법무부 장관이 언론의 정부 비판이 위험 수위에 이르렀다고 말하자 노 대통령이 장관들을 격려했다. "교육부 장관은 오래 같이 가겠다고 약속했고 모든 장관을 신임

하니 소신껏 일하라. 현 상황에 대한 언론 보도가 아주 나빠 공직자들 사기를 떨어뜨린다. 경기가 하락했고 민생이 나쁜 것은 사실이지만 그렇게 나쁜 것은 아니다. 가뭄도 없고 노조의 춘투에 대해 정부가 양보했다고 비판하지만 대체로 순조롭다. 전교조 교사 수백 명이 파업하는 것은 좋은 일이 아니다. 취임 초 북핵 위기가 심각했으나 지금은 전쟁 위험이 낮아졌다. 자만은 금물이지만 심각한 위기는 아니니 흔들리지 말라. 언론 관계 정상화를 위해 꿋꿋이 대처해 달라."

5월 29일(목) 오전 9시, 수석회의에서 노 대통령은 이런 말을 했다. "청와대에 가장 부탁하고 싶은 것은 마음을 열고 나가서 설득하는 것이다. 언론 바람은 세고 내부 동력은 약하다. 그러나 언론의 의도적 공격에 흔들리지 말라. 동으로 간다고 비판하고, 서로 가면 또 비판한다. 이솝우화에 나오는 '장에 팔러 가는 당나귀' 비슷하다." 반기문 외교보좌관이 이렇게 받았다. "지도자는 말로써 지휘한다고 합니다. 말을 자유롭게 하되 대통령답게presidential 나아가야 합니다"고 하며 레이건, 클린턴 대통령을 예로 들어 설명했다.

5월 30일(금) 정오부터 오후 2시까지 대통령이 《연합뉴스》 박정찬 국장 등 언론사 편집국장 25인을 청와대에 초청해 오찬을 함께했다. 돌아가며 한 마디씩 하는데 그중 2명이 대통령더러 (노 대통령이 듣기 싫어하는) 말 줄이라는 부탁을 했다. 노 대통령은 "신문 보면 괴롭다. 제발 좀 도와달라"고 하소연하기도 했다. 《조선일보》의 아무개 편집국장은 좌석을 대통령 바로 옆에 해 달라고 며칠 동안 실랑이를 벌였다고 한다. 보수는 이런 데 관심이 많다.

6월 2일(월) 오전 9시, 수석회의에서 노 대통령은 "우리가 '토론 정부'를 표방하는데 국민적 공론화가 잘되고 있는지, 교단 갈등과 나이스 사태를 보면서 '토론과 대화' 방식을 정비할 필요를 느낀다. 언론과의 관계를 정상화해야 하고 장기적으로 원칙적 입장을 견지해야 한다"고 말했다. 이어서 11시, 노 대통령의 취임 100일 기자회견에 배석하고 춘추관 기자실 곳곳을 둘러보며 기자들과 인사를 나누었다. 6월 3일(화) 정오, 몇몇 수석과의 오찬 모임(백악실)에서 노 대통령이 비공식 언론 대책 모임(홍보수석, 정무수석, 외부 전문가)을 만들겠다고 하기에 내가 반대했다. "지지율에 일희일비하지 말고 꾸준히 가면 됩니다. 역사에 남을 큰일을 한 루스벨트 대통령의 지지율도 50%에 불과했습니다."

6월 13일(금) 오전 7시, 2주간 일정 계획을 짜는 8인 관저 조찬 회의. 노 대통령이 무려 40분간 언론에 대한 불만을 토로했다. 이어서 9시, 수석회의에서 노 대통령은 언론, 재계의 참여정부 공격을 '정권 길들이기'로 규정하고 맞서 싸울 것을 주문했다. 노 대통령이 말했다. "언론과 재계가 계속 청와대를 흔들고 참모 바꾸라고 요구하는데 수석, 보좌관 바꿀 사람 없어요. 정책실장, 정책수석, 경제보좌관, 과기보좌관 누구 한 명 바꿀 사람 없어요."

7월 28일(월) 오전 수석회의 뒤 서갑원 비서가 '신계륜, 대통령 만나 박범계(당시 민정수석실 법무비서관, 나중에 법무부 장관) 경질을 요구했다'는《중앙일보》기사를 보이며 사실인지 질문하니 노 대통령은 사실이 아니라고 했다. 말이 난 김에 내가 7월 26일(토)《중앙일보》1면 톱 '대통령이 부총리에게 법인세 인하 등 경제 살리기 지시' 보도에 대해 사실인지 질문하니 "전혀 그런 사실 없다. 그러나 해롭지 않은 오보라서 그냥 두었다"는 답이 돌아왔다. 취임 초기 김진표 부총리의 법인세 인하 돌출 발언은 대통령 뜻과 달랐다. 이처럼 언론에 오보가 많고 희망 사항을 사실인 양 보도하는 경우도 많았다. 노 대통령은 불의를 보면 못 참는 성격이라 언론의 압박에 굴하지 않고 일전 불사 태도였는데 장관과 참모들이 소극적인 것에 불만이 많았다.

30. 그 많던 가판은
어디로 갔을까?

○
●

　　　　　7월 23일(수) 오후 3시, 국민경제자문회의
에서 FTA 문제를 토론했다. 안충영, 박태호 교수, 한덕수 산업연구원장
(나중에 부총리와 총리), 그리고 경제단체장으로 박용성, 김재철, 김영수
회장이 참석했다. 회의가 끝났는데 시간이 조금 남아 사회를 보던 조
윤제 경제보좌관이 "모처럼 오셨으니 대통령에게 건의할 것 있으면 하
세요"라고 권하니 박용성 대한상의회장이 "정책이 불확실하니 큰 그림
을 빨리 제시해 달라"고 요구했다. 그러자 노 대통령이 언짢은 기색으
로 "아니, 이미 다 제시했잖아요. 과거 우리만큼 제시한 정부가 어디 있
습니까"라고 반박했다. 이어서 "정책실장하고 나하고 네덜란드 모델에
이견 없는데 언론은 딴소리를 하고, 삼성전자 공장 증설도 균형발전을
위해 지방부터 좀 살리고 해 줄 테니 미리 준비하고 있으라고 말했는
데…"라고 언론을 향해 한참 울분을 토로하다가 끝에는 감정을 드러내
미안하다고 사과했다. 조윤제 보좌관이 "그래도 잘 끝났습니다"라고
말하자 모두 웃으며 일어섰다.

언론 횡포와 가판의 폐해

8월 2일(토) 오전 8시, 장관 워크숍에서 언론 문제를 주제로 오홍근 전 국정홍보처장이 강연했다. 본인이 과거에 군사 문화 청산을 주장하는 칼럼을 썼다가 군인들한테 끔찍한 회칼 테러를 당한 사건을 이야기하는데 정말 충격적이었다. 당시 언론사 임원들은 오히려 군부에 물의를 일으킨 것을 사과했다고 하니 정말 무법천지, 암흑 시대였구나 싶었다.

노 대통령이 부산에서 인권 변호사를 하던 시절, 요트 타는 게 취미였는데 이걸 《조선일보》가 문제 삼았다. 요트는 천차만별이다. 선박왕 아리스토틀 오나시스Aristotle Onassis의 초대형 요트도 있지만 노무현 변호사의 요트는 소형 돛단배에 불과했다. 호화 요트인 양 기사화해 인권 변호사의 이미지를 실추시키려 한 악의적 보도였다. 노무현 변호사는 《조선일보》와 오래 싸웠다. 대통령이 된 뒤에도 보수 언론과의 타협을 거부하고 원칙적 자세를 견지했다. 대부분의 대통령이 언론에 할 말이 있어도 참고 사이좋게 지내 정부 비판을 피하려고 노력했다. 그러다 보니 정부는 점점 비굴해지고 언론은 갈수록 힘이 세져 소위 '밤의 대통령'이라는 언론인도 출현했다. 그러나 노 대통령은 언론에 굴하지 않고 돈키호테처럼 용감히 싸웠다. 대통령이 정정 보도 요청 등 언론과의 전쟁에 선봉장을 자처했다. 그러다 보니 참여정부 5년 내내 언론과의 전쟁 포성이 그치지 않았다. 당시 보수 언론은 대통령을 조롱하고, 무능한 아마추어라서 나라를 곧 망칠 것처럼 공격해 댔다. 그들은 참여정부에 철두철미하게 비협조적, 비판적, 냉소적이었다. 노 대통령은 장관, 참모들에게도 언론의 횡포에 맞서 싸울 것을 요구했으나 사실 언론은 버거운 상대였다. 윤영관 외교부 장관은 당시 "국회와 기

1983년 일본 BSC 수상레저 스포츠 센터에서 요트 강습을 받고 있는 노무현 변호사의 모습. 보수 언론은 노무현 대통령의 취미를 트집 잡아 이미지를 실추시키려고 했다. 자료 출처: 노무현재단

자만 없으면 장관 할 만한데…"라는 농담을 하곤 했다.

언론과의 5년 전쟁에서 보람도 있었다. 최대의 전과는 신문 가판의 폐지다. 요즘 젊은 사람들은 잘 모르겠지만 과거에는 가판 신문이란 게 있었다. 조간신문의 경우 전날 저녁 7시쯤 가판이 나온다. 이게 조판 번호로는 초판, 2판에 해당하고 다음 날 아침 각 가정에 배달될 때쯤은 조판 번호가 40판, 50판이 된다. 신문사에서 보도 내용을 밤새 수없이 수정한다는 뜻이다. 가판은 철도역, 지하철, 버스 정류장, 동네 슈퍼 등에 뿌려졌다. 어디 가든 가판이 있었고, 빠른 뉴스를 원하는 독자는 가판을 읽었다.

고위 관료들은 가판에 혹시 우리 부처에 불리한 기사가 나지는 않았느지 신경을 곤두세운다. 혹시 불리한 기사가 있으면 즉각 식사 중단, 작전 개시다. 신문사에 연락해 기사의 삭제나 표현 수정을 부탁한다. 이런 부탁이 통하려면 평소 술자리, 골프, 향응 등으로 친분을 유지해 둬야 한다. 친소 여하에 따라 가판 보도 수위는 적절히 조절된다. 이걸 잘 조절하는 관료는 장차관으로부터 유능하다는 평가를 받는다. 이건 관료 세계에만 통하는 게 아니고 재벌 대기업도 마찬가지다. 공무원과 대기업 임원들에게 가판은 공포의 대상이었다. 가판에 실린 폭탄의 뇌관을 제거하는 것은 그들의 능력 지표였다. 이런 관행이 오래 계속되면서 가판은 신문사를 일방적으로 우위에 서게 만드는 무기였고, 관계와 재계에게는 가판 나올 시간이 두려운 시간이었다. 신문사는 '갑'이고 관계와 재계는 '을'이었다.

가판 폐지와 저녁 있는 삶

노 대통령은 이 잘못된 관행을 일격에 깨부쉈다. 어떻게? 공무원 전체에 지시를 내렸다. 가판에 대응하면 문책하겠다. 가판에 일절 대응하지 말고 다음 날 조간이 나오기를 기다려라. 혹시 조간에 오보가 나면 그때 정면 대응하고, 언론의 비판이 옳으면 공무원들이 잘못을 고쳐라. 즉, 신문 논조를 유리하게 조절하려고 애쓰지 말고 정정당당하게 언론을 대하라. 그야말로 노무현식 정면 승부였다. 대통령 지시에 따라 관료들이 가판을 안 보니 저녁 식사 시간이 즐거워졌다. '저녁이 있는 삶'이 돌아왔다. 을이 가판을 아예 보지 않으니 갑은 당황했으리라. 가판이 요술 방망이 같은 위력을 상실했다. 신문사에서 볼 때 가판 자체의 매력과 필요성이 없어졌다고 판단해 결국 가판은 사라졌다. 사람들은 과거 저녁때 나오던 그 많던 가판 신문이 다 어디로 갔는지 궁금할 것이다. 가판 폐지는 큰 개혁이다.

노무현 대통령의 독특한 언론관 덕분에 나는 덕을 많이 봤다. 과거 정부에서 장관이나 참모가 신문에 자주 오르내리면 경질은 시간문제였다. 별로 잘못한 거 없어도 언론의 입방아에 오르내린다는 사실 자체가 소위 '정권에 누를 끼친다'는 해괴한 논리로 경질 대상이 됐다. 그래서 억울하게 밀려난 사람이 부지기수다. 정부에 들어가 일한 학자는 대개 언론 포화에 낙마하거나, 단명이거나, 장식용이거나, 이름을 더럽히거나, 심지어 감옥에 가기도 했다. 그래서 학자 출신으로 깨끗한 이름을 유지한 사람이 매우 드물다. 나는 노무현 대통령 밑에서 일한 덕분에 '학자의 오거지악五去之惡'을 면했으니 얼마나 행운아인가.

국민의정부 때 정책기획위원장을 지낸 최장집 교수는 한국 정치학계의 태두다. 그가 위원장 시절에 대구에서 만난 적이 있는데 정권 안에 학자 출신이 거의 없어 외롭다고 했다. 최 교수는 그나마 위원장을 오래 못 하고 밀려났다. 그가 쓴 학술 논문에서 6·25 전쟁이 북한으로서는 민족해방전쟁이었고 내전 성격이 있다고 쓴 것을 《월간조선》이 앞뒤 문맥을 자르고 표현을 꼬투리 잡아 공격을 퍼부었다. 결국 최 교수는 위원장 사표를 냈다. 미국의 남북 전쟁도 그렇고 6·25도 그렇고 내전 성격이 있다는 건 일리가 있는 말이다. 그걸 인정한다고 해서 종북 좌파로 몰면 곤란하다. 이런 상식적인 말을 문제 삼아 당대 석학을 밀어내는 보수 언론의 횡포를 보면 우리가 이성을 가진 나라인지 의심스럽다.

5월 31일(토) 오후 9시 반부터 12시 반까지 나는 KBS 심야 토론 〈참

노무현과 함께한 1000일

여정부 100일〉에 출연했다. KBS 심야 토론에는 이호웅, 권철현 의원, 이창동 장관, 박원순 변호사, 이각범 교수가 같이 출연해 개혁 유지냐 후퇴냐, 정책의 일관성 문제, 인사 문제 등을 토론했다. 권철현 한나라당 의원은 참여정부가 시민들에게 청와대를 선심쓰듯이 구경시킨다고 시비를 걸었는데 전혀 엉뚱한 트집이었다. 토론 진행자인 길종섭 아나운서, 왕현철 PD와 인사를 나누었다. 왕 PD는 경북대 불문과 77학번이라고 해서 반가웠다. 왕 PD는 청와대 수석이 수행원 없이 혼자 방송국에 나타나는 것은 처음 본다고 했다. 나는 밤늦은 시간에는 혼자 버스나 택시로 다녔다. 교수 시절 버릇이었고 그게 마음이 편하다. 그해 추석 대구에 내려가 명절 음식을 잔뜩 받아 집사람과 양손에 보따리를 들고 서울역에 내렸다. 긴 줄을 서서 택시를 타고 집에 갔는데 그걸 《조선일보》 기자가 우연히 본 모양이다. 다음 날 가십난에 대통령 정책실장이 관용차 대신 택시를 타더라는 기사가 조그맣게 났다. 이 기사를 보고 내가 보좌관에게 말했다. "양손에 음식 보따리를 들어 택시를 탔지, 안 그랬으면 버스를 탔을 거다. 버스 타는 거 봤으면 그 기자 기절했겠네."

31. 곪어 부스럼,
새만금 사업

○
●

    2023년 8월 새만금에서 열렸던 제25회 세계스카우트잼버리 대회에서 준비 부족, 폭염, 시설 미비 등으로 각국 대표단이 조기 철수하는 미증유의 사태가 벌어졌다. 뉴스 화면에 비친 새만금은 넓은 야영터에 문자 그대로 나무 한 그루 없었다. 저런 곳에서 수만 명이 야영을 한다는 것 자체가 무리로 보였다. 20년 전 새만금 사업을 둘러싼 논쟁이 떠올라 여기에 기록해 둔다.

새만금 사업을 둘러싼 논쟁

2003년 5월 9일(금) 오후 한명숙 환경부 장관의 대통령 보고에 배석했다. 경유 승용차, 오염 총량제, 물 관리, 댐 문제, 그리고 새만금 문제를 토론했다. 한 장관은 말했다. "새만금 사업은 전주의 그린벨트 해제, 익산의 돼지 농가 폐수 없애기 등 21개 전제 조건이 충족돼야 한다. 이것은 국무회의 보고 사항이다. 전임 대통령의 결정을 뒤집기는 어려우나 정부가 한 약속은 지켜야 한다. 농업기반공사와 농업진흥공사가 주관해서 10년 뒤 농지 부족 여부를 판단해야 한다. 새만금 신구상기획단에서 바닷물 유통 여부를 포함해서 검토할 필요가 있다. 환경 단체에서는 새만금 공사의 중단을 요구한다." 노 대통령은 이렇게 말했다. "합리적 토론을 거쳐야 할 국가사업을 개인의 고행으로 막을 수는 없다."

사실 새만금 사업은 16대 대선에서 경인운하, 북한산 관통 도로 등과 더불어 재검토하겠다는 것이 노무현 후보의 공약이었다. 그런데도 새 정부에서 그대로 추진하자 환경 단체에서는 불만이 많았다. 그들은 광화문에 텐트를 치고 항의 농성을 벌였다. 5월 12일(월) 오후 환경정의시민연대 대표 5명이 나를 찾아왔다. 수도권 대기질 특별법, 경유차 문제, 핵폐기장, 새만금, 지속가능발전위원회 설치, 물 관리 등 여러 이야기를 하면서 무엇보다 참여정부가 환경 문제에 관심이 없다고 항의했다. 바로 한명숙 환경부 장관에게 전화를 해서 새만금 문제를 국무회의에 상정해 줄 것을 부탁했다. 5월 15일(목) 오후 청와대 정책실에서 회의를 열어 새만금 의제의 국무회의 상정 문제를 토론했다. 5월 16일(금) 오전 농림부 차관과 국장이 찾아와 새만금 사업 보고를 했는데 유인태, 문재인 수석도 참석해 같이 의논했다. 이날 오후 새만금 반대 연대 6명이 나를 찾아와 반대 의사를 표시하고 갔다.

5월 22일(목) 오후 대통령 집무실에서 권오규 정책수석이 2년 전 새만금 현장을 방문했을 때 가슴 벅참을 느꼈다고 말했다. 그러자 대통령이 "해양부 장관 같으면 갯벌이 아까울 것이다"라고 일침을 가했다. 나는 애당초 정치적 목적으로 잘못 시작한 사업이므로 지금이라도 중단하고 전북 도민을 위해 더 필요한 대안적 사업을 하는 게 옳다고 건의했다. 농지로 쓰려면 토양에 염분이 빠질 때까지 20년 이상 기다려야 하고 산업용지로 쓰려 해도 복토 비용이 2조 원이나 드니 어느 모로 보나 경제성이 없다고 주장했다. 5월 27일(화) 백악실에서 대통령, 총리, 청와대 3실장의 주례 오찬이 있었다. 호남사회연구소에서 제시한 새만금 새 구상이 화제에 올랐다. 고건 총리는 이 구상에 호감을 표시했다. 나도 동의했다. 5월 29일(목) 오후 전라북도 정무부지사가 약속 없이 불쑥 찾아와 새만금 사업 강행, 확장을 일방적으로 주장했는데 동의하기 어려웠다. 국회에서 이부영 의원의 발의로 145명의 의원이 새만금 공사 중단 서명을 했다는 보도가 나왔다.

6월 5일(목) 대통령 주재 수석회의에서 새만금을 논의했다. 노 대통령은 다음과 같이 말했다. "새만금 신구상기획단에 농림부, 해양수산부, 환경부, 행자부, 기획예산처, 산자부, 문광부 차관이 참석하도록 하라. 그리고 청와대 정책실에서도 수석 또는 비서관이 참석하라. 먼저 담수호냐 해수 유통이냐를 시급히 결정해야 한다. 최악의 경우를 염두에 두고 기술적 검토를 해야 한다. 물길을 막고 난 뒤에 무슨 신구상이 있겠느냐. 새만금에 대한 전북 도민의 간절한 소망은 잘 알지만 갑문이냐 다리냐 등 기술적 검토가 필요하고, 공사 속도 조절도 필요하다. 천하가 뒤집어지더라도 제대로 결정해야 한다. 내일 방일 후 빨리 회의를 열어 검토하자."

새만금 사업은 과연 옳았을까

6월 10일(화) 오전 9시, 수석회의에서 유인태 정무수석이 보고했다. "새만금 공사가 이제 딱 2개만 남아 오늘 완공한다. 김영진 농림부 장관이 얼마 전 관저 조찬에서 '유속이 빨라 공사를 서두르지 않을 수 없다'고 말했는데, 문제가 된 만경강 쪽 4공구는 지반이 약해 갑문 설치가 불가능하므로 대안은 원래 갑문 자리(신시)를 넓히는 방안을 포함해 검토할 필요가 있다." 권오규 정책수석은 3개 연구 기관이 시뮬레이션 실험을 하고 있다고 말했다. 노 대통령이 말했다. "정보 부족을 통감한다. 사태는 복잡한데 토론 한번 못 한 점이 유감이다. '농지 포기'가 단서다. 우리의 국정 운영 방법에 문제가 있다. 진상에 접근해서 문제를 해결하려는 노력이 부족하다." 이날 낮에 충무실에서 6·10 항쟁 주역 대통령 초청 오찬이 있었다. 박형규, 이돈명, 박용길, 이소선, 고은, 유시춘 등 수십 명이 참석했다. 내 옆자리에 앉은 유시춘 작가에게 참석자가 누가 누구인지를 일일이 물어보았다. 최열 환경연합 대표가 새만금에 대해 질문하니 노 대통령은 농지 확보가 아니고 환경 친화적 개발이 목표라고 답했다. 배종렬 전농 대표가 농가 부채 문제를 질문하니 노 대통령은 "농민들은 하나 들어주면 또 하나 들고 오고 끝없이 요구만 한다"고 답해 분위기가 냉랭해졌다. 6월 16일(월) 오후 6시, 농림부 차관과 정명채, 정태인 비서관과 함께 새만금 문제를 의논했다. 왜 대통령 지시에도 불구하고 4공구(만경강 쪽) 공사를 앞당겨 물막이 공사를 완료했는지 집중적으로 따져 물었다. 농림부에서는 빠른 유속과 약한 지반이 이유라고 답했다.

새만금 사업이 한창 시끄러울 때 청와대 비서관 3명(정명채 농업비서관, 박태주 노동비서관, 조재희 정책관리비서관)이 6월 6일 현충일 새만금을 방문해 소방 헬기를 탄 사건이 터졌다. 전라북도에서는 청와대 비서관들이 오니 새만금 사업을 홍보할 좋은 기회라 여겨 특별히 소방 헬기를 내주어 현장을 둘러보도록 배려했는데 그게 독배가 돼 버렸다. 2주 뒤 소방 헬기 건을 다루던 어떤 언론에서 우연히 문제를 제기하자 6월 25일(수) 모든 언론이 기사화해 벌집을 쑤신 형국이 됐다. 3명은 그날 바로 사표를 썼다. 나와 매일 만나 의논하는 동료들이라 나는 사표 석 장과 더불어 내 사표까지 써서 대통령 관저로 갔다. 3명의 사표에 대해 노 대통령이 사정은 이해하지만 사표를 수리할 수밖에 없다고 읍참마 속泣斬馬謖의 심정을 말했다. 해양수산부 장관 시절 동해 방문 시 헬기 를 타라고 권하는 것을 사양한 적이 있다면서 헬기는 조심해야 한다고 말했다. '선 하나 차이', '운수소관運數所關'이라고 말했다. 이어서 내 사 표를 제출하니 노 대통령이 "불만과 항의 표시입니까?"라고 물었다. 지 휘 통솔 책임이라고 하자 "도로 집어넣으세요. 일 키우고 복잡하게 만 들지 말고 계속 도와주세요"라고 해서 내 사표는 반려됐다.

다음 날 오전 9시, 수석회의에서 노 대통령은 이렇게 말했다. "헬기 사건은 작은 실수인데 가혹한 결과가 와서 마음이 무겁다. 청와대 버 스를 타고 갔어야 했다. 국민들이 헬기는 곧 특권이라고 생각하는 경 향이 있다. 청와대는 공직 기강을 잡는 데 앞장서야 한다. 유야무야 덮 으면 다음에 부처 기강을 잡을 수 없다. 선의, 의도 이런 거 모르는 일 반 국민의 관점에서 봐야 한다. 청와대 직원들은 엘리트 의식, 안이한 태도를 갖지 않도록 주의해야 한다."

7월 16일(수) 저녁 문희상 비서실장 공관에서 수석들 만찬이 있었 다. 마침 초복이라 보신탕이 화제에 올랐다. 유인태 정무수석이 과거 민청학련 사건 때 감옥에서 복날 개고기를 먹었다는 믿기 어려운 실화 를 이야기했다. 새만금 사업을 일시 중단하라는 하루 전날 서울행정법 원 결정에 대해 반기문, 김희상, 권오규 수석은 반대 의견이었고 박주현 수석은 사법 적극주의로 지지 발언을 했다. 그런데 이 새만금 대화 내용이 7월 18일《조선일보》에 보도됐다. 누가 흘렸나, 도청 장치가 있나. 귀신이 곡할 노릇이다.

그 뒤 새만금 소송은 개발론 대 환경론의 정면 대결로 치달아 법원에서 여러 차례 엎치락뒤치락한 끝에 2006년 3월 16일, 대법원이 공사를 취소할 사정 변경이 없다고 판정했다. 그리하여 공사 추진이 최종 확정됐고 새만금이 완공되어 오늘에 이르렀다. 과연 옳은 일이었는지 의문이다. 이 사업은 찬반이 극명하게 대립됐고 오늘날까지도 사람들의 호불호가 엇갈린다.

32. 농림부 장관의
잠적과 심야 장관 면접

○
●

7월 15일(화) 서울행정법원이 새만금 사업 중단 결정을 내려 충격을 주었다. 다음 날 오전 김영진 농림부 장관이 서울행정법원 결정에 항의하는 기자회견을 한 뒤 휴대폰을 끄고 잠적해 더 큰 충격을 주었다. 장관 잠적은 역사상 전무후무한 사건이다. 장관의 행방이 묘연한데 나중에 밝혀진 바로는 부부가 시골의 어느 기도원에 숨었다고 한다. 5·16 새벽에 가르멜수녀원에 총리가 숨었던 장면을 연상시킨다.

3인의 장관 후보 면접

그날 오후 5시, 대통령 주재 첫 인사 회의에 문희상, 유인태, 문재인, 정찬용, 이해성, 권오규와 내가 참석했다. 김영진 장관이 사법부 결정을 강력 비판한 성명서를 발표했으니 사표를 수리할 수밖에 없다는 의견이 다수였지만 유인태, 정찬용은 사표 반려를 건의해 5 대 2로 의견이 갈렸다. 노 대통령은 처음에는 사표 수리 쪽으로 기울어 후임 후보까지 검토했으나 뾰족한 대안이 없자 '사퇴 철회 권고'로 결론을 내리고 인사보좌관에게 김 장관의 진의를 알아보라고 지시했다. 그러나 김 장관은 사의를 굽히지 않았다. 7월 21일(월) 오전과 7월 23일(수) 오전 7시, 관저 조찬 모임이 연달아 열려 후임 농림부 장관 인사를 의논했다. 후보는 1안 민병채, 2안 허상만(전 순천대 총장)으로 압축됐는데 노 대통령은 인사보좌관에게 1안으로 발표하라고 지시했다. 민병채는 육사 17기 졸업생으로서 육군 대령으로 예편한 뒤 기업체 사장도 했고, 특히 양평군수로 7년간 재임하면서 양평을 유기 농업의 메카로 키운 사람이다. 업무 추진력과 장악력이 높은 것으로 알려졌다. 문희상 비서실장은 민 군수에게 군수 3선을 권유했으나 거절해 섭섭하다고 하면서도 장관을 맡는 것은 좋다고 찬성했다.

이날은 마침 우리 부부의 결혼기념일이라 저녁 때 아내와 광화문 교보생명 앞 버스 정류장에서 만나 결혼기념일 저녁 식사를 했다. 전국이 온통 한일 축구 응원 열기로 뜨거운 밤이었다. 내가 배탈이 나 죽 한 그릇과 차 한잔을 하고 아내는 버스로 귀가했다. 나는 할 일이 남아 걸어서 청와대로 복귀했다. 오후 9시, 심야에 비서실장실에서 농림부 장관 후보 면접이 열려 고건 총리, 문희상 실장, 유인태, 문재인, 정찬용, 이해성, 박주현, 나까지 8인이 면접관 역할을 했다. 민병채, 박상우(총리 추천, 전북), 허상만 순서로 면접을 봤다. 개량 한복 차림으로 등장한 민병채 후보는 소탈하고 욕심 없는 인상을 주었다. 사장과 군수 재임 시 노동자, 농민과 대화를 많이 했다고 한다. 박상우 후보는 30년간 농림부에 근무하며 차관을 거쳐 농촌경제연구원 원장까지 역임해 농업 전문성은 단연 발군이었다. 들어오자마자 면접관들에게 90도로 절하고는 농업 전문 지식을 과시했다. 허상만 후보는 태도가 조용하고 말도 차분히 하는데 농업 분야의 전문성은 부족해 보였다. 개별 면접을 마치고 8인이 각자 의견을 말했다.

유인태 수석은 중립을 선언했다. 문희상 실장은 원래 민 후보를 좋아했는데 면접 후 박 후보로 이동했다고 했다. 나를 포함한 6명은 대체로 민 후보와 허 후보를 지지하면서도 민 후보 쪽이 좀 더 지지가 높았다. 대세가 민 후보로 기울자 처음에 중립을 선언했던 유인태 수석이 "참여정부 장관 중 사관 학교 졸업생이 전무했는데, 민병채 후보가 장관이 되면 그걸 벗어나는 효과가 있겠다"고 거들어 더욱 민 후보로 기울었다. 그러나 고건 총리는 호남 민심 등 세 가지 기준에서 볼 때 박 후보여야 된다고 강하게 주장했다. 그러면서 대통령에게 회의 결과 전달자로 문재인 수석은 '위험'하니(객관적, 중립적이 아니라는 뜻일까?) 총리 혹은 비서실장이 전달할 것을 요구했다. 회의가 끝난 뒤 우리끼리 모여 재론 끝에 민 후보가 좋겠는데 장관 제청권을 가진 총리의 뜻이 저리 강하니 도저히 안 되겠고, 허 후보로 갈 수밖에 없겠다고 결론을 내렸다. 그러고 나서 자정이 넘어 귀가했다. 이날은 농림부 장관 인사 문제로 오전 7시부터 17시간을 근무했다. 3시간 동안 진행된 심야 장관 면접은 대한민국 역사상 전무후무한 일이었지 싶다. 귀가하면서 유인태 수석이 "다시는 이런 방식 하지 말자"고 말했다. 결국 허상만 후보가 후임 농림부 장관에 임명됐다.

황태성의 영화 같은 생애

9월 2일(화) 오후 3시, 새만금 회의가 집현실에서 열렸다. 고건 총리, 새만금사업특위 공동위원장 김민하 전 중앙대총장과 정세균 민주당 정책위의장, 허상만, 한명숙, 권기홍, 이창동 장관, 청와대에서는 문희상, 유인태, 문재인, 그리고 내가 참석했다. 허상만 장관과 정세균 정책위의장의 보고에 이어 이창동, 한명숙 장관의 대안 보고가 있었다. 노 대통령은 세 차례나 화를 냈다. 한명숙 장관이 "환경 단체와 협의했고 그쪽도 받아들이는 대안"이라고 말하자 노 대통령은 "왜 환경 단체에게 국정을 허락받아야 합니까?"라고 따졌다. 허상만 신임 농림부 장관의 보고에 대해서는 "너무 농업기반공사 입장에 서면 안 된다. 그들은 사람들을 세뇌하려고 한다"고 불만을 표시했다. 정세균 정책위의장에 대해서는 전북 도민 입장에 너무 기울었다고 비판했다. 남은 2공구 2.7킬로미터 공사를 개방식, 갑문식 어느 쪽으로 하느냐의 문제는 기술적으로 검토할 사항이 많아 정하지 못한 채 "모든 가능성을 검토하겠다"는 김민하 공동위원장의 마무리 발언으로 회의가 끝났다.

회의를 마치고 현관에서 내가 김민하 위원장에게 작별 인사를 하면서 1963년에 간첩으로 몰려 사형 집행된 황태성에 대해 질문하니 고향이 같은 상주 사람이고 먼 친척이라고 했다. 황태성 사건 때문에 자기는 젊을 때 3년 징역살이를 했고 출옥 후에도 계속 감시와 박해를 받고 아무것도 못했다고 했다. 그는 나에게 '황태성은 간첩이 아니고 밀사'임을 특히 강조했다(김민하 선생은 중앙대 교수와 총장을 지낸 뒤 2023년 7월, 89세를 일기로 타계했다).

상주 사람 황태성(1906~1963)이 누구인가? 그는 일제 강점기 제1고

보(현 경기고) 재학 중 동맹 휴학을 주도하다가 퇴학을 당했고 연희전문을 중퇴했다. 공산당 활동으로 여러 차례 체포돼 도합 6년 이상 옥고를 치렀다. 1946년 대구 10·1 사건의 주동자였고, 박정희가 존경했던 셋째 형 박상희와 단짝 동지였다. 해방 후 쌀이 부족해 대구 시민들이 시청에 몰려가 데모할 때 황태성이 시청 2층 발코니에 나타나 "공산당에서 나왔습니다"라고 하니 시민들이 일시에 조용히 경청했다는 전설이 내려온다. 당시에는 시민들 사이에 공산당, 좌익이 끝까지 독립운동을 한 데 대한 존경심이 있었다. 그 발코니는 현재 대구시의회 건물에 그대로 남아 있다.

그 뒤 황태성은 체포를 피해 월북하여 북한에서 무역성 부상을 지냈고, 폐병에 걸려 쉬던 중 5·16 쿠데타 소식을 들었다. 황태성은 자기 친동생이나 마찬가지인 박정희와 김종필(박상희의 사위)이 한때 좌익이었는데 통일 의지가 있는지 가서 물어보겠다고 김일성에게 제의했다. 위험하니 가지 말라고 김일성이 말렸으나 황태성은 늙고 병들어 죽어도 여한이 없다고 우겨 군인들 등에 엎혀 38도선을 넘어 내려왔다. 서울에서 처음 찾아간 사람이 친척인 중앙대 강사 김민하였다. 이어서 구미에 살던 박상희의 부인 조귀분(황태성이 중매를 서서 결혼했다)에게 편지를 써서 박정희, 김종필과의 만남을 주선해 달라고 부탁했으나 실패했다. 황태성은 체포돼 2년 이상 감옥에 있었다. 감옥에서 황태성은 주위 죄수들에게 자기는 간첩이 아니고 북한에서 내려온 밀사라고 거듭 말했다. 황태성은 소기의 목적을 달성하지 못한 채 간첩죄로 1963년 연말 인천 해변에서 총살형으로 처형됐다. 황태성은 마지막 순간 '민족의 완전 자주독립과 남북통일 만세'를 세 번 외치고 죽었다. 식민지와 분단 조국의 멍에를 온몸에 짊어진, 마치 영화 같은 황태성의 일생에 대해서는 김학민, 이창훈 공저 《박정희 장군, 나를 꼭 죽여야겠소?》(2015)를 읽어 보시라. 나는 이 책에 하도 놀라운 내용이 많아 이창동 감독에게 영화로 만들어 보라고 권했는데 이창동 스타일이 아니라 성사되지 못했다.

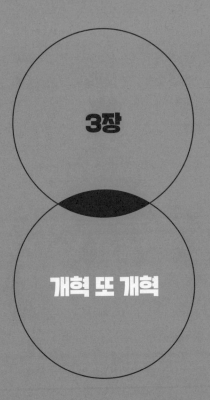

3장

개혁 또 개혁

33. 한국 영화 살리기와 스크린 쿼터

○
●

6월 1일(일) 정오, 노 대통령이 방미 외교를 수행했던 재계 대표 31명을 초청해 토속촌 식당에서 점심 대접을 했다. 이건희, 정몽구, 구본무 등 한국을 대표하는 재벌 총수들이 방바닥에 모여 앉아 삼계탕을 먹는 장면은 진풍경이었다. 재벌 총수 여러 명이 대통령에게 각종 건의를 했다. 대림그룹 이준용 회장이 노사정 대타협과 산별 교섭에 반대하는 의견을 내놓자 노 대통령은 노사관계 개혁을 약속했다. 조석래 한미경제인회장(효성그룹 회장)이 스크린 쿼터 개선을 건의하자 노 대통령은 "정책실장이 이창동 장관과 의논해서 해결하라"고 지시했다.

첨예한 스크린 쿼터 찬반

스크린 쿼터란 영화관이 1년 중 최소한 걸어야 하는 한국 영화의 상영

2003년 6월 1일 노무현 대통령은 방미·방일 수행 경제계 인사들을 청와대 부근 음식점으로 초청해 오찬을 했다. 자료 출처: 노무현재단

일수를 뜻한다. 할리우드의 물량 공세에 대항해 한국 영화를 지키는 최후의 보루다. 영화계는 이것을 지키고자 결사적으로 버티고, 미국 영화계와 한국의 재계 그리고 시장 만능주의 세력은 이 쿼터의 폐지 또는 감축을 주장해 치열하게 대립하고 있었다. 한국 영화계는 내부 분위기가 상당히 진보적이며 16대 대선에서도 노무현 후보를 적극 지지했다. 그래서 스크린 쿼터 문제는 말하자면 정권의 우군과 대결해야 하는 매우 곤혹스런 문제였다. 이창동 문화관광부 장관은 내가 재직한 경북대 사대 국어교육과 졸업생인데 소설가로서 큰 상을 받은 뒤 영화계에 뛰어든 국보급 감독이다. 사실 참여정부 인수위에서 문광부 장관 인선 때 이창동 감독이 후보로 올랐기에 나는 "좋은 영화를 만들어 국위를 선양해야 하는 이 감독이 장관을 하면 영화 일을 못한다"는 이유

노무현과 함께한 1000일

로 반대했다. 그러나 아무도 내 편을 들지 않아 압도적 지지로 장관에 임명됐다. 사실 이 감독은 장관을 안 하려고 해외 도피까지 했지만 영화계의 열화와 같은 요구로 징집을 당하듯 장관이 된 사람이다. 대통령이 갑자기 나에게 이창동 장관과 협력해 스크린 쿼터 문제를 해결하라고 지시해 놀랐고, 재벌들 보는 앞에서 정책실장의 위상을 높여 주려는 의도도 있는가 하는 생각도 들었다.

점심 식사를 마치고 재벌 총수들과 헤어진 뒤 청와대 관저 청안당에서 노 대통령과 권양숙 여사, 김진표, 윤진식 장관, 김세옥 경호실장, 이해성 홍보수석과 차를 한잔했다. 노 대통령이 나를 보고 "정책실장이 나이스 사태로 고생하는 윤덕홍 장관을 좀 위로해 주라. 대구 출신 권기홍, 이창동, 김병준 모아서"라고 말했다. 비정규직 저임금과 스크린 쿼터가 화제에 올랐다. 노 대통령은 "스크린 쿼터는 아주 복잡한 문제인데 사실 한국 영화의 성장은 스크린 쿼터와 무관하고 검열제 폐지 덕분"이라고 말했다.

6월 10일(화) 오후 5시, 정책실에서 외교부 조태열(조지훈 시인의 아들, 윤석열 정부 외교부 장관), 기획예산처 김성진, 문화관광부 이보경 등 세 국장, 동북아위원회 정태인과 스크린 쿼터 1차 토론회를 가졌다. 6월 13일(금) 오후 3시, 내 사무실에서 스크린 쿼터 문제를 토론했다. 심광현 교수(한예종), 양기환(영화인회의 사무국장), 이창무(극장협회장), 노재봉 박사(KIEP), 최병일 교수(이화여대)와 더불어 톱스타 장미희(명지대 교수)가 참석해 반가웠다. 이창무는 스크린 쿼터 폐지에 반대하면서 날짜 감축은 찬성했다. 노재봉과 최병일도 날짜 감축을 주장했다. 심광현 등 영화계 대표들은 문화의 다양성을 강조하면서 스크린 쿼터를 감축하면 미국 영화에 잡아먹힌다고 반대했다. 쿼터 감축 대가로 논의되던 국산 영화 보조금과 전용 영화관에도 반대했다. 미국 영화계의 끼워 팔기 등 각종 횡포를 규탄하면서 스크린 쿼터는 한국 영화를 지키는 최후의 보루라고 역설했다. 나는 이날 저녁 조석래 한미경제인회장과 식사를 했는데 조 회장은 스크린 쿼터보다 좋은 영화가 관객 증가의 원인이라고 주장했다. 같은 현상을 놓고 이렇게 생각이 다른 게 놀라웠다. 효성그룹의 구조조정과 비정규직의 저임금 이야기도 흥미롭게 들었다.

영화 산업 이상의 과제

6월 18일(수) 오후 7~11시 이창동, 문성근, 안성기, 정태인 비서관과 공주식당에서 스크린 쿼터를 놓고 장시간 토론했다. 이창동 장관은 적장 격인 미국 영화인회장 잭 발렌티Jack Valenti를 직접 만나 스크린 쿼터를 한미투자협정BIT에서 분리할 것을 제안하겠다고 말했다. 그런데 문제는 발렌티가 만남을 피할 것이라는 것이다. 국민 배우 안성기는 처음 만났는데 말수가 적고 호감을 주는 타입이었다. 〈실미도〉라는 영화를 찍고 있다고 해서 실미도 사건 이야기를 나누었다. 배우 문성근은 조용히 듣기만 하다가 한꺼번에 모아서 논리정연하게 이야기했다. 스크린 쿼터는 경제 관료와 보수 언론의 꽃놀이패라고 주장했다. 나는 스크린 쿼터는 있어야 하지만 날짜 감축은 필요하고 한국 영화에 별로 피해를 안 줄 거라고 주장했다. "장애물 경기에서 150센티미터 허들을 넘을 수 있는 선수는 허들이 100센티미터에서 110센티미터로 높아져도 문제가 없다. 한미 간 BIT는 투자 자체보다 세계에 주는 신호 효과가 크다. 이게 대통령을 돕는 길이고, 국민들로부터 박수를 받을 거다" 라고 말하니 영화인들이 잠시 동요하는 눈치였다. "마음이 흔들리는데…"라고 말하는 사람도 있었다. 그러나 쿼터 날짜 감축은 댐의 돌을 빼는 것과 마찬가지라서 절대 안 된다고 하기에 내가 댐 중간의 돌이 아니라 맨 위에 남아도는 돌 몇 개 빼는 거라서 괜찮다고 하자 안성기가 웃었다. 예컨대 현행 1년에 106일에서 90일(25%)로 감축해도 무방하지 않겠느냐고 주장했더니 이창동 장관은, 지금까지 스크린 쿼터를 없애거나 낮춘 나라는 모두 영화가 망했다고 했다. 나는 "그래도 90일을 확보하면 망할 리가 없고 한국 영화는 계속 흥할 거다. 한국 영화의 성공을 위해 스크린 쿼터는 기초에 불과하고 그 후의 성공 여부는 '영화의 품질'에 달려 있다. 한국 영화는 3년 전과 다르고 미래가 낙관적"이라고 주장했다. 오늘은 1분도 못 쉬고 14시간을 일해 극도로 피곤한 몸으로 귀가했다.

6월 21일(토) 오전 11시, 한덕수 산업연구원장이 신임 인사차 내 사무실에 왔다. 앞으로 산업에 관한 심층 연구를 부탁하면서 스크린 쿼터 문제를 의논했다. 외교부 조현 국장에게 스크린 쿼터에 대한 미국 측 태도를 타진해 볼 것을 부탁했다. 6월 26일(목) 오후 3시, 토머스 허바드Tomas Hubbard 미국 대사와 경제참사관이 찾아와 스크린 쿼터를 놓고 대화했다. 7월 2일(수) 오전 10시, 노 대통령에게 스크린 쿼터 문제를 보고했다. 대통령은 스크린 쿼터 감축과 영화계 지원을 패키지로 해서 설득해 보고 안 되면 그냥 국무회의에서 통과시키자고 했다.

9월 9일(화) 저녁 퇴근길에 전화로 제프리 존스와 스크린 쿼터를 의논했다. 한국은 90일, 미국은 73일을 주장하니 큰 차이가 아니어서 협상이 가능하다며 9월 20일 방미 때 미국 측을 설득해 보겠다고 한다.

잘 이야기해서 협상이 타결되도록 노력해 달라고 부탁했다. 9월 29일 (월) 오후 6시, 영빈관에서 한미 동맹 50주년 기념 만찬이 있었다. 허바드 대사, 리언 라포트Leon LaPorte 주한 미군 사령관, 조석래 회장이 참석했고 최근 조 회장의 며느리가 된 이여진이 통역을 맡았다. 노 대통령이 적당한 길이의 훌륭한 연설을 했고 미국인들은 모두 기분 좋게 돌아갔다. 여기서 제프리 존스를 만났는데, 어제 미국에서 스크린 쿼터를 73일로 감축하고 한국 영화의 미국 내 유통에 협조하는 제안이 왔다고 했다.

11월 13일(목) 오전 9시, 정책 수석회의(권오규, 김태유, 조윤제, 나 4인 회의)에 권오규 정책수석은 자주 빠졌는데 오늘도 불참이다. FTA 문제를 의논했다. 조윤제 경제보좌관은 중국과의 FTA는 플러스 효과가 클 것이고, 한중일 FTA도 해 볼 만하며, 한미 FTA도 농업 문제가 있지만 장차 고려할 만하다고 주장했다. 에너지 경제 전문가인 김태유 과기보좌관은 FTA에 회의적인 생각을 갖고 있었다. 두 보좌관에게 스크린 쿼터 문제를 설명해 주었다. 며칠 뒤 영화계 대표 4명이 정책실로 담판하러 올 거라 하니 조윤제 경제보좌관이 웃으며 "젊은 여배우가 오면 저도 좀 불러 주세요"라고 농담을 했다. "하하, 젊은 여배우는 안 올 텐데요"라고 답했다.

스크린 쿼터 논쟁

2003년 6월 13일(금) 오후 3시, 청와대 정책실장실에서 스크린 쿼터 찬반 토론이 있었다. 찬반 양대 진영의 대표적 논객들이 참석해 2시간 반 동안 열띤 토론을 벌였으나 접점을 찾지 못했다. 쌍방 주장이 일리가 있어 옳고 그름을 판단하기 쉽지 않았다. 아래의 주장을 보고 독자들이 한번 판단해 보시라.

양기환(스크린 쿼터 문화연대 사무처장): 문화 협약은 세계적 추세다. 영화는 1년 매출이 7000억 원인데 이것보다 훨씬 큰 연관 효과가 있다. 영화는 성장 산업이다. 영화 〈타이타닉〉 제작비가 3500억 원인데 한국 영화는 평균 30억 원에 불과해 상대가 안 된다. 보조금 지원 정책은 미국 측 입장인데 우리는 반대한다. 세계에서 영화를 만드는 나라는 100개국 정도인데 영화 산업을 가진 나라는 30개국에 불과하다. 중국, 인도, 북한, 쿠바, 이란은 수입허가제로 통제하는 국가다.

노재봉(대외경제정책연구원 박사): 스크린 쿼터는 축소해야 한다. 한국 영화라는 것의 정의 자체가 애매모호하다. 스크린 쿼터로 보호하려는 것이 무엇인지 불분명하다. 스크린 쿼터는 양적 규제이므로 왜곡이 크다. 다른 방식, 예를 들어 시나리오 지원 같은 것도 가능하다. 스크린 쿼터를 한번 축소한다고 불가역적인 것은 아니고, 예를 들어 세이프 가드 조항을 설치하면 장차 위기가 올 때 다시 높일 수도 있다.

최병일(이화여대 교수, 경제학): 어떤 제도의 존치 여부는 목적 달성 여부, 효율성으로 판단해야 한다. 최근 3년간 한국 영화의 점유율이 상승해 40%를 넘었다. 산업으로서의 영화를 생각할 때 한국 영화와 할

리우드 영화의 장단점이 있고 우리가 일방적으로 불리한 것은 아니다. 직배사의 시장 점유율이 크게 축소했고 할리우드의 일방적 횡포가 불가능해졌다. 영화 〈조폭마누라〉는 수출할 정도다. BIT(한미투자협정)를 떠나서 스크린 쿼터에 대한 유연한 태도가 필요하다.

장미희(배우, 영화진흥위 부위원장, 명지대 교수): 현대는 지식, 문화의 시대다. 문화의 다양성이 산업적 측면보다 더 중요하다. 경제적 기준으로만 판단해서는 안 된다. 문화는 삶의 종합적 가치의 표현이므로 경제적 측면 이외에 도덕적, 사회적 측면까지 고려해야 한다. 한국 영화 중에는 5년 걸려 촬영했는데 10일 만에 종영되는 경우도 있다. 심지어 외국에 나가 상을 받은 영화조차 상영 못 하는 경우도 있다.

이창무(서울시 극장협회장): 스크린 쿼터는 1967년 1월부터 시행해 왔다. 극장 입장에서는 스크린 쿼터에 찬반 양론이 있는데, 폐지에는 반대하고 존속하기를 바란다. 자국 영화 비율이 25%를 넘는 나라가 별로 없다. 프랑스 35%, 일본 41%, 한국 46% 정도다. 최근 한국 영화의 급성장은 영화 소재의 자유화가 일등공신이다.

심광현(한국예술종합학교 영상원 원장): 영화는 위험도가 높은 산업이다. 미국은 인구 2.5억 명 곱하기 인당 5번 영화 관람하면 12.5억의 관객이 존재하고, 인도도 큰 시장을 가져 안정적이지만 우리는 그렇지 못하다. 프랑스 영화 산업은 흥망성쇠를 반복해 왔다. 한국 영화 점유율이 처음으로 3년 연속 40%를 초과했지만 안심하긴 이르다. 〈성냥팔이 소녀의 재림〉은 120억 원이나 투입했지만 실패했다. 스크린 쿼터는 영화 보호와 성장을 위한 필요조건이다. 영국, 독일 영화는 점유율이 10%대로 전락했고, 심지어 수상 작품조차 상영되지 않는다. 영화 산업의 중요성이 1980년대 이후 상승 추세이고, 문화 산업의 성장률은 20%나 된다. 영화의 중요성은 멀티미디어성에 있다. 미국은 매년 1월 1일 백악관에서 미국영화인협회와 수석들이 연석 회의를 열어 영화 진흥책을 의논한다.

김혜준(영화진흥위 사무국장): 미국영화인협회는 '작은 국무성'이라 불린다. 호주는 영어권 기대기 작전을 펴고, 프랑스와 한국은 보호 전략이며, 기타 국가는 포기하거나 통제 정책을 쓴다. 쿼터는 다른 분야에도 있다. 방송에서 한국 노래를 60% 이상 틀도록 의무화한다. 캐나다는 북미자유무역협정NAFTA을 맺을 때 예외를 인정받았으나 멕시코는 예외를 인정하지 않는 실수를 저질러 멕시코 영화는 회복 불능이다.

노재봉: 스크린 쿼터가 미국 영화의 횡포를 막지 못한다. 관건은 한국 영화가 경쟁력을 갖추느냐 하는 것이다.

최병일: 스크린 쿼터는 목적에 비해 비용이 너무 크다. 원래 목적은 소임을 다했다. 한국 영화를 수출하려면 개방이 불가피하다. 문화의 다양성은 스크린 쿼터로 보호 못 한다.

김혜준: 스크린 쿼터는 작은 영화를 살리지 못한다. 멀티플렉스가 대세를 장악하고 있어 한국 영화 전용관을 만들면 슬럼화할 거다. 한국 영화에 대한 보조금을 원치 않는다. 미래에는 스크린 쿼터가 별로 중요하지 않을 것이다. 그러나 지금은 출발점으로서 의미 있다. 쿼터를 감축하면 한국 영화 상영이 줄어들고 분명 소비가 감소할 거다.

노재봉, 최병일: 소비자 입장을 생각해야 한다.

34. 영화계와의 갈등,
기적 같은 해피엔딩

○
●

　　11월 13일(목) 오후 3시, 세종실에서 규제개혁위의 대통령 보고가 있었다. 안문석 위원장이 능숙한 솜씨로 사회를 잘 보았다. 노 대통령이 아주 긴 마무리 발언을 하며 규제 개혁에 관한 평소 생각을 피력했다. 노 대통령이 길거리 신용 카드 발행을 허용한 규제개혁위를 비난하자 김대환 교수가 그건 오해라고 바로잡았고 안문석 위원장이 추가 설명을 했다. 회의를 마치고 나오면서 규제개혁위원 제프리 존스가 스크린 쿼터와 관련해 최근 한미 영화계의 대화 진행 상황을 알려 주겠다며 내게 이메일 주소를 물었다.

영화인 초청 만찬

11월 19일(수) 오후 6시, 대통령 관저에서 영화인 초청 만찬이 있었다. 노무현 대통령, 권양숙 여사, 이창동 장관, 정지영 감독, 배우 안성기,

명계남, 장미희, 문소리, 양기환(영화인회의 사무국장), 심광현(한예종), 이해영(한신대), 정재형(동국대) 교수, 권오규 정책수석과 내가 참석했다. 배우 안성기에게 지난번에 영화 〈실미도〉를 찍는다고 했는데 다 찍었는지 물어보니 연말에 개봉한다고 했다. 정지영 감독한테는 영화 〈남부군〉을 잘 보았다고 인사했고 배우 명계남은 작년 대선 때 대구에서 만났던 일을 이야기했다. 장미희, 심광현, 양기환은 몇 달 전 스크린 쿼터 회의를 같이했던 구면이라 반가웠다.

노 대통령이 부엌을 경상도에서는 '정지'라고 부른다고 하니, 배우 안성기가 그런 말은 처음 들어 본다고 했다. 내가 "이 말은 고어인데 고려 때 《청산별곡》에 '가다가 가다가 드로라 에정지 가다가 드로라'라는 구절이 나온다. 그 뒤에 경상도에서는 그 말을 계속 쓰고 서울에서는 사라졌다"고 설명하니, 노 대통령이 "청와대에는 저런 골치 아픈 사람이 있어요"라고 놀려 일동의 폭소가 터졌다. 이창동 장관은 "제가 국어교육과 출신인데도 몰랐다"고 했다.

노 대통령이 "오늘 영화인들이 온다고 해서 어제 영화 〈황산벌〉을 봤어요"라고 말했다. 그 영화가 벌써 비디오가 나왔는지 물어보니 아직 안 나왔다고 한다. 노 대통령이 "대통령이 세긴 세군요"라고 하자 이창동 장관이 "대통령이 센 게 아니고 장관이 세지요"라 해서 다시 일동의 폭소가 터졌다. 대통령이 홈 시어터로 영화를 보는데 갑자기 화면에서 발자국 소리가 나서 이상하다 했는데 아들 건호가 걸어오는 소리였다고 했다. 영화인들은 홈 시어터에서는 음향 관계로 그런 착각을 할 수 있다고 설명했다.

자연히 스크린 쿼터로 화제가 넘어가자 영화인들은 쿼터를 지킬 것을 강력 주장했다. 권오규 정책수석이 FTA, BIT의 중요성을 강조하며 반론을 펴자 노 대통령은 "저건 오늘 새로 나온 이론이고…" 하면서 의외로 순순히 양보하는 발언을 두 번이나 했다. 대통령은 "그거 없이도 한국 영화는 아무 지장이 없지 싶은데… 그리고 영화인들이 설마 나를 도와주지 않겠나, 그것 두 가지뿐"이라며 영화인들의 입장에 동조했다. 좀 문제다 싶어 내가 브레이크를 걸었다. "지난 6월 대통령께서 저한테 스크린 쿼터 숙제를 주셔서 제가 여기 오늘 온 분들 중 절반 정도는 만나고 대화했는데 아직 숙제를 다 못 해 죄송하다. BIT나 40억 불 투자가 중요한 게 아니고, 미국에 우리가 먼저 하자고 해 놓고 약속을 못 지키면 미국이나 국제 사회가 보기에 한국은 약속을 안 지키는 나라가 된다. 한·칠레 FTA도 그 자체는 별거 아니지만 그게 통과가 안 되면 국제 사회에서 한국 신용이 떨어지니 국회 비준이 반드시 필요하다. 나는 한국 영화와 문화 산업이 앞으로 계속 성장하고 효자 노릇을 할 것이라 믿는다. 한국 사람들은 영화나 문화 방면으로 아주 재주가 많다. 그리고 지금 한국 영화를 살리기 위해서 스크린 쿼터가 반드시 필요하다는 것을 인정한다. 그러나 날짜가 문제다. 한국은 40%를 주장하고 미국은 20%를 주장하는데 나는 그 중간의 절충이 가능하다고 믿는다. 예를 들어 날짜 연동제를 해서 파도가 세면 담장을 높이고 약하면 낮추는 식이 가능하다"고 말을 마치자, 배우 명계남이 대뜸 "나는 정책실장 의견에 찬성이다"라고 지지 발언을 했다. 심광현, 정재형 교수도 약간 동조하는 눈치였다. 노 대통령이 "정책실장 의견은 절충형인데, 말하자면 날씨가 추우면 외투를 더 두텁게 입고 이런 식인데…"라고 정리했다.

노 대통령이 "스크린 쿼터 같은 골치 아픈 이야기는 그만하고…" 하며 화제를 돌려 정치, 북핵, 부시와의 담판 이야기를 신나게 했다. 농담을 섞어 가며 이야기하다 보니 국가 기밀 같은 내용이 튀어나오기도 했다. 그러다가 갑자기 "내가 영화인들하고 싸우게 됐나. 싸우려면 ○○○(정치인) 같은 인간하고 싸워야지"라고 했다. 순간 옆에 앉은 권양숙 여사의 낯빛이 변하며 안절부절못했다. 까딱하면 대형 언론 사고가 날 뻔한 순간이었다. 다행히 영화인들은 입이 무거웠다.

스스로 강해진 한국 영화

영화인들은 원래 우군이라 3시간 넘게 화기애애한 분위기에서 대화가 잘됐다. 대통령과의 식사가 3시간이 넘어가는 경우는 거의 없다. 영화인들은 정리 모임을 가지러 어디론가 가고 나는 귀가했다. 그 뒤 이창동 장관한테서 들은 바에 의하면 그날 저녁 다수의 영화인이 모처에서 청와대 모임의 귀추를 학수고대하고 있었고 청와대 모임 참석자들도 거기에 합류했다. 거기서 영화인들은 "오늘 모임에 대해 기자들이 물어 올 텐데 일절 개인적으로 이야기하지 말고 문서를 만들어 발표하자"고 합의해 문장을 작성했다고 한다. 그때는 그만큼 스크린 쿼터가 예민한 주제였고 엄청난 파괴력을 가진 폭탄이었다.

11월 21일(금) 오전 나는 대통령이 국회에 보내는 균형발전 3법 관련 서한 내용을 해설하러 춘추관에 갔다. 기자들은 3법은 아예 관심이 없는지 한 명도 질문하지 않고 오로지 스크린 쿼터, 부안 사태(핵폐기장), 정책실에 경제수석을 신설하는지 그런 것만 질문했다. 내 입에서 무심코 "장사가 영 안 되네"라는 말이 툭 튀어나왔다. 옆에 있던 정책실 안재훈 국장이 '돌발 영상'에 나올까 봐 걱정했는데 다행히 나오지 않았다. 기자들이 따라 나오며 계속 부안 사태, 스크린 쿼터만 질문했다.

스크린 쿼터는 1967년에 시작한 제도인데, 처음에는 별 주의를 끌지 못했고 전국의 수많은 영화관에서 국산 영화를 며칠 동안 상영하는지 계산하기도 불가능해 사실 유명무실한 제도였다. 그러다가 1988년 미국 영화의 한국 직배가 시작되면서 한국 영화는 존폐의 위기에 직면했다. 당시 할리우드 영화를 상영하는 서울의 몇몇 극장에 직배를 막아 보려고 뱀을 풀어 놓은 사건은 유명하다. 그러면서 스크린 쿼터가 미국 영화의 태풍에 맞서는 한국 영화의 수문장이 됐다. 외환위기 이후 미국 투자가 절실히 필요한 한국 정부가 BIT를 맺으면서 미국 영화계가 한국의 스크린 쿼터 폐지를 요구하고 나왔다. 국내에서도 경제 관료들과 시장 만능주의 경제학자들, 보수 언론은 스크린 쿼터에 부정적이었다. 한국 영화계는 위기감을 느끼고 성명서 발표, 삭발 등 스크린 쿼터 사수 투쟁을 벌였다. 그 투쟁이 절정에 도달한 것이 참여정부 때였다. 참여정부는 노무현 대통령을 적극 지지하던 영화계와 갈등해야 하는 난처한 처지가 됐다.

그런데 희한하게도 해를 넘겨 2004년이 되자 갑자기 한국 영화에 봄이 찾아왔다. 전에는 '국산 영화는 돈 줘도 안 본다'고 하던 관객들이 우르르 몰려들어 국산 영화의 극장 점유율이 50%를 넘을 정도로 엄청난 인기를 누렸다. 국제 영화제에 한국 영화와 감독들이 큰 상을 거머쥐는 기적 같은 일이 연달아 일어났다. 그래서 스크린 쿼터 문제는 봄철 눈 녹듯 스르르 소멸해 버렸다. 하늘의 조화라고나 할까, 참으로 희한한 해피엔딩이었다. 이런 기적의 원인은 무엇일까? 영화의 품질 향상(조석래 설), 그것을 가져온 검열제 폐지(노무현 설)도 중요하다. 그러나 추운 겨울을 견디게 해 준 스크린 쿼터의 역할(이창동 설)도 무시할 수 없다.

어쨌든 나는 스크린 쿼터 논쟁 덕분에 평소 화면으로나 접하던 유명 배우들을 만나는 행운을 얻었다. 그 뒤 이창동 감독이 영화 〈시〉 시사회에 초대해 준 덕분에 윤정희, 백건우 부부와 신성일, 이순재 등 왕년의 명배우들을 만날 수 있었다. 다행히 한국 영화는 최근까지도 상승세를 이어가고 있다. 앞으로 스크린 쿼터 없이도 승승장구하길 바란다.

35. 외환위기 극복의
부작용

○
●

　　김대중, 노무현 정부 10년은 과거에 비해
저성장이었다. 또한 두 정부가 과거보다 획기적으로 복지 제도를 발전
시키고 복지예산을 늘렸음에도 불구하고 양극화 추세를 막기에는 역
부족이었다. 저성장과 양극화라는 경제 성적이 보수 집단으로 하여금
해방 후 최초의 민주 개혁 정부 10년의 실적을 폄하하게 만들었다. 한
나라당은 이 시기를 '잃어버린 10년'이라 불렀다. 그러나 이 시기의 저
성장과 양극화 현상은 두 정권의 정책 실패 때문이 아니고 1997년의
외환위기가 가져온 경기 침체와 구조조정, 대량 실업, 노동시장의 구조
변화 때문이다. 두 진보 정권은 하필 어려운 시기에 집권해 나름 선방
한 것이다. 그 뒤에 온 보수 정부들의 성장률은 더 낮았다. 한때 유행하
던 '잃어버린 10년'이란 말은 홀연히 자취를 감추었는데 이유는 그 뒤
에 온 보수 정부 10년이 내세울 성과가 도무지 없고 두 대통령이 나란
히 감옥에 가는 참담한 상황을 연출했기 때문이다.

단기적 경기 부양의 부작용

김대중 정부 평균 성장률은 5.2%, 참여정부는 4.3%였다. 장기간의 고성장에 익숙해 있는 우리 국민은 4~5%의 성장을 못 견뎌 했다. 경기가 나쁘다고, 장사가 안 된다고 온통 정부 탓을 했다. 2004년 11월, 전국의 식당 주인 3만 명이 여의도에 모여 솥단지를 집어던지는 시위를 벌였다. 보수 야당과 언론은 노 대통령을 '경포대(경제를 포기한 대통령)'라고 조롱했고 심지어 경제가 죽었다고 한나라당 국회의원들이 2004년 '환생 경제' 풍자극을 공연하기도 했다. 그럼 보수 정당은 경제 운용을 잘했을까? 천만의 말씀. 이명박, 박근혜 정부의 경제성장률은 각각 2.9%, 3.0%에 불과했고 현재 윤석열 정부는 1.5%다. 대구에 있는 내 단골 빵집의 주인은 참여정부 내내 나만 보면 "노무현 때문에 장사 안 된다"고 불평했다. 그 뒤 이명박 정부 때 내가 "요새는 장사가 잘돼요?"라고 물어보니 "요새는 더 안 돼요"라고 해서 같이 웃었다.

1997년 말 불어닥친 외환위기는 김영삼 정부가 섣불리 추진한 세계화, 개방 정책이 빚은 참사였다. 1998년 경제성장률이 −8%로 급락하고, 평소 3% 수준인 실업률이 8%까지 오르니 저성장, 양극화는 불가피했다. 금 모으기 등 국민이 정부 정책에 적극 협조해 한국은 빠른 시일 내에 IMF 빚을 갚고 위기 종식을 선언했다. 그러나 한 가지 아쉬운 점은 큰 병에 걸린 김에 환부를 도려내고 근본 치료를 한 뒤 퇴원했어야 하는데 그러지 않고 조기 퇴원한 점이다. 장기적 구조개혁보다 단기적 경기 부양에 치중했다는 말이다. 국민의정부 경제정책은 진념, 전윤철, 이헌재, 강봉균, 이기호 등 유명한 경제 관료들이 전담했는데 이들이 추진한 각종 경기 부양책은 일시적으로 경제 지표를 호전시켰지만 장기적으로 문제가 많았다. 길거리 카드 발급으로 인한 카드 대란, 과도한 벤처 육성책으로 인한 소위 벤처 게이트, 부동산 규제 전면 해제로 인한 부동산 투기 재연 등 문제가 너무 많았다.

카드 대란은 앞서 다루었으니 벤처와 부동산을 보자. 김대중 대통령이 취임사에서 '지식 기반 경제'와 '정보 대국'을 강조하면서 테헤란 밸리에 벤처 붐이 불었다. 정부의 벤처 육성 정책이 과도한 나머지 '묻지마 벤처 투자'가 일어났다. 당시 누구든 벤처기업을 한다고만 하면 3억 원씩 지원해 주던 벤처 육성 자금은 공짜 돈으로 인식되었고 '요즘 벤처 안 하면 바보'라는 말이 시중에 돌았다. 너도 나도 벤처에 뛰어들어 벤처기업의 숫자는 1998년 2000여 개에서 2001년 봄에 1만 1000개를 돌파했다. 그러나 권력 실세와 벤처기업인 사이의 유착 관계(이른바 벤처 게이트)가 터지면서 벤처 거품은 2001년 이후 급속히 꺼졌다. 한국의 벤처 투자는 비정상적 과열 양상을 보이다가 갑자기 사늘하게 식고 말았다. 벤처 거품은 한국경제에 반짝 경기 활성화와 일시적 고성장을 가져왔지만 그보다 훨씬 오랜 기간 과잉 투자, 불황, 저성장의 그늘을 남겼다.

이 시기 국민의정부가 채택한 또 하나의 경기 부양 정책 수단이 역대 정부가 전가의 보도처럼 애용했던 부동산 경기 부양이었다. "1998년부터 2001년까지 외환위기를 극복한다는 명분하에 김대중 정부는 토지 거래 허가 구역 해제, 아파트 재당첨 금지 기간 단축 및 폐지, 토지공개념 제도 폐지, 분양가 자율화, 토지거래신고제 폐지, 분양권 전매 제한 폐지, 무주택 세대주 우선 분양 폐지, 신축 주택 구입 시 양도세 면제, 취등록세 감면 등 풀 수 있는 것은 다 풀고 쓸 수 있는 부양책은 다 썼다. 특히 토지공개념 제도를 폐지한 것은 큰 실책이었다."(전강수 교수) 2003년 초 인수위 경제2분과의 부동산 정책 보고회에서 노무현 대통령 당선자는 "이렇게까지 많이 풀었습니까?"라고 물었다(이춘희 전 건교부 차관의 회고). 부동산 규제 중 풀 수 있는 건 다 풀었다고 해도 과언이 아니다. 그 결과 오래 잠자던 부동산 투기 광풍이 다시 불었다. 2002년 한 해 동안 지가가 8.9% 상승했다. 참여정부의 정책 실패로 부동산 가격이 폭등한 것으로 생각하는 사람이 많지만 실은 그 원인이 몇 년 전 과도한 규제 완화에 있었다. 이것은 누구의 책임을 묻자는 게 아니고 역사에서 교훈을 얻어 미래에 바른 정책을 세우자는 뜻이다. 눈앞의 경제 지표를 개선하려고 부작용이 나타날 정책 수단을 동원하는 것은 절대 금물이다.

장기적 경제성장 중심

2003년 3월 4일(화) 오전 9시, 국무회의(세종실)에서 노 대통령이 말했다. "경제정책 방향의 조기 확정은 불가능하고 적어도 1~2개월 소요된다. 기획예산처에서 내년 예산 기조를 정해 가을 정기 국회에 올리는데 재경부과 청와대 정책실이 준비해서 국무회의에 올려 토론한 뒤 정하자. 그리고 5~10년 앞을 내다보는 중장기 경제운용 방향도 토론할 필요가 있다. 김영삼 정부 때 CDMA, 김대중 정부 때 IT처럼 큰 그림을 제시해야 하는데 가을까지 구체적 안을 만들자. 단기적 경기 부양은 하지 않겠다. 중장기 비전을 제시하는 게 중요하다. 미래 메시지를 내놓아야 국민이 안심한다."

4월 29일(화) 오후 6시, 대통령 관저에서 경기 점검 만찬 회의가 열렸다. 박병원 재경부 차관이 발제를 하면서 한국개발연구원과 한국 은행의 올해 경기 전망이 대략 3%대의 성장률로 일치한다고 보고했다. 강철규 공정거래위원장이 "경기가 2001년 6월에 바닥을 찍었는데도 그해 7월 경기 부양책으로 추경을 두 차례 7조 원을 투입했고 통화량을 늘리고 각종 세제 지원을 해 주어 소비와 정부 지출을 증대시켰는데 이는 경기가 바닥을 치고 상승을 시작하는 국면에 전혀 타이밍이 맞지 않은 정책이었다"고 지적했다. 두 사람은 중산층, 서민, 서비스업 자영업자의 형편이 가장 어려우므로 이들을 위한 감세 정책이 필요하다는 데 의견이 일치했다. 이정재 금융감독위원장은 SK글로벌 분식 회계, 조흥은행 매각, 투신사와 상호 저축 은행, 카드 대란 등 금융시장의 불안 요소를 설명했다. 그리고 청년 실업과 가계 대출 연체자 문제를 지적했다. 이들에게 IT 교육, 인턴제도, 부도난 영세 기업에 대한 신용 보증 등 정부 지원이 필요한데 한나라당이 내년 총선용이라 의심해 반대한다는 것이다. 사회간접자본soc 투자라면 지방 사업이고 보기에 따라 총선용으로 해석할 여지가 있으나 이것은 전혀 다른 성격인데도 한나라당이 반대한다고 했다.

노 대통령은 이렇게 지시했다. "경제부총리가 중심이 되어 대책을 마련하되 경기 부양보다는 서민생활 대책으로 가야 하고, 성장 잠재력을 높여 중소기업을 살리는 방향으로 가야 한다." 김진표 부총리가 경기 대책으로 청년 실업, IT, 신용 보증 문제 등에 주의를 기울이겠다고 동의했고 박병원 차관은 "금리를 인하하면 교과서적으로는 투자가 증가해야 하지만 실제 그 효과는 적고, 그 대신 부동산 가격을 자극할 우려가 커서 정책 사용에 한계가 있다. 서민생활 개선 위주로 정책을 마련해 보겠다"고 말했다. 노 대통령은 역대 대통령들과 달리 단기 지표

개선보다 장기적 성장 잠재력 제고와 서민, 중소기업 살리기에 주안점을 두었는데 이는 매우 바람직한 태도였다.

36. 장기주의
대통령의 등장

○
●

2003년 5월 26일(월) 오전 9시, 수석회의에
서 노 대통령이 경기 문제를 언급했다. "경기는 나쁘다가도 살아난다.
근본과 원칙을 잃지 않고 꾸준히 가야 한다. 3개월, 1년, 총선으로 결판
나지 않는다. 여러 국정과제위원회가 열심히 일하고 있으며 특히 동북
아, 균형발전, 정부혁신에 장기 비전이 있다. 보기만큼 상황이 나쁜 것
은 아니다. '하늘의 소관'이지만 올해 가뭄, 산불, 황사가 없다. 당선 초
기에는 전쟁 위험 때문에 전전긍긍했지만 한미 공조, 정상 회담으로
안정을 되찾았다. 정말 어려운 것은 서민 경제다. 앞으로 경제에 전념
할 생각이다."

당시 불경기 때문에 여론이 나쁜데도 불구하고 노 대통령은 반짝 경
기를 호전시킬 응급 치료보다 근본적, 장기적 경제정책에 관심을 두었
다. 어려운 서민 경제는 대책을 세우되 나중에 부작용을 가져올 인위
적 경기 부양은 쓰지 말라고 거듭거듭 내각에 지시했다. "경기가 나쁘
다고 내가 욕먹어도 좋습니다. 멀리 보고 원칙대로 갑시다." 이런 말을

자주 했다. 습관처럼 부동산 경기 부양책을 가져오는 경제부총리가 있었으나 노 대통령은 눈길조차 주지 않았다. 일찍이 이런 대통령은 없었다. 노무현은 최초의 장기주의 대통령이었다. 노 대통령은 가끔 성군 세종 시대를 열었던 태종 이방원 이야기를 했다. 스스로 태종처럼 악역을 맡겠다는 말도 했다. 태종은 고려 충신 정몽주, 이복동생인 방석과 방번, 조선의 개국 공신인 정도전을 죽였고 외척 발호를 막는답시고 세종의 장인인 심온, 그리고 자기의 처남 4명마저 몽땅 처형한 잔인한 군주였다. 잔인함을 닮겠다는 뜻은 물론 아니다. 오직 다음 정권에 부담을 주지 않겠다는 뜻이었다.

경제 원로들의 고견

6월 11일(수) 오후 3시, 국민경제자문회의 위촉장 수여 및 제1차 회의가 열렸다. 김중수 한국개발연구원장이 최근 경제 동향을 보고했고, 김진표 경제부총리가 참여정부의 경제정책 기조를 설명했다. 자문회의 부의장(의장은 대통령)인 조순 교수가 사회를 보는 가운데 쟁쟁한 자문위원들이 경청할 만한 발언을 했다.

나웅배 전 경제부총리는 "첫째, 기업하기 좋은 나라의 핵심은 노사 문제다. 둘째, 투자에서 대기업 비중이 40%나 되니 무시해서는 안 된다. 대기업은 공과가 함께 있다. 셋째, 구조개혁 추진이 중요하고 부동산 경기 부양, 소비 진작 등 단기 처방은 자제해야 한다. 넷째, 경제부총리 중심으로 정책을 끌고 가야 한다"고 했다.

사공일 전 장관은 "첫째, 기업하기 좋은 나라를 만들기 위해 정책의 일관성이 중요하다. 불필요한 규제는 철폐하고 법치와 투명 사회를 확립해야 한다. 둘째, 정부의 정책 조정 기능을 높이려면 부총리 중심으로 경제정책을 운용하고 팀워크를 살려야 한다. 폐지한 경제수석이 필요하다. 셋째, 노사 문제는 법치부터 세워야 한다. 법은 타협 대상이 아니다"라고 했다.

김종인 전 수석은 "IMF 사태 이후 경기가 세 차례나 순환했다. 2001년 9·11 사태 이후 위기감이 커졌다. 부동산, 카드채 등 온갖 문제가 터져 나왔다. 일본 경제를 타산지석으로 삼아야 한다. 인내가 필요하다. 인위적 수요 진작을 경계해야 한다. 노사 문제는 중요한데 인내심이 필요하다. 이대로 가다가는 안 되겠다는 인식이 노사 간에 있을 때 비로소 해결이 가능하다. 정부와 기업의 반성이 필요하다"고 했다.

이헌재 전 금융감독위위원장은 "선장(경제부총리)에 대한 신뢰가 필요하다. 정부는 관여할 일과 관여하지 말아야 할 일을 구분해야 한다. 금융시장은 기업 금융이 파괴되고 가계 금융 중심으로 급속히 재편 중이다"라고 했으며, 김명자 전 장관은 "과거 상명하복 문화에서 민주화 쪽으로 가야 한다. 비효율이 있지만 선진국 진입을 위한 비용으로 간주해야 한다. 정보 알리기가 중요하다"고 했다. 김병주 서강대 교수는 "정부의 힘은 무한하지 않으므로 과감히 시장에 맡겨야 한다. 정책의 신뢰성이 중요하고 부총리 중심으로 가야 한다. 당장 화끈한 정책은 금기다"라고 했으며 인수위 경제2분과 간사를 맡았던 김대환 인하대 교수는 "경제정책의 방향을 성장과 분배의 조화로 삼자. 시장 친화적 산업정책, 기업 금융의 부활이 필요하다"고 말했다.

노무현 대통령이 마무리 발언을 했다. "장기적으로 경제 체질을 약화시킬 인위적 경기 부양책은 쓰지 않겠다. 부총리 중심으로 가되 시간이 걸린다. 왜냐하면 업적을 쌓아야 도덕적 권위가 생기기 때문이다. 공정거래위, 금융감독위, 한국은행의 독자성을 존중하겠다. 서로 협의해서 새로운 시스템을 만들자. 청와대 경제수석 부활을 권고하는데 책임 총리, 책임 장관과 모순된다. 경제부총리와 경제수석이 두 개의 머리로 갈등하는 것을 막기 위해 경제수석을 없앴는데 과연 필요한지 좀 더 두고 보자(얼마 뒤 경제수석은 부활했다). 노사관계는 제어가 필요하다. 먼저 파업부터 하고 보자는 태도는 잘못됐다. 가급적 대화를 하고 그 다음 법과 원칙을 내세워야 한다고 본다. 정부와 기업의 투명성이 요구된다. 언론은 항상 정부를 공격한다. 경제는 심리라 하는데 이러다가 대통령보다 국민이 피해를 볼까 봐 걱정이다."

2003년 6월 11일에 열린 참여정부 첫 국민경제자문회의. 왼쪽부터 사공일 세계경제연구이사장, 나웅배 스페코 고문, 조순 민족문화추진회장, 노무현 대통령, 김진표 경제부총리. 자료 출처: 노무현재단

장기주의자 노무현

6월 24일(화) 오전 9시, 국무회의에서 노 대통령은 이렇게 말했다. "문제가 있는 예산은 일부 폐지, 축소해도 좋다. 그렇게 하면 소비가 감소해 경기에 불리하지만 그래도 잘못은 고쳐야 한다. 내년 총선을 의식하지 마라. 경제성장과 민생 문제에 대해서는 월 1회 정도 보고해 달라." 7월 2일(수) 오전 하반기 경제정책협의회가 열렸다. 재경부 김영주 차관보(뒤에 경제수석, 산자부 장관)가 보고를 맡아 4.2조 원 추경과 신보, 기보의 1조 원 추가 출연 계획을 발표했다. 노 대통령은 현재의 불경기가 과거의 불경기에 비해 특별히 심한지 물었다. 김효석 의원이 현재 세계적으로 경제가 어렵고, 국제비교를 하면 한국은 성장률과 투자율이 낮지 않다고 답했다. 노 대통령은 당장의 경제성장률에 연연하지 말고 경제팀이 합심해 장기적 경제 체질 개선에 주력할 것을 지시했다. 그리고 4.2조 원 추경과 1조 원 출연을 잘 지켜 내년에 부담을 주지 않도록 하고, 특히 중소기업과 벤처기업이 쓰러지지 않도록 하라고 당부했다. 노 대통령은 항상 "내가 욕먹어도 좋으니 다음 정권에 부담을 줘서는 안 된다"고 말했다. 우선 인기를 끌 단기적 경기 부양책을 마약요법이라며 거부했다.

7월 4일(금) 오전 11시, 내 사무실에서 조동철(KDI), 전승훈(조세연), 김진방(인하대), 최홍식(금융연), 임주환(한은), 이언오(삼성연), 허찬국(한경연) 등 전문가들이 참석해 경기 전망 및 대책을 토론했다. 거시경제 전문가인 조동철 박사는 올 하반기는 상반기보다 악화하지 않을 것이므로 추가적 경기 부양책은 쓰지 말 것을 권고했다. 전승훈 박사도 상반기에는 악재가 많았으나 하반기에는 경기 호전을 기대하면서 성급한 경기 부양책에 반대하는 의견이었다. 위에서 본 것처럼 국민경제자 문회의의 경제 원로들도 그랬고 거시경제 전문가들도 이구동성으로 눈앞에 반짝 성과를 내고는 오래 부작용을 일으킬 단기 부양책을 경계하고 있었다.

문제는 경제 관료들이다. 이들은 오랜 습관처럼 단기 부양책을 애용했는데 아마 당장 성과를 요구하는 대통령 앞에 뭔가 내놓아야 하는 강박관념의 소산이었을 것이다. 박정희를 필두로 해서 역대 대통령들은 단기주의에 빠져 눈앞의 성과에 집착했다. 대통령이 장관들에게 성과를 재촉하니 장관들은 부하 공무원들을 독촉했다. 재경부 캐비닛에는 각종 단기 부양책이 상비약처럼 비치돼 있었다. 그래서 머지않아 부작용이 나타날 단기 부양책을 남발하곤 했다. 일종의 마약 중독 현상이다. 노무현 대통령은 달랐다. 2004년 5월 15일, 노무현 대통령이 탄핵에서 풀려나 직무에 복귀하던 날 청와대 앞마당에서 대국민 담화문을 발표할 때 가랑비가 부슬부슬 내리고 있었다. 그 자리에서도 노 대통령은 부작용이 발생할 인위적 경기 부양은 하지 않겠다고 선언했다. 이것은 노 대통령의 확고한 소신이었다. 눈앞의 인기에 연연하지 않은 장기주의자 노무현 대통령은 높이 평가받아 마땅하다.

37. 조흥은행 매각과
정책 관리의 중요성

○
●

2003년 초 조흥은행과 신한은행 사이에 매
각 협상이 진행 중이었는데 매각 여부와 방법을 놓고 온갖 주장이 난
무하고 있었다. 5월 7일(수) 오전 9시, 수석회의에서 노 대통령이 조흥
은행 매각 과정에 정부 개입이 없는지 질문을 했다. 권오규 정책수석
이 단호한 어조로 그런 일은 절대 없다고 거듭 답하자 문재인 민정수
석이 "그렇게 단정할 일이 아니고 예금보험공사의 개입 증거가 있다"
고 반박했다. 조윤제 경제보좌관이 "가치 평가는 기술적 문제인데 부
실하면 대손 충당금을 더 많이 쌓아야 한다. 얼마나 쌓느냐가 핵심이
다. 매각이 안 되면 나라 경제가 곤란하다. 조흥은행 매각은 매우 중요
하므로 반드시 성사돼야 한다"고 말했다. 그러자 노 대통령은 "그렇게
말하면 안 된다. 누구는 매각을 반대하느냐, 제대로 팔아야 한다는 뜻
이다"라고 지적했다. 5월 22일(목) 오전 9시, 수석회의에서 노 대통령
이 조흥은행 매각 관련 토론회를 대통령이 주재하겠다고 말했다. 김태
유 과기보좌관, 조윤제 경제보좌관과 내가 만류해서 정책실 주관 토론

2003년 5월 22일 제5회 국정과제회의에 참석하기 위해 발걸음을 옮기고 있는 노무현 대통령과 참모들. 왼쪽부터 김세옥 경호실장, 여택수 수행비서, 노무현 대통령, 이정우 정책실장, 서갑원 의전비서관. 자료 출처: 노무현재단

회로 낙착됐다. 노 대통령이 검사와의 토론에 이어 조흥은행 토론회도 할 뻔했다.

부상하는 조흥은행 문제

5월 26일(월) 오후 4시 반부터 6시까지 수석보좌관 회의가 정책실장실에서 열렸다. 유인태 정무수석은 수석회의에 배석자가 너무 많아 언론 누설의 위험이 크고 소신껏 이야기하기도 어려우니 금요 방담식으로 하면 좋겠다고 말했다. 문재인 민정수석이 최근 이용득 금융노조위원장을 만났는데 조흥은행 문제로 5월 29일에 파업이 예고돼 있지만 만일 정책실장이 토론회를 연다면 파업을 취소하겠다는데 어떠냐고 내게 물었다. 금융 전문가인 조윤제 경제보좌관의 의견을 물으니 찬성하고 반대자가 없어 그렇게 하기로 결정했다. 조흥은행 출신인 이남순 한국노총위원장에게 전화해 조흥은행 토론회를 열겠다고 했더니 잘됐다고 하면서 "이용득 금융노조위원장은 노동운동을 하다가 두 차례 감옥에 간 뒤 막 복권되어 사실 싸우기도 어렵다"고 말했다.

5월 28일(수) 오후 4시, 청와대 정책실에서 금융 문제 토론이 있었다. 이동걸 금감위 부위원장, 재경부의 김석동, 변양호 국장이 참석했다. SK글로벌의 생존을 주장하는 김석동과 청산을 주장하는 이동걸의 견해가 정면 대립했다. 조흥은행 매각 문제도 다루었다. 금감위와 재경부 보고에 의하면 올해 1월 14일 저녁 노무현 대통령 당선자와 이용득 금융노조위원장의 회동(오리식당 금강산)에서 조흥은행 문제에 '노조가 동의하는 제3자가 공정하고 객관적으로 실사를 하되 독자 생존 여부를 포함하며 신한지주의 인수 능력도 평가한다'고 합의했다. 이 합의 내용은 공식 발표가 되지 않아 전달 과정에서 온갖 소문과 억측을 낳았다.

5월 29일(목) 오전 10시 반, 백악실에서 이남순 한국노총위원장의 대통령 면담에 배석했다. 조흥은행 매각 문제는 과정이 정당해야 결과도 정당하므로 6월 2일 청와대 토론회를 열어 결론 내리는 것으로 다시 확인했다. 이남순 위원장이 "대통령이 민주노총 사람들만 중용하고 한국노총을 소외시켜 섭섭하다"고 하자 노 대통령은 "민주노총이 아니고 대선 때 정책에 관해 도와준 사람들"이라고 답했다. 그밖에 하이닉스 상계 관세, 한전 배전 분할, 버스와 택시 문제도 의논했다. 5월 30일(금) 오후 노 대통령이 조흥은행 건이 어떻게 돼 가는지 전화로 묻기에

노무현과 함께한 1000일

매각 쪽으로 결론이 날 공산이 크다고 답하니 "그러면 안심입니다"라고 말했다.

매각 여부를 둘러싼 난상토론

6월 2일(월) 오후 3시 청와대 서별관에서 열린 조흥은행 토론회 사회를 보았다. 정부 측에서 김광림 재경부 차관, 이동걸 금감위 부위원장, 노조 측에서 이남순 한국노총위원장, 이용득 금융노조위원장, 그리고 조흥은행 관계자, 전문가들이 참석했다. 재경부 변양호 금융국장의 경과 보고에 이어 이용규 조흥은행 노조부위원장이 은행 민영화에 찬성 발언을 했다. 연세대 상경대 박상용 교수가 독자 생존 방안과 점진적, 단계적 매각 후 일괄 매각하는 방안을 설명하면서 결국 은행에 투입된 공적 자금의 조기 회수가 중요하다고 말했다. 신한은행은 소매(가계) 금융에, 조흥은행은 기업 금융에 각각 장점이 있으므로 두 은행의 합병은 시너지 효과를 낼 것이라고 말했다.

 인천대 경제학과의 이찬근 교수는 조흥은행 매각에 부정적이었다. 은행이 대형화하면 국내 독과점 폐해가 우려되고, 장기적으로 기업 금융이 하락 추세에 있는데 대형 은행이 등장하는 것은 바람직하지 않다는 것이다. 따라서 단계적 민영화가 옳다고 주장했다. 정승일 박사도 매각 반대론을 폈다. "조흥은행이 신한은행과 합병하는 이유는 국민은행이 시장 지배력을 갖고 덤핑 공세를 취하기 때문이다. 그래서 규모의 경제를 살리자는 논리인데 지식 기반 경제에서는 규모보다 핵심 능력의 개발과 공정 경쟁, 유효 경쟁이 중요하다."

최흥식 박사가 반론을 폈다. "민영화는 빠를수록 좋다. 그러나 적어도 5~6년 소요될 것이다. 제1원칙으로 정부가 출자한 현금 회수의 극대화가 기본이고, 금융산업 경쟁력 제고나 독과점 폐단 문제는 부차적이다. 조흥은행 매각은 실보다 득이 크다. 부분 매각이냐 전체 매각이냐는 큰 의미가 없고 가격 문제는 당사자 간의 문제다. 은행 산업은 카드 대란, SK글로벌 사태 때문에 연말 상황 악화가 우려되므로 서두르는 게 좋다"고 주장했다.

홍석주 조흥은행장도 발언했다. "매각 협상이 8개월이나 지속되는 바람에 어려움이 많고 시장에서 이미지가 악화하고 있어 매각 여부의 조기 종결이 바람직하다. 은행은 인적 자원이 전부다. 조흥은행 106년 역사 속에 8000명 직원이 자부심을 갖고 일해 왔는데 시간이 흐를수록 희망이 줄어들고 상실감이 커지고 있다."

이인원 예금보험공사 사장은 이렇게 말했다. "가급적 비싸게 팔아 공적 자금을 회수하는 게 목표다. 원매자가 있을 때 팔아야 한다. 부분 매각, 할인 판매도 좋다. 은행을 정부가 소유하면 효율성이 저하하므로 외국의 시각에서는 은행 민영화를 환영한다. 만일 신한지주와의 매각 협상이 결렬되면 제일은행이 인수 의향이 있다."

이남순 위원장은 "매각 불발 시 국제 신인도가 저하한다는 증거는 없다. 일본의 경험을 보더라도 은행 대형화 논리는 근거가 약하다. 공적 자금 회수를 주장하지만 조흥은행의 책임은 작고, 인력을 40%나 감축하며 뼈를 깎는 구조조정 노력을 해 왔다. 신한지주의 자금 능력도 의문스럽다. 지금은 매각 시기가 아니다. 홍석주 은행장의 발언은 완곡한 표현이다. 매각 과정이 이미 공정성, 투명성, 일관성을 상실했으므로 재검토할 필요가 있다. 제3자 실사의 취지 속에는 독자 생존 가능성도 포함돼 있는데 무시되고 있고 노조를 배제하면 안 된다"고 말했다.

허흥진 조흥은행 노조위원장은 "노조원 정서를 보면 독자 생존에 대한 믿음에서 40%나 인력 감축에 동의했고 4년간 생존을 위해 노력해왔는데 2002년 1월에 갑자기 방침이 변경됐다. 1997년부터 신한은행 측에서 '조흥은행은 곧 망하니 옮겨라'는 말이 나왔다"고 불만을 표시했다. 이동걸 부위원장은 "독자 생존의 정의는 다양한데 2000년 상황과 현재 상황은 다르다. 지금은 독자 생존 논의는 바람직하지 않다. 조흥은행 행원들의 복지는 중요한데 지금 조흥은행 상황은 우려스럽다"고 말했다.

난상 토론은 장장 세 시간 반이나 걸려 끝났다. 여러 이해 집단과 전문가들이 충분히 의사 표시를 했고 결국 노무현·이용득의 1·14 합의대로 실사 후 매각으로 결론이 났다. 그 뒤 100년 역사의 조흥은행은 후발 신한은행에 합병되어 오늘에 이르렀다. 다만 100년 역사의 조흥은행이라는 이름을 살리면 좋았을 텐데 하는 아쉬움이 있다. 이용득 금융위원장은 그 뒤 한국노총위원장을 세 차례나 맡으면서 종래 보수적이던 한국노총을 개혁하는 선봉장이 됐다. 7월 4일(금) 오전 9시 수석회의에서 노 대통령은 이렇게 말했다. "조흥은행 건은 얻어맞을 이유 없이 얻어맞았다. 정책에서 과정 관리가 중요함을 깨달았다."

38. 큰 아쉬움을 남긴 참여정부의 금융 문제들

○
●

금융통화위원회 구성

참여정부 시기에 떠오른 금융 문제가 많았지만 그중 금통위 구성, 화폐개혁, 그리고 금융감독기구 문제를 보자. 2003년 4월 23일(수) 오전 9시, 경제 분야 수석회의에서 권오규 정책수석, 김태유 과학기술보좌관, 조윤제 경제보좌관과 함께 금융통화위원회(금통위) 구성 문제를 토론했다. 금리를 결정하는 금통위는 한국은행 총재를 위원장으로 하는 7인 위원회인데, 그중 상공회의소, 은행연합회, 증권업협회가 각각 1명씩 추천하는 위원은 실질적으로는 배후에서 재경부의 지배를 받기 때문에 한국은행의 발언권이 너무 약하다는 데 인식을 같이했다. 당시 중앙은행 독립성의 국제비교에서 한국은 비교 대상 32개국 중 29위로 초라한 처지였다.

7월 14일(월) 오전 11시, 과천 재경부에서 열린 대통령 주재 제1회 경제·민생 점검회의에서 하반기 경제운용 계획을 토의했다. 회의 뒤 김진표 부총리와 박승 한은총재, 권오규, 조윤제와 나, 5인이 남아 부총리실에서 금통위 구성 문제를 토론했다. 5인은 7월 18일(금) 오후 2시 반에 서별관에서 다시 한은법 문제를 토의했다. 비상임 위원을 모두 상임으로 하고, 증권업 협회장 추천을 한은 부총재로 바꾸는 것으로 결론이 났다. 종래보다 경제부총리의 영향력은 축소하고 한은 총재의 입지가 강화되는 변화인데, 청와대 참모 3인은 중앙은행 독립성 강화라는 관점에서 한국은행의 입장을 지지하는 편에 섰다.

화폐개혁

2003년 5월 19일(월) 정오, 박승 한은 총재와 오찬을 같이했다. 박 총재는 화폐를 1000 대 1로 디노미네이션Denomination 하는 방안을 한국은행이 3년간 준비해 왔다고 했다. 즉, 지금 1000원이 화폐개혁 후 1원이 되는 안이다. 그리고 고액권을 발행하면서 지폐의 크기는 축소하고 위폐 방지 장치를 넣는 방안을 설명했다. 그렇게 하면 한국의 원화가 미국 달러와 대등한 가치를 갖게 되므로 국제적 위상이 높아지고, 일상 거래의 계산이 간편해지는 장점이 있다는 것이다. 분명 일리가 있지만 화폐 가치가 1000배 올라가면 뇌물 수수가 용이해지는 부작용이 걱정이다. 그리고 5·16 쿠데타 직후 국가재건위 유원식 대령 주도로 비밀리에 추진했던 10 대 1 화폐개혁이 실패한 전례가 있으므로 신중해야 한다고 나는 말했다.

9월 26일(금) 오전 10시, 금융장관회의(서별관)에 김진표 부총리, 이정재 금감위원장, 박봉흠 예산처 장관, 박승 한은 총재, 조윤제 경제보좌관과 내가 참석해 외국환평형기금채권(외평채) 문제와 화폐개혁 문제를 토론했다. 1000 대 1로 디노미네이션을 하면 싼 물건은 가격 상승이 일어날 수 있다. 유럽에서 유로화를 도입했을 때 각국이 약간씩 인플레 효과를 경험한 전례도 있다. 김진표 부총리는 지폐 규격 축소나 고액권 발행은 좋지만 디노미네이션은 신중해야 하고 추후 남북한 화폐 통합 시 고려할 일이라며 반대 의사를 표시했다. 박승 총재의 얼굴에 실망하는 빛이 역력했다.

한국은행은 이 문제에 강한 집념을 갖고 있었다. 해가 바뀌어 2004년 9월 8일(수) 오전 10시, 한국은행 김수명 부총재보가 나를 찾아왔다. 1000 대 1의 화폐개혁과 고액권 발행, 위폐 방지 장치를 한꺼번에 하는 안을 설명하면서 기계 교체 등 약간의 경기 부양 효과와 부자들의 소비 촉진 효과도 예상된다고 말했다. 당시 국회 여당의 우제창 의원(한은 출신)뿐 아니라 야당의 김효석, 남경필 의원도 잇달아 이런 주장을 하고 있었는데 정치권 주도는 좋지 않다고 말했다. 이틀 뒤 박승 총재와 오찬을 같이했다. 박 총재는 '화폐개혁+고액권+위폐 방지'를 한꺼번에 해야 비용을 절감한다고 강조하면서 경기 부양 효과도 기대한다고 말했다. 그러나 나는 부패 조장, 물가 상승 우려가 있기 때문에 신중해야 한다고 답했다. 화폐개혁 문제는 한국은행이 열의를 갖고 추진했으나 주위 호응을 못 얻어 더 이상 추진되지 않았다.

금융감독기구

우리나라의 금융감독기구는 1998년에 민간 기구인 금융감독원 위에 정부 기구인 금융감독위원회(현재는 금융위원회)가 군림하는 2층 조직으로 만들었다. 이에 대해 학계 비판이 많다. 2004년 5월 27일(목) 오전 9시, 이동걸 금감위 부위원장, 윤석헌 교수(한림대), 최장봉 박사(금융연)가 내 사무실에 와서 금융감독기구 개편 문제를 토론했다. 윤석헌 교수(나중에 문재인 정부의 금융감독원장)는 금융감독기구를 민간 기구로 통합할 것을 강력히 주장했다. 최장봉 박사는 몇 년 전 금감원 부원장보로 근무한 경력의 소유자인데 근무하는 동안 한 번도 민간 기구라고 생각한 적이 없다고, 즉 정부 기구로 생각했다고 했다.

2004년 7월 26일(월) 오후 3시, 정부혁신위원장을 맡고 있는 윤성식 교수(고려대)가 내일 있을 금감위, 금감원 기구 개편 문제를 의논하러 찾아왔다. 윤 교수가 이 문제를 한 달 이상 연구해 본 결과 금융감독기구는 민간 조직으로 가는 게 맞다는 결론에 도달했다고 했다. 그러나 몇 달 동안 카드 대란 건을 감사해 온 감사원과 재경부, 청와대가 3위 1체가 되어 금감위를 현행 70명에서 200명으로 키우는 쪽으로 의견이 기울어 있다는 것이다. 이 문제를 놓고 내일 대통령 주재 회의가 열린다는데 아직 나한테 참석하라는 연락이 없었다. 경제 관련 중요 회의에 나를 빼놓은 경우는 없었는데 매우 수상하다. 김병준 정책실장에게 물어보니 자기는 잘 모르고 김영주 경제수석이 회의 준비 책임을 맡고 있다기에 나를 참석자로 넣어 달라고 부탁했다.

2004년 7월 27일(화) 오후 3시, 대통령 집무실에서 금융감독기구 회의가 열렸다. 집무실 회의는 이례적이다. 게다가 원래 감사원 사무총장이 참석할 예정이었으나 전윤철 감사원장이 직접 참석했다. 또 예정에 없던 김우식 비서실장도 참석했다. 회의의 무게가 높아지고 시작부터 팽팽한 긴장감이 감돌았다. 이 문제의 연구팀장인 국찬표 서강대 교수가 발제를 했다. 1안, 2안과 참고 대안을 설명했다. 1안은 금감위 규모를 현행 70명으로 유지하는 안이고, 2안은 금감위 규모를 확대하는 안이며, 참고 대안은 1998년 금감위 출발 때처럼 10여 명으로 축소하는 안이다. 윤성식 정부혁신위원장이 참고 대안을 지지하는 발언을 했는데 아무도 동조하지 않았다.

80분간의 난상 토론 끝에 내가 발언했다. "금감위와 금감원은 통합하는 게 맞고, 민간 조직으로 가야 한다. 이유는 두 가지다. 첫째 관치가 한국 금융을 망쳤다. 종금사, 카드사, 투신사 등 모든 금융 실패의 근본 원인은 관치금융이다. 둘째, 금융감독과 재경부의 역할 관계를 보면 재경부는 위기 때 공적 자금을 투입하고 관리하는 책임을 맡고 있는데 감독마저 관료가 맡으면 정신적 해이moral hazard 문제가 발생한다. 한 식구가 집행과 감독을 맡으면 봐주기 쉽고 제대로 감독이 안 된다. 그래서 금융감독은 민간 기구가 맡는 게 옳다. 그 방법으로는 참고 대안으로 가는 방법이 있고 또는 과거처럼 '한국은행+금통위' 모델도 가능하다."(하루 전날 허성관 행자부 장관(한국은행 출신)이 대통령에게 다른 안건을 보고하면서 금융감독을 한국은행에 맡길 것을 권고했다고 들었다.)

내 발언에 이어 노무현 대통령이 말했다. "결론을 내리겠다. 관치금융, 모피아 주장에 동의하지 않는다. 과거에는 그랬다 치더라도 앞으로 달라지면 되지 않느냐. '한은+금통위' 모델도 생각해 봤는데 역시 1안으로 가는 게 옳겠다." 즉, 금감위가 현재대로 70명 규모로 감독 책임을 맡고, 법률 제정·개정권을 재경부에서 가져오는 것으로 결론이 났다.

노 대통령의 결정은 대개 옳았지만 이 경우는 아쉬웠다. 회의 뒤 윤성식 위원장에게 전화해서 회의 결과를 어떻게 보는지 물어보니 그나마 다행이라며 나를 위로했다. 하마터면 금감위가 200명 규모로 확대

될 뻔했는데 내가 강하게 발언해서 이 정도라도 막은 것이 다행이라고 말했다. 금융감독기구는 지금도 관료 조직인 금융위가 민간 조직인 금감원 위에 군림하는 옥상옥 조직이어서 문제가 많다. 게다가 금융위는 공무원 250명에다가 여러 금융기관 파견직까지 합치면 300명 가까운 규모로 대폭 커졌다. 관료 조직은 하는 일과 관계없이 자꾸 커진다고 하는 '파킨슨의 법칙'이 여지없이 들어맞는다.

39. 점진적이어서
저평가된 재벌개혁

○
●

         재벌은 다른 나라에서 유례를 찾기 어려운 한국경제 특유의 현상이다. 재벌은 이승만 정권 때도 존재했지만 급성장한 것은 박정희 정부 때다. 정부가 경제성장을 국정의 최고 목표로 삼고 경제성장을 위해서라면 반칙, 편법도 눈감아 주고 금융, 세제상 온갖 특혜를 주면서 키운 것이 한국 재벌이다. 그 뒤 역대 정부는 정권 초기에는 서슬 퍼렇게 재벌개혁의 칼을 뽑았다. 그러나 정권 후반부에는 항상 용두사미로 끝나 지금까지 재벌개혁은 어려운 숙제였다.

재벌개혁은 용두사미?

참여정부 때도 재벌개혁이 국내외 주요 관심사였다. 2003년 1월 21일 (화) 오후 2시, 내가 속한 경제1분과에서 노무현 당선자가 참석한 가운데 '자유롭고 공정한 시장 질서' 토론회가 열렸다. 허성관 위원이 사회를 보고 이동걸, 정태인 위원이 역대 정부의 재벌개혁이 왜 늘 용두사미가 됐는지 재경부를 추궁하니 김영주 차관보가 대답하느라 애를 먹었다. 2월 4일(화) 오후 3시, 경제1분과 주최로 재벌개혁 문제를 토론했다. 권영준, 김상조 교수, 이인권 박사(한경연) 등이 참석해 출자총액제한제도(출총제), 금융업과 산업의 분리(금산 분리)에 대해 열띤 토론을 벌였다. 김석조 교수(전 서울대 법대)는 증권뿐 아니라 모든 분야에서 집단소송제를 시행할 것을 주장했다(그 뒤 참여정부에서 증권 집단소송제는 도입했는데 다른 분야는 아직 도입되지 않았다).

외신은 재벌개혁 문제에 특히 관심이 많았다. 2월 18일(화) 160년이 넘는 역사를 가진 세계적 권위의 영국 경제 주간지《이코노미스트》의 배리 브라이언 기자와 인터뷰를 했는데 주로 새 정부의 경제정책 방향, 특히 재벌, 금융, 노동문제를 집중적으로 질문했다. 2월 28일(금) 미국 시사주간지《타임》의 기자 슈만과 인터뷰를 했는데 주로 노사 문제, 민영화, 재벌개혁을 질문했다. 7월 10일(목) 영국의 권위 있는 경제 일간지《파이낸셜타임스》가 한국에 재벌개혁이 필요하다는 전면 특집을 냈다.

2003년 4월 2일(수) 노 대통령의 국회 시정 연설에서 '시장개혁 3개년 계획'의 비전과 목표를 제시한 데 이어, 5월부터 민관 합동팀이 시장개혁 3개년 계획 작업에 들어갔다. 10월 24일(금) 오후 6시, 은행회관에서 공정위가 몇 달간 준비한 시장개혁 3개년 계획을 토론했다. 계획 발표 여부를 놓고 이견이 있었다. 강철규 공정거래위원장은 조기발표를 주장한 반면 김진표 부총리는 대통령 재신임 문제도 있고, 경기도 나빠서 재계 반발이 걱정된다며 발표를 미루자고 했다. 나는 대통령 재신임을 위해서라도 오히려 재벌개혁 계획을 발표해야 한다고 주장했다. 이정재 금감위원장이 공정위 안이라 하지 말고 1안, 2안으로 내놓고 학계, 재계의 의견을 수렴한 뒤 12월 중 확정하자는 절충안을 제시해 채택됐다. 이어서 김칠두 산자부 차관, 박병원 재경부 차관보와 함께 3개년 계획의 내용을 검토했다. 출총제 등 몇몇 조항에 대해 재경부, 산자부의 의견을 반영하여 큰 틀의 합의가 이루어졌다.

10월 29일(수) 오전 10시 40분, 대통령 집무실에서 열린 시장개혁 3개년 계획 회의에 강철규 위원장, 김진표 부총리, 권오규 정책수석, 조윤제 경제보좌관, 김영주 차관보와 내가 참석했다. 오래 토론을 거친 뒤라 내용에 대해서는 이견이 없고 발표 시기와 방법에 대해서는, 오늘은 10·29 부동산 대책이 톱뉴스니까 내일 발표하기로 했다. 재경부가 반대하고 연기하자고 하는 바람에 난항을 거듭했지만 집권 8개월 만에 드디어 참여정부의 재벌개혁 의지가 모습을 드러내 기뻤다.

참여정부에서는 '재벌개혁=용두사미'라는 나쁜 전통을 깨기 위해 접근 방법을 바꾸었다. 초장부터 재벌을 겁주지 말고, 미리 개혁 청사진을 발표해 예측 가능하게 하고, 실행 가능한 것부터 차근차근 진행

2004년 5월 25일에 열린 경제 단체장 및 대기업 대표 초청 간담회. 오른쪽부터 노무현 대통령, 이건희 삼성 회장, 구본무 엘지 회장, 정몽구 현대자동차 회장, 조석래 효성 회장, 최태원 에스케이 회장. 자료 출처: 노무현재단

하는 방법이다. 용어도 재벌개혁 대신 온건하게 '시장개혁 3개년 계획'
이라 불렀다(상세한 것은《경국제민의 길》참조).

점진적이지만 분명한 개혁

재벌의 가장 큰 문제는 소유 지배구조다. 지배주주가 불과 2~3%의 지
분으로 계열사 간 순환 출자를 통해 지배권을 확장하여 실질 소유권
보다 훨씬 큰 의결권을 행사하는 문제다. 이것을 통해 지배주주가 의
사 결정권을 독점하고, 소액주주의 희생 위에 사익을 추구한다. 이것이
대외적으로 한국 기업의 상대적 저평가, 소위 코리아 디스카운트Korea
Discount의 주요 원인이었다. 게다가 계열사 진입·퇴출 저해로 인한 과잉
설비, 위기 시 순환 출자 계열사들이 동반 부실해질 위험, 중소 및 중견
기업의 성장 저해 등 온갖 문제를 일으킨다. 그래서 재벌의 지배구조
개선을 위해 기업 집단 계열사 및 친인척 간 지분 보유 관계를 매년 공
개하고, 출총제를 합리적으로 개선해 소유와 지배의 괴리를 축소하며,
선진국형 지주 회사 체제로 전환을 유도하기로 하였다.

투명·책임경영 강화를 위해 기업 내·외부 견제 시스템 및 회계 투
명성을 강화하고, 증권 집단소송제를 도입하고 회계법인 교체를 의무
화했다. 경쟁 촉진을 위해서는 170여 개 경쟁 제한적 제도를 정비하고,
시장경제의 적인 카르텔을 깨기 위해 과징금과 제보자 보상금을 높였
다. 그러나 참여정부 후기에 이런 과제들은 흐지부지되거나 중단된 경
우가 있었고, 재벌들이 싫어한 출총제는 이명박 정부 들어오자마자
2008년에 폐지됐다. 그 뒤 재벌의 계열사 숫자가 2배로 늘어났고 재벌

체제의 폐단은 더 심해졌다.

또 하나 중요한 개혁은 재벌의 금융 계열사가 보유하던 계열사 주식의 의결권을 제한한 것이다. 경제에서 산업자본과 금융자본은 수레의 두 바퀴처럼 상호 보완적 역할을 한다. 이 두 자본은 서로 분리되어 활동해야 하며 둘이 결합하면 큰 부작용이 발생한다. 산업자본의 금융 지배는 과도한 경제력 집중, 금융회사 고객과 산업자본의 지배주주 간 이해 상충, 금융이 지배주주의 사금고로 전락할 위험 등 문제가 많다. 그래서 선진국에서는 엄격하게 금융자본과 산업자본을 분리하고 있다 (금산 분리).

우리나라도 은행에 관해서는 엄격한 금산 분리('은산 분리'라 부른다)를 시행 중이나 제2금융권, 즉 보험, 증권 등에 대해서는 산업자본의 진출을 허용하고 있다. 재벌의 금융 지배의 폐해가 심각해지자 1986년 12월, 재벌의 금융 보험사가 보유하는 계열사 주식의 의결권 행사를 전면 금지시켰다. 그런데 1997년 외환위기 이후 국내 기업에 대한 외국인의 적대적 인수 합병 위협을 막는다는 명분으로 2002년 1월에 재벌 금융 보험사 보유 주식의 의결권 행사를 30%까지 허용했다. 그러자 재벌의 금융 지배가 심화되고 재벌들의 문어발식 확장이 더 심해졌다.

그래서 시장개혁 3개년 계획에서는 이 비율을 15%로 낮추는 개혁을 시도했다. 물론 재벌들이 완강하게 반대했고 재경부도 반대했지만 강철규 공정거래위원장의 객관적 자료 분석에 바탕을 둔 주장이 논쟁을 이겼다. 결국 금융 계열사의 보유 주식 의결권 행사가 30%에서 매년 5%포인트씩 인하돼 3년 뒤에는 15%로 낮아져 금산 분리 원칙에 한 발짝 다가가는 큰 개혁이 이루어졌다.

참여정부의 재벌개혁은 역대 정부의 용두사미적 개혁과 달랐다. 요란한 소리를 내지 않고 대화와 설득을 통해 점진적으로 조용히 이루어졌다. 그래서 사람들이 그 성과를 잘 모른다. 참여정부가 끝난 직후 서울대에서 참여정부 평가 심포지엄이 열렸다. 다수의 학자들이 모여 하루 종일 여러 분야의 정책에 대해 평가와 토론을 했다. 김상조 교수(나중에 문재인 정부의 공정거래위원장 및 정책실장)가 참여정부가 재벌개혁을 위해 한 게 아무것도 없다고 혹평했다. 사회가 청중석에 앉아 있던 강철규 교수에게 발언권을 주었다. 나는 강철규 교수가 시장개혁 3개년 계획, 출총제, 지주 회사, 금융 계열사 의결권 제한 이야기를 하며 변호하리라 예상했다. 그런데 강철규 교수는 딱 한 마디만 했다. "김상조 교수가 그렇게 말하면 그 말이 맞겠지요." 아, 이런 신사가 있나. 강철규 교수의 인품을 보여 주는 에피소드다.

40. 기형적 예산구조의 문제점

○
●

    2003년 3월 5일(수) 오후 3시, 집현실에서 열린 기획예산처의 내년 예산 편성 지침 회의에 배석했다. 박봉흠 장관, 변양균 차관, 임상규, 정해방, 최경수 실장이 참석해 각 부처의 예산 자율성을 높이면서 성과 관리를 강화하는 방안을 토론했다. 사회간접자본 투자 중 도로가 60%를 차지해 명백히 과다한데 이것은 '토건국가'로 불리는 일본, 한국에서만 보이는 소위 토건족(건설 회사, 관료, 정치인, 언론, 학계)의 합작품이다. 그 결과 차가 다니지 않는 한산한 고속도로가 많다. 항만은 중요한데도 투자의 9%밖에 안 되고, 철도 역시 중요한데 과소 투자되고 있다. 국고 지원이 30% 들어가는 지하철 건설에 낭비적 요소가 많다. 지방에 가는 예산이 양여금, 국고 보조금, 교부세로 구분되는데 구태여 구분할 필요가 있는지 의문이다(참여정부에서 양여금을 폐지했다).

한국 예산구조의 특징

한국 예산구조의 가장 큰 특징은 선진국에서 5%밖에 안 되는 경제 개발 예산이 한국에서는 30%나 된다는 점이다. 박정희 이후 성장지상주의가 빚어낸 기형적 예산의 모습이다. 이것은 토건국가적 현상임과 동시에 지방의 토호 세력과 연결된 부패의 온상이라는 문제도 있다. 지역 이기주의와 '밑져야 본전'이니 일단 신청하고 보자는 확보주의가 만연해 매년 예산 과다 신청 현상이 일어난다. 따라서 문제 사업은 청와대 정책실에서 정리할 필요가 있다고 기획예산처는 보고했다. 이날 토론으로 한국 예산의 기형적 특징과 문제점이 드러났다. 참여정부 앞에 커다란 개혁 과제가 놓여 있구나 하는 생각이 들었다. 그 뒤 실제로 참여정부는 여러 분야에서 획기적 예산개혁을 해냈다.

4월 14일(월) 오후 5시, 집현실에서 기획예산처의 대통령 보고가 있었다. 청와대에서는 권오규, 조윤제와 내가 참석했다. 경기 대책으로 추경을 하느냐 하는 문제에 대해 권오규 정책수석은 지지했고 조윤제 경제보좌관은 유보적 태도였다. 공무원 보수에 대해 박봉흠 장관은 인상에 반대했고 나도 반대했다. 세 번째 주제는 업무 추진비. 청와대의 일반 업무 추진비 33억 원은 별 문제가 없어 보였다. 그런데 특수 활동비가 3배나 되는 100억 원이라고 하니 배보다 배꼽이 큰 격이었다. 내가 이런 예산은 내용을 공개하고 투명화해야 한다고 주장했더니 노 대통령도 동의했다. "대통령 안 하면 안 했지 이런 거는 바로잡아야 한다"고 강력한 개혁 의지를 표명했다(공교롭게도 바로 그날 《한겨레》에 실린 투명한 회계, 투명한 예산을 강조하는 박원순 변호사의 칼럼을 노 대통령이 읽고 아침 수석회의에서 언급했다). 실제로 영수증이나 증빙 서류도 갖출 필요

없이 재량껏 사용할 수 있는 특수 활동비는 참여정부 내내 노무현 대통령이 사용을 극도로 자제, 기피하는 바람에 밑에서 일하는 사람들이 애를 먹었다.

네 번째 토의 주제는 R&D 예산을 국민 소득의 7% 이상, 교육비를 6% 이상으로 높이겠다는 노무현 후보의 대선 공약을 지킬 거냐는 문제. 공약을 파기하면 국민들에게 면목이 없긴 하지만 나라 경제를 위해 포기하는 게 옳겠다고 내가 주장해서 그렇게 정해졌다. 워낙 중요한 사안들이라 40분 예정이던 면담이 2시간 넘게 걸려 끝났다. 서갑원, 여택수 비서가 말하길 권양숙 여사가 저녁 약속이 생겨 대통령 혼자 저녁 식사를 하셔야 한다고 하니 노 대통령이 웃으며 "라면이나 한 그릇 끓여 달라고 해야겠다"고 말했다.

7월 22일(화) 오후 3시, 재정 분권 회의가 청와대 서별관에서 열렸다. 참석자는 김진표 경제부총리, 김두관 행자부 장관, 박봉흠 기획예산처 장관, 김병준 정부혁신위원장, 성경륭 균형발전위원장, 조윤제 경제보좌관이 참석했고 내가 사회를 보았다. 기획예산처의 박인철 국장이 쟁점을 요약 발제한 뒤 토론에 들어갔다. 기획예산처와 행자부의 김동기 지방재정국장이 양여금 존폐 여부를 놓고 팽팽한 논쟁을 벌였다. 박인철 국장이 5개 양여금 사업(지역개발, 도로 정비, 농어촌 지역개발, 청소년 육성, 수질 오염 방지) 중 큰 부분인 도로 분야를 교부세로 바꿀 것을 제안하자 김병준 위원장과 김두관 장관이 동의해 일사천리로 합의됐다. 이렇게 되면 도로에 대한 과잉 투자가 줄어드는 장점이 있다. 그 대신 행자부는 타격을 받는다. 도로 건설 관련 '계' 하나(약 30명의 인원)가 소멸하기 때문이다.

지방에 가는 재원 중 지방이 자유재량으로 사용할 수 있는 교부세는 일반교부세(11분의 10)와 특별교부세(11분의 1, 그중 2분의 1은 재해 예비비, 나머지는 재량)로 나뉜다. 특별교부세는 대통령과 행자부 장관이 지자체장에게 선심성으로 나눠 주는 게 오랜 관행이었는데 노무현 대통령이 스스로 특권을 내려놓으면서 과감히 축소하자고 주장해 종래 11분의 1에서 5%로 낮아졌다(일본은 6%). 교부세 재원도 종래 내국세 28%였던 것을 이날 회의에서 3대 주요 세목(소득세, 법인세, 부가가치세)의 40%로 바꾸기로 전격 합의했다. 이 안은 특히 김진표 부총리가 강력 주장했다. 교부세가 내국세의 28%로 되어 있는 바람에 지방에 돈을 적게 주려고 내국세 대신 각종 목적세를 신설하는 좋지 못한 경향이 나타난다고 한다. 그리고 내국세라는 개념 자체가 모호하다는 문제도 있다(그러나 세 가지 세금의 40% 안은 실행에 옮겨지지 못했다).

이날 회의에서 부처 이기주의를 넘어 나라 경제를 위해 통 큰 합의를 이루어 냈는데 이는 관가에서 보기 드문 사례다. 이 합의는 주로 김두관 장관이 대폭 양보했기에 가능했다. 김 장관은 장군 체격에 성격도 호방했다. 다만 김 장관이 행자부에 돌아가 밥그릇을 못 챙겼다고 원성을 들을까 봐 걱정됐다. 그러나 모두들 자기 밥그릇만 챙긴다면 나라는 어떻게 되겠는가. 김두관 장관의 대국적 자세는 칭찬할 만했다.

'콧줄' 양여금의 폐지

8월 11일(월) 오전 10시 반, 집무실에서 열린 기획예산처의 내년 예산 보고에 배석했다. 김진표 경제부총리, 박봉흠 기획예산처 장관, 임상규 예산실장, 김영용 국방부 차관보(재경부 출신), 그리고 권오규, 조윤제와 내가 참석했다. 예산처에서 내년 예산 사정이 어렵다고 보고하자 노 대통령이 "나는 국방비를 임기 말까지 GDP의 3.2% 수준으로 달성하겠다고 약속한 적이 없다. 3% 정도면 어떤가?"라고 질문했다. 아무도 답을 하지 않기에 내가 얼른 동의하고 나섰다. "국방비 인상은 참여정부 철학과 맞지 않고 나라 경제를 압박한다. 국방비는 증액이 꼭 필요하다는 근거가 없는 한 가급적 억제함이 좋고 그보다 사회안전망 확충이 우선"이라고 역설했다. 국방 예산은 군 내무반 시설 개선에 2.6조 원, 그리고 사병 월급을 현행 2만 4000원에서 8만 원(이스라엘 수준)으로 올리기로 결정했다. 회의는 도시락을 먹으며 3시간 넘게 진행됐다.

이날 오후 2시 반, 노 대통령이 외교부 3층 대회의실에서 행자부 공무원들과 대화를 했다. 최양식 기획관리실장의 보고에 이어 노 대통령

2003년 8월 11일 노무현 대통령은 정부중앙청사 별관에서 행정자치부 공무원 200여 명과 정부혁신, 지방분권, 전자정부 등에 관해 의견을 나눴다. 자료 출처: 노무현재단

노무현과 함께한 1000일

이 상시적, 지속적 정부혁신을 강조하는 연설을 했다. 인사 등 행자부의 기존 업무를 내려놓는 대신 전자정부 같은 새 업무를 찾아서 하라고 요구했다. 중간 휴식 시간에 옆방으로 옮겨 노 대통령, 문희상, 김두관, 김병준과 내가 차를 한잔했다. 나는 노 대통령에게 김구 선생이 좋아했던 '낭떠러지에서 나뭇가지 잡은 손을 탁 놓아 버리는 것이 대장부懸崖撒手丈夫兒'라는 시구절이 오늘 연설에 어울리는 표현이라고 말했다. 동시에 김병준 정부혁신위원장에게 행자부가 맡을 새 일을 빨리 찾아 주는 것이 행자부 공무원들의 불안을 해소할 지름길이니 서두르라고 권했다.

후반부 질의, 응답 시간에 행자부 공무원 여러 명이 집요하게 인사문제, 양여금 문제를 언급했다. 손을 탁 놓는 자세가 보이지 않았다. 노대통령은 답변에서 지방의 자율성을 위해 재원의 포괄적 이전이 필요하다며 양여금 폐지의 당위성을 옹호했다. 이날 대통령이 직접 나서 설득했음에도 불구하고 행자부 고위 공무원들의 양여금 폐지에 대한 항명 움직임이 상당 기간 지속됐다. 그러나 결국 참여정부에서 종래 지방을 콧줄 꿰던 양여금을 폐지했다. 이것은 예산의 불필요한 칸막이를 없애고 지방의 예산 자율성을 높인 개혁이었다.

41. 경제 우선주의를
타파한 3대 예산개혁

○
●

2004년 2월 27일(금) 오전 9시 반, 신라호텔에서 참여정부 1주년 기념 심포지엄이 열렸다. 노무현 대통령이 기조연설을 했고 호주의 노동운동가 출신으로서 총리를 세 차례나 역임했던 밥 호크Bob Hawke, OECD 사무총장 도널드 존스턴Donald Johnston, 미국 경제학자이자 노벨 경제학상 수상자인 로런스 클라인Lawrence Klein, 국제통화기금IMF의 호르스트 쾰러Horst Köhler 박사가 토론자로 단상에 올랐다. 호크 전 총리는 강한 어조로 미국을 비난하면서 미국이 팔레스타인과 북한을 지원해야 한다고 매우 진보적인 주장을 했다. 또 부국들이 농업 개방을 안 해서 빈국들에게 고통을 준다고 강력 비판했다. 노 대통령은 자칫 오해받을 수 있는 어려운 논쟁을 아슬아슬하게 피해 답변을 잘했다.

2004년 2월 27일 노무현 대통령이 참여정부 1주년 국제 세미나에 참석해 기조 연설을 하고 있다. 왼쪽부터 노무현 대통령, 로런스 클라인 교수, 호르스트 쾰러 박사, 밥 호크 전 호주 총리, 도널드 존스턴 OECD 사무총장. 자료 출처: 노무현재단

성공적인 총액예산제 시행

옆자리에 앉은 변양균 기획예산처 차관이 나에게 총액예산제도 이야기를 했다. 변 차관은 자신의 예일대 석사 논문과 서강대 박사 논문이 총액예산제를 다루었다고 했다. 그는 기획예산처의 박봉흠, 김병일 장관을 설득한 끝에 드디어 올해부터 총액예산제가 시행된다고 말했다. 변양균 차관은 총액예산제도에 관한 책을 쓰고 싶은데 공무원이 이런 책을 써도 되는지 조금 신경이 쓰인다면서 노 대통령의 의향을 물어봐 달라고 했다. 나는 "책 쓰는 거야 좋은 일이니 얼마든지 쓰세요"라고 권했다.

총액예산제(일명 '톱다운top-down')란 국가 예산의 총액과 부처별, 분야별 지출 한도를 예산 당국이 먼저 정하면 각 부처가 주어진 한도 내에서 사업별 예산을 편성하고, 최종 조정을 거쳐 정부 예산안을 확정하는 방식이다. 종래 해 오던 방식은 보텀업bottom-up 예산 편성인데, 이것은 각 부처가 먼저 개별 사업별 예산을 요구한 뒤 예산 당국과 해당 부처가 협의, 조정하여 편성된 개별 예산들이 모여 부처별 예산과 전체 예산이 확정되는 방식이다. 두 방식은 예산 편성의 순서가 정반대다. 보텀업 방식은 각 부처가 사업의 우선순위나 국민적 수요를 고려하지 않고 밑져야 본전이니 일단 신청하고 보자는 소위 확보주의가 만연하게 되어 국가적 자원이 낭비되는 단점이 있다. 그에 반해 총액예산제도는 각 부처에서 꼭 필요한 사업을 국가적 우선순위에 따라 실행에 옮긴다는 장점이 있다.

2004년 6월 16일(수) 오후 3시, 집현실에서 열린 예산 및 중기 재정 회의에 기획예산처의 김병일 장관, 정해방 재정기획실장, 장병완 예산실장, 청와대에서는 조윤제 경제보좌관, 김영주 경제수석과 내가 참석했다. 내년 예산은 사상 최초의 총액예산제다. 총액예산제의 첫 시도인데 전체 부처의 4분의 3이 주어진 한도 내에서 예산을 편성해 성공적이라고 노 대통령에게 보고했다.

이어서 2005~2008년 우리나라의 중기 재정 계획을 대통령에게 보고했다. 이 역시 사상 최초라는 역사적 의의가 있다. 전두환 정부 때 1982~1986년 경제 개발 5개년 계획을 뒷받침한다는 목적의 중기 재정 계획이 있었고, 두 번째로는 국민의정부 때 1999~2002년 중기 재정 계획이 있기는 했다. 그러나 두 번 다 1년 단위 예산과 연계되지 않아 의미는 제한적이었다. 1년 단위 예산과 연계된 실질적 의미를 갖는 중기 재정 계획은 이번이 사상 최초다. 그 내용을 보면 3년 동안 경제 사업 예산을 7~8%포인트 줄이고 복지예산을 7~8%포인트 늘리는 것이 핵심이다. 나는 "선진국과 비교할 때 한국 예산구조는 경제예산이 과다하고 복지예산은 과소한 특징이 있으므로 경제예산을 줄이고 복지예산을 늘리는 것은 지극히 옳은 방향"이라고 적극 지지 발언을 했다. 그래도 여전히 복지예산은 OECD 평균에 크게 미달하니 국민들에게 중기 재정 계획을 발표할 때 OECD와의 비교를 포함시킬 것을 권고했다.

이어서 국방 예산을 놓고 약간의 언쟁이 있었다. 나는 국방 예산을 작년에 약속한 대로 GDP 대비 현행 2.8%에서 참여정부 임기 말 3%까지만 늘리고 북한을 인도적으로 돕는 데 예산을 좀 더 쓴다면 그게 더 효과적인 국방이 될 것이라고 주장했더니 노 대통령이 반대했다. "국방은 북한 관계만 있는 게 아니다. 일본, 중국의 막강한 군사력 사이에서 한국이 영향력을 행사하려면 국방 예산 증가가 필요하다"고 노 대통령은 강하게 주장했다. 국민 총생산 대비 국방비를 나는 3%, 노 대통령은 3.2%를 주장해 약간의 설전이 오갔다.

국방 예산만 제외하고는 전체적으로 합의가 잘됐다. 회의를 마치고 현관에 나와 김병일 장관, 정해방 실장, 김성진 비서관과 함께 기획예산처의 오랜 숙원이 해결된 것을 자축했다. 김성진 비서관(뒤에 중소기업청장과 해양수산부 장관)은 자신이 기획예산처 사무관으로 일하던 젊은 시절 중기 재정 계획을 작성했었는데 드디어 오늘 빛을 보게 되니 감격스럽다고 말했다. 김병일 장관도 "이게 실현될 줄은 꿈에도 몰랐다. 큰 성과다"라며 기뻐했다.

중기 재정 계획과 재원배분 장관회의

6월 19일(토) 오전 9시~오후 1시, 과천 중앙공무원교육원에서 재정개혁 국무위원 토론회가 있었다. 한국 최초로 도입된 총액예산제와 중기 재정 계획을 주제로 장관 토론회가 열렸다. 각 부처 장관들이 자기 밥 그릇을 챙기기보다는 나라를 위한 발전적 아이디어를 많이 제시했다. 기획예산처의 정해방 재정기획실장이 총액예산제를 설명하면서 "요즘 기획예산처 주차장이 텅 비었다"는 함축적인 표현으로 새 제도의 의미와 효과를 설명했다. 종전에는 각 부처에서 조금이라도 예산을 더 확보하고자 기획예산처에 몰려들었는데 이제 그럴 필요가 없어졌다는 뜻이다. 그러자 이희범 산자부 장관이 "그 대신 과천 정부청사 주차장이 꽉 찬다"고 답했다. 정세현 통일부 장관이 남북 협력 기금 규모를 3000억 원에서 6000억 원으로 증액 요구한 것 말고는 부처에서 요구 사항이 나오지 않았다. 그러자 노 대통령이 "별 논쟁이 없으니 회의를 단축하자"고 말했다. 장관들이 모두 좋아했고 특히 강금실 법무부 장관은 기쁜 표정이 역력했다. 장관들은 함께 구내식당에서 점심을 먹고 바로 해산했다.

해가 바뀌어 2005년 4월 30일(토) 오전 9시 반부터 과천 중앙공무원교육원에서 1박 2일 일정으로 사상 최초의 재원배분 장관회의가 열렸다. 첫머리 총론 부분에서 나는 발언권을 얻어 세 가지 이야기를 했다. "첫째, 한국은 경제예산이 과다하고 복지예산이 과소하므로 전자를 줄이고 후자를 늘려야 한다. 둘째, 명목적으로는 복지지출 증가율이 연 9.3%로 되어 있지만 대개 복지지출의 자연 증가분(예를 들어 고령화로 인한 연금 지출 확대)이다. 이것을 빼고 나면 취약 계층을 돕는 순수 복지지출 증가분은 높지 않다. 이래서야 어찌 동반 성장이 가능하겠는가. 셋째, 한국은 유별나게 경제성장에 집착하는 나라인데, 사회지출은 성장과 상충하는 게 아니다. 실제 교육, 의료 등 사회지출의 성장 촉진 효과는 매우 높다."

둘째 날도 종일 토론이 이어졌다. 처음 해 보는 회의라서 그런지 중구난방, 좀처럼 합의에 이르지 못했다. 회의 말미에 김근태 복지부 장관이 복지지출 중요성을 강조하기에 내가 바로 이어 발언을 신청했다. "어제오늘 이틀간 토론을 했지만 기본 수요, 성장, 안전을 방향으로 정한 것 말고는 합의가 없다. 그거야 원래 국가의 할 일 아닌가. 수십 년 동안 잘못된 경제 우선주의와 복지 경시 풍조를 타파해야 하는데 그런 방향으로 진전이 없다. 이래서야 백년하청이다." 회의를 마치고 김근태 장관이 나한테 오더니 "이 위원장이 나하고 생각이 제일 비슷한 거 같아"라고 하기에 내가 이렇게 답했다. "장기적으로 한국이 OECD 평균 복지 수준에 도달한다 해 본들 뭐합니까. 케인즈가 말했듯이 장기에는 우리는 다 죽고 없는데요."

이틀간의 회의 결과는 내 기대에 미치지 못했다. 그러나 한국에서 오랫동안 맹위를 떨쳐 온 성장지상주의, 경제 우선주의에 일침을 가한 것이 성과라면 성과라고나 할까. 그리고 재원배분 장관회의가 그 뒤 연례행사로 자리를 잡으며 지금까지 예산 편성에서 불리한 위치에 서 있던 사회 부처들이 자기 목소리를 내기 시작한 것도 큰 성과였다. 중기 재정 계획, 총액예산제, 재원배분 장관회의는 참여정부의 3대 예산 개혁이라 할 만한 큰 변화로 그 뒤 보수 정권에서도 계승하여 오늘날까지 유지되고 있다.

42. 지역 균형발전과 공공기관 분산 배치

○
●

한국은 모든 게 수도권에 집중되어 있고 지방은 피폐하다. 일본, 프랑스가 그런 나라로 알려져 있지만 한국과는 비교도 안 된다. 이 문제를 해결하고 지방을 사람이 살 만한 곳으로 만들기 위한 대통령 자문 국가균형발전위원회가 발족해 2003년 4월 24일(목) 오전 첫 회의가 열렸다. 노무현 대통령이 모두 발언을 통해 위원회에 힘을 실어 주었다. "경쟁력, 과학 기술, 국가 혁신이 모두 이 위원회 안에 있다. 한국은 수도권 집중이 지나치게 심한 나라다. 앞으로 분권과 균형발전으로 가야 한다. 나라의 운명이 여러분 손에 달려 있다."

국가균형발전위원회의 첫 회의

이어서 윤정로 교수(카이스트)가 주제 발표를 하면서 지역혁신협의회의 모범 사례로서 대구, 충남 테크노 파크의 경험을 소개했다. 김민남(동아대) 교수가 "지역혁신을 위해서는 대학 혁신이 전제인데 지금 지방대학은 고사 직전 상황이다. 지방대학에 연구비 지원을 늘리되 지방 할당제가 필요하고, 국립대는 기초 학문, 사립대는 응용 학문 중심으로 역할 분담이 필요하다"고 말했다. 장흥순 벤처기업회장이 말했다. "시장에 맡겨서는 실패할 분야에 국가의 개입이 필요하다. 벤처기업 중 대학에서 탄생하는 비율이 16%다. 기업 생태계를 생성시켜야 한다. 연구비 지방 할당제는 무리다." 성경륭 위원장이 "균형발전위원회, 부처별 추진팀, 그리고 지자체 추진팀의 3각 동맹이 잘 협조해야 성공할 수 있다"고 말했다. 김태유 과학기술보좌관은 "한국의 R&D 예산이 일본의 13분의 1, 미국의 24분의 1이다. 수도권과 지방의 역할 분담이 필요하다. 이공계는 능력 위주로 선택과 집중을 하고, 인문사회계는 균형이 필요하다"고 말했다.

당시 세계 각국의 혁신 클러스터 공부를 열심히 하고 있던 정태인 동북아경제중심위원회 비서관은 이렇게 말했다. "혁신 클러스터 기반 발전 개념이 중요하다. 상향식 발전이 이뤄져야 하는데 대덕단지는 시스템 조직가가 없고 대기업 유치가 없어 실패. 중앙 공무원들이 지방에 내려가야 하고 주민 참여와 협조가 필요하다." 이정식 위원은 영국의 철강 도시 셰필드가 철강업 쇠퇴에 직면해 1992년에 셰필드대학교 지역 사무소를 설치, 산학 연관 네트워크를 통해 학생들의 취업을 돕고 공대, 의대 연구비를 조달한 성공 사례를 소개했다. 송인성 위원은 10년 전 광주의 산학관연주産學官研住 실험을 소개했다. 그러나 지역 기업이 없어 결국 유흥, 주거지로 변모하며 실패로 끝나 강남의 유자가 강북의 탱자가 되어 버린 사례라고 말했다.

6월 12일(목) 윤덕홍, 윤진식, 권기홍, 최종찬, 박호군, 박봉흠 장관,

성경륭 위원장, 김태유 과기보좌관과 함께 대구 테크노 파크에서 열린 균형발전위원회 지방화 전략 회의에 참석했다. 노무현 대통령은 회의 내용에 크게 만족해했다. 회의 뒤 오찬에서 노 대통령은 기분 좋게 웅변조로 연설해 큰 박수를 받았다. 대구, 경북 지역에 산재 병원 건립이 필요하다는 김경조 한국노총 대구경북본부장의 건의를 받고는 노 대통령이 즉석에서 수락했다. 옆에 앉은 권기홍 노동부 장관이 "그건 내 소관인데…"라고 해서 좌중의 폭소가 터졌다.

6월 26일(목) 오전 재정 분권을 주제로 정부혁신위와 균형발전위 연석회의가 열렸다. 지방재정 확충을 위한 다양한 의견 개진이 있었다. 김진표 경제부총리는 "지방소득세, 지방법인세, 지방부가가치세를 국세청이 걷어 지방에 주자"고 말했다. 이것은 독일의 공동세 아이디어 비슷한 것이다. 남해 군수를 역임해 지방의 사정을 잘 아는 김두관 행자부 장관은 이렇게 말했다. "중앙은 효율적, 지방은 비효율적이라는 가정 자체가 틀렸다. 교부세 같은 것을 통해 지방재정의 순증가가 있어야 한다. 지방에 몽땅 넘겨준다는 발상의 전환이 필요하다."

이기우 교수는 "한국의 지방재정 자립도는 17%이므로 한국은 17% 지방자치 국가다. 1991년 이후 중앙 사무의 지방 이양이 명목상 수천 건에 달하지만 재정이 따라 주지 않으니 허상에 불과하다. 중앙정부 재정의 최소한 몇 %를 지방에 옮겨야 지방화를 신뢰할 것이다." 성경륭 균형발전위원장은 이렇게 말했다. "균형발전과 지역혁신을 하려면 자금이 필요하다. 양여금은 중앙정부의 논리이고 지방 수요자 중심으로 가야 한다."

노 대통령은 마무리 발언에서 강력하게 분권화, 지방화 방향을 제시했다. "중앙집권의 거대한 힘을 막으려면 새로운 비전 제시가 필요하다. 21세기는 분권, 민주화, 다양화의 시대가 될 것이다. 지난 30년간 균형발전이란 말만 했지 모든 정책이 실패했다. 반드시 중앙정부가 해야 하는 사업만 중앙에 남기고 나머지는 몽땅 지방에 준다는 사고방식이 필요하다. 지엽 말단을 몇 건 넘기느냐 하는 건 중요하지 않다. 중앙정부는 기존의 일을 지방에 넘기고 새 일을 하자. 이 문제는 국가 개조의 관점에서 접근해야 한다."

공공기관 분산 배치라는 대역사

7월 8일(화), 7월 18일(금) 두 번에 걸쳐 균형발전 특별회계 토론을 했다. 이정호 교수와 기획예산처의 박인철 실장이 발제를 했고 김동기 행자부 지방재정국장이 강력한 양여금 옹호론을 폈다. "지방 양여금은 교부세와 국고 보조금 사이 정치적 절충의 산물로 1991년에 시작됐다. 양여금의 80%가 시, 군에 배정된다. 그래서 국도는 99.7%가 포장된 반면 지방도로는 47%에 불과하다. 양여금을 폐지하고 교부세로 가면 시, 도, 대학 중심으로 흘러 기초 지자체와 지역 주민의 선호가 무시될 우려가 있다." 임성일(지방행정연구원) 박사도 양여금의 존재 이유를 옹호하면서 균형발전 특별회계가 형평과 효율을 개선하는지 의문이며 대규모 특별회계는 관리가 곤란하다고 반대했다.

이에 반해 고영선(한국개발연구원) 박사는 "양여금 제도는 외국에는 없다. 학계에서는 '양여금은 언젠가 사라져야 한다'가 통설이다. 전국 도로는 거의 포화 상태이며 국도 바로 앞에 또 지방도로를 건설하는 사례도 있다. 1990년대 일본이 과도하게 건설 투자로 가서 재정 적자가 심해진 것을 반면교사로 삼아야 한다. 칸막이는 과거에 장점이 있었지만 지금은 단점이다. 통합재정으로 가야 하고 교부세가 중심이 돼야 한다"고 강력하게 양여금 폐지, 교부세로 통합을 주장했다. 이정호 교수(균형발전위 비서관)는 "지방세를 만들어 재원을 마련함이 바람직하다. 그러나 지역 간 격차가 너무 크기 때문에 균형발전 특별회계가 필요하다"고 말했다.

7월 21일(월) 오후 5시, 재정 분권 토론회에 김완주 전주시장, 김장준 인제군수, 김기태 국장(재경부), 고영선(한국개발연구원), 이영희(지방행정연구원), 김재진(조세연구원), 안종석(조세연구원), 배준구(경성대) 교수가 참석했다. 특별교부세는 대체로 반대가 많아 축소하는 쪽으로 의견이 모였고, 균형발전 특별회계는 찬성이 많았다. 김완주 전주시장은 "재정이 열악해 인건비도 못 주는 군이 많다. 교부세로 주면 지역개발이 저하할 것이다"라고 말했다. 김장준 인제군수는 "양여금은 지방 실정을 무시하고 너무 깊숙이 제한한다. 일괄 신청 후 배정하니 지자체로서는 일단 신청하고 보자는 식이다. 이 제도에 따라 예산 따오는 것이 지자체장의 능력 지표다. 소액 사업들은 중앙 기구의 존치가 목적이 아닌가 의심스럽다. 지방에 가는 돈을 늘리되 지방이 자율적으로 사용하도록 해야 한다"고 정곡을 찌르는 발언을 했다.

이런 일련의 회의를 거쳐 결국 행자부의 강력한 반대에도 불구하고 양여금 폐지가 결정됐다. 그리고 균형발전 특별회계가 신설됐다. 그 재원은 세금을 더 거두지 않고 폐지된 양여금과 기존의 각 부처에 흩어져 있던 지역개발 사업 자금을 모아 5조 원 정도 조성됐다. 이 특별회계는 그 뒤 보수 정부에서도 살아남아 현재 13조 원 규모에 이른다. 그 뒤 균형발전위원회는 서울에 있던 공공기관 중 175개를 여러 지방에 분산 배치하는 대역사를 해냈다. 직원, 노조, 언론, 야당의 반대를 무릅쓰고 줄기찬 대화와 설득을 통해 이뤄 낸 우리나라 역사상 보기 드문 큰 개혁이었다. 노 대통령은 성경륭 위원장을 "일머리가 잘 돌아간다"고 칭찬했는데 이것은 내가 배석한 무수히 많은 보고 중 정말 보기 드문 칭찬이었다.

43. 반쪽짜리가 되어 버린 신행정수도

○
●

16대 대선에서 노무현 후보는 수도 이전이라는 파격적인 공약을 내놓았다. 지방을 사랑하는 노무현다운 공약이었다. 이 문제를 놓고 지역과 성향에 따라 사람들의 찬반이 엇갈렸다. 과연 노 대통령이 공약을 지킬지 세간의 관심사였다. 노 대통령은 특유의 뚝심으로 이 공약을 실천에 옮겼다.

2003년 4월 8일(화) 오전 국무회의에서 신행정수도기획단 안이 통과되었다. 4월 10일(목) 저녁 명동 뱅커스클럽에서 국책연구원장들과 회식을 했다. 자연히 시중의 관심사인 신행정수도가 화제에 올랐다. 이규방 국토연구원장은 외국의 신행정수도 중 브라질의 브라질리아와 호주의 캔버라는 실패, 캐나다의 오타와는 성공이라고 말했다. 그는 신행정수도의 성공 조건으로 대도시 인접의 인구 50만 명 규모, 큰 대학과 대기업 유치, 문화적 자립 가능성을 들었다. 그런 관점에서 볼 때 서대전과 계룡대 사이의 750만 평의 땅이 경부선 철도, 경부 고속도로, 호남 고속도로와 인접해 매우 좋은 입지라고 했다. 나중에 생각하니

노무현과 함께한 1000일

2003년 4월 14일 신행정수도 건설추진기획단 및 지원단 현판식에 참석한 노무현 대통령. 왼쪽부터 최종찬 건교부 장관, 고건 국무총리, 권오규 정책수석비서관, 강용식 신행정수도 자문위원장, 노무현 대통령, 이정우 정책실장, 김병준 정부혁신지방분권위원장, 성경륭 균형발전위원장. 자료 출처: 노무현재단

바로 세종시 부근인 것 같아 이규방 원장의 전문가적 혜안에 놀랐다.

신행정수도를 향한 노력

11월 6일(목) 오후 3시, 정부청사 별관 대회의실에서 신행정수도 국정과제회의가 열렸다. 이규방 국토연구원장, 최병선, 권용우 교수의 보고를 들은 노무현 대통령은 흡족한 표정으로 신행정수도위원회가 일을 잘한다고 격려했다. 김학원, 신영국, 이강두, 정세균 등 국회의원들도 참석했는데, 정치인들은 각 당의 입장에 따라 제각기 다른 이야기를 했다. 신행정수도특별법뿐 아니라 균형발전, 지방분권 등 소위 3대 특별법이 모두 80%를 넘는 압도적 찬성을 얻어 2003년 12월에 국회를 통과했다. 해가 바뀌어 2004년 1월 13일(화) 오전 국무회의를 마치고 바로 이어 3대 특별법 서명식에 고건 총리, 이희범, 강동석 장관, 심대평 충남지사, 김완주 전주시장, 강용식, 김안제 위원장 등이 참석했다. 노 대통령이 서명한 만년필을 강용식 자문위원장에게 전달, 나중에 신행정수도 기념관에 전시할 거라고 했다.

5월 21일(금) 오전 11시, 인왕실에서 신행정수도위 위촉장 수여 및 다과회가 열렸다. 노 대통령이 소설가 이호철 위원에게 "소설《서울은 만원이다》를 썼을 때는 만원 아니었어요. 틀렸어요"라고 농담을 했다. 이호철 작가가 "그때 1966년 서울 인구가 380만 명"이라고 웃으며 답했다. 강용식 자문위원장은 "충청도에 살다 보니 신행정수도에 눈물겹게 감사하다"고 소감을 말했다. 권용우 교수(서울시립대)는 "1978년 신행정수도 계획에 참가했는데 인구 분산은 못 하고 머리카락만 분산시켰다(탈모)"고 말해 좌중의 웃음을 자아냈다. 노 대통령은 마무리 발언에서 신행정수도에 큰 의미를 부여하며 "서울은 이대로 가면 관리 불능이 된다. 정책 결정자는 지방에 좀 살아 봐야 한다. 서울에 살면 분권적 시각을 갖기 어렵다. 상생의 지혜를 발휘해 전국 불균형을 서로 조정해야 한다. 서울에도 신행정수도 지지자가 있다. 신행정수도를 동북아 새 문화의 상징으로 만들자"고 열변을 토했다.

이어서 12시 오찬(1청사 국무위원 식당)에서 고건 총리는 "일본은 '국회 이전에 관한 법'을 만들고 30년 걸려 겨우 후보지 세 곳을 정했는데 우리나라는 속도가 빠르다"고 말했다. 나더러 축사를 하라고 하기에 "서울 인구가 100년 전에 20만이었는데 지금은 수도권 순유입 인구가

1년에 20만이니 신행정수도는 꼭 필요하다"고 말했다. 오후 2시 신행정수도추진위원회 현판식에 고건 총리, 김안제 위원장, 강용식 자문위원장, 강동석 건교부 장관, 김영주 경제수석과 내가 테이프를 끊었다.

6월 11일(금) 오후 3시, 신행정수도 후보지가 진천·음성, 천안, 연기, 논산의 네 곳으로 좁혀졌다는 보고가 있었다(집현실). 6월 15일에 발표 예정이고 평가위원회 심사 및 공청회를 거쳐 8월에 최종 확정한다고 했다. 6월 17일(목) 오전 10시, 영빈관에서 균형발전 5개년 계획 보고회가 열렸다. 대통령과 장관들이 참석했고, 16개 시도지사들이 참석했다. 이명박 서울시장 대신 원세훈 부시장이 참석했고, 손학규 경기지사는 참석했으나 계속 군은 얼굴로 이를 악물고 눈을 질끈 감고 앉아 있었다. 노 대통령은 "신행정수도, 균형발전, 지방분권은 수도권과 지방이 상생하는 길이고 하나의 패키지"라고 연설했다.

6월 29일(화) 오후 4시, 열린우리당 수도권 의원들의 균형발전 및 신행정수도 토론회가 열렸다. 영등포시장에 있는 창고 당사에 처음 가봤다. 천장에 난방 파이프가 지나가는 모습이, 과연 창고는 창고다. 김밥을 먹으며 7시 반까지 회의했다. 수도권 의원 78명 중 참석 신청은 44명, 실제 참석은 24명. 그것도 대개 잠시 앉아 성의만 보이고는 곧 자리를 떴다. 끝까지 남은 의원은 7~8명에 불과했다. 명색이 여당이면서도 강 건너 불 보듯 했다.

6월 30일(수) 오전, 롯데호텔 2층에서 4시간 동안 경제 5단체 초청 국정과제 설명회가 열렸는데 예상외 대성황이었다. 무려 700명이 신청해 선착순 500명으로 제한했다. 1부(문정인, 윤성식, 성경륭), 2부(김안제, 김용익, 고철환)로 나누고 내가 사회 겸 기조 발제를 맡았다. 신행정수도에 관한 질문이 제일 많아 모든 신문이 크게 보도했다. 중소기업의 어려움을 토로하며 "경제가 어려운데 무슨 수도 이전이냐"는 발언을 하는 기업가가 한두 명 있었는데 조중동은 이를 크게 부각, 보도했다.

관습헌법 위배 위헌 결정

7월 5일(월) 오전 7시, 신행정수도 입지 평가 보고에 노무현 대통령, 김안제, 권용우 평가위원장 등 10명이 참석했다(백악실). 연기·공주가 89점으로 1위, 공주·논산이 80점으로 2위, 천안 3위, 진천·음성이 4위로 나왔다. 반경 10킬로미터 이내는 2004년 1월 1일 공시지가로 보상한다고 했다. 인접 지역에 토지투기 대책이 필요하다고 내가 주장하니 강동석 건교부 장관이 동의했고, 노 대통령이 토지투기 대책을 마련하라고 지시했다.

10월 7일(목) 대전 토지공사 연수원에서 국정과제위원회 합동 워크숍을 가진 뒤 버스로 신행정수도 예정지 견학을 갔다. 부지 전체를 조망하기 위해 30분을 걸어 원수봉(250미터) 꼭대기에 올랐다. 가벼운 산책 코스라는데 생각보다 가파르고 힘들어 땀을 비 오듯 흘렸다. 산꼭대기에서 토지공사 박수홍 부장이 도면을 놓고 설명해 주는데 탁 트인 벌판이 아주 전망이 좋았다. 뒤에 원수봉, 전월산이 놓이고 앞에 금강이 흐르는 전형적인 배산임수背山臨水 지형으로서 서울 축소판 같은 느낌을 주었다. 안개가 끼어 계룡산은 보이지 않았다.

10월 21일(목) 헌법재판소가 신행정수도에 대해 '관습헌법' 위배라는 이유로 위헌 결정을 내렸다. 이날 오후 대통령 집무실에서 차별시정기구 관련 회의를 마친 뒤 노 대통령이 문재인 민정수석에게 헌재 결정을 어떻게 생각하는지 물었다. 문 수석이 머리가 참 좋다고 답하니 노 대통령이 "나도 처음 든 생각이 '머리가 참 좋구나'였어요"라고 말했다. 내가 상식적으로 납득이 가지 않는 결정이라고 말하니 노 대통령은 "헌재에 의한 쿠데타"라고 말했다. 곧이어 열린 국정과제위원회 비서관 회의의 분위기는 무거웠다. 이춘희 신행정수도추진 부단장(나중에 초대 세종시장)은 실업대책위원회를 만들어야겠다고 농담을 했다.

10월 22일(금) 하루 종일 국회 운영위 국감에 출석했다. 주로 김우식 비서실장과 김병준 정책실장에게 질문이 쏟아졌다. 김우식 실장에게 어제 헌재 결정에 승복하는지 물으니 "법적 효력을 누가 부정하겠습니까"라고 모범적인 답을 했다. 나는 옆에 앉아서 혹시 나한테 질문하면 이렇게 답하려고 생각했다. "관습헌법이란 말은 처음 들어 봅니다. 얼마나 논리가 궁하면 관습헌법을 들고나오겠습니까. 수긍할 수 없습니다." 아쉽게도 아무도 나한테 그 질문을 하지 않아 발언을 못 했다.

납득할 수 없는 헌재의 위헌 결정으로 세종시는 행정중심복합도시로 축소되어 반쪽 신행정수도가 됐다. 현재 행정부는 세종시에, 대통령과 국회는 서울에 있어 시간과 노력의 낭비 및 행정 비효율이 크다. 수도 이전은 미래에 대통령과 국회가 모두 세종시로 가야 완성될 미완의 과제로 남아 있다.

기록광 김안제

2004년 1월 27일(화) 12시 반, 신행정수도추진위원회와 정책기획위원
회가 매생이탕으로 점심 회식을 했다(신안촌). 김안제 신행정수도추진위
원장의 재미있는 이야기를 들었다. 김 위원장은 어릴 때부터 모든 것을
기록하고 보관하는 습관을 평생 유지해 왔다. 초등학교 통지표부터 영
화관 입장권, 본인이 받은 각종 임명장 등 모든 인쇄물을 보관해 왔다.
거기에다가 평생 일기를 매일 써서 웬만한 것은 다 기록이 돼 있다. 심
지어 몇 월 며칠 누구, 누구와 내기 골프를 쳤는데 기록은 각자 얼마이
며 누가 돈을 얼마 땄는지 이런 것도 다 기록돼 있다. 최근 영국의 기네
스북에서 심사하겠다고 영어 번역을 요구해 왔는데, 번역 비용은 자비
부담이라 해서 2000페이지짜리 자료집의 번역을 포기했다고 한다.

몇 년 전 한솔제지에서 종이 박물관을 만든다고 김 위원장이 평생 모
은 자료를 달라고 부탁했다. 고민 끝에 주기로 결정해 온갖 기록을 몽땅
싣고 갔는데 3톤 트럭 한 대 분량이었다. 트럭이 집을 떠날 때 김 위원
장은 땅바닥에 주저앉아 대성통곡했고, 부인은 기뻐서 만세를 불렀다.
부인은 너무 기분이 좋아서 짐을 싣는 인부들을 친절히 대접했다. 전주
의 종이 박물관 2층 전체가 김안제 자료실이다. 다른 사람들은 대개 종
이 한두 장을 보관한다. 예를 들어 작가 박경리는 《토지》 원고 한 장을
진열하는 식이다. 그 뒤 문경 사람 누군가가 종이 박물관에 와서 구경하
다가 자료의 주인인 김안제 위원장이 문경 사람인 걸 알고는 문경시장
에게 항의했다고 한다. 그때 문경시장은 김 위원장의 학교 2년 선배인
데 문경으로 자료를 옮기자고 요구하기에 안 된다고 대답했다. "내 자료
를 잘 보관해 줄 곳에 맡겨야지, 문경에는 시설이 없어 안 된다"고 했다.

문경시장이 화가 나서 "자료를 문경에 주든지 아니면 호적을 파서 전주로 옮겨라"고 했는데 "호적을 옮기면 옮겼지, 자료는 못 준다"고 단호하게 대답했다. 얼마나 기록과 자료에 애착이 많은지를 알 수 있다.

2004년 4월 12일(월) 오후 3~6시, 3층 국제회의실에서 국정과제 설명회가 열렸다. 내가 사회를 보고 김우식 비서실장이 인사말을 했다. 10명의 위원장이 참석해 설명했다. 대개 또박또박 교재를 읽는 식으로 설명하는데, 김병준 정부혁신위원장은 교재를 무시하고 알기 쉽게 설명하기에 내가 칭찬해 주었다. 그다음 순서는 김안제 신행정수도추진위원장. "정부혁신위는 설명 시간이 20분인데 신행정수도는 8분밖에 안 준다. 좋다. 원래 일 잘하는 사람은 별로 할 말이 없는 법이다. 얼마 전에 과천 정부청사에 갔다가 국장으로 있는 제자를 만났더니 다짜고짜 '도대체 수도 이전하긴 하는 겁니까?' 하고 무례하게 묻고는 휭 가 버리더라. 그래서 내가 이렇게 답해 주고 싶었다. '서부 전선 이상 없다.'" 좌중의 폭소가 터졌다. 이런 게 김안제 스타일이다.

2004년 8월 27일(금) 김안제 신행정수도추진위원장이 사표를 내서 위로차 방문했다. 김 위원장은 신행정수도 입지도 정하고 해서 자의로 사표를 냈는데 노 대통령이 놀라더라고 이야기했다. 그러나 그것보다는 "북한의 남침 시 '애치슨 라인Acheson line'" 운운한 게 서울 시민들의 불안 심리를 자극했다는 것이 사임 이유다. 평소 매우 명랑하고 유머를 잘하는 김 위원장이 농담 삼아 한 말이 예상외로 예민한 반응을 불러일으켰다. 선진국에서는 농담, 유머를 그냥 웃어넘기는데 우리는 자칫하면 설화로 비화해 낙마하니 이래서야 되겠나. 우리도 보다 여유와 아량을 가질 필요가 있다. 노 대통령도 그 뒤 "김안제 위원장이 괜히 애치슨 라인 운운하다가 그만두게 돼 매우 아깝다"고 말했다. 김 위원장은 사표를 내고도 여전히 명랑하고 밝은 표정이었다. 밖에 나가서도 계속 참여정부를 돕겠다고 말했다. 사무실 벽에 붓글씨가 여러 개 걸려 있었다. 호가 '초범超凡'인데 전국서화협회 회장이라고 해서 놀랐다. 대단히 재주가 많고 늘 주위 사람들을 즐겁게 해 주는 분과 헤어져서 매우 섭섭했다. 최근 부패방지위원장 이남주, 금감위 부위원장 이동걸에 이어 김안제 위원장도 사표를 내어 내 마음이 허전하고 뒤숭숭했다.

44. 획기적 교육개혁과 4경로 입시제도

○
●

2003년 6월 16일(월) 오후 4시, 교육혁신위원장 후보인 전성은 거창고 교장이 청와대에 나타났다. 젊을 때 거창고 교사를 했던 정찬용 인사보좌관, 조재희 비서관과 함께 대통령 면담을 했다. 입시제도, 지방대 육성, 서울대 폐교론, 교육 '성골' 등이 화제에 올랐는데 노 대통령이 나를 보고 "정책실장은 경북고, 서울대를 나왔으니 성골이네요"라고 농담을 했다. 나는 한국에서 대학 서열 타파, 대학 평준화가 필요하다고 주장했다.

교육혁신의 난제들

7월 31일(목) 오후 2시 반, 세종실에서 교육혁신위 위촉장 수여 및 첫 회의가 열렸다. 노 대통령이 교육의 중요성을 강조하며 많은 이야기를 했다. 1998년 교육위 소속 국회의원으로 활동했던 이야기, 윤덕홍 교육부 장관이 대구 출신에 비주류라 초장에 고생했던 이야기, 국민이 신뢰하고 안도할 수 있는 위원회가 되어 달라는 부탁 등 40분이나 발언하다가 전성은 위원장의 제지를 받았다. 신윤표 한남대 총장이 박정희 새마을운동을 찬양하는 등 시대착오적 이야기를 길게 했는데, 전성은 위원장의 제지도 무시하고 계속 발언하다가 대통령이 제지해 비로소 중단했다.

고병헌 교수(성공회대)가 OECD에서는 평생학습을 강조한다면서 광명시평생학습원을 운영한 경험을 이야기했다. 혜택이 하위 30%에는 닿지 않는데 교육, 문화, 복지가 같이 가야 한다고 주장했다. 김회수(전남대 교육학과) 교수가 이런 인상적인 말을 했다. "대학 입학 시에는 90여 개 학과가 있는데 졸업할 때는 국어, 영어, 상식 3개밖에 없다. 공무원 및 기업체 인력 선발 방식을 바꾸어야 한다. 그러면 대학교육의 내용도 달라질 것이다." 그러자 노 대통령이 "기업에서 다른 채용 방법이 없는 것 아닌가. 대통령이 만일 입사 시험 방법을 바꾸면 사흘 만에 쫓겨날 것이다"라고 말했다. 이재강 공군 기술고 교장(공군 대령)은 실업계 고교의 문제점을 이야기했다. "학생 비중의 3분의 1을 차지하는 실업계가 진학 준비에 집중해서 파행적으로 운영한다. 대기업은 이들의 채용을 기피하는데, 문을 열어야 한다. 중소기업은 학생들이 기피한다. 산학연 협력을 통해 직업교육의 효율성을 높여야 한다"고 중요한 문제를 제기했다. 김민남 선임위원(경북대 교육학과 교수)은 "교육에 경쟁이 필요하긴 하지만 지나치게 격화되어 있다. 고통을 경감시킬 방안을 찾아야 한다"고 발언했다.

노 대통령이 긴 마무리 발언을 했다. "입시제도를 국영수만으로 뽑는 건 좋지 않다. 대학 서열화는 문제다. 대학교육은 왜 개방이 안 되

나. 경쟁 원리를 도입하면 교수 모욕인가? 평가가 있어야 하는데 평가
하면 알레르기 반응을 보인다. 정보화 시대는 1등이 독식하는 시대다.
한국 IBM 직원 3000명 중 핵심 인력은 15명이라고 하더라. 천재를 인
정해야 하고 하향 평준화는 곤란하다. 영재 교육이 필요하다. 사람들이
주택 등 다른 불평등은 참을 수 있으나 교육 불평등은 못 참는다."

　교육혁신위로 자리를 옮겨 현판식 및 첫 회의를 가졌다. 단기보다
중장기 전략 수립에 집중하고, 인재 양성이 필요하나 그늘에서 소외되
는 사람 없이 함께 가며, 4개 분과로 나누어 각각 상근 간사를 두기로
합의했다. 학교교육(김민남), 고등교육(김회수), 직업교육(이재강), 교육
분권·자치(간사 미정). 지난 두 달간 교육혁신위는 대구, 진주, 거창, 광
주, 서울에서 회의를 거듭해 왔다. 보통 서너 시간, 어떨 때는 1박 2일
동안 회의를 했다고 하니 열성이 대단하다. 새 위원회는 근본적 개혁
을 해내겠다는 의욕에 불타고 있었다.

　12월 1일(월) 오후 3시, 집현실에서 교육혁신 방안에 대한 대통령 보
고가 있었다. 전성은 위원장이 사회를 봤고 김민남 선임위원(경북대 교
수)이 보고를 했다. 첫째, 종래 한 줄 경쟁에서 여러 줄 경쟁으로 가기
위해 4개의 경로별 입시로 간다. 둘째, 학교교육을 관리 통제에서 지원
행정으로 바꾼다. 윤덕홍 장관, 이종재 교육개발원장, 교육부 간부 3인,
청와대 참모들이 토론자로 참석했다. 윤덕홍 장관은 "전체 방향은 옳
고 좋은 비전을 제시했다. 아직 추상적인데 보다 구체화할 필요가 있
다. 다만 공동 학위는 평준화인데 경쟁력이 있을까 의문이다"고 대체
로 긍정적으로 논평했다. 권오규 정책수석이 세계화 시대에 지방화로
가는 것은 방향이 틀렸다고 교육혁신위의 안을 비판하자 이종재 교육
개발원장과 교육부 간부들도 동조했다. 그러나 노 대통령이 지방화는

맞다면서 다만 지방 명문고 부활, 파벌 형성의 부작용이 나타날 것을 우려했다. 내가 나서서 4개의 경로별 입시 방안을 적극 지지하는 발언을 했다. 특히 내신 중심으로 뽑으면 지방을 살리고 학생들의 고통을 줄일 거라고 했다. 이종재 교육개발원장과 정기언 교육부 차관보는 대학 서열을 타파하면 하향 평준화가 된다고 반대했다.

조금 뒤 관저에서 김병준 정부혁신위원장과 셋이서 저녁 식사를 하면서 노 대통령이 나를 보고 "내가 아까 너무 심하게 교육혁신위를 비판했나요?"라고 물었다. "아닙니다. 대통령이 교육혁신위 안을 상당 부분 수용했기 때문에 결과가 괜찮다고, 아까 회의 직후 제가 교육혁신위에 얘기했습니다. 그리고 내신 중심으로 가면 대통령이 걱정하는 명문고 부활 가능성은 거의 없습니다"라고 답했다. 그러자 노 대통령은 내신 중심을 찬성하면서 단, 현재 내신은 문제가 있어 개선해야 한다기에 나도 동의하면서 고등학교에서 '수'를 남발하는 문제는 시정해야 한다고 했다. 나는 내신이 수능보다 대학 학업 성취도와 더 높은 상관관계가 있고 명분도 있다고 주장했다. 이와 같이 교육혁신위의 1차 데뷔는 상당히 성공적이었다. 몇 달의 준비 끝에 꽤 개혁적인 방안을 내놓았고 대통령의 반응도 좋았다. 그러나 교육혁신은 쉽지 않았다. 그 뒤 일이 꼬이기 시작했다.

경로별 입시제도의 향방

12월 9일(화) 오전 9시 반, 교육부에서 교육혁신 토론회가 열렸다. 김영식 교육부 실장의 보고에 이어 토론이 있었다. 전풍자 위원은 경쟁

노무현과 함께한 1000일

을 강조하면서 대학 서열 타파를 사회주의적 발상이라고 공격했다. 심지어 기부금 입학을 찬성할 정도로 심한 시장 만능주의에 기울어 있었다. 홍훈(연세대 경제학과) 교수가 반박하면서 대학 서열 타파 없이 다른 방안은 다 실패할 거라고 했다. 홍 교수는 공교육 내실화, 사교육비 인하와 대학 서열 타파를 동시에 병행 추진해야 한다고 주장했다. 김신일(서울대 교육학과) 교수는 첫째, 종래 정규 대학 중심에서, 영국 등 여러 나라에서 시도하듯 대학 외 고등교육기관의 학력인증제도로 갈 것과 둘째, 현재의 대학 중심 대입 선발을 고교 졸업 자격 고사로 바꾸어 고등학교를 대학의 지배에서 해방시켜야 한다고 주장했다. 그러나 김회수(전남대 교육학과) 교수는 고교 학력고사를 도입하면 중학교부터 과외를 할 것이므로 위험하다고 반대했다. 그는 현재의 '내신+수능'에 반대하며 '내신 또는 수능'이 돼야 한다고 정곡을 찌르는 주장을 했다.

12월 11일(목) 오후 5~7시, 사교육비 대책 토론이 속개됐다. 김영식, 김민남, 김회수, 김성진, 신봉호, 박백범, 홍영만이 참석해 대입제도를 토론했다. 2008년 대입부터 혁신위가 주장하는 경로별 입시 방안을 도입키로 합의했다. 4경로(내신 50%, 수능 20~30%, 직업 학교 10%, 사회통합 10%)로 학생을 선발하는 획기적 개혁안에 합의해 모두 만족했다. 이것은 대한민국 교육의 틀을 뿌리째 바꿀 근본적 개혁안이다.

12월 12일(금) 오전 9시, 집현실에서 사교육비 경감 대책회의가 있었다. 윤덕홍 장관이 사회를 보는 가운데 김영식 실장이 보고하는데, 어? 어제 합의한 4경로 입시제도가 빠져 있다. 전성은 위원장이 그것을 강조할 줄 알았는데 다른 얘기만 했다. 노 대통령은 방과 후 일류 강사를 학교에 초빙해 하는 과외와 사이버 교육에 관심을 보이며 적극 지지했다. 방과 후 과외는 시골이 불리하다는 주장(박봉흠 장관과 이재강 교육혁신위원)이 일리 있었는데도 대통령을 설득하지는 못했다. 원래는 나흘 뒤(16일)에 최종 보고할 예정이었으나 계획을 바꾸어 그날 대학입시제도 토론을 한 차례 더 하기로 했다. 그때 경로별 입시를 내걸 기회는 아직 살아 있지만 교육부가 어제 합의해 놓고 오늘 빼 버린 것이 매우 수상하다.

45. 교사별 평가 대 교과별 평가

○
●

2004년 1월 9일(금) 윤덕홍 장관의 후임 안
병영 교육부 장관 상견례 겸 오찬에 박봉흠 정책실장, 김병준 정부혁
신위원장, 성경륭 균형발전위원장과 함께 참석했다(호경원). 김병준 위
원장이 "교육혁신위는 일부 상임위원들 중 강경파가 문제다. 그중 한
명은 전교조 활동을 하다가 들어왔다"고 비난했다. 안병영 장관은 "혁
신위 안을 보니 몇 년 전 5·31 대책보다 한 걸음도 더 나간 것이 없어
실망스럽더라"고 하기에 내가 혁신위를 옹호했다. "혁신위가 내놓은
경로별 입시는 아주 혁신적이며 미래 한국 교육의 희망이다. 서울대도
그 방향으로 가려고 한다." 안 장관이 "문제는 대학에 그것을 강제할 수
없다는 것"이라고 하기에 내가 "강요는 못 해도 각종 인센티브로 권장
할 수 있다"고 답했다. 안 장관에게 "어쨌든 교육부 공무원들에게 혁신
위와 잘 협의하라고 말해 주세요. 저도 혁신위에 교육부와 잘 협의하
라고 하겠습니다"고 하니 안 장관은 "물론이지요" 하며 헤어졌다. 안 장
관은 작년 연세대에서 열린 세미나에서 참여정부를 비난했다는 소문

을 들었기 때문에 속으로 좀 걱정이 됐다. 그러나 몇 년 전 김영삼 정부에서 교육부 장관을 할 때는 상당히 참신하고 개혁적이었다. 나도 좋은 인상을 받아 당시 안 장관이 강연차 경북대에 왔을 때 참석해 인사를 나누었다. 다시 등판한 안병영 장관이 과연 교육혁신을 해낼까? 기대 반, 걱정 반이었다.

경로별 입시제도의 도입

2월 12일(목) 안병영 장관, 전성은 교육혁신위원장과 조찬을 했다. 2008년 입시에 경로별 입시를 도입하고, 내신을 중시한다는 원칙에 합의했다. 듣고 보니 두 사람은 과거에 좋은 인연이 있었다. 안병영 교육부 장관이 1996년쯤 거창고를 방문한 적이 있는데 기숙사 시설이 너무 형편없어 리모델링 지원을 약속하고 갔다. 그래서 공문을 올렸더니 경남교육청에서 묵살했다. 몇 년이 지나 2003년 전성은 교장이 교육부 장관 물망에 오르니 경남교육청에서 다시 공문을 보내라고 했는데 장관이 안 되자 또 묵살하더란다. 참으로 약삭빠르고 비겁한 처세술이다. 안 장관은 "전성은 위원장과 교육을 보는 눈이 거의 비슷하다. 앞으로 잘 협력합시다"라고 말했다. 나는 교육혁신이 잘되겠구나 하는 큰 희망을 안고 사무실로 돌아왔다.

이날 오후 3시 반, 집현실에서 사교육비 경감 대책회의가 열렸다. 교육부 김영식 실장이 10대 과제를 보고했다. 이러닝e-learning 등 단기 과제, 교사 평가 등 중기 과제, 그리고 학벌사회 타파 등 장기 과제로 나누어 설명했다. 노 대통령이 "이대로 발표해도 좋을지 확신이 서지 않는다. 너무 다양하고 복잡하다. 중요한 것 몇 가지만 내걸고, 중기보다 이러닝 등 단기 대책을 앞세워야 하지 않겠나'라고 제동을 걸었다. 안병영 장관이 자신 있으니 이대로 발표하게 해 달라고 서너 차례 호소했고 이종재 교육개발원장과 김영식, 이수일 실장이 지원 발언을 했다. 그래도 노 대통령은 교사 평가가 가져올 분란을 걱정하며 요지부동이었다. 안 되겠다 싶어 내가 나섰다. "경로별 입시는 옳은 방향이다. 선진국 대학들은 그런 식으로 학생을 뽑고 있고, 교육부와 교육혁신위가 열 차례 회의해서 합의됐다. 2008년에 갑자기 바꿀 수는 없으니 3년 정도 점진적으로 새 체제에 접근해 가야 한다. 경로별 입시로 가고, 내신 비중을 높이고, 교사의 재량과 권한을 확대해야 한다. 교사의 책임이 높아지므로 교사 평가가 필요하다고 설득하면 교사들도 수용할 것이다. 동시에 내신 신뢰를 높이기 위해 성적 부풀리기, 수행 평가 문제점을 개선하겠다고 발표하자." 그러자 노 대통령이 입장을 바꾸었다. "경로별 입시는 교육부, 교육혁신위, 정책기획위원장이 합의했다고 하니 그렇게 가고, 발표 내용은 단기 먼저, 중기는 뒤로 돌려서 발표하라." 회의를 마치고 안병영 장관이 내게 감사 표시를 했다. 노 대통령이 참석자들과 한 명씩 악수하다가 김민남 교수에게 "부산에서 오셨습니까?"라고 물으니 김민남 교수가 "대구에서 왔습니다"라고 답했다. 아! 드디어 2008년부터 경로별 입시가 도입된다. 김민남 교수와 함께 기쁨을 나누었다.

이날 오후 6시 반, 관저에서 《중앙일보》 회견 준비회의가 열렸다. 김재홍, 김호기 교수, 권오규, 이병완 등 12인이 참석했다. 노 대통령이 말했다. "나는 앉아서는 글을 한 페이지도 못 쓰는데 사람들 만나서 이야기하다 보면 생각이 잘 정리된다." 대통령에게 아까 김민남 교수는 경북대 교육학과 교수라고 설명하니 노 대통령이 "동아대 교수 아닌가요?"라고 물었다. 균형발전위원 동아대 김민남 교수와 혼동하는 것 같았다. 노 대통령이 웃으며 "그러면 한 명은 김만남으로 하든지"라고 농담을 했다. 노 대통령은 늘 장난기와 유머가 많았다. 내가 말했다. "경북대 김민남 교수는 제가 가장 존경하는 아주 양심적이고 훌륭한 분입니다."

6월 2일(수) 오후 6시 반, 안병영 장관과 삼청동 용수산에서 식사를 했다. 안 장관이 교육혁신위 전성은 위원장과는 아무 문제가 없으나 김민남 등 몇몇 위원이 문제라고 말했다. 특히 김민남 선임위원은 국립대 공동학위제, 교육 이력철, 교육자치 등을 주장하는 과격하고 이상한 사람이라고 했다. 내가 보기엔 다 필요한 개혁인데 개혁을 싫어하는 교육부 관료들 말만 듣고 장관이 잘못 판단하는구나 싶었다. 내가 "김민남 교수는 경북대에서 오랜 세월 겪어 봤는데 아주 양심적이고 개혁적인 인물입니다. 아무 문제없습니다"라고 했다. 안 장관이 "아, 그렇습니까? 그러면 안심입니다"라고 답했다. 그러나 문제는 남아 있었다.

교과별 평가에서 교사별 평가로

8월 18일(수) 오후 대통령에게 보고했다. "내일 새 대입제도 토론이 있는데 수능 비중을 낮추고 내신을 높이는 것은 옳은 방향입니다. 다만 수능 등급을 5개, 9개, 15개 중 어느 쪽으로 할지 의견 대립이 있습니다. 서울대 3대 천재로 불리는 제 은사 임종철 교수에 의하면 서울대는

4등급 중 상위 1등급(25%)이면 충분히 가르칠 수 있다고 합니다. 그래서 장차 5등급을 지향하되 우선 9등급 정도가 좋겠습니다." 노 대통령이 "그게 좋겠다"고 바로 동의했다(당시 세칭 일류대와 교육부는 15등급 세분을 주장하고 있었다. 알짜만 쏙 빼 가겠다는 의도다).

8월 19일(목) 오후 3시, 세종실에서 2008년 대입제도 회의가 열렸다. 내신과 수능을 상대평가해 9개 등급으로 나누기로 정했다. 교사별 평가를 주장하는 교육혁신위와 종래 방식대로 교과별 평가를 주장하는 교육부, 민경찬 교수(연세대) 사이에 첨예한 의견 대립이 발생했다. 노 대통령은 처음에는 교사별 평가를 지지했는데, 안병영 장관이 강하게 반대하자 그럼 부총리와 의논해서 결정하겠다고 후퇴했다. 강승규, 김정금, 이재강 세 위원이 여러 차례 발언하며 교사별 평가를 주장했지만 대통령이 수용하지 않았다. 이것 빼고는 다 합의에 도달했다.

교사별 평가는 교사가 각자 교육 프로그램을 짜고 독자적으로 학생들을 가르치고 평가하는 방식이며, 그 반대인 교과별 평가는 여러 교사가 가르친 내용에서 공통 문제(주로 객관식)를 출제해 학생들을 평가하는 방식이다. 교사별 평가를 하면 창의적, 혁신적 수업이 가능하며 학원 과외가 발붙일 여지가 적다. 선진국은 교사별 평가를 하는 반면 한국은 교과별 평가를 고수하고 있어 학원 과외, 일타 강사에게 절호의 먹잇감을 제공한다.

8월 25일(수) 오전, 대통령에게 건의했다. "지난주 대입제도 회의 때 미결 사항인 교사별 평가 대 교과별 평가 문제를 우선 교과별 평가를 하되 몇 년 뒤 교사별 평가로 간다고 예고하면 양자 절충이 가능하지 않겠습니까." 노 대통령이 즉각 동의했다. 총리에게 이야기하니 이해찬 총리도 "그렇게 전환하는 데 5년 정도 걸릴 것이고 대학도 준비가 필요하고…" 하며 바로 동의했다. 안병영 장관에게 전화하니 내일 발표인데 준비가 부족하다, 반론도 많다며 난색을 표했다. 대통령 뜻인데도 자꾸 튕겨 냈다. 나중에 전화가 와서 '장기적으로' 교사별 평가 도입 구절을 넣겠다고 하기에 "관가에서 '장기'는 안 하겠다는 뜻이니 '중장기'로 고쳐 달라"고 요청해 그리 정했다. 전성은 위원장에게 알려 주니 아주 기뻐했다. 교사별 평가라는 개혁을 위해 일조해 큰 보람을 느꼈다. 그러나 교육혁신은 결코 쉽지 않았다. 계속 장애물이 나타났다.

46. 무산된 교육혁신,
최악의 결과를 맞다

○
●

2004년 8월 26일(목) 지역혁신 토론회 참석
차 제주로 가는 비행기 안에서 천호선 비서관이 오더니 대통령이 문재
인 수석과 나를 찾는다고 해서 앞 칸으로 갔다. 입시제도를 의논하러
부른 것이었다. 노 대통령이 "이번 대입제도 안은 교육혁신위와 교육
부가 잘 협의해서 만든 거 아닙니까?" 묻기에 내가 답했다. "예, 그렇습
니다. 처음에는 양자 간 의견 차가 컸는데 수없이 협의한 끝에 중간쯤
합의해 만든 안입니다. 그리고 어제 교사별 평가를 중장기적으로 도입
한다는 표현을 넣어 달라고 안 장관에게 요청했더니 처음에는 난색을
표하다가 결국 넣었습니다. 이해찬 총리도 찬성하면서 한 5년 준비하
면 가능할 거라고 합니다." 노 대통령이 "아, 그 문제를 놓칠 뻔했는데
잘 챙겨 줘 고맙습니다. 교과별 평가보다 교사별 평가가 옳은 방향 아
니겠습니까. 다양성, 창의성을 살리는 교육이 가능하니까요"라고 말했
다. 문재인 수석도 동의했다. 내가 "지금처럼 교과별 평가를 하면 과외
가 위력을 발휘하고, 여러 교사 중 제일 농땡이 교사가 가르친 범위에

서 출제하게 되므로 열성을 갖고 가르치는 교사들의 사기를 죽이게 됩니다. 교사별 평가가 확실히 더 좋은 방법입니다"라고 덧붙였다.

수능 9등급 문제도 화제에 올랐다. 노 대통령이 말했다. "9등급은 좋은데, 하려면 그냥 9분의 1씩 자르면 될 텐데 무슨 4%, 7%로 복잡하게 하느냐. 결국 일류대에 봉사하겠다는 것"이라고 말하니 문재인 수석도 동감을 표시했다. 내가 이렇게 말했다. "스카이sky 대학이 웬만한 수준이면 입학시켜 잘 키울 생각을 해야 하는데 욕심을 부리는 게 문제입니다. 알짜 중의 알짜만 뽑아 가겠다는 욕심에서 1등급을 4%로 최소화하자는 주장을 합니다. 논술, 면접 그런 것도 사실 다 필요 없고 과외만 부추길 뿐입니다. 교육부는 4%, 7%가 교육 이론에 있다고 주장하는데 교육학자에게 물어보니 아니라고 합니다. 지나친 변별력에서 벗어나는 게 과외 줄이기의 핵심입니다." 이런 대화를 주고받는 사이에 비행기가 제주공항에 도착했다.

대입제도 공청회 결과 보고

8월 27일(금) 정오, 안병영 장관과 점심 식사를 했다. 안 장관이 "김민남 교수는 사람은 참 양심적이고 좋은 분인데 정책 마인드가 없어서 참 힘들다. 전성은 위원장과는 아무 문제없다"고 했다. 장관이 계속 이런 이야기를 하는 걸 보니 교육부 관료들의 개혁파 솎아 내기가 참으로 집요하구나 싶었다. 정책 마인드가 없는 게 아니고 정책 철학이 다른 것이다. 양심적인 김민남 선임위원은 깨끗이 사표를 던졌다. 그러면서 개혁이 좌초했다.

노무현과 함께한 1000일

9월 14일(화) 오전 10시, 최병선 신행정수도위원장 임명장 수여식을 마치고 차를 한잔하면서 노 대통령이 말했다. "전임 김안제 위원장은 참 아깝다. 쓸데없이 6·25 직전 애치슨 라인을 연상시키는 '방어선' 운운해서 서울 시민들을 불안케 하는 바람에 낙마했다. 그리고 윤덕홍 장관도 아깝다. 운이 없어서 나이스NEIS 때문에…."

9월 30일(목) 오전 9시 반, 집현실에서 열린 수석회의에서 이원덕 사회수석이 2008년 대입제도 공청회 결과를 보고하자 노 대통령은 "내신 중심 기조로 가고 논술, 면접은 학교교육 중심으로 출제해 과외가 필요 없도록 유도해야 한다"고 말했다. 내가 "각 대학이 논술, 면접을 강화하면 2008년 입시제도와 모순이다. 대학은 지나친 변별력 요구를 자제해야 하고, 논술과 면접은 장차 없애는 것이 옳다"고 주장했다. 문재인 수석이 "대학이 논술, 면접을 통해 내신의 변별력을 무력화하고 실질적으로 고교등급제 효과를 노린다"고 비판했다. 노 대통령은 "내신 비중을 높이는 것이 옳고, 9등급 정도면 변별력은 충분하지만 대학에 입시 자율권을 주는 게 옳다는 국민 공감대가 있어 논술과 면접을 없애기가 쉽지 않다. 앞으로 연구 검토하자"고 결론을 내렸다.

무산된 교육개혁

10월 25일(월) 오후 5시 10분에서 7시 20분까지 총리 공관에서 2008년 대입 수능 9등급 중 1등급의 두께를 정하는 회의가 열렸다. 이해찬 총리, 한덕수 국무조정실장, 이기우 총리 비서실장, 교육부에서는 안병영 장관, 김영식 차관, 이수일 학교정책실장, 이종갑 대학지원국장, 그리고 전성은 위원장, 박도순 교수, 청와대에서는 문재인, 이원덕과 내가 참석했고, 열린우리당 정봉주 의원이 이례적으로 참석했다. 전성은 위원장이 평소 스타일과 달리 강하게 '1등급 4%'를 반대했다. 박도순 교수도 의외로 강하게 7%를 주장했다. 문재인 수석이 지방 거점 국립대에도 1등급이 갈 수 있도록 7%로 하자고 주장했다. 정봉주 의원이 국영수 세 과목 모두 1등급 받는 수험생은 5000명에 불과해 너무 적다면서 7%를 강하게 주장했다. 국회 교육위 소속 열린우리당 의원 9명 중 조배숙 의원 한 명만 빼고 몽땅 7%를 지지한다고 덧붙였다. 나는 참석자 중 유일하게 1등급 11%(9분의 1 균분)를 주장했다. 서울대 임종철 교수의 4등급 중 1등급(상위 25%)이면 충분하다는 주장을 인용했다. 1등급을 작게 정할수록 과외가 늘어날 것이니 크게 잡아야 한다고 주장했다. 반대로 안병영 장관, 김영식 차관, 이수일 학교정책실장, 이기우 총리 비서실장 모두 1등급 4%를 주장했다. 이해찬 총리는 안 장관 입장 지지를 표명하고는 다른 약속이 있어 일찍 자리를 떴다. 결국 교육부와 총리실이 4%, 청와대와 국회가 7%의 대결이 됐다.

총리가 나간 뒤 얼마 안 돼 이원덕 사회수석이 중립을 선언하면서 이렇게 말했다. "4%, 11%는 논리적으로 근거가 있지만 7%는 근거가 약하다. 이 문제는 부총리가 책임지고 결정하시라." 그러자 안병영 장관이 이렇게 말했다. "더 이상 능력도 없고 기력도 없고… 이것밖에 할 이야기가 없습니다" 하더니 인사도 없이 벌떡 일어서 나가면서 "이 수석, 나 좀 봅시다"라고 했다. 모두들 장관이 갑자기 왜 저러나 의아해서 쳐다보고 있었다. 조금 뒤 돌아온 이원덕 수석이 말하기를 안 장관이 미리 써 온 사표를 주기에 놀라서 만류했는데 기어코 찔러주고 가버렸다고 한다. 장관이 나한테도 불만이 많더라고 했다. 안병영 장관은 윤덕홍 장관 후임으로 온 지 1년 1개월 만에 이렇게 사퇴했다. 안 장관은 평소 온화하고 합리적이지만 때로는 대화, 타협하기 어려웠다. 나라를 위해 더 좋은 방안을 찾는 과정에 의견 차이가 있는 것인데 그런 것을 못 견뎌 하는 것 같았다.

이런 우여곡절 끝에 2008년 대입제도에서 교육혁신위가 제안했던 경로별 입시, 교사별 평가, 교육 이력철 같은 개혁적 제안이 죄다 무산됐다. 교육혁신위가 내신 중시, 경로별 입시, 교사별 평가, 교육 이력철 도입을 목표로 하다 보니 자연히 수능 비중을 낮출 필요가 있어 수능을 점수제에서 등급제로 바꾸었다. 그런데 교육혁신위의 개혁적 제안을 교육부가 몽땅 거부하면서 다만 수능 등급제만 수용해 논리적으로 앞뒤가 맞지 않는 최악의 결말이 됐다. 이럴 바에야 차라리 예전의 점수제가 낫다. 당시 서울대 경제학부 이준구 교수가 수능 등급제를 비판하며 점수제가 낫다는 글을 써서 큰 사회적 반향을 불러일으켰는데 이 교수 말이 맞다. 그런데 수능 등급제를 구태여 도입하려 한 배후의 의도(경로별 입시, 교사별 평가, 교육 이력철)를 생각하면 그 이유를 이해할 수 있다. 결과적으로 진짜 중요한 개혁을 교육부가 몽땅 집어던지고 한갓 부속품에 불과한 수능 등급제만 받아들인 것이다. 수능 1등급 두께도 교육부가 원하는 대로 4%로 갔다. 이것은 일류대의 엘리트주의에 봉사하고 과외를 부추기는 명백한 실패다. 결국 일류대의 이기주의와 교육부의 보수주의가 우리나라 교육개혁의 장애물이다.

안병영 장관은 사표를 던지면서까지 교육부 관료들의 입장을 관철시켰다. 김영삼 정부 때 안 장관은 개혁적이었으나 참여정부 때는 왜 달라졌는지 알 수 없다. 윤덕홍 장관이 계속 자리를 지켰더라면 교육혁신위의 개혁적 입시제도가 탄생했을 가능성이 매우 컸다. 그래서 나이스 파동으로 장관을 흔들었던 전교조가 원망스럽다. 참여정부의 교육혁신위는 큰 뜻을 품고 우리나라 역사상 최초로 올바른 개혁 방향을 잡았으나 허망한 좌절로 끝났고, 그 선봉장이었던 김민남 교수는 억울하게 밀려났다. 다음에 들어설 진보 정부는 참여정부의 실패를 거울삼아 전차前車의 복철覆轍을 밟지 않기 바란다.

47. 국가를 개조할 것처럼
정부를 혁신하라

○
●

2003년 3월 6일(목) 청와대 국정상황실 직
원 30명과 회식을 했다. 신문 가판 문제가 화제에 올랐다. 상황실이 매
일 언론을 점검하기 때문에 각 부처에서 언론에 신경을 많이 쓴다고
한다. 공무원들의 업무를 방해하는 소위 4적이 있는데 감사원, 야당,
언론, 청와대라고 한다. 예컨대 교육부가 나이스NEIS 문제를 청와대에
보고하는 부서가 네댓 군데나 된다고 하니 얼마나 불합리하고 낭비적
인가.

정부혁신의 청사진

4월 17일(목) 오전, 정부혁신·지방분권위원회의 첫 대통령 보고가 있
었다. 윤성식 교수의 '정부개혁 추진전략과 계획' 주제 발표가 있었고
위원회는 행정개혁(정용덕), 재정·세제개혁(유일호), 전자정부(서삼영),

인사개혁(남궁근), 지방분권(김병준)의 5개 분과로 운영할 것이라 보고했다. 숭실대 이진순 교수가 중요한 발언을 했다. "첫째, 한국은 조세 부담률이 20%, 공공 부문 취업자가 7%(선진국은 10~15%)에 불과한 작은 정부다. 정부 기능을 재편해 지시 위주의 국, 과를 폐지하고 시장 지원에 재배치해야 한다. 둘째, 투명성과 공개의 원칙, 핀란드는 과세 자료를 공개해 의사와 변호사 소득도 다 공개하고 국민이 감시한다. 셋째, 교육을 지방으로 보내자. 부동산 과표를 교육 예산과 연계시키면 교육과 부동산, 두 마리 토끼를 잡을 수 있다."

삼성 출신 진대제 정보통신부 장관은 삼성 개혁이 1993년부터 5년 간 지지부진이었는데 오전 7시~오후 4시 탄력 근무와 1998년 구조조정 위기 덕분에 해결됐다고 하면서 지표화와 업무혁신팀의 중요성을 강조했다. 김상욱 위원은 "위원회에 참가하는 공무원들이 변화의 주체가 돼야 한다. 공무원은 일을 시키면 하지만 열정이 없다. 일본 소니사는 연말에 최고상과 최악상을 시상한다. 최악상은 비록 실패했더라도 잠재력이 있을 때 주는 상이다"라고 말했다. 고건 총리도 "공무원들은 남이 만든 안의 추진에 소극적이므로 워크숍 등 참여가 필요하다"고 동감을 표시했다.

노무현 대통령이 마무리 발언을 했다. "전체 개혁 구도를 먼저 그려야 한다. 국민의 지지를 얻어 내면 좋지만 인기 위주로 가면 머지않아 실패한다. 국민에게 우직하게 접근하는 게 좋다. 세제개혁은 싸움이다. 서비스 개선보다 뿌리부터 고쳐 나가자. 혁신팀을 만들어 반드시 개혁해 내자. 개혁은 반드시 하겠다. 필요하다면 재정제도, 조세제도 다 고치겠다."

5월 22일(목) 오전 10시 40분, 정부혁신 대통령 제2차 보고가 있었다. 행정개혁(정용덕), 지방분권(오재일), 재정·세제개혁(유일호)에 대한 간사들의 보고가 있었다. 박봉흠 기획예산처 장관은 "각 지방이 스스로 지방세를 개발할 필요가 있다. 예를 들어 강원도는 관광세, 이런 식으로 각 지자체가 독창적 아이디어를 낼 필요가 있다"고 제안했다. 노 대통령이 마무리 발언을 했다. "공무원이 주도하는 정부혁신이 돼야 한다. 부처는 기존 인력 범위 안에서 새 일을 발굴하고 기존 일을 지방에 이양해야 한다. 정부혁신은 가장 중요하고 어려운 과제다. 재정 분권, 재정·세제개혁이 핵심이다. 인허가권을 축소하고 권한과 재정을 지방으로 포괄 이전해 지방이 책임지도록 해야 한다. 세목, 세율은 지방에서 정해야 하고 지방의원의 보수도 지방에서 정해야 한다."

6월 11일(수) 오후 5시, 배순훈 동북아위원장이 내 사무실에 찾아와 차 한잔을 했다. 배 위원장과 친한 중국의 우지추안吳基傳 신식산업부新息産業部(한국의 정보통신부에 해당) 장관이 말하기를 본인 임기 중 한국 상대역 장관은 12명이 바뀌었다고 하더란다. 한국의 장관 수명이 너무 짧아서 문제다. 나는 노 대통령에게 장관 수명이 짧아 일을 제대로 할 수 없으니 제발 대통령과 임기를 같이하시라고 몇 번 건의했는데, 나중에 결과를 보니 장관 수명이 과거보다 조금 길어지는 데 그쳤다.

6월 18일(수) 오전 10시에서 11시 40분까지 중앙인사위 기능 개편 회의가 대통령 집무실에서 열렸다. 정부혁신위의 김병준, 윤성식 교수, 그리고 행자부와 중앙인사위 책임자들이 참석했다. 인사 기능을 행자부에서 중앙인사위로 옮기는 것으로 거의 결론이 났다. 행자부 공무원 1100명 중 500명 이상의 이동이 예상된다고 한다. 다만 김두관 행자부 장관이 공무원들의 사기를 생각해 일단 보류해 줄 것을 요구해 결론은 유보됐다. 이날 오후 5시, 김경섭 조달청장이 찾아왔다. 조달청이 과거

수의 계약하던 것을 내부 심의회의에 회부해서 입찰, 경쟁하는 아이디어를 실천한 공로로 유엔UN이 주는 정부혁신상을 수상했다고 한다. 작지만 큰 개혁이다.

혁신의 성과와 아쉬움

6월 26일(목) 오전 10시 반, 정부혁신위와 균형발전위의 공동 주최로 재정 분권 회의가 열렸다. 주제 발표를 한 오재일(전남대) 교수가 자주 재원 확대 방안을 보고하면서 국고 보조금을 포괄적 재원으로 전환할 것을 주장했다. 중앙정부와 지방정부 사이에 처지의 역전이 필요한데 이 문제는 정치적 결단이 요구된다고 말했다. 김진표 부총리는 중앙 대 지방의 재정이 44 대 56으로 지방이 많지만 56 안에는 끈 달린 돈이 많아 실제로는 그만큼 안 된다고 했다. 그리고 지방 소득세, 법인세, 부가가치세를 국세청이 걷어 지방에 돌려주는 독일식 공동세 아이디어를 제안했다. 그리고 수도권 과밀 부담금 700억 원을 걷어 서울과 지방이 반반씩 나누어 쓰고 있는데, 서울에 주는 부분은 서울의 개발을 촉진하는 부작용이 있으므로 전액 지방에 주자고 주장했다. 김두관 행자부 장관은 "중앙정부는 효율적이고 지방정부는 비효율적이라는 가정 자체가 틀렸다. 예를 들어 교부세 방식으로 지금보다 지방재정에 순증이 있어야 한다. 지금 나온 초안에는 순증이 없다. 지방에 몽땅 넘겨준다는 발상의 전환이 필요하다"고 말했다.

지방분권 전문위원으로 참여한 이기우(인하대) 교수는 "지방정부의 평균 재정 자립도가 17%이므로 한국의 지방자치는 17%짜리 지방자치에 불과하다. 1991년 이후 중앙정부 사무의 5~7%에 해당하는 5000~7000건이 지방에 이양됐지만 재정이 수반되지 않아 형식적 이양에 그치고 있다. 재정이 수반돼야 진정한 지방화로 인정받는다"고 지적했다.

노 대통령이 결론을 내렸다. "사고의 틀을 획기적으로 키워야 한다. 21세기는 민주화, 다양화, 분권 국가의 시대라고 하는 가설이 맞는지 검증해 보자. 균형발전하겠다고 30년간 말해 왔고 여러 정책을 써 왔지만 항상 실패하고 지방은 점점 더 어려워지고 있다. 조세 문제로 너무 논쟁할 필요 없다. 국세에서 걷어 지방에 주되 교부세, 특별교부세, 양여금, 보조금의 성격을 뚜렷이 해야 한다. 반드시 중앙정부가 해야

2004년 2월 20일 노무현 대통령이 전국 시장·군수·구청장 지방분권 촉진 대회 뒤 오찬 간담회에서 비빔밥 이벤트에 참석해 참석자들과 함께 대형 비빔밥을 비비고 있다. 자료 출처: 노무현재단

하는 사업만 중앙에 남기고 나머지는 몽땅 지방에 주자. 퍼센트는 그 결과로 나온다. 지엽 말단을 몇 건 넘겨주느냐 하는 것은 중요하지 않다. 국가 개조를 한다는 의지를 갖고 중앙 각 부처가 과감히 지방에 일을 나눠 주고 새 일을 하자."

8월 14일(목) 오전 10시 반, 세종실에서 서삼영 박사가 전자정부 로드맵을 보고했다. 진대제 정보통신부 장관이 "내용이 좋아 수출도 가능하겠다. 기념비적 업적"이라고 극찬했다. 박봉흠 기획예산처 장관이 예산 적극 지원을 약속했다. 김진표 부총리가 "신용 불량자가 300만 명인데 부정적 정보 위주로 되어 있어 재기가 어렵다. 긍정적 정보를 위해 정부의 금융 정보를 활용하는 것이 긴요하다"고 주장했다. 최종찬 건교부 장관은 "정보화에는 업무혁신BPR이 따라 줘야 효과가 있다. 사용자 친화적으로 만들어야 하는데 은행보다 우체국은 불편하고 국세청의 홈텍스Home Tax는 사용하기 불편하다"고 지적했다.

2022년에 한국은 유엔이 발표한 전자정부 평가에서 193국 중 3위에 올랐다. 참여정부가 초석을 잘 놓은 공이 있다. 참여정부의 정부혁신은 종래의 조직 파괴, 조직 변경 대신 미시적 업무혁신에 주력해 눈에 띌 만한 큰 성과는 보이지 않는다. 공무원 부패나 관료적 경직성 문제도 해결하지 못했다. 노 대통령의 마음이 여린 탓에 항명하는 행자부 공무원들, 교육혁신을 거부한 교육부를 일벌백계하지 못한 것도 아쉽다. 노 대통령의 강력한 분권 의지에도 불구하고 분권 반대세력의 방해 때문에 지방분권 성과가 약한 점도 아쉽다.

4장

참여정부의 공과

48. 끝없는
사회갈등

○
●

2003년 3월, 참여정부 벽두부터 환경 단체 및 불교계가 부산의 고속철 금정산 구역 공사를 반대하는 단식 농성에 돌입했다. 서울의 북한산 관통 도로와 경인운하 건설도 불교계와 시민 단체의 반대에 부딪혀 중단됐다. 고속철도가 지나갈 부산의 천성산에 도롱뇽 서식지가 훼손된다고 지율 스님이 100일간 단식 투쟁을 벌여 목숨이 위태로워지자 문재인 민정수석이 농성장을 찾았지만 뾰족한 성과가 없었다. 전북 부안군에서는 핵폐기장을 반대해 일부 등교 거부 움직임까지 있었다. 고건 총리는 "40여 년 공무원 생활 중 올해(2003년)가 최난국"이라고 했다. 당시는 온갖 갈등이 쏟아지는 천하 대란의 시대였다. 환경은 물론 중요하지만 환경 근본주의로 치닫는 것은 곤란하다.

갈등 또 갈등

6월 16일(월) 정오, 당시 온갖 갈등의 한가운데에 있던 환경부의 한명숙 장관, 실국장들과 오찬을 같이했다. 경인운하, 새만금, 한탄강 댐 공사, 북한산 터널 공사 등을 의논했다. 6월 20일(금) 저녁 비서실장 공관에서 열린 수석 만찬에 노 대통령 내외도 참석했다. 유인태 수석이 당시 쟁점이던 사패산 터널을 설명했다. 불교계는 노무현 후보의 불교계 10대 대선 공약대로 공사를 중단할 것을 요구했다. 사실은 한나라당이 먼저 공사 중단을 공약했고, 권양숙 여사가 불교계 인사들을 만나 이야기를 들은 뒤 민주당 공약에도 포함됐다. 유인태 수석은 산 훼손을 기본적으로 반대하지만, 당시 반대 이유로 '민족정기 훼손'은 터무니없다고 비판했다. 그리고 산 훼손은 원래 불교가 해 놓고 지금 와서 산 훼손을 이유로 터널 공사를 반대하는 것도 말이 안 된다고 불교계를 비판했다. 듣고 보니 옳은 말, 과연 촌철살인의 대가다웠다.

7월 18일(금) 오전 7시, 관저 조찬에서 노 대통령이 새만금 원칙을 천명했다. 그러면서 사패산 터널 문제를 사회 공론투표에 부치면 어떠냐고 물었다. 예를 들어 국민 500인, 교수 500인이 모여 하루 종일 토론 후 표결하는 방식이다. 물론 표결 결과에 승복한다는 당사자들의 사전 합의가 필요하다. 이 방식에 대해 권오규 수석, 정만호 비서관과 나는 찬성했고, 이병완 비서관(나중에 홍보수석, 비서실장)은 반대했다. 아침 식사를 하며 노 대통령이 농담을 했다. "예전에 모친이 식사하며 국을 흘리는 것을 보고 형하고 내가 모친을 놀리고 구박하고 그랬는데, 내가 요즘 그래요. 국물을 흘려 넥타이를 다 버리고 그래요." 노 대통령은 늘 꾸밈없는 직설적 화법을 구사해 매우 인간적인 면모를 보였다.

7월 29일(화) 오전 9시, 국무회의에서 핵폐기장 후보였던 위도에 대한 현금 지원 문제와 윤진식 산자부 장관의 사과 문제를 토의했다. 국무위원들은 '원칙적으로 안 된다. 나쁜 선례를 남긴다'는 의견이 많았다. 사패산 문제에 대해서는 공론투표 방식을 취하되 그사이 불교계와 대화, 설득을 계속하기로 결론을 내렸다. 8월 23일(토) 정오 환경부 장관, 환경정책국장, 고철환 지속가능발전위원장, 사무국장과 오찬을 하며 지속위 구성과 기능을 의논했다(도원).

9월 15일(월) 오전 10시, 집현실에서 갈등 해결 시스템 보고회가 있었다. 회의는 점심을 도시락으로 때우면서 3시간이나 계속됐다. 지속가능발전위 고철환 위원장(서울대), 이재은(충북대), 전기정(상명대), 김헌민(이화여대), 강영진(전 《동아일보》 기자) 등이 참석했다. 이재은 교수가 발제를 했다. 핵폐기장 부지 갈등은 대화와 참여가 부족해 생긴 일이며 갈등 해결을 위한 대화 틀과 교육 및 훈련 프로그램을 강조했다. 그리고 우리 사회에 사회갈등을 해결할 원로가 없다고 개탄했다. 정책 대화를 통해 님비NIMBY, Not in My Back Yard(내 뒷마당에서는 안 돼)를 새로운 님비NIMBI, Now I Must be Involved(이제 나도 참여해야겠어)로 바꿔야 한다고 말했다. 노 대통령은 갈등 해결의 대화 틀을 정책기획위와 지속위가 협력해 만들라고 지시했다. 대통령은 20인으로 구성된 새만금위원회가 1999년부터 활동했지만 각자 자기 주장만 되풀이하다가 결국 11 대 9로 결론을 내렸던 실패 사례를 들면서 사패산 등 모든 위원회가 실패했다고 말했다. 시민단체와 언론이 의제를 채택하고 '문제를 풀어 가는 과정'이 중요하다고 덧붙였다.

김헌민(이화여대 행정학과) 교수는 새만금, 방폐장은 갈등 해결 틀에 넣어 해결을 시도해 볼 수 있지만 FTA는 그런 성격이 아니라고 말했다. 이재은 교수가 지속가능위원회가 갈등 해결에 나서는 안에는 찬성하되 위원회의 권위 유지가 중요하다고 했고, 김헌민 교수는 중립성 유지가 관건이라고 했다. 노 대통령이 부연 설명했다. "우리 사회의 원로는 대화하지 않는다. 지금까지 지속위는 개점 휴업 상태다. 지속위는 대통령 자문기구지만 대통령이 결정을 존중해 주면 거의 의결기구가 된다. 각 지역의 양심적이고 참여의식을 가진 중립적 전문가로써 지속위를 구성해 사회갈등을 해결하자. 5년 전 김대중 당선자 시절 대구 인근의 위천공단 사건과 강원도 동강 건을 보고 내가 구상해 본 안이다."

전기정(상명대) 교수는 "당사자 해결이 최선이다. 현자 그룹의 결정에 사람들이 반발할 것이므로 조정은 몰라도 결정은 무리"라고 했고, 강영진(전《동아일보》) 기자는 "선 당사자 해결, 후 위원회 개입이 좋겠다. 어떻게 반발을 최소화하느냐가 관건"이라고 했다. 노 대통령은 "다른 갈등 과제들은 장관들에게 맡기고 대통령이 할 일은 우리 사회의 큰 갈등을 해결하는 것이다. 5년간 열심히 하겠다. 갈등 해결 시스템 마련을 가장 중요한 업적으로 남기고 싶다"고 말했다. 이 회의에서 지속가능위에 종래 없던 사회갈등 해결이라는 중요한 새 과제가 부여됐다. 이날 저녁 관저에서 열린 경제 장관 만찬에서도 노 대통령은 "우리 사회의 뭐든지 법대로 하자는 사고방식도 문제, 정서법도 문제다. 우리의 3대 과제는 사회갈등 해소, 사교육비 해소, 부패 척결"이라고 말했다. 노 대통령이 사회갈등 해소를 얼마나 중시했는가를 알 수 있다.

지속되지 못한 지속위

9월 25일(목) 오후 5시 고철환, 이재은, 전기정, 신봉호 등 10여 명이 모여 지속위 구성 및 기능을 의논했다. 갈등 과제 조정은 각 부처(1단계)와 국무조정실(2단계)이 맡는다. 지속위는 아주 어렵고 중요한 문제만 맡되, 조정 없이 배심원의 역할을 한다. 현안인 사패산 문제 공론 조사는 부담이 커 지속위가 맡지 않기로 정했다. 9월 27일(토) 오전 9시, 대통령에게 지속위 구성 계획을 보고했다. 80인 위원 중 48인(16개 지자체 각 3명씩)은 지방에서 추천을 받고, 32인은 전국구에서 최고의 인물을 선정하자는 고철환 위원장의 의견을 보고하니 노 대통령이 좋다고 했다. 그리고 지방에서 이상한 정치적 인물을 추천하면 곤란하니, 정치인 배제 구절을 넣자고 제안했다. 그 뒤 지속위 인선에서 지역 추천 인사 중 환경 단체 출신이 너무 많고 전국적 명망이 있는 인사가 드물어 고충이 많았다. 11월 24일(월) 오전, 대통령 집무실에서 정찬용 인사보좌관과 함께 지속위 인선을 보고하면서 보완책을 의논했다. 노 대통령이 갑자기 내 머리를 보더니 "정책실장 머리와 인사보좌관 머리가 비슷하게 희네. 나도 염색 안 했으면 아마 비슷할 것"이라고 말했다. 대통령은 염색을 아주 자연스레 해서 나는 염색한 줄을 몰랐다.

2004년 3월 15일(월) 대통령 탄핵 직후 대통령 없는 수석회의에서, 한탄강 댐 건설 문제와 관련한 갈등을 지속위에서 관리하기로 했다. 당시 여야 가릴 것 없이 댐 무효화를 선언하는 분위기였다. 제2차 세계 대전 후 댐 건설 붐이 일어 전 세계 댐 숫자가 6배로 불어났다. 한국도 마찬가지다. 그러나 댐은 환경을 파괴하는 문제가 심각했다. 4월 8일(목) 오후 3시, 관저 간담회에서 고철환 위원장이 한탄강 댐 갈등 조정 건을 보고했다. 앞으로 지속위가 갈등 관리 워크숍을 갖겠다고 하자 노 대통령이 그냥 청중석에 앉아서라도 꼭 참석하고 싶다고 말했다. 노 대통령은 고철환 위원장에게 많은 일을 한다고 격려했다. 그런데 지속위가 의욕적으로 추진한 사회갈등 해결의 첫 시범 케이스였던 한탄강 댐 공사 건이 막대한 시간 투입과 노력에도 불구하고 성공하지 못했다. 이게 성공했더라면 후속 성공 사례가 이어졌을 텐데 이 실패는 아팠고 지속위에 치명타가 됐다. 우리 사회는 대화와 순리로 문제를 풀기가 이렇게 어려운지 한탄스러웠다.

49. 미완의
노동개혁

○
●

2003년 8월 28일(목) 오후 3~5시, 집현실에
서 노사관계 개혁 회의가 열렸다. 권기홍 노동부 장관의 보고에 이어
경제부총리, 산자부, 국무조정실장 등 경제 관료들이 이구동성으로 노
조의 과격성을 비판했다. 문재인 민정수석이 노사 문제는 제도보다는
파괴적이고 과격한 관행이 문제라고 지적하니 노 대통령도 동의했다.
회의에서 노사관계의 네댓 개 원칙을 공표하고 세세한 제도 개선은 노
사정위에 상정해 최종 결정하기로 했다. 회의 끝 무렵 나도 한마디 했
다. "이 안은 노동법학자들이 준비한 안이라 법과 제도 중심이고 경제
적 측면을 소홀히 하고 있다. 임금 인상을 자제시킬 방안, 예를 들어 임
금 협상의 중앙 교섭이나 아일랜드식으로 3년마다 임금 협상을 하는
방안 등이 누락되어 있어 보완돼야 한다."

2003년 9월 4일(목) 오전 9시, 수석회의에서 노 대통령이 눈에 다래
끼가 났다고 하면서 "세종대왕이 눈병이 자주 났다는데, 나도 세종대
왕처럼 되려는가 봐요"라고 농담을 했다. 나종일 안보실장이 다래끼는

의사도 소용없고 눈썹을 2~3개 뽑고 더운 수건으로 찜질하는 게 특효라고 말했다(실제 조금 뒤 노 대통령이 눈썹을 뽑는 걸 본 사람이 있다). 10시 반, 노사정위 28차 회의가 노사정위 회의실에서 열렸다. 노 대통령은 "노동부 개혁안에 대해 노사가 합의를 못 하면 원안대로 가겠다"고 강경 발언을 했다. 회의에서 김동완 목사(공익대표)가 대통령에게 민주노총을 만나라고 권유했다. 점심을 먹으며 손길승 전경련 회장이 한국의 임금 수준이 대만의 2배라고 걱정하기에 내가 "네덜란드 모델로 가면 될 텐데 왜 반대합니까?"라고 물었는데 답을 잘 듣지 못했다. 옆에 앉은 김금수 위원장에게 민주노총의 노사정위 참가를 권유하니 "글쎄, 워낙 어려운 문제라서…"라고 하기에 내가 "그래도 최선을 다해야 하

2003년 9월 4일 제28차 노사정위원회 본회의를 주재하기 위해 회의실로 입장하는 노무현 대통령. 오른쪽 눈에 다래끼가 나 눈가가 부어 있다. 자료 출처: 노무현재단

노무현과 함께한 1000일

지 않겠습니까"라고 했다.

참여정부를 오해한 민주노총

2003년 9월 30일(화) 오후 6시에서 8시 반까지 백악실에서 민주노총의 단병호 위원장과 유덕상, 신승철, 이재웅 등 간부들, 김금수 노사정위원장, 박길상 노동부 차관, 문재인, 권재철 노동비서관과 내가 참석했다. 대통령의 인사말에 이어 단병호 위원장이 입을 열었다. "노동계가 처음에는 참여정부에 기대가 컸으나 나이스NEIS와 철도개혁을 너무 쉽게 포기해서 아쉽다. 성장과 분배의 균형을 이루고 빈부격차 해소를 위해 노력해야 하는데 갑자기 소득 2만 불 이야기가 나와 우려스럽다. 노동시간 단축, 비정규직, 연금 문제도 걱정이다. 분배가 악화하고 있다. DJ도 노동자를 이해했지만 결과는 나빴다." 민주노총 간부들이 일제히 참여정부를 성토했다. "참여정부는 친노동 정권이 아니라 친자본 정권이다. 부당노동행위가 만연하고 사용자들이 손배, 가압류를 남발한다. 비정규직이 세계 최다이고 특수고용관계, 불법 파견, 사내 하청, 불법 하도급이 문제다. 기간제 노동도 너무 많다." 노 대통령이 화가 나서 답했다. "대통령이 환장했다 해도 한계가 있다. 민주노총이 노무현정부와 대화가 안 되면 권영길(민노당 대표) 정부 말고 누구와 대화하겠는가? 맨날 100점 정책을 요구하는 건 무리다. 계란, 토마토가 80그램이 안 돼도 67그램이라고 버릴 수야 없지 않으냐? 우선 경제가 돌아가야 된다. 민노당 정책을 다 받아들이면 경제가 거덜 난다. 재벌이 아니라 시장이 문제다. 영혼과 양심을 바쳐 80년대 노동운동에 관심을 기울렸다. 비록 적장이라도 신뢰를 가지자. 조흥은행 노조의 대통령 비난 광고에 배신감을 느꼈다. 철도노조는 4월에 합의해 놓고 6월에 약속을 어겼다. 노동운동도 자기관리에 철저해야 한다."

단병호 위원장이 말했다. "현 정부는 진보적이므로 잘하기 바란다. 그러나 섭섭하다. 김금수 노사정위원장을 신뢰하고 존경한다. 위원장 취임 직후 감옥에 면회를 와서 만났다. 내가 '노무현은 신뢰하지만 노무현 정부는 신뢰하지 않는다'고 말했지만 대통령은 비판에 너무 민감하지 않으면 좋겠다. 언론에 나가는 대통령 말이 노동자에게는 충격을 준다. 노동문제를 대통령이 언급하지 말고 장관이나 노사정위원장이 언급하는 게 좋겠다."

노 대통령이 답했다. "이회창 선거 운동 하던 사람이 C공사 사장으로 그대로 앉아 있고. 원래 김금수 선생을 노동부 장관 시키려 했는데 경제가 어렵다고 고건 총리가 반대해서 접었다. 진보냐 보수냐보다 중요한 것은 합리적 대화, 타협의 문화다. 국정원은 이제 노조 감시 안 하지요? 내가 하지 말라고 지시했다. 그 대신 국정원에 대외 경제정보 수집을 지시했다. 민주노총은 이기려고 하지 마세요." 단병호 위원장이 말했다. "이기려고 하는 게 아니고, 안 지려고 할 뿐입니다." 이렇게 해서 2시간 반 회동이 끝났다.

다음 날 조간, 특히 《중앙일보》1면에 민주노총의 청와대 회동 기사가 났는데 노 대통령이 이 자리에서 분배보다 성장을 강조한 것으로 보도했으나 사실과 다르다. 노 대통령은 일자리의 중요성을 강조하면서 '일자리가 최선의 분배 아니냐'라고 말했는데 보수 언론에서는 그것을 확대 해석해 아전인수식으로 보도했다. 실제 이런 오보는 아주 많았다.

노사정 타협을 위한 진심

해가 바뀌어 2004년 5월 16일(일) 오후 7~10시, 관저 만찬에 이수호 민주노총 새 위원장, 김대환 노동부 장관과 내가 참석했다. 이수호 위원장은 위원장 선거에서 보기 드물게 사회적 대화를 공약으로 내걸고 당선되었고, 마침 김대환 장관과는 대구 계성고 동기라 그 어느 때보다 노사정 대타협에 대한 기대가 높았다. 노 대통령이 말을 꺼냈다. "김종인 수석이 80년대 말 재벌개혁한다고 비업무용 부동산 처분을 강요했다. 조순 부총리가 금융실명제 기획단을 만들었다가 반발에 직면해 퇴진했다. 몇 차례 개혁을 시도할 때마다 자본 파업 기미가 있었다. 개혁은 언제나 재벌, 언론, 관료들과의 투쟁이다. 현재 성장 대 개혁 논쟁도 성격이 비슷하다." 이수호 위원장이 말했다. "현재 수구 진영에서 강철규, 김대환, 이동걸, 이정우 4명을 집중적으로 공격한다." 내가 부연 설명했다. "그때 김종인 수석이 외국 나가 있던 이건희 부회장을 귀국시켜 부동산 투기 하지 않겠다는 서약서를 낭독케 했기 때문에 재계에서는 모욕감을 느끼고 그 뒤 김종인을 불신하고 싫어합니다."

노 대통령이 말했다. "김영삼 대통령이 '가진 자들에게 고통 주겠다'고 큰소리치고는 그 뒤 재벌 20명을 청와대에 불러 각각 독대하고 무너졌다. 어느 책에 '포획capture' 개념이 나오던데 그야말로 재벌에 포획된 게 아닌가 싶다. DJ는 IMF 힘을 빌어 개혁 각서를 받고 여론 몰이식으로 빅딜Big Deal을 추진했다. 재벌의 정치 역학을 언론이 뒷받침해 준다. 재벌개혁하면 혹시 외국자본에 인수 합병 당해 경영권이 넘어갈까봐 걱정된다." 내가 말했다. "포획 가설은 정부 규제에 반대하는 시장 만능주의 시카고학파의 반규제 논리이고, 외국자본의 위협으로부터 국내 기업의 경영권을 지키는 최선의 방어책은 경영 잘하기와 우리사주제도다."

노 대통령이 경제 상태를 걱정했다. "IMF 위기 때는 환율이 2배로 뛰어 수출이 늘어난 덕분에 위기를 극복했지만 지금은 소비가 침체되고 뾰족한 분배 대책은 없어 빚을 내는 것 이외에 방법이 없다. 싱가포르투자청은 연기금을 세계에 투자하는데 우리는 아직 그런 게 없다. 경제 패러다임이 바뀌었는데 사람들이 아직 잘 모른다." 이수호 위원장이 말했다. "연기금 투자는 사회적 감시가 필요하고, 재벌 대책은 원칙대로 해야 한다. 시민 사회가 지금 노 대통령을 비판하지만 나는 기본적으로는 신뢰와 기대를 갖고 있다. 그래서 탄핵 때 대통령을 구하러 나섰다. 보수 언론과 싸울 자는 결국 노조밖에 없다. 노조에 신뢰를 가져 달라. 비정규직 해법으로 첫째, 투명 경영과 참여, 둘째, 고용 안정 보장, 셋째, 임금 인상분을 하청과 비정규직을 위해 사용할 것. 세 가지를 약속한다면 조합원들에게 임금 인상 자제를 설득하겠다고 말했는데 언론이 그냥 임금 인상 자제라고 보도하는 바람에 민주노총 내부에서 세게 공격받았다. 노조 내부도 문제가 많고 개혁이 필요하다."

노 대통령이 "너무 조급해하지 않는 게 도와주는 것이다. 노사정 대타협을 달성하고, 분배를 통한 성장을 해서 건강한 사회를 만들어야 한다. 노사관계 좋은 나라를 모델로 해야 한다"고 하자 이수호 위원장이 "초청해 줘 고맙고 기본적으로 신뢰를 갖고 있다"며 작별 인사를 했다. "지금이 고비"라고 대통령이 힘주어 말했다. 노 대통령은 관저의 인수문 밖까지 따라 나와 이수호 위원장을 배웅했는데 이는 처음 보는 일이었다.

50. 사회적 대타협
실패

○
●

　　2004년 3월, 나는 대통령 자문 정책기획위
원장으로서 노사 대표, 학계 전문가(전임 정책기획위원장 이종오 명지대 교
수, 최영기 노동연구원장)와 함께 유럽의 노사관계를 견학할 계획을 세워
노무현 대통령의 재가를 얻었다. 2004년 2월 29일부터 3월 12일까지
스웨덴, 네덜란드, 독일의 노조, 경영자 단체, 정부 관계자들을 만나는
일정이었다. 경총은 나의 제안을 즉시 수락했고 한국노총도 찬성해 이
용득 금융노조 위원장이 동행했는데 민주노총은 답을 자꾸 미루다가
결국 거절했다.

유럽 노사관계 견학

빔 콕Wim Kok 전 총리를 만난 장면을 소개하기 전에 먼저 네덜란드 경제
의 위기를 보자. 네덜란드 경제는 1980년대 초 고비용, 고실업에 제2차

석유 파동으로 최악의 스태그플레이션에 빠졌다. 1981~1982년 연속 마이너스 경제성장에 실업률 9%, 재정 적자는 GDP의 6.2%까지 늘어 났다. 이런 상황에서 1982년 출범한 루버스 연립내각 때 네덜란드 노사는 '바세나르 협약'을 체결해 극적으로 위기를 타개했다. 노사 양측은 소규모 개방경제인 네덜란드의 특성을 감안하여 임금 인상 자제와 노동시간 단축을 통한 고용 증대에 합의했다. 이후 10년간 200만 개의 일자리를 창출하고 실업률을 9%에서 5%로 낮추어 경제위기를 극복한 것으로 평가된다.

바세나르 협약에 서명한 노조 위원장은 빔 콕이었다. 그는 몇 년 뒤 경제 장관으로 발탁됐고 나중에 총리가 됐다. 우리 일행은 2004년 3월 4일(목) 오후 2시, 네덜란드 사회경제위원회SER에서 빔 콕을 만났다. 빔 콕은 거인다운 풍모의 초로의 신사였는데 온화한 미소로 우리를 맞이 했다. 그는 협약 당시 노동운동 동지들로부터 배신자라고 비난받을 때 는 엄청 괴로웠다고 토로했다. 2시간 동안 우리는 궁금한 것을 묻기도 하고, 한국의 노사 문제 실태를 이야기해 주기도 했다. 빔 콕은 자기가 이런 말을 하긴 좀 뭐하지만 어떨 때는 노조의 반대를 무릅쓰고 개혁을 추진할 필요가 있다고 하면서 독일의 '어젠다 2010'을 예로 들었다. 최영기 원장이 네덜란드의 노조, 정당 간의 관계를 질문하자 빔 콕은 이렇게 답했다. "1960~1970년대까지만 해도 양자는 엄격히 분리돼 있었으나 지금은 다르다. 나는 34세에 노조 위원장이 됐고, 47세에 정치에 뛰어들었는데 후회는 없다. 나는 표준 패턴에서 벗어난 사람인데 남에게 권할 만한 행로는 아니다."

티센크루프는 지멘스와 더불어 독일을 대표하는 다국적 기업이다. 2004년 3월 11일(목) 오전, 뒤셀도르프에 있는 티센크루프 본사를 방

노무현과 함께한 1000일

문해 에카르트 로캄Ekhard Rohkamm 회장, 슐렌즈 노조 위원장과 오찬을 하며 장시간 대화했다. 먼저 독일의 노동자 참가의 역사적 배경에 대해 설명을 들었다. 나치 붕괴 이후 기업에도 민주주의 원칙을 도입하기 위해 아데나워 보수당 정부 때 노사 공동결정제도를 도입했다. 노동자 대표가 의사 결정에 참가하는 대신 성과 개선을 위한 책임도 같이 지는 방식이다. 이후 종래 대결적 노사관계가 대화와 타협의 노사관계로 바뀌었다. 노사는 최종 결정을 위해 정보를 교환하고 끊임없이 대화한다. 공동결정이니 노사가 각각 절반의 투표권을 갖고 있지만 티센크루프에서는 한 번도 표 대결을 한 적이 없다고 한다. 그만큼 꾸준히 대화를 해서 이견을 좁혔다는 뜻이다. 내가 물었다. "다른 나라에는 없는 노사 공동결정제도를 운영하려면 엄청난 시간과 노력 비용이 들텐데 문제점은 없나요?" 노동자 대표 슐렌즈와 로캄 회장이 이구동성으로 답했다. "대화 과정은 길지만 그 대신 합의가 되고 나면 추진력이 생기므로 길게 보면 시간 낭비가 아니다." 노사 간 답이 똑같은 것이 인상적이었다. 한국의 노사가 이런 생각을 하면 얼마나 세상이 달라질까.

유럽 여행에서 우연히 만난 축구 영웅 이야기도 빼놓을 수 없다. 유럽행 비행기에 당시 벨기에에서 뛰고 있던 설기현 선수가 아장아장 걷는 귀여운 아들을 데리고 탔다. 비행기에서 20분 정도 대화를 했다. 그는 벨기에의 자기 집에 놀러 오라고 초청했는데 갈 시간이 없어서 유감이었다. 그리고 프랑크푸르트공항 귀빈실에서 김금수 노사정위원장, 윤진호 교수, 여상태 선생과 우연히 만나 차 한잔을 하고 있는데 갑자기 건장한 사나이가 눈앞에 나타났다. 차범근 감독이었다. 공항에 나왔다가 내가 와 있다는 소문을 듣고 인사하러 왔다고 했다. 내가 무슨 대단한 사람도 아닌데 이런 황송한 일이 있나. 잠시 차를 마시며 대화를

하는 행운을 누렸다. 차범근, 설기현은 운동선수 특유의 솔직함과 시원
시원한 성격이 호감을 주었다.

불발된 노사정 대화

해가 바뀌어 2005년 5월 1일(일) 오후 5시, 마포의 홀리데이인호텔 내
일식당 아스카에서 노동연구원 황덕순 박사(나중에 문재인 정부의 일자리
수석), 박영삼(전 《매일노동뉴스》 기자), 그리고 메이데이 행사를 막 끝내
고 온 한국노총 이용득 위원장과 넷이서 비정규직 입법 문제를 의논했
다. 당시 파견 근로자와 기간제 근로자 보호 입법이 추진 중이었다. 정
부와 사용자 측은 파견과 기간제를 각각 3년으로 하고(3+3) 해고 제한
을 두자고 주장한 반면 노조 측에서는 '1+1+고용 의제'를 주장했다. 열
린우리당의 국회 환노위 간사였던 이목희 의원이 절충안으로 '2+2' 안
을 내놓았다. 이용득 위원장은 단식 10일째, 초췌한 얼굴로 물만 연거
푸 여러 잔 들이켰다. 이 위원장은 '2+2'를 하느니 차라리 '3+3'이 낫고
'1+1+고용 의무'가 마지노선이라고 주장했다. "10원짜리 물건을 110원
에 살 수도 있다. 그러면 다음에 80~90원에 팔 수도 있고, 이번엔 정부
가 좀 양보해야 한다. 지금까지 억지로 민주노총을 끌고 왔는데 내일
회의가 기로다. 이목희 의원과 김대환 장관에게 전화를 좀 해 달라"고
말했다. 김대환 장관과 이수호 민주노총 위원장은 고등학교 동기인데
도 회의 때 둘이서 서로 등지고 앉을 정도로 사이가 나빠졌으니 나더
러 좀 설득하라는데, 나도 대학 동기이지만 자신 없었다. 이목희 의원
과 통화해 협상 타결을 독려했고 김대환 장관은 전화를 거니 벌써 잔

다고 해 통화를 못 했다.

다음 날 이목희 의원이 국회 환노위 소위에서 15차례나 회의를 거듭하며 분투한 공로로 결국 파견은 1년(1년 연장 가능) 뒤 고용 의무, 기간제는 2년 뒤 고용 의제로 합의했다. 이리하여 파견 법률과 기간제 및 단시간 근로자 법률은 2006년 국회를 통과, 2007년부터 시행에 들어갔다. 두 법은 처음에는 비정규직 보호가 미흡하다고 노조에서 강력 반대했고, 학계의 평가도 부정적이었으나 시간이 지나면서 조금씩 평가가 올라가고 있다. 왜냐하면 2007년 이후 비정규직 숫자가 분명히 줄어들었고 처우도 약간 개선됐기 때문이다. 노조에서 강력히 요구했던 기간제 사용 사유 제한은 포함되지 않았다. 그리고 노동부는 원래 파견 가능 업종이 32개인 포지티브 리스트positive list 방식을 8개만 빼고 몽땅 가능하게 하는 네거티브 리스트negative list 방식으로 바꿀 계획이었는데 이목희 의원이 강력 반대해서 막았다. 자칫하면 온 천지가 파견 근로자로 가득 찬 이상한 나라가 될 뻔했으니 생각하면 아찔하다.

며칠 뒤 5월 25일(수) 빔 콕 전 총리, 최영기 원장과 내가 타워호텔 중식당에서 부부 동반 점심 식사를 했다. 1년 전 네덜란드 방문 시 초청을 수락해 방한한 것이다. 빔 콕 총리는 어제 외국 원수들과 함께 한 청와대 만찬에서 노 대통령과 노사정 대화에 대해 이야기를 나누었다고 했다. 나는 빔 콕에게, 사회적 대화의 중요성을 한국의 노사정 지도자들에게 강조해 달라고 부탁했다. 사실 이 시기는 노사정 대화가 복원될 좋은 기회였다. 이수호 민주노총 위원장은 젊은 국어 교사 시절 학생들에게 좋은 시를 한 수씩 읽어 주고 수업을 시작했던 낭만적인 면모가 있고 민주노총 위원장 선거에서 사회적 대화를 공약으로 내걸었다. 이용득 한국노총 위원장과 나는 유럽 동행 이후 친해졌는데 그는 원래 노동계의 이름난 투사였지만 유럽 견학 이후 사회적 대화 신봉자로 바뀌어 있었다. 이수호, 이용득 양대 노총 위원장이 대화 의지가 있어 절호의 기회였는데도 결국 사회적 대화의 큰 틀 합의에 이르지 못했으니 애석하고 통탄스럽다. 노동부와 노사정위원회의 상황 인식과 의지에 문제가 있었던 게 아닌가 한다. 노사관계의 봄날은 언제쯤 올까.

51. 부동산 대란의 시대

○
●

　　2003년 3월 27일(목) 오전 10시, 건교부의 대통령 업무보고가 있었다. 민주당 김효석 의원이 공공임대주택을 올해 8만 호, 5년간 50만 호 건설한다는 목표에 대해 경기 부양을 위해서라도 더 지으라고 건의했다. 그러나 공공임대주택을 수도권에 지으려면 그린벨트 말고 딱히 지을 만한 빈 땅이 없는 게 문제이니 그린벨트 규제도 재고하라고 요구했다. 부동산 문제 전문가인 김현아 박사(나중에 새누리당 국회의원)가 부동산 세제 개편 필요성을 언급하면서 판교 신도시를 건설하려면 개발이익 환수를 철저히 하라고 주문했다. 당시 시민단체에서 요구하던 아파트 후분양에 대해서는 대형 건설업체들이 2000~3000가구 건설을 동시에 진행하는데 갑자기 후분양으로 바꾸면 자금 압박이 심해지므로 먼저 주택공사부터 시범 실시할 것을 권했다. 노 대통령이 마무리 발언에서 "부동산 가격 안정은 중요하다. 국민의 정부가 경기를 살리려고 각종 부동산 규제를 푼 것은 잘못"이라고 말했다. 노 대통령은 당선자 시절 인수위 경제2분과 보고를 받으면서 국민의정부 때 각종 부동산 규제 완화 목록을 보고는 깜짝 놀라 "이렇게 까지 많이 풀었습니까?"라고 한 적이 있다.

국민의정부의 부동산 규제 완화

국민의정부는 1997년 말 외환위기와 더불어 집권했다. 환란이 가져온 경제위기가 워낙 심각해 발등의 불을 끄느라 멀리 보는 개혁을 할 여유가 없었다. 나는 당시 대구에서 교수 10여 명과 '헨리 조지 연구회'를 만들어 10년간 부동산 문제를 토론하고 있었다. 회원들은 모처럼 들어선 진보 개혁 성향의 정부가 부동산 문제를 제대로 개혁해 주기를 바라는 마음에 나더러 당시 경제수석을 맡은 김태동 교수와 아는 사이이니 전화를 해서 부동산 개혁을 강조해 달라고 주문했다. 그래서 난생 처음 청와대에 통화를 시도했는데 어렵사리 전화가 연결됐다. 김태동 교수는 《땅》이라는 베스트셀러의 저자로서 경실련 활동을 활발히 하면서 부동산 문제의 근본적 개혁을 주장했던 대표적인 경제학자였다. 이제 청와대 요직을 맡았으니 평소 지론대로 부동산 개혁을 위해 노력해 달라고 요구했다. 그런데 전화기 너머로 들려오는 김태동 수석의 목소리에 영 힘이 없었다. 바빠서 전혀 여유가 없고, 갑자기 들이닥친 온갖 위기 해결이 급해 그런 문제는 아예 관심조차 가질 수 없다는 답이었다. 통화 내용을 '헨리 조지 연구회'에 보고하니 회원들의 걱정이 더 커졌다.

그리고 얼마 뒤 1998년 봄, 당시 정부 각 부처의 대통령 업무보고를 TV를 통해 처음으로 중계방송했다. 참신한 시도였다. 첫 회 재경부 편을 나는 열심히 시청했다. 끝부분에 김대중 대통령의 지시 사항 중 "부동산 세금이 과거 거래세 위주였는데 잘못이니 앞으로는 거래세를 줄이고 보유세 중심으로 재편하라"는 내용이 있었다. 귀가 번쩍 뜨였다. 이것은 진보 학계에서 늘 주장해 오던 것이 아닌가. 온 국민이 지켜보는 가운데 대통령이 지시했으니 이제는 개혁이 되겠구나 싶었다. 그러나 그걸로 끝이었다. 노련한 관료들은 교묘하게 대통령 지시조차 사보타주했다. 이것을 감시하고 개혁을 견인해야 할 김태동 경제수석은 석 달 만에 정책수석으로 밀려나더니 1년 뒤에는 정책기획위원장으로 자리를 옮겨 정책 현장에서 멀어졌다. 게다가 국민의정부에서 학자 출신으로 기대를 모았던 중경회(김태동, 윤원배 금감위 부위원장, 김효석 의원, 이진순 한국개발연구원장 등)도 권력 실세와의 불화로 하루아침에 밀려나는 등 힘을 쓰지 못했다. 그 뒤 국민의정부에서 부동산 개혁은 없었고, 오직 경기 부양을 위한 부동산 규제의 전면 해제뿐이었다. 주동 세력은 물론 노회한 관료들이다. 우리 국민은 이들이 유능한 경제 관료라고 알고 있지만 실제는 상당수가 반개혁의 거두라는 사실을 모른다.

서울은 만원이다

2003년 5월 7일(수) 오전 9시, 수석회의에서 박주현 국민참여수석이 수도권에 신도시 두 군데를 곧 지정할 계획인데 환경 오염과 수도권 인구 집중을 방치하는 참여정부의 태도에 대해 시민단체의 불만이 크다고 보고했다. 노 대통령이 부동산 대책이 준비돼 있는지 질문하니 권오규 정책수석이 강남 재개발의 어려움, 난개발 우려를 이야기하며 신도시 건설이 불가피하다고 주장했다. 조윤제 경제보좌관도 시장 원리를 강조하며 주택 공급 증가를 위해서는 신도시 건설이 필요하다고 거들었다. 경제학자인 김태유 과기보좌관은 프랑스는 중앙 집중형 발전인데 반해 독일은 분산형 발전을 추구하는 차이가 있다고 발언했다. 노 대통령이 걱정했다. "서울 집값이 오르면 분산 효과가 발생하고, 동시에 전국 지가를 자극, 파급하는 효과가 있는데 대통령의 걱정은 바로 후자다." 내가 말했다. "서울의 부동산 가격이 오르면 개인이나 기업에는 이익이지만 사회 전체로 보면 큰 문제다. 이것은 시장의 실패이므로 정부가 개입해서 분산시킬 필요가 있다. 강남의 비싼 땅값은 사람이 오지 말라는 신호인데 이를 무시하고 신도시를 건설하는 것은 모순이고 악순환이다. 악순환의 고리를 끊고 분권, 분산으로 가야 한다. 소설가 이호철이 《서울은 만원이다》를 쓴 지 40년이 되도록 역대 정부가 말만 앞세웠지 진정으로 이 문제를 다룬 적이 없다."

가만히 듣고 있던 노 대통령이 부동산 보유세에 대해 질문했다. 박주현 수석이 집의 세금보다 차의 세금이 더 높다고 답했고 내가 말을 이었다. "선진국에서는 보유세가 90% 이상인데 한국은 거꾸로 거래세가 80% 이상이다. 보유세를 강화해야 하는데 재경부와 행자부, 행자부와 지자체 간 갈등이 문제다. 국토보유세 식으로 중앙정부 세금으로 전환할 연구를 해야 한다. 보유세가 이론적으로 부작용이 적은 가장 좋은 세금이다. 단 주택은 가볍게, 토지는 무겁게 과세함이 옳다. 피츠버그나 호주가 이렇게 해서 좋은 효과를 봤다." 노 대통령이 지시했다. "부동산 가격이 오르면 서민들이 일할 의욕을 잃는다. 거품 경제를 용납해서는 안 된다. 대책을 마련하라. 부동산 보유세가 답인지를 정책실에서 연구하라."

나는 대통령 지시에 따라 부동산 전문가를 초청해 수십 차례 회의를 했다. 재경부, 행자부, 국세청 관료들 이외에 외부에서 경북대 김윤상 교수(헨리 조지의 《진보와 빈곤》 역자이며 '헨리 조지 연구회'의 좌장), 김성식(LG연구원), 김정훈(조세연구원), 김선덕(건설산업전략연구소), 장영희(서울시정연구원) 등 전문가, 참여연대의 김남근, 하승수 변호사 등이 자주 참석해 좋은 의견을 내주었다. 이들의 합작품이 참여정부의 첫 부동산 정책인 10·29 대책이다.

9월 3일(수) 오후 2시, 노 대통령의 국민임대주택 방문을 수행했다. 의왕 주공아파트 주민 대표 2명은 노인인데 몸짓, 손짓을 해 가면서 집을 구하게 된 기쁨을 설명했고 집 없는 사람들을 위해 임대주택을 늘려 줄 것을 신신당부했다. 노 대통령이 "오늘은 기분 좋은 날이다. 임대

2003년 9월 3일 서민 주거 현장을 둘러보기 위해 경기도 의왕시 내손동에 위치한 국민 임대 주택 단지를 방문한 노무현 대통령. 서민들이 사는 모습을 살펴보고 입주민과 환담을 나눴다. 자료 출처: 노무현재단

주택을 늘리고 부동산 값을 꼭 잡겠다"고 연설해 주민들의 열렬한 박수를 받았다. 김진 주공사장을 김구 선생 손자라고 소개하니 주민들이 다시 박수를 쳤다. 김진 사장은 상해 임시 정부의 초라한 모습이 어릴 때 희미한 기억으로 남아 있다고 말했다. 노 대통령은 고등학교에 다닐 때 25번이나 이사했고, 신혼 때 해운대 AID 아파트에 살던 친구네를 방문했을 때 느꼈던 부러움, 그리고 부산의 언덕배기 빽빽한 집을 올려다보던 기억을 이야기했다.

2003년 가을은 부동산으로 온통 난리였다. 국민의정부에서 시행한 전면적 부동산 규제 완화 여파로 2002년 전국 지가 상승률이 7%에 이르렀는데, 참여정부 들어서도 불은 꺼지지 않았다. 2003년 10월 6일, 나는 대통령을 따라 발리에서 열린 '아세안+한중일' 정상 회담에 갔는데 한국 기자단이 수십 명 동행했다. 밤 깊은 발리 해변에서 철썩이는 파도 소리를 들으며 수십 명의 기자가 열띤 토론을 했는데 화제는 오직 하나, 부동산이었다. 이 테이블, 저 테이블, 기자들은 부동산만 이야기하고 부동산만 질문했다. 그야말로 부동산 대란의 시기였다. 발리에서 귀국한 직후 발표한 것이 10·29 대책이다.

52. 부동산 투기 괴물과 10·29 대책

○
●

　　　　　　부동산 대란 상황 속에서 참여정부가 내놓은 첫 본격적 대응이 10·29 대책이다. 10·29 대책의 기조는 보유세의 점진적 인상, 3주택 이상 보유자에 대한 양도세 강화, 서민들을 위한 임대주택 확대인데 이는 우리나라 부동산 문제에 대한 최초의 올바른 접근이었다고 해도 좋다. 과거에도 학계에서는 늘 우리나라의 부동산 보유세가 너무 낮다고 지적해 왔으나 어느 정부도 이것을 해결하려는 노력을 기울인 적이 없다. 보유세 인상은 문민정부의 선거 공약이었으나 공수표가 되었고, 국민의정부도 출범 초기 대통령 지시 사항이었으나 무산되고 말았다는 사실을 앞서 이야기했다.

참여정부의 부동산 정책

우리나라의 부동산 세금이 지나치게 거래세 중심이고 보유세 비중이 낮다는 것은 오랜 숙제였다. 그런데 문제는 보유세를 높여 나가자니 조세 저항 때문에 일거에 높이기가 어렵다는 점이다. 그러니 보유세 인상을 미리 예고하고 점진적으로 높일 필요가 있다. 참여정부는 임기 초 36% 수준에 불과했던 토지 과표 현실화 비율을 매년 3%씩 높여 나가서 임기 말에는 50% 수준으로 올릴 것이라고 예고했는데 이것은 내 아이디어였다. 이렇게 해서 국민의 신뢰를 얻게 되면 오랜 고질병인 부동산 투기가 잠재워질 것이다. 이것은 우리나라 빈부격차의 가장 큰 문제를 해결하는 동시에 국가 경쟁력 강화의 초석이 될 것이다. 참여정부 부동산 정책은 이런 관점에서 추진되었으므로 최초의 원칙주의적, 장기주의적 접근이었다고 할 수 있다.

2003년 8월 19일(화) 오후 3시, 부동산 보유세에 관한 각 부처 1급 회의를 주재했다. 도합 20번째 회의다. 외부에서 김윤상 교수(경북대)와 김정훈 박사(조세연)가 참석했다. 하도 여러 번 회의를 해 왔으므로 거의 모든 사항에 합의했다. 토지 과표 현실화율을 법령에 명시하느냐 또는 지자체 재량에 맡기느냐의 문제는 미정인데, 어쨌든 매년 3%포인트씩 인상해 가면 결과는 어느 쪽으로 가나 대동소이하다. 부동산 과다 보유자에 대해서는 합산 누진 과세하는 국세로 가되 세무 행정은 지자체에 위탁하는 데도 합의했다. 김정훈 박사는 "지자체의 과표 현실화율이 기준에 미달할 때는 교부세를 지급하지 않는 방법이 있다. 수도권은 어차피 교부세를 못 받으니 영향을 받지 않는다"고 했다. 김윤상 교수는 "서민들은 목표 세수치가 없으면 실망할 것이다. 시가의 1~2%(적어도 0.5%)로 국토보유세를 신설하자. 그러면 이중과세 문제가 대두될 텐데 그건 따로 해결하면 된다"고 말했다. 건교부 1급 공무원(이름 미상)은 "과표 현실화율을 일거에 대폭 인상해야 한다. 미국은 재산세 세율이 평균 1% 정도고 뉴욕시는 2%나 된다. 그런데 한국은 차한 대 세금이 40만 원인데 6억짜리 은마아파트 세금은 11만 원에 불과하다. 두 가지 세금을 동시에 고지서를 내보내 국민들이 비교하게 하면 조세 저항이 줄어들 것이다"라고 흥미로운 제안을 했다. 회의를 마치고 청와대 정책실의 김성진 비서관(뒤에 해수부 장관)이 감격해서 "내가 공무원 시작할 때 하던 이야기가 이제야 실현된다. 30년 만에 처음보는 쾌거"라고 평했다. 이 안이 최종 통과되면 다시 모여 축배를 들기로 하고 헤어졌다.

10월 23일(목) 오후 5시에서 7시 반, 은행회관에서 김진표 부총리주재 부동산 대책 장관회의가 열렸다. 재경부가 제시한 은행 담보 비율 인하(50%→40%)는 선의의 피해자가 나올 수 있어 이정재 금감위원장과 내가 반대했으나 포함시키기로 결정됐다. 투기지역 취득세, 등록세 실거래가 과세는 투기 억제에 강력한 효과가 있겠으나 역시 선의의 피해자로부터 큰 원망을 살 우려가 있고 애당초 좋은 세금이 아니어서 내가 반대했다. 보유세의 핵심인 종합부동산세 도입은 서울시와 경기도의 반대에도 불구하고 2006년에서 2005년으로 한 해 앞당기기로했다. 양도소득세율을 놓고 부총리와 나 사이에 논쟁이 있었다. 1가구 3주택 이상 보유자 세율을 부총리는 60%, 나는 70%를 주장했고, 미등기 전매에 대해 부총리는 70%, 나는 90%를 주장했다. 김 부총리는 원본 잠식 가능성 때문에 위헌 결정이 날까 봐 걱정했고 나는 선진국과 한국에서도 과거 80~90%의 세율이 있어 괜찮다고 주장했다. 내가 투기과열지구에 주택거래허가제 도입을 주장하니 부총리는 역시 위헌소지로 반대했다. 두 가지 문제는 결론을 유보하고 좀 더 검토하기로했다. 사태는 긴박하게 돌아갔다. 다음 날 오후 4시 같은 장소에서 경제장관회의가 또 열렸다. 이 회의에서 몇 가지 사항(1가구 3주택 이상 양도세 최고 60%로 하되 필요 시 15%의 탄력 세율 추가 적용, 투기과열지구에 주택 거래허가제 도입, 부동산 소유 현황 파악을 위한 전산망 조기 완성)에 합의했다.

10·29 대책 발표와 효과

10월 28일(화) 7시, 대통령 관저에서 부동산 회의가 열렸다. 다른 것은 거의 그대로인데 단기적으로 투기 심리를 제압할 무기인 투기과열지구에 대한 주택거래허가제에 대해 최종찬 건교부 장관이, 변호사들의 자문을 구해 보니 위헌 소지가 있다면서 반대로 돌아섰다. 노 대통령도 세금 위주로 가면 좋겠다며 주택거래허가제에 부정적이었다. 내가 상황이 심각하니 세금만으론 부족하고 단기에 투기 심리를 제압할 허가제가 필요하다고 주장했으나 노 대통령은 어차피 효과 없을 것이고 개인이 주택 구입을 신청하면 안 받아 줄 수 없을 거라고 최종찬 장관과 같은 의견이었다. 그렇다고 기존의 토지거래허가제는 나대지 대상이므로 아파트 적용은 무리다. 결국 이 문제는 좀 더 검토하는 걸로 낙착됐다. 안심이 안 됐다. 과연 이 정도로 요원의 불길 같은 부동산 투기를 잡을 수 있을까.

10월 29일(수) 드디어 부동산 대책 발표 날이다. 오전 9시, 제3차 경제·민생 점검회의에서 김진표 부총리가 오후에 발표할 부동산 대책을 보고했다(세종실). 박승 한은총재, 김중수 한국개발연구원장, 이규방 국토연구원장, 조윤제 경제보좌관이 의견을 말했다. 이규방 국토연구원장이 전체적으로 좋으나 이번 조치로 충분할지 의문이라면서 분양

권 전매를 아예 금지하는 강력한 조치를 주문했다. 그러면서 투기과열지구에 주택거래허가제 말고 보다 온건한 주택거래신고제를 해도 효과가 있을 거라고 주장하기에 내 귀가 번쩍 뜨였다. 회의 뒤 이규방 원장에게 달려가 주택거래신고제를 의논했다. 주택거래허가제의 무리를 피하면서 비슷한 효과를 거둘 천하 묘수로 보였다. 급히 김진표 부총리에게 주택거래신고제를 하자고 하니 반승낙하면서 12시에 열릴 경제장관회의에 같이 가자고 했다. 얼른 노 대통령에게도 주택거래신고제를 건의해 한번 의논해 보라는 반승낙을 받고 은행회관으로 갔다.

12시, 은행회관에서 부동산 대책 경제장관회의가 열렸다. 다른 건 이미 다 확정됐고 주택거래신고제에 대해 최재덕 건교부 차관이 처음에는 난색을 표하다가 어딘가 전화를 걸어 의논하더니 세 가지 장점이 있다며 받겠다고 했다. 그래서 투기지역, 투기과열지구에 한해 주택거래신고제를 도입키로 전격 결정됐다. 부동산 대란이 워낙 심각해 세금만 갖고는 투기를 못 잡는다는 게 중론이라 걱정이 컸는데 이제 안심이 됐다. 마지막 순간에 장자방 같은 이규방 원장의 아이디어가 빛을 발했다. 김진표 부총리, 이정재 금감위원장, 최재덕 건교부 차관, 김주현 행자부 차관, 이주성 국세청 차장이 10·29 대책 기자회견을 시작하는 것을 보고 박봉흠 예산처 장관과 나는 퇴장해 사무실로 돌아왔다. 차에서 부총리의 기자회견 중계방송을 들었다. 온 국민의 관심이 부동산 대책에 쏠린 하루였다. 재경부에서 나온 정책실 비서관, 행정관들은 이구동성으로, 이번 부동산 대책은 흔들리는 재경부를 정책실장이 끝까지 설득해 낸 결과라 평했다. 언론에서도 10·29 대책은 청와대 작품이라고 썼는데, 그것은 과천 공무원들이 출입 기자들에게 청와대가 자꾸 강력한 부동산 대책을 요구해 힘들다고 거듭 하소연했기 때문이다.

10·29 대책 이후 부동산 가격이 하락으로 돌아서 희망을 주었다. 그러나 부동산 투기 괴물은 결코 만만한 상대가 아니다. 정부가 방심하는 사이 괴물은 다시 살아났다.

53. 부동산 정책은
국민의 신뢰를 얻어야

○
●

2004년 7월 27일(화) 오전 9시, 국무회의 도
중 노 대통령이 느닷없이 "부동산 문제를 지금까지 빈부격차·차별시
정위원회에서 맡아 왔는데 앞으로는 국민경제자문회의로 옮기겠다.
조윤제 보좌관 어디 있나?"라고 해 깜짝 놀랐다. 지금까지 부동산 투기
를 잡느라 수십 차례 회의, 10·29 대책을 발표해 이제 겨우 잡힐까 말
까 하는데 한마디 의논 없이 중간에 장수를 바꾸니 섭섭한 생각이 들
었다. 그러나 국무회의 석상에서 대통령이 선언했으니 어쩔 도리가 없
다. 조윤제 보좌관이 뽑아 놓은 국민경제자문회의 위원들 중 다수가
보수적 성향인 점도 걱정이 됐다.

나는 대구에서 '헨리 조지 연구회'를 조직해 10년간 부동산 문제를
연구해 왔는데 이렇게 되니 기운이 쑥 빠졌다. 나는 2002년 말에 출간
된 '헨리 조지 연구회'의 연구 성과물인 《헨리 조지 100년만에 다시 보
다》를 노 대통령에게 선물했는데 대통령은 "아이고, 이렇게 두꺼운 책
못 읽어요" 하며 그냥 집무실 서가에 꽂아 두었다. 이 책은 TV 뉴스에

대통령 동정을 보도할 때 자주 카메라에 잡힌 덕분에 꽤 많이 팔렸다고 들었다. 그 책에는 한국 부동산 문제의 해법이 다 들어 있었는데 정작 제일 중요한 독자가 읽지 않으니 천하의 묘책을 전달할 길이 없었다.

양도세 중과를 둘러싼 잡음

11월 23일(화) 저녁 연세대 상경대학에 강연을 하러 갔다. 하성근 학장과 이두원 교수가 맞이해 주었다. 6시 반, 최고 경제인 과정 강의를 시작할 때 이두원 교수가 오늘 강의 내용은 비보도라고 밝혔다. 그리고 대부분이 기업 경영자인 40~50명의 수강생 앞에는 명패가 놓여 있었다. 덕분에 기자가 들어올 수 없어 안심이 됐다. 질의, 응답 시간에 어떤 수강생이 이헌재 부총리의 골프장 200개 건설 계획과 최근 있었던 3주택 이상 양도세 중과 유예 발언에 대해 물었다. 나는 "골프장 200개는 과하고, 양도세 중과는 1년 전 정부의 약속이니 반드시 지켜야 한다. 정부가 약속을 어기면 국민이 정부를 신뢰하겠느냐"고 원론적 답을 했다. 그런데 이게 웬일인가. 다음 날 여러 신문이 부총리와 정책기획위원장 사이의 정책 혼선이라며 대서특필했다. 이게 무슨 일인가 알아보니 인터넷 언론 《이데일리》 기자가 교실에 잠입해 결석생 자리에 앉아 있었다. 사실 이 부총리의 발언은 서별관 회의에서 의논을 거치지 않은 개인 의견에 불과했다. 정부가 작년 10·29 대책에서 1년 뒤에는 다주택자 양도세를 중과하니 그동안 팔라는 신호를 보내 놓고 이제와서 없던 걸로 한다면 장차 누가 정부를 신뢰하겠는가.

12월 6일(월) 오전 7시 반, 고위 당정청 회의에 홍재형, 이계안, 이헌재, 김병일, 김영주가 참석해 3주택 이상 양도세 중과 여부를 논의했으나 결론을 못 내렸다. 홍재형 정책위의장은 "정부 안에 이견이 있으니 해소한 뒤 논의하겠다"고 말했다. 대부분의 언론은 이헌재와 이정우의 갈등, 힘겨루기라며 한 달 가까이 신이 나서 보도하고 있었다. 이 문제는 정부가 예고한 2005년 1월 시행이 코앞인데 고위 당정청 회의에서도 결론을 미루니 무책임하게 느껴졌다. 이계안 의원이 "양도세를 중과한다 해 놓고 유예한다는 발상 자체를 이해 못 하겠다"고 말했다. 맞는 말이다. 사실 이것은 상식 문제다. 결국 이 문제는 장관회의, 총리, 대통령의 조정 노력 끝에 결국 원안대로 중과하는 것으로 결론이 났다. 괜한 평지풍파平地風波였고 사필귀정事必歸正이었다.

흔들리는 참여정부의 부동산 정책

박근혜, 문재인 정부에서 임대 사업자에게 각종 세금 특혜를 준 것이 혹독한 비판을 받은 걸 기억하는가. 서울대 경제학부 이준구 교수는 투기꾼에게 꽃길을 깔아 주는 정부를 통렬히 비판하는 글을 썼다. 그런데 같은 문제가 훨씬 이전, 참여정부에서도 있었다. 2004년 6월 24일(목) 빈부격차·차별시정위원회의 김수현 비서관이 어제 아침 경제 장관 서별관 간담회에 나 대신 참석해(나는 다른 일정과 겹쳐서 불참했다) 들은 내용을 보고했다. 건설 경기 연착륙 방안 중에 2호 이상 주택 임대 사업자에게 종합토지세, 양도세를 감면해 주는 내용이 있어 반대했더니 강동석 건교부 장관도 동의하고 김영주 경제수석도 이해했다고 한다. 그러나 이헌재 부총리 혼자 강하게 감면을 주장했다고 한다. 5호 정도면 몰라도 2호 주택 임대 사업자에게 특혜를 주는 건 누가 봐도 문제가 있다. 10월 25일(월) 오전 7시 반, 서별관에서 열린 부동산세 회의에서 매입 임대 사업자 범위를 논의했다. 5호, 5년으로 하자는 주장이 다수 의견인데, 이헌재 부총리 혼자 2호를 주장해 의견이 대립됐다. 새로 청와대 부동산 정책 사령탑을 맡은 조윤제 경제보좌관이 "그건 5호로 합시다"라고 분명히 선을 그어 그렇게 확정됐다.

2005년 1월 7일(금) 오후 5시, 김수현 비서관과 건교부의 윤성원 과장(나중에 국토교통부 차관)이 찾아와 임대 사업자에 대해 양도세 감면은 10년 보유, 5호 이상 범위인데 종부세 감면은 10년, 2호 이상으로 다르게 되어 있다고 했다. 종부세 2호를 5호로 통일하면 모양이 좋겠는데 이헌재 부총리가 강하게 2호에 집착한다고 말했다. 이헌재 부총리가 양도세 중과를 유예해 주자고 하다가 실패해 체면이 손상된 게 최근 일이고, 종부세 세수는 아직 얼마 안 되니 2호로 타협하자기에 나는 마지못해 동의했다.

이상 보듯이 이헌재 부총리는 임대 사업자의 범위를 최대한 넓혀 특혜를 주자고 일관되게 주장했다. 다주택자 양도세 중과 유예도 비슷한 논리다. 이것은 그의 '건설 경기 연착륙'론에서 나오는 것이다. 이는 경기가 나쁠 때 경제 관료들이 쓰던 상투적 수법이다. 그런데 참여 정부에 와서 그런 생각이 더 이상 설 자리가 없어진 것을 이 부총리는 잘 모르는 것 같았다. 그는 부동산 투기를 근본적으로 해결하는 데는 관심이 없었고 무슨 수단을 써서라도 건설 경기를 살리는 데만 몰두했다. 어느 날은 골프장을 왕창 지어 경기를 살리는 방안을 갖고 와 노 대통령에게 보고했는데 대통령은 그 보고서에 눈길조차 주지 않았다. 역

노무현과 함께한 1000일

대 대통령과는 달리 노 대통령은 건설 경기 부양 같은 소위 인위적 경기 부양을 마약이라고 여겨 멀리했다.

이 부총리의 경제 철학이 이러니 나와는 물과 기름이었고, 사사건건 불통과 대립이었다. 그는 회고록에서 당시 상황을 이렇게 썼다. "당시 이정우는 청와대 정책기획위원장에서 물러나 민간인 신분으로 비상근 위원장을 맡고 있었다. 나도 대응을 했다. '종부세를 좀 강화시켜 가고 싶어 하는 사람이 있다. 그러나 우선 시작하는 게 중요하다'고 경고한다. 이정우는 '9억 이상만 종부세를 물리면 대상이 3만 5000명밖에 안 된다. 너무 적다. 대상을 더 늘려야 한다. 양도세도 깎아 주면 안 된다'고 맞받았다. 그때 이정우는 민간인 신분으로 부동산 대책을 짜는 청와대 서별관 회의에 참석하고 있었다. 청와대 말이 엇갈려 나가선 곤란했다. 나는 이정우를 참석하지 못하게 했다. 그랬더니 김수현 비서관이 대신 참석했다… 역시 같은 주장을 되풀이했다."

짧은 글 안에 여러 군데 틀렸다. 나는 그때 정책기획위원장을 그만둔 게 아니라 계속하고 있었다. 정책기획위원장이 민간인 신분인 것은 맞지만 노 대통령이 나에게 대통령 정책특보 직함을 얹어 준 이유는 수석회의, 장관회의 등 청와대의 모든 회의에 참석하라고 그렇게 한 것이다. 나는 청와대를 떠날 때까지 서별관 회의에 한 번도 빠지지 않았고 김수현 비서관이 나 대신 참석한 것은 2004년 6월 23일 딱 하루뿐이었다.

마침 그해 스웨덴의 경제학자 핀 쉬들란Finn Kydland이 노벨 경제학상을 수상했는데, 그의 업적은 정부 정책의 생명은 신뢰에 있다는 것을 밝힌 연구여서 우리에게 많은 시사점을 주었다. 참여정부 부동산 정책도 10·29 대책은 획기적이었으나 그 뒤 부동산 정책 사령탑 교체, 양도세 중과 논란, 종부세 대상이 6억이냐, 9억이냐 오락가락하는 바람에 국민의 신뢰를 상실하고 흔들렸다. 모든 정책은 눈앞의 이익보다는 멀리 보고 국민의 신뢰를 얻는 방향이어야 하고, 특히 사람들의 심리에 민감한 부동산 문제는 더욱 그러하다. 참여정부의 부동산 정책이 일관성을 유지했더라면 더 나은 성과가 나왔을 텐데 하는 아쉬움이 크다.

54. 부동산 대란을
잠재우고도 오해를 사다

○
●

　　2003년 10월 31일(금) 10·29 대책 발표 이
틀 뒤 서울국제경제자문단 초청 만찬이 청와대 충무실에서 열렸다. 이
명박 서울시장, 김기환 전 대사, 조윤제 경제보좌관, 그리고 몇몇 외국
인 기업가가 참석해 노 대통령에게 몇 가지 건의를 했다. 모임을 마치
고 가면서 이명박 시장이 부동산 보유세를 중앙정부에서 거두는 것은
지방분권과 모순이라고 강하게 항의했다. 내가 "지자체장들이 선거에
서 표 떨어질까 봐 겁을 내 세금 과표를 안 올리기 때문에 중앙정부가
대신 거두어 몽땅 지방에 되돌려주는 겁니다"라고 설명해도 막무가내
였다.

　　11월 14일(금) 빈부격차팀의 김수현(문재인 정부 정책실장), 김기태(재
경부 세제 베테랑), 윤성원(뒤에 국토교통부 차관), 김성환(현재 민주당 국회
의원), 안병룡 박사 등 10·29 대책 주역들이 축하 오찬을 가졌다. 내가
"실제 작품을 만든 사람은 당신들이고 나는 방송, 신문에 열심히 홍보
하러 다닌 것뿐"이라고 하니 이들은 거꾸로 정책실장 작품이라고 했

다. 대책 발표 이후 부동산 가격은 분명한 하락세로 돌아섰고, 시중에서는 참여정부가 10·29 대책으로 먹고산다는 이야기가 나돈다고 한다. 이 팀은 정말 좋은 사람들이 모였고 팀워크도 잘 맞았다.

개발이익환수제도에 대한 이견

11월 28일(금) SBS 윤세영 회장 일행이 대통령 대담을 위해 관저 만찬에 왔다. 노 대통령에게 제일 먹고 싶은 음식이 뭐냐고 질문하자 대통령은 청와대에서 딱 하나 못 먹는 가덕도 전어회가 먹고 싶다고 했다. 윤세영 회장이 SBS 골프장에 놀러 오시라고 초청하니 노 대통령이 기

2003년 11월 28일 노무현 대통령이 청와대 관저에서 SBS TV 대담 프로그램 '국정 진단, 대통령에게 듣는다'에 출연해 국정 현안 전반에 대해 이야기하고 있다. 자료 출처: 노무현재단

뻐하며 우리 참모들은 재미있는 데는 안 데려가고 힘든 데만 데려가니 "의전 등 비서관 다 잘라야 돼"라고 농담을 했다. 대담자로 온 염재호 교수(뒤에 고려대 총장)는 어릴 때 청와대 부근에 살았는데 그때는 청와대에 동물원이 있었다고 말했다. 노 대통령이 답하기를 "지금도 있는데 사슴이 자유롭게 뛰놀지 못해 불쌍하다. 동물원에 보내야 한다"고 했다. 이날 SBS TV 대담에서 노 대통령은 정부의 목표가 부동산 가격 하락이 아닌 안정이라고 대답해 나로서는 조금 아쉬웠다. 그러나 이 대담에서 노 대통령은 '강남 불패면 대통령도 불패'라는 불후의 명언을 남겼다.

2004년 1월 17일(토) 오전 9시에서 11시 반, 집현실에서 참여정부 1년 평가 회의가 열렸다. 수석들이 각자 돌아가면서 1년 성과를 보고했다. 노 대통령은 수석들보다 배석한 비서관들이 많이 발언하라고 격려했다. 평가라기보다 국정 홍보 카피를 찾는 회의였다. 11시가 넘어 나도 한마디 하려고 마이크를 켜니 노 대통령이 "이 위원장이 발언 신청하는 거 보니 회의가 끝날 때가 된 모양이죠"라고 했다. 내가 "10·29 대책이 성공해 가는 것 같으니 '강남 불패 아니고 투기 필패' 이런 카피는 어떻습니까?"라고 의견을 내니 노 대통령은 좋다고 했다. 김희상 국방보좌관이 여러 차례 발언을 하자 노 대통령이 "'대통령의 발언 제지에도 계속 발언하는 최초의 보좌관' 이런 카피 좋겠네요" 해서 일동 폭소가 터졌다. 권오규 수석이 다시 발언하려고 마이크를 켜니 노 대통령이 "아까 10분 이상 발언해 놓고 또 뭐 할라카노" 해서 또 폭소가 터졌다. 밖에 나오니 함박눈이 펑펑, 올해 첫눈이 내리고 있었다.

2004년 2월 12일(목) 오전 9시에서 12시까지, 건교부 업무보고(세종실) 중 개발이익환수제도가 지난 연말 국회에서 시효 연장에 실패했기 때문에 건교부가 올해 재입법을 추진하겠다고 보고하자 노 대통령이 느닷없이 "토지 개발이익을 환수하면 누가 개발하려 하겠느냐, 과거 땅 투기 심하던 시절의 형평주의 소산 아니냐"고 따져 물었다. 최재덕 차관이 열심히 설명했으나 대통령을 설득해 내지 못했다. 내가 발언하려고 마이크를 켜니 노 대통령이 물었다. "내 말이 말도 안 된다는 겁니까? 아니면 이론 제기입니까?" "상대적 크기가 문제이므로 이론을 제기하려 했습니다"라고 하니 노 대통령이 "토론은 다음 기회로 미루고 문제 제기로 끝냅시다. 다음에 검토해 주세요"라고 말했다. 회의 뒤 최재덕 차관이 "개발이익환수제는 반드시 살려야 하니 대통령을 잘 설득해 주세요"라고 부탁하고 갔다.

부동산 시장의 안정을 견인하다

6월 14일(월) 오전 9시, 수석회의에서 내가 개발부담금 문제에 대해 보고하는데 노 대통령이 수석회의 주제로는 너무 전문적이라고 중단시켰다. "대통령이 지난주 서면 보고를 읽은 뒤 오늘 수석회의에 올리라고 지시한 겁니다" 하니 노 대통령이 웃으며 "대통령 지시도 참 엉터리가 많습니다" 해서 모두 웃었다. 다음에 관련 참모들이 회의를 열어 의논해 보라고 했다. 노 대통령은 이상하게도 개발부담금에 거부감을 갖고 있어 오늘 보고를 단단히 준비했는데 수포로 돌아갔다. 개발부담금은 학자들의 9할 이상이 찬성하고 건교부도 동의하고, 토지공개념 3법 중 유일하게 1994년에 합헌 판결을 받았는데도 노 대통령은 개발이익을 환수하면 누가 개발하려 하겠냐며 이의를 제기하고 있었다. 오늘 대통령 인식을 바꿀 절호의 기회였는데 싱겁게 연기됐다. 1990년에 시작한 개발부담금 제도는 1998년 외환위기 때 5년 유예되어 반쪽만 남아 있다가 2003년 말에 폐지돼 버렸다. 빨리 복구하지 않으면 수도권, 신행정수도, 지방 혁신 도시 등에서 토지투기가 재연될 우려가 큰 상황이었는데 대통령의 인식이 그걸 가로막고 있었다.

6월 16일(수) 대통령 집무실에 차 한잔하러 오라는 전화가 왔다. 가보니 노무현 대통령이 조윤제 경제보좌관, 김영주 경제수석과 대화 중이었다. SK글로벌, LG카드 사태 등 주로 금융이 화제였다. 조윤제 경제보좌관이 내년 건설 경기 급냉각을 우려하며 부동산 연착륙론을 주장하기에 내가 반대했다. "건설업계 연구소 전문가들이 말하기를, 사실 업계 이익에는 배치되지만 이제는 바꿔야 한다. 주택 건축의 적정 규모는 매년 36~40만 호인데 지난 3년간 50~60만 호씩 지어 이미 주택 보급률이 100%를 넘어섰고 수도권에서 미분양 사태가 속출하고 있다. 투기 수요에 바탕을 둔 무한정 건설은 이제 더 이상 안 된다. 그 대신 신행정수도, 혁신 도시, 사회적 SOC(도서관, 복지, 의료 등)로 방향을 돌려야 한다"라고 말하자 노 대통령이 놀란 표정으로 나를 쳐다봤다. 노 대통령에게 개발부담금을 질문하기에 좋은 기회다 싶어 "용도 지역 변경으로 발생한 불로 소득은 환수함이 마땅하다. 외국에도 다 있는 제도이며, 토지공개념 3법 중 유일하게 합헌 판결을 받은 것"이라고 설명하니 노 대통령이 비로소 수긍하며 "그렇다면 합시다. 그 대신 창의적 아이디어로 사업을 벌여 성공한 것은 인정해 줘야 할 것 아니냐?"고 말했다. "그건 물론 구분해야 합니다"라고 대답해 아주 원만히 결론에 도달했다. 후유! 천만다행이다. 삼고초려三顧草廬로 대통령을 설득하는 데 성공했다. 이리하여 다음 해 5·4 부동산 대책에 '기반시설부담금'라는 이름으로 이 제도가 도입됐다. 판교 분양을 앞두고 들끓는 투기 심리를 제압할 5·4 대책, 그리고 종부세를 정식 도입한 8·31 대책을 완성하는 과정에서 '헨리 조지 연구회'의 동료 전강수 교수(대구가톨릭대, 토지정의시민연대 대표)가 청와대 회의에 참석해 좋은 아이디어를 많이 내주었다. 이래저래 나는 위대한 헨리 조지의 덕을 많이 봤다.

참여정부는 앞 정부에서 물려받은 부동산 대란 때문에 5년 내내 고생했다. 그래도 고식적 대책을 멀리하고 10·29, 5·4, 8·31 등 근본적 대책을 마련해 결국 부동산 대란을 잠재웠다. 그리고 종래 불합리하게도 면적 기준으로 과세하던 재산세를 가치 기준 과세로 바꾸었고, 부동산 거래에 고질적이던 거짓가액 신고를 없애는 획기적 개혁도 이뤄냈다. 이런 정부는 전무후무하다. 그러나 국민들은 참여정부의 부동산 정책 실패로 집값, 땅값이 폭등했다고 오해했고 급기야 다음 대선에서 정권을 넘겨주는 큰 요인이 됐다. 그러나 사실 참여정부 부동산 대책의 진가는 나중에 증명됐다. 이명박, 박근혜 정부가 인위적 부동산 경기 부양 정책을 무수히 남발했음에도 불구하고 부동산 시장이 10년간 안정세를 유지한 것은 참여정부 정책 덕분이다. 정책을 판단하려면 당시만 봐서는 안 되고, 앞뒤 상황을 다 살펴야 한다.

55. 선성장 후분배,
낡은 철학을 깨다

○
●

　　참여정부는 5년 내내 야당, 언론, 보수 학계로부터 성장보다 분배에 치중해 경제를 망친다는 공격을 받았다. 사실 주요 표적은 나였다. 역대 청와대 참모나 장관 중 내가 최초로 분배가 중요하다고 늘 주장하니 그들은 나를 좌파, 분배주의자라고 불렀다. 그런데 2015년경부터 세계 경제학계의 조류가 변했다. 분배를 개선해야 성장이 된다는 IMF의 연구 보고서를 시작으로 OECD, ILO, 세계은행, 심지어 다보스 포럼까지 지금은 이것을 정설로 인정하고 있으니 격세지감이 있다. 그런 점에서 참여정부는 선구자였다.

진정한 복지국가를 향하여

2004년 5월 7일(금) 송대희 조세연구원장이 찾아와 조세, 예산구조의 국제비교 자료를 보여 줬는데, 선진국은 복지예산이 경제예산보다 압도적으로 많은 반면 한국은 정반대였다. 이러니 정부의 재분배 효과가 낮을 수밖에 없다. 송대희 원장은 경북중에 다닐 때 우리 형님과 가까운 친구여서 매우 반가웠다. 그는 집이 가난해서 학비가 면제되는 서울 체신고로 진학했는데 그 뒤 경제학자의 길을 걸었다.

노무현 대통령은 퇴임 후 쓴 자전적 기록에서 대통령 임기 중 중앙정부의 복지예산 비중을 20%(2002년)에서 28%(2007년)로 높였지만 "색연필 들고 쫙 그어 버렸어야 하는데…"《진보의 미래》라며 더 높이지 못한 것을 후회했다. 그러나 5년간 복지예산을 20%에서 28%로, 경제예산은 28%에서 20%로 각각 8%포인트 변화시킨 건 거의 혁명적 변화다. 노 대통령이 재원배분 장관회의를 거쳐 예산 배정을 했기 때문에 이런 변화가 가능했다. 나는 이 회의에서 사회지출이 너무 낮으니 늘려야 하고, 그것이 성장에도 도움이 된다고 역설했다.

당시 보수 언론은 이런 예산 변화에 대해 분배와 복지에 치중해 성장을 팽개친다고 비난했다. 그러나 사실 복지예산 28%는 과잉이 아니고 오히려 부족이다. 스웨덴의 사회학자 예란 테르보른Göran Therborn은 이 비율이 50%가 넘는 나라를 복지국가로 분류한다. 대부분의 선진국은 50%가 넘고 심지어 '복지기피국가'라는 별명을 가진 미국조차 50%가 넘는데 한국은 허구한 날 20%였으니 이게 정상적인 나라인가. 이것은 박정희의 성장지상주의, '선성장 후분배' 경제 철학의 유산이다. 한국의 보수 집단은 지금도 여전히 성장만을 외치며 분배와 복지를 퍼주기, 좌파로 매도하는 나쁜 버릇을 갖고 있다. 참여정부 말 28%에 도달한 복지예산은 이명박, 박근혜, 문재인 정부를 거치고도 33%에 머물러 있다. 이런 게걸음으로 언제 50%를 돌파해 복지국가에 도달할까. 제2, 제3의 노무현이 나와야 한다.

노무현과 함께한 1000일

나는 청와대 정책실장과 빈부격차·차별시정위원회 위원장을 겸임하고 있었다. 이 위원회의 업적 중 아동 빈곤 해결이 있다. 2004년 6월 28일(월) 오전 9시, 수석회의에서 내가 '아동 빈곤 종합 대책'을 사전 보고했다. 김우식 비서실장이 '저소득 한 부모 가정에 한해 월 2만 원 지급'이란 구절에서 '한 부모'가 무슨 뜻이냐, '한해 월 2만원'은 이상한 말이 아니냐고 질문했다. 노 대통령이 "아, 나도 처음에는 이상했는데 새로 보니 '한 해'가 아니고 '한하여'란 뜻입니다"라고 해서 모두 웃었다. 김우식 실장이 "그런데 한 달에 2만 원이면 너무 적지 않습니까?" 하기에 "맞습니다. 10만 원 정도로 올리면 좋겠는데 장애인, 노인들이 받는 돈이 월 3~5만 원이라서 형평상 우선 5만 원으로 올리는 겁니다"라고 답했다. 노 대통령이 "그래도 빈곤 아동은 좀…"이라고 여운을 남겼다. 며칠 뒤 7월 2일(금) 오전 8시 출근길에 KBS 라디오에서 빈곤 아동 종합 대책을 소개하며 '참여정부다운 정책이 나왔다'고 평가했다.

사회복지사 증원과 근로장려세제 도입

2004년 12월 29일(수) 오전 10시, 경제·민생 점검회의(세종실). 이헌재 부총리가 사회를 보는 가운데 박병원 재경부 차관보가 새해 경제운용 계획을 보고했다. 있는 것 없는 것 몽땅 나열하는 식이어서 지루했지만 외부 인사들이 수준 높은 논평을 했다. 연세대 이혜경 교수(나중에 양극화민생대책위원장)가 복지전달체계가 잘 안 돼서 참여정부의 좋은 정책에도 불구하고 국민이 체감을 못 한다고 했다. 서울대 이창용 교수(현 한국은행 총재)는 국민연금에 대해 발언했다. 노 대통령이 화가 나

"복지전달체계는 전부터 중요하다고 했는데 왜 아직 안 되고 있느냐? 내년 초 부처 업무보고 때 보고하라. 복지부, 행자부 어디 소관인가? 이런 나열식 보고를 언제까지 계속할 거냐. 외부 인사들 발언은 유익한데 재경부 보고는 답답하다"고 몇 차례나 질책한 뒤 일어서려고 하기에 내가 얼른 한마디 했다. "복지전달체계는 복지부, 행자부 등 8개 부처와 관련된 문제라서 빈부격차위원회에서 1월 말 국정과제회의를 준비 중입니다." 그러자 대통령이 웃으며 말했다. "우리 공무원들이 참 일을 잘해요. 안 하는 것 같으면서도 막상 알아보면 다 알아서 잘하고 있어요. 박병원 차관보, 아까 질책해서 미안해요. 장관들도 모두 새해 복 많이 받으세요." 분위기가 급반전, 해피엔딩이 됐다. 한덕수 국무조정실장이 "이 위원장 말 한마디에 공무원 전체가 칭찬 들었다"며 고맙다고 했다.

그 뒤 복지전달체계 회의에서 턱없이 부족한 사회복지사를 당시 7200명에서 우선 9000명으로 증원해야 한다는 결론에 도달했다. 그런데 이해찬 총리가 공무원 증원에 반대해 문제가 발생했다. 2005년 2월 18일(금) 내가 김수현 비서관과 함께 총리실을 방문했다. 김수현 비서관이 사회복지사 업무가 얼마나 과중하며 왜 증원이 필요한지 아주 조리 있게 설명했다. 그 전에 총리실의 최경수 사회정책 수석조정관이 세 차례나 총리에게 복지사 증원을 건의했다. 최경수 건의, 김수현 보고 덕분에 이 총리는 선선히 증원에 동의했다. 이 총리는 이 문제에 해박한 지식을 갖고 있어서 몇 가지 조언도 덧붙였다. 방치됐던 불우 이웃에게 이제 사회복지사의 도움의 손길이 뻗치겠구나 생각하니 일하는 보람을 느꼈다. 다음 날 청와대 회의에서 만난 김근태 복지부 장관이 사회복지사 1800명 증원에 감사를 표시했다.

2005년 12월 29일 노무현 대통령은 서울 등촌 종합사회복지관을 찾아 사회복지 공무원, 사회복지사, 자원봉사자와 간담회를 갖고 사회복지 현황과 문제점에 대해 의견을 들었다. 자료 출처: 노무현재단

또 하나 중요한 업적이 근로장려세제EITC, Earned Income Tax Credit의 도입이다. 극빈층을 돕는 기초생활보장제도는 근로 의욕 저해, 즉 일을 해서 돈을 벌수록 지원 액수가 줄어들고 심지어 지원 대상에서 탈락하는 위험이 생기는 모순(소위 '빈곤의 함정')이 있다. 나는 이런 문제점을 지적하는 글을《한겨레》에 투고한 적도 있는데 그 뒤 찾아낸 대안이 근로장려세제였다. 이 제도는 저임금 노동자가 일을 많이 할수록 정부가 더 지원해 주는 제도이니 기초생보와는 반대로 근로 의욕을 고취하는 장점이 있다. 내가 인수위 때부터 이 제도의 도입을 주장해 EITC연구팀이 꾸려졌다. 김태성 교수(서울대 사회복지학과)가 단장을 맡았고 경기대 박능후 교수(문재인 정부 복지부 장관)가 특히 많은 일을 했다. 그 밖에 중앙대 김연명 교수(문재인 정부 사회수석), 김재진(조세연), 노대명(보사연), 석재은(보사연) 등 전문가들이 참여해 한국 실정에 맞는 안을 만들

었다.

2004년 11월 10일(수) 오전 10시, 세종실에서 제54회 국정과제회의가 열렸다. 노동연구원의 황덕순 박사(문재인 정부 일자리수석)가 한국형 EITC 모델을 20분 만에 간명하게 보고하자 이목희 의원이 "오늘 발표 내용은 주제, 시기, 절차가 다 좋다"고 호평했다. 그러나 이헌재 부총리는 인프라 부족, 예산 낭비 우려, 저임금 고착화 가능성, 좌파적 정책 등의 이유로 반대했다. 그러자 유기철 교수(충북대)가 "영국, 미국에서 성공한 제도인데 좌파라니 터무니없다"고 일축했다. 노 대통령이 "EITC 합시다. 확실히 깃발 세우고 갑시다"라고 결론을 내렸다. 이렇게 근로장려세제가 도입됐다. 다음 날 《서울경제신문》에 'EITC는 이정우 작품'이라는 보도가 났다. 지금도 이 제도는 좋은 평가를 받고 있다. 이명박 정부 때 어느 날, 내가 택시를 탔더니 기사가 근로장려세제 혜택을 입었다면서 좋은 제도라고 극찬했다. 내가 답했다. "그 제도는 이명박 정부에서 시작했지만 실은 참여정부가 도입한 겁니다."

56. 국회 풍경:
'좌파 정부' 공격에 맞서다

○
●

　　2003년 4월 25일(금) 오전 10시 문희상, 유
인태 등 10여 명과 함께 국회 운영위원회에 출석했다. 국회의원들의
지각으로 30분 늦게 시작했다. 의원들은 서로 '존경하는 아무개 의원
님'이라 부르면서 장관에게는 거의 반말 투로 윽박지르거나 고함을 치
는 고약한 버릇이 있었다. 각 의원의 질문 시간이 1문 1답식 10분 이내
로 제한돼 있는데 시간을 지키는 의원이 한 명도 없었다. 2003년 9월
18일(목) 오전 9시, 국회 운영위의 2002년 결산 보고에 참석했다. 또
30분 늦게 시작했다. 23명의 의원이 들락날락하며 파상 공세를 퍼붓는
데 중복 질문, 형식적 질문이 많았다. 회의는 12시 반에 끝났는데 의결
정족수가 부족해 2시 반에 속개한다고 해 어이가 없었다.

　　10월 31일(금) 오전 9시 반, 국회 예결위 결산 회의에 출석했다. 어
제 총무비서관이 출석했더니 어느 한나라당 국회의원이 "당신이 왜 거
기 앉아 있느냐?"고 망신을 주는 바람에 문희상 비서실장이 출석, 자정
까지 고생했다고 한다. 그래서 오늘은 나와 김영주 비서관(나중에 경제

수석, 산자부 장관)이 출석했는데 하루 종일 청와대 관련 질문은 하나도 없었다. 대부분 총리 상대 질문인데 그것도 예결산과 관련 없는 정치 공세뿐이었다. 국회가 권위주의적이고, 도무지 시간관념이 없고 낭비적, 형식적 회의가 많아서 개혁할 게 많구나 하는 생각이 들었다.

공격적인 국정감사

2004년 5월, 열린우리당 홍재형 정책위의장과 나 사이에 경기 부양을 둘러싼 의견 대립이 있었다. 홍 의장은 겨울이 다가오니 오버코트를 준비해야 한다고 말했고, 나는 겨울이 지나가는데 난로를 구입하는 격이라고 반박해 설전이 오갔다. 당시 다수 거시경제 전문가들이 경기 회복이 임박해 경기 부양책은 부적절한 걸로 판단하고 있었기 때문에 나는 이렇게 주장한 것이다. 그런데 7월 30일 유승민 한나라당 의원이 《한겨레》의 경제 주간지 《이코노미21》과의 인터뷰에서 나의 경기 부양 반대론을 공격하며 '무지가 오만으로 변했다'고 심한 말을 했다. 그는 또 "참여정부 1년 반 동안 경제정책이라 할 만한 게 없다", "수도 이전은 장기집권 음모", "앞으로 20년은 분배보다 성장에 매진해야 한다"는 일방적인 주장을 폈다. 유 의원은 경북고와 서울대 경제학과의 8년 후배다. 정치가 사람을 이렇게 만드는가 싶어 씁쓸했다.

2004년 10월 11일(월) 국회 재경위 국정 감사에 증인으로 출석했다 (과천 재경부). 오전에 한나라당 윤건영 의원부터 질문을 시작해 한 바퀴 돌았다. 윤건영 의원이 참여정부를 좌파라고 공격하자 심상정 의원은 중도 될 자격도 없다고 반론을 폈다. 내가 참여정부는 성장과 분배를 동시에 추구하고 노사의 상생 발전을 도모하므로 중도파 정부라고 답했다. 한나라당은 좌파라고 하고, 민노당은 우파라 하니 평균하면 중도파가 아니냐고 말했다.

점심을 먹으러 가는 길에 경북대 졸업생 최중혁 군(《매일노동뉴스》기자)을 만났는데 재경위 소속 한나라당 의원 중 제일 독설가는 김양수 의원(경남 양산)이니 특별히 조심하라고 했다. 원수는 외나무다리에서 만난다더니 식당에서 김양수 의원과 딱 마주쳤다. 그런데 나를 보자마자 "소신, 철학이 뚜렷해 존경합니다"라고 말해 뜻밖이었다. 오후에는 KBS TV가 중계방송을 하니 의원들은 화면에 나오려고 노력하는 기색이 역력했다. 나에겐 답변할 기회를 거의 주지 않고 자기주장만 늘어놓았다. 4층 좁은 회의실이 기자들로 가득 찼다.

오후 4시부터 3차 회의 및 보충 질문이 있었다. 최경환 의원이 참여정부를 '위원회 공화국'이라 비난하며 나를 '소통령'이라고 불렀다. 임태희 의원이 나더러 대우종합기계 매각 건에 개입했는지 묻기에 나는 빈부격차위원장으로서 100대 국정과제의 하나인 우리사주 확대를 위해 노사 어느 편도 들지 않고, 특혜와 차별 없이 원칙대로 매각하는 원칙을 정했다고 답했다. 심상정 의원은 참여정부는 우파 정부라 희망이 없지만 그래도 이정우는 개혁파로서 앞으로 잘 해 달라고 두 차례나 부탁했다. 한나라당 김양수 의원 차례가 되자 "이정우 위원장 자료를 찾아보니 100페이지가 넘더라. 소신과 철학이 뚜렷한 분이라 장차 한국은행 총재를 해야 할 분이다"라고 의외의 발언을 해서 엄숙하던 회의장에 폭소가 터졌다. 열린우리당 강봉균 의원이 경기 부양책에 대한 내 생각을 질문하기에 "병이 있으면 치료해야 하고, 아프면 진통제도 줘야 하지만 마약을 줘서는 안 된다. 경기 부양은 반대 않지만 장차 부작용이 나타날 인위적 경기 부양은 반대한다"고 분명히 답했다.

　기세등등하던 국감도 오후 8시가 지나자 파장 분위기가 완연했다. 그런데 갑자기 한나라당 윤건영 의원이 보충 질문 신청을 하더니 나를 향해 1문 1답식 공격에 나섰다. 경제위기설, 부동산 정책 등 공격을 퍼붓기에 나도 조금도 물러서지 않고 하나하나 반박해 공방이 20분간 계속됐다. 윤 의원은 경북고와 하버드대학교 경제학과 2년 후배인데 안면 몰수하고 집요하게 사상 검증을 하려 들었다. 주위에 한나라당 의원들이 배도 고프고 하니 "마 됐다. 가자"라고 해서 8시 반에 드디어 국감이 끝났다. 거의 10시간 사상 검증을 당한 셈이다. 부근 설렁탕집에서 한나라당 김무성 재경위원장이 저녁을 샀다. 김 위원장이 나에게 말했다. "이 위원장이 하도 악명이 높아서 그런 줄 알았는데 오늘 하루 종일 지켜보니 그렇지 않네요." 다음 날 언론이 나의 국감을 도배하다시피 보도했는데 나에게 유리한 건 하나도 써 주지 않았다.

기대한 질문은 하지도 않고

며칠 뒤 10월 22일(금) 오전 10시, 국회 운영위원회 국정 감사에 또 불려 갔다. 오전에 MBC에서 녹화해 오후에 방영했다. TV 카메라가 들어오자 의원들이 모두 적극적으로 발언했다. 주로 김우식, 김병준 실장에게 어제 있었던 헌재의 신행정수도 위헌 결정을 승복하느냐고 거듭 질문했다. 김우식 비서실장은 "법적 효력을 누가 부정하겠습니까?"라고 모범 답변을 반복해 공격을 피해 갔다. 남경필 의원이 참여정부를 좌파 정부라고 공격하기에 내가 어떤 내용이 좌파인지 질문했다. 그러자

남 의원이 '과거사 진상 규명, 출자총액제한제도, 분양가 원가 공개'를 들기에 내가 반박했다. "과거사 진상 규명이 어떻게 좌파냐. 제2차 세계 대전 뒤 가장 철저히 과거사 청산을 한 프랑스의 드골 정부는 우파가 아니냐. 역사 바로 세우기는 좌우와 관계가 없다"고 주장하니 남 의원이 순간 당황하며 "한나라당도 과거사 진상 규명은 반대하지 않는다"고 물러섰다. 이어서 내가 "출총제도 경제의 투명성을 높이고 기업지배구조를 개선해 시장경제를 제대로 하자는 것 아니겠습니까"라고 하니 신사적이라고 소문난 남 의원은 더 이상 질문하지 않았다.

그리고 한나라당의 안명옥 의원이 참여정부의 교육정책을 하향 평준화라고 공격하기에 내가 "한국의 대학입시 변별력은 세계 최고 수준이다. 오히려 과잉 변별력 요구가 과잉 과외를 낳는다"고 반박했다. 안명옥 의원이 자꾸 하향 평준화라고 비판하기에 내가 답했다. "평준화하면 으레 하향이라는 수식어를 붙이는데 틀렸다. 상향 평준화다. 한국 고등학생들은 세계 최고 실력이다." "그럼 상향 평준화란 말인가?" "그렇다. 상향 평준화다. 아무 문제없다." 나한테는 헌재 결정에 대해 아무도 질문하지 않았다. 혹시 질문해 오면 나는 두루뭉술 넘어가지 않고 헌재를 정면 비판할 생각이었는데 기회가 오지 않았다.

국감이 파할 무렵 학계에서 잘 아는 사이인 한나라당 박세일 의원이 외교부 국감을 하던 중 잠깐 들러 나에게 격려 메모를 주고 갔다. "어려운 때 수고가 너무 많으시지요. 그러나 성과는 쉽게 보이지 않지만 많을 것입니다." 종일 시달린 피로가 일순에 풀리는 느낌이 들었다. 1년 뒤 박세일 의원을 다시 만났다. 2005년 9월 29일 강원룡 목사가 주관하던 대화문화아카데미가 창립 40주년을 기념해 '양극화'를 주제로 내걸고 김영삼, 김대중, 노무현 정부의 정책 브레인 3명(박세일, 최장집, 이

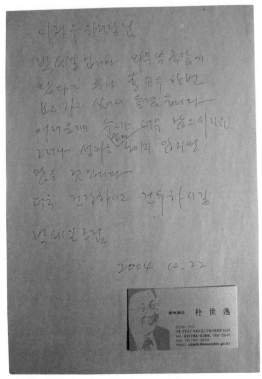

2004년 10월 22일 국정 감사가 끝나갈 무렵 한나라당 박세일 의원이 이정우 정책기획위원장에게 주고 간 격려 메모. 자료 출처: 이정우

정우)을 연사로 초청한 자리에서였다. 이 세미나에는 고건 전 총리가 참석해 처음부터 끝까지 경청했다. 박세일 교수는 우리나라 합리적 보수의 아이콘이었는데 2017년에 타계해 애석하기 짝이 없다.

57. '위징' 같은
바른말 참모가 너무 많아

○
●

2003년 5월 29일(목) 오후 4시, 청와대 연무
관에서 경호실의 무도 시범 및 다과회가 열렸다. 암살 시도에 대한 방
어를 주제로 한 시범인데 칼과 몽둥이가 난무해 박진감이 넘쳤다. 행
사 뒤 다과회에서 자연스레 암살이 화제에 올라 내가 노 대통령 내외
에게 진시황과 자객 형가 이야기를 해 드렸다. 몇 달 뒤 노 대통령이 나
에게 자객 형가 이야기의 어떤 대목을 다시 묻기에 설명했다. 해가 바
뀌어 2004년 1월 1일(목) 관저 만찬에서 자객 형가 이야기가 화제에 오
르기에 내가 쫙 설명하니 유인태 정무수석이 "이 위원장은 경복고도
안 나왔는데 역사에 강하네" 하기에 "경복고만 역사에 강한 게 아니고
경북고도 강하다"고 답했다. 노 대통령이 농담을 했다. "권오규 수석은
돈 되는 것 잘 알고, 이 위원장은 돈 안 되는 것 잘 안다." 노 대통령은
역사에 관심이 많고 아는 것도 많았다. 청와대에서 차를 마시거나 식
사 중에 자주 역사 이야기를 꺼내거나 질문을 했다. 주제는 한국, 중국,
일본의 역사, 프랑스 혁명, 러시아 혁명, 미국사, 남미사 등 종횡무진이

었다. 노무현 대통령은 역사 대통령이었다.

민주주의와 경제성장

2003년 8월 12일(화) 정오에 노 대통령, 고건 총리와 3실장이 백악실에서 점심으로 꼬리곰탕을 먹었다. 나종일 안보실장이 "100년 전 자본주의 대안을 제시한 두 사람이 레닌과 간디"라고 하기에 내가 반론을 제기했다. "간디는 역사 후퇴이니 대안이 못 된다. 힌두와 이슬람 화해를 주장하면서도 자기 아들이 이슬람 여자와 결혼하려는 걸 반대했고, 천민을 무시했고, 반노조, 반여성 등 별로 존경할 만한 인물이 못 된다."(나중에 이명박 대통령이 간디를 존경한다는 보도를 읽었다.) 화제가 바뀌어 나종일 실장이 "한국은 대외 배타적인데 일본은 더 배타적"이라고 주장하니 문희상 실장이 반대라고 주장했다. 나는 문 실장 편을 들었다. "한국이 일본보다 더 배타적이다. 일본에서 재일 조선인 차별 철폐 운동을 열심히 한 강재언 교수가 한국에서 중국 화교에 대한 차별을 보고 나서는 부끄러워 더 이상 운동 못 하겠다고 말했다." 그러자 노 대통령이 고건 총리에게 "교수 출신들의 현란한 지식은 감탄스럽지요?"라고 하기에 내가 "아닙니다" 하고 얼른 입을 다물었다. 나오면서 문희상 비서실장이 말했다. "대통령 앞에서 이야기를 많이 하면 숙제가 많이 떨어지기 때문에 나는 가만히 있는다. 군대에서도 그렇잖아요. 차트 잘 그리는 사람은 노상 차트 그리고." 하하, 문 실장은 '외모는 장비, 머리는 조조'라더니 맞는 말이다.

11월 24일(월) 오전 9시, 수석회의에서 부안 핵폐기장 사태 추이를 보고받던 노 대통령이 화가 나 단호한 어조로 민주주의 문제를 거론했다. "영국의 대처 총리가 비록 신자유주의라고 비판받지만 그 대신 리더십은 인정할 만하지 않느냐. 천안문 사태 때 등소평이 진압하지 않았다면 과연 오늘의 중국이 있겠느냐? 어떻습니까?" 침묵이 흘렀다. 회의가 끝날 무렵 조윤제 경제보좌관이 걱정이 되는지 "아까 대처, 천안문 발언은 언론에 안 나가는 게 좋겠다"고 건의했다. 노 대통령이 동의하며 다시 민주주의와 경제성장의 관계를 이야기하기에 내가 한마디 했다. "민주주의와 경제성장 사이의 관계는 최근 연구 결과 별 상관관계가 없는 것으로 결론이 났다. 그러니 성장을 위해 구태여 민주주의를 희생할 필요가 없다. 천안문 사태와 경제 실적은 별로 관계가 없다. 지나친 개혁, 성장으로 인한 경제 과열로 인해 1989~1992년 조정기를 거쳤고, 1992년 등소평이 남순강화를 통해 다시 경제성장에 불을 붙였다. 천안문 사태를 대화로 해결하려던 온건파 후야오방胡耀邦, 자오쯔양趙紫陽이 실각했지만 먼 훗날 재평가될 거다." 노 대통령이 문희상 비서실장을 돌아보며 "이거 본전도 못 찾았네요"라며 웃었다. 나종일 안보실장이 대처리즘을 비판하자 박주현 수석이 거들었다. 회의 뒤 김희상 국방보좌관이 다른 일로 나와 통화하던 중 천안문 관련 내 견해를 '탁견'이라고 칭찬해 주었다.

위징이 많아 일하기 힘들어

한 달 뒤 12월 23일(화) 정오, 백악실에서 대통령, 총리, 청와대 3실장의 정례 오찬 자리에서 노 대통령은 나의 천안문 견해를 반대했다. "내 생각은 다르다. 정책실장은 사태를 낭만적으로 본다. 당시 잠시라도 끈을 놓으면 체제가 무너질 수도 있는 상황이 아니었을까. 그래서 등소평이 옳지 않았겠나." 견해 차이다.

이날은 며칠 전 KBS TV에서 특집 방영한 이라크의 후세인이 화제에 올랐다. 후세인은 지독한 스탈린 숭배자로서 스탈린에 관한 책을 몽땅 읽고 모방했다고 한다. 당 대의원 회의 중 180명의 대의원 앞에서 후세인이 연설했다. "우리 중에 배신자가 있다. 호명하는 사람은 밖으로 나가라." 60명을 호명해 바로 총살했다. 나종일 안보실장이 스탈린이 레온 트로츠키Leon Trotsky, 그리고리 지노비예프Grigory Zinovyev 등 혁명 동지들을 숙청한 이야기를 하기에 내가 보충 설명을 했다. "정치국 회의 중 미망인이 낭독한 유서에서 레닌은 혁명 동지들을 한 명씩 평가했는데, 스탈린에 대해서는 음흉하고 믿을 수 없는 인물로 지칭하며 절대로 후계자가 되어서는 안 된다고 언명했다. 스탈린은 뒤로 물러나 기회를 노리며 좌파, 우파를 왕복하며 정적들을 하나씩 제거해 결국 권력을 장악했다. 정통성이 없었기 때문에 무자비하게 동지들을 숙청하고 독재로 갔다". 나종일 실장이 말했다. "숙청된 동지 중 부하린은 애석하다. 당내 최고 이론가였고 인품도 훌륭했는데 사형을 당했다. 감옥에서 스탈린에게 살려 달라고 애원하는 편지를 보냈지만 소용없었고 스탈린은 가끔 그 편지를 꺼내 읽는 걸 즐겼다." 내가 덧붙였다. "부하린은 정말 훌륭한 사람이었는데 억울하게 죽었다. 뒤에 흐루쇼프가 부하린을 복권 시키려고 정치국 회의 안건으로 올렸는데, 마침 그때 소련 방문 중이던 루마니아 대통령이 참석해 반대하는 바람에 무산됐다. 동유럽은 모두 스탈린 숭배자들이 집권하고 있었다. 1988년 고르바초프 때 부하린이 사후 반세기 만에 복권됐다. 그때까지 부하린의 부인이 살아 있어 남편의 명예 회복을 보고 죽었다.”

2005년 2월 25일(금) 정오, 인왕실에서 대통령 내외와 실장, 수석들이 참석해 참여정부 2주년 기념 오찬이 있었다. 건배사 부탁을 미리 받고 생각을 해 봤다. 청와대 떠날 때가 가까웠다고 생각해 이런 건배사를 했다. “중국 역사상 최고의 명군으로 칭송받는 당 태종 밑에 바른말을 하는 위징이라는 신하가 있었다. 위징이 자주 바른말을 하니 당 태종이 참고 또 참다가 어느 날 드디어 분노가 폭발했다. ‘저놈의 영감탱이를 오늘은 죽이고야 말겠다’고 안방에 들어와 칼을 찾았다. 현모양처의 표본인 장손황후가 사라지더니 잠시 뒤 황후의 정식 예복으로 갈아입고 나와 태종에게 큰절을 하며 이렇게 말했다. ‘폐하, 자고로 명군 밑에는 바른말 하는 신하가 있다고 들었습니다. 바른말 하는 위징이 있

2005년 2월 25일 노무현 대통령은 취임 2주년을 맞아 국회의사당을 방문해 국정 연설을 했다. 집권 2년간의 국정 운영 경과를 보고하고 향후 국정과제와 국정 운영의 기조를 밝혔다. 자료 출처: 노무현재단

음은 곧 폐하가 명군이라는 뜻이니 감축드립니다.' 기분이 좋아진 태종이 말했다. '아까 일은 없던 일로 하지요.'" 내 건배사가 끝나자 노 대통령이 말했다. "호! 누군지 다음 건배사 할 사람 부담스럽겠는데…." 나를 이어 건배사를 한 김병준 정책실장은 도종환 시인의 '흔들리며 피는 꽃'을 주제로 멋진 건배사를 했다.

이어서 노 대통령이 역사 이야기를 했다. 정도전 집터가 당시 점쟁이 말로 '천자만손'의 터전이라 했는데 몇 백 년 뒤 한국 최대의 수송초등학교(지금은 종로구청)가 들어서서 점쟁이의 예언이 맞았다는 이야기, 중국 정화의 아프리카 진출 이야기를 한 뒤 노 대통령은 이렇게 말했다. "나는 일벌레라서 여러분은 불운한 사람들이다. 일요일도 일하고, 제주도 가서도 하루 놀고 나면 조바심이 난다. 다음에는 철쭉, 목련 필 때 녹지원에서 파티를 하면 좋겠다. 언론에서 대통령 변했다고들 하는데 안 변했다. 그러나 전 같으면 연설문에 '안 변했다'고 쓸 텐데 청와대에 위징이 하도 많아 포기했다. 그것만은 변했다." 모두 웃었다. 그 뒤 노 대통령이 "요즘 청와대에 위징이 너무 많아 일하기 힘들어!"라는 농담을 가끔 했다고 들었다.

위징은 만년에 '술회述懷'라는 시를 남겼다. 거기 나오는 "인생은 의기를 느끼는 것일 뿐, 공명을 누가 다시 논하는가人生感意氣 功名誰復論"라는 구절을 나는 특히 좋아한다. 큰 뜻을 품은 인간의 기개가 느껴지는 시다. 이 구절을 경북대 최정규 교수(경제학)에게 써 주었더니 희대의 악필인데도 연구실 문에 붙여 놓았다.

노무현과 함께한 1000일

자객 형가

동서고금을 통해 대의를 위해 목숨을 바친 사람이 많지만 그중에서도 가장 유명한 인물을 들라면 춘추전국 시대 예양과 더불어 협객 형가荊軻를 빼놓을 수 없다. 연燕나라 태자 단丹은 어릴 적 친구인 진秦나라의 영정嬴政(나중에 진시황)이 자기를 업신여기고 볼모로 삼은 데다가 자기 나라를 핍박하는 데 대해 복수하기로 결심한다. 단은 평소 신뢰하던 전광田光이란 늙은 신하에게 진시황을 암살할 계획을 이야기하자 전광은 그 일을 해낼 적합한 인물로 형가를 추천했다. 태자 단이 전광과 헤어질 때 이 일을 다른 사람에게는 비밀로 해 달라고 부탁하자 전광은 확실히 비밀을 지킨다는 것을 보여 주기 위해 형가에게 이 임무를 맡기고는 스스로 목숨을 끊었다.

형가는 문무를 겸비한 인물이었지만 평소에 친구인 개 도살꾼 송의宋意와, 축筑이란 악기를 잘 타는 고점리高漸離와 의기투합하여 함께 술 마시고 노래하며 마치 주위에 사람이 없는 것처럼 오만방자하게 행동하곤 하였다. 여기서 나온 고사성어가 바로 '방약무인傍若無人'이다. 전광은 비록 형가가 개차반 같은 행동을 하고 있지만 비범한 인물이라는 것을 꿰뚫어 보고 있었던 것이다.

형가는 진시황을 암살하려면 무엇보다 진시황에게 접근할 수 있어야 하는데, 이를 위해서는 두 가지가 필요하다고 태자에게 말한다. 하나는 진시황이 탐내는 연나라 독항督亢 지방의 지도이고 또 하나는 진나라에서 반란을 일으켰다가 실패하고 연나라에 망명을 와 있던, 진시황이 목에 큰 상금을 걸고 찾고 있던 번어기樊於期란 장수의 목이었다. 번어기는 진시황에게 복수하기 위해 절치부심하고 있던 차에 형가로부터 이 계획을 듣자 적극 찬성하며 스스로 목을 찔러 죽는다. '절치부심切齒腐心'이란 고사성어는 바로 여기서 유래한다. 형가와 동행할 인물로는 13세에 이미 사람을 죽여 악명 높은 진무양秦舞陽이 선택되었다. 형가는 진무양 정도로는 부족하다고 보고 주영朱英이란 뛰어난 검객을 찾았으나 태자 단이 독촉하는 바람에 포기하고 길을 떠났다.

기원전 227년 3월 형가가 연나라를 떠날 때 아직 날씨는 차가웠다. 형가가 살아서 돌아올 리는 만무하기 때문에 태자 단과 형가의 친구들은 흰 상복을 입고 연과 진의 국경선인 역수易水까지 배웅하였다. 역수 강변에서 고점리는 축을 타고 송의가 슬프게 이별가를 불렀다. 형가는 즉석에서 '역수가易水歌'라는 유명한 시를 지어 큰 소리로 노래 불렀다.

바람은 쓸쓸히 불고 역수 물은 차구나(風蕭蕭兮易水寒)
장사가 한 번 떠나니 돌아오지 않는다(壯士一去兮不復還)

친구들이 슬피 우는 가운데 형가는 훌쩍 수레에 오르더니 채찍을 가해 길을 떠났다. 수레가 지평선으로 사라질 때까지 형가는 한 번도 뒤돌아보지 않았다. 그 뒤 형가는 독항의 지도와 번어기 장군의 목을 갖고 진시황의 궁전(함양궁)에 들어가는 데 성공한다. 당시 진나라의 궁전에는 누구라도 무기 소지가 금지됐고 진시황 혼자서 긴 칼을 차고 있었다. 형가는 독항의 두루마리 지도 속에 독이 묻은 단검을 숨기고 있었다. 진시황이 앉아 있던 높은 자리로 오르기 위해 형가는 번어기 장군의 목을 들고, 진무양은 지도를 들고 계단을 올랐다. 진무양이 안색이 하얗게 변하고 팔다리가 덜덜 떨려 주위에서 의심하기 시작하자 형가는 "촌사람이 난생 처음 황제를 뵈려니 황송해서 그렇다"고 둘러댔다.

계단을 올라 진시황 가까이에서 지도를 펼치자 단검이 나왔다. 형가는 왼손으로 진시황의 소매를 잡고 오른손으로 단검을 휘둘렀으나 소맷자락만 베었다. 시의侍醫 하무차夏無且가 약주머니를 형가에게 던져 형가가 주춤하는 사이에 진시황은 도망가고 큰 기둥을 맴돌며 형가는 뒤쫓는 일촉즉발의 상황이 벌어지는데, 진시황의 신하들은 그저 쩔쩔매고 있었다. 진시황은 등에 찬 칼을 뽑으려 했지만 칼이 워낙 길어 뽑히지가 않았다. 신하 중 누군가가 순간적으로 기지를 발휘하여 진시황에게 "칼을 등에 지고 뽑으십시오"라고 소리쳤고, 진시황이 그렇게 하자 비로소 칼이 뽑혔다. 이 긴 칼로써 진시황은 형가를 내리치는 데 성공하였다. 진시황은 기골이 장대하였고 평소 무술에 능했다고 한다.

마지막으로 형가는 진시황을 향해 단검을 던졌으나 빗나가고 말았다. 형가는 온몸에 칼을 맞아 만신창이가 되어 바닥에 주저앉으면서 "진시황을 죽일 수 있었는데, 살려 두고서 칼로 위협하여 연나라에서 빼앗아 간 땅을 도로 내놓겠다는 약속을 받으려 한 것이 잘못이었다"고 말하고는 진시황이 휘두른 장검에 맞아 죽고 말았다. 이 극적인 장면에 대해 후세 사람들 중 애통해하지 않는 사람이 없다. 구사일생으로 목숨을 건진 진시황은 크게 노하여 책임이 있는 신하에게는 중벌을 내렸고, 하무차에게는 황금 4000냥의 큰상을 주었다.

이야기는 여기서 끝나지 않는다. 그 후 형가의 친구 고점리는 축의 명인으로 소문이 나서 음악을 좋아하던 진시황의 궁전에 초대받게 되지만 형가의 친구라는 사실이 탄로 나는 바람에 눈을 지지는 형벌을 당해 장님이 된다. 그 후에도 고점리가 워낙 축을 타는 솜씨가 뛰어난 데다가 장님이니 진시황이 안심하고 자주 불러 축을 연주하도록 하였다. 고점리는 늘 기회를 엿보다가 어느 날, 축 속에 몰래 납덩이를 넣어 들어가 진시황을 향해 내려쳤으나 실패하고 그 역시 사형을 당했다. 이 암살을 계획했던 연나라 태자 단은 분노한 진시황이 보낸 군사에 의해 살해되었고, 연나라는 결국 형가의 진시황 암살 실패 5년 뒤 멸망하였다. 결국 이 계획에 참가했던 전광, 번어기, 형가, 진무양, 태자 단, 고점리 등이 모두 죽었고 암살은 실패로 끝났으나 후대 사람들에게는 형가의 기개가 깊은 감명을 주었다. 지금도 중국에는 도처에 형가를 모시는 사당과 기념탑이 서 있다. 형가의 죽음을 애도하여 뒤에 당나라의 낙빈왕(650~684)이 쓴 '역수송별易水送別'이란 시가 있다.

此地別燕丹 이 땅에서 연나라의 태자 단과 이별할 때
壯士髮衝冠 장사의 머리카락은 관을 찔렀네
昔時人已沒 옛 사람은 이미 죽었으나
今日水猶寒 오늘도 역수 물은 여전히 차구나

58. 정책실장에서
정책기획위원장으로

○
●

           나는 청와대에서 2년 반 동안 일하던 중
두 차례 청와대를 떠났다. 첫 번째는 2004년 1월 정책실장에서 정책
기획위원장으로 바뀌면서 사무실도 외교부 청사로 옮겼다. 두 번째
는 2005년 7월 정책기획위원장을 그만두고 대구로 내려간 것이다. 내
가 청와대를 떠난 데는 재벌, 관료와의 불화가 작용했을지도 모른다.
2003년 5월 23일(금) 대통령과 독대 중 노 대통령이 "이 실장은 다 좋
은데 관료들과의 관계가 걱정"이라고 말했다. 당시 나를 따라다니는
나쁜 소문이 두 가지 있었다. 하나는 '재벌들이 이정우 때문에 투자를
안 한다'는 것인데 이건 말도 안 되는 과장이요 음해였다. 또 하나가
'이정우는 관료들과 사이가 안 좋아 일 추진이 안 된다'는 말이었다. 내
가 답했다. "저는 관료들 중 사무관, 과장들과는 잘 맞지만 실국장 이상
고위 관료 중 안 맞는 사람들이 있는 건 사실입니다. 관료들은 젊을 때
는 개혁적인데 나이 들고 직위가 올라갈수록 급격히 보수화하는 경향
이 있어 그렇습니다."

정책실장을 그만두기로 결심하다

2003년 연말이 되자 정책실장 교체 소문이 스멀스멀 나오기 시작했다. 12월 22일(월) 오후 3시, 김병준 정부혁신위원장이 찾아왔다. 언론 보도가 맞고(즉, 정책실장 교체) 하면서 어차피 똑같은 일을 하니까 정책기획위원장으로 자리를 옮겨 하라고 권했다. 나는 그만두겠다고 답했다. 내일 저녁 관저 만찬에 이종오 정책기획위원장, 김병준과 내가 참석키로 되어 있다고 하기에 "내일은 내가 할 말을 다 하겠으니 김 위원장도 옆에서 거들어 달라"고 부탁했다. 김 위원장이 떠난 뒤 내 거취 문제를 몇 사람에게 물어보았다. 정책실에서 일하는 정태인, 김수현, 정동수, 한태선, 그리고 경북대의 김민남, 김형기 교수 모두 반대했다. 차라리 그만두고 대구에 내려가는 게 맞다고 한다. 내 생각과 일치했다. 그만둘 결심을 굳혔다.

12월 23일(화) 오후 3시, 국무회의(세종실). 윤덕홍 교육부 장관의 국무회의 마지막 참석이라 악수하고 위로했더니 윤 장관은 그동안 고생만 하고 제대로 평가를 못 받아 억울하다고 말했다. 통과시킬 법령이 수십 개라 엄청나게 긴 시간이 소요됐다. 노 대통령이 회의가 끝나고도 이것저것 작은 일까지 일일이 언급하고 지시해 좀 걱정스러웠다. 최근에 말이 많아진 것과 작은 일까지 신경 쓰는 것, 둘 다 좋지 않은 조짐이었다.

국무회의를 마치고 헐레벌떡 관저로 달려가니 오후 6시 32분, 2분 지각이었다. 인수위와 청와대를 통틀어 첫 지각이다. 대통령이 이미 응접실에 나와서 이종오, 김병준과 대화 중이었다. "늦어서 죄송합니다" 하니 노 대통령이 웃으며 "이 정도는 지각도 아닙니다"라고 했다. 그만

노무현과 함께한 1000일

두기로 단단히 결심하고 저녁 식사를 시작했다. 재산세 인상안, 특별교부세 등 최근 국회 상정 안건들에 대해 이야기하다가 노 대통령이 이종오 정책기획위원장에게 미안하다면서 대신 다른 자리를 찾아보겠다고 했다. 이종오 위원장은 전혀 개의치 마시라고 웃으며 흔쾌히 사의를 표명했다. 이어서 노 대통령이 나를 보고 정책기획위원장을 맡아 달라고 요청했다. "정책실장이 너무 과부하가 걸려 가끔 시킬 일이 있어도 말하려다가 못 한 적이 많았다. 현안은 관료들에게 맡기고 장기 국정과제는 위원장에게 업무를 맡기려 한다. 처음에는 이 실장이 일 처리가 느려 답답했는데 지금은 잘하고 있다. 그래서 그리로 옮겨 계속 맡아 주면 좋겠다." 내가 답했다. "이종오 위원장과는 친구 사이라 인간적으로 미안하기도 하고, 그것보다 청와대의 새 구도가 문제입니다. 두 가지 문제가 있습니다. 첫째, 국정과제가 정책실에서 정책기획위원회로 가면 동력이 떨어질 겁니다. 부동산 대책이나 교육혁신위에 대한 공무원들의 협조 태도가 당장 달라질 겁니다. 둘째, 관료들이 정책실을 장악하면 일은 잘하지만 근본적 문제 해결 대신 편법으로 덮고 지나갈 우려가 있는데 그걸 막으려면 학자 출신이 정책실장을 맡는 게 맞습니다."

노 대통령이 말했다. "관료들은 노를 잘 젓는 사람들인데 엉뚱한 방향으로 갈 수도 있다. 정책기획위원장은 대통령과 같이 키를 잡고 가는 사람이다." "주위의 믿을 만한 사람들과 의논해 봤는데 전원이 그만두고 대구에 내려가는 게 맞다고 합니다." "대통령과 의논해야지 왜 엉뚱한 사람들과 의논하느냐?" "저를 위원회로 옮길 계획을 어제 처음 들었습니다. 오늘 여기 오기 전에 마음을 정해야 할 것 같아서 어제오늘 몇 사람과 의논해 봤습니다." "이 실장이 새 구도를 반대하기 때문에 의논 안 했다."

이종오, 김병준 두 위원장의 설득과 같이 키를 잡고 가자는 대통령의 엄청난 말에 결국 내가 설득당했다. "대통령이 그 정도로 생각하신다니 더 이상 반대를 못 하겠고 맡아서 열심히 해 보겠습니다. 그러나 두 가지 조건이 있습니다. 하나는 정책기획위원회에 힘을 실어 주십시오. 또 하나는 현안에 대해 관료들이 적당히 덮고 지나가는 경우 위원장이 수시로 보고하게 해 주십시오." "좋다. 위원장이 수석회의와 기타 원하는 모든 회의에 참석하도록 하겠다. 후임 정책실장한테도 위원장을 각별히 잘 모시라고 지시하겠다. 관료들이 잘못하면 언제든 보고하고 누구누구를 만나서 어떤 이야기를 들어 보라고 하면 다 하겠다." "고맙습니다. 열심히 일하겠습니다"라고 답했다.

김병준 위원장이 "이종오 위원장과 친구 사이라서 미안하다는 얘기는 이해가 가지만 그건 작은 문제"라고 하니 이종오 위원장이 "나는 전혀 신경 쓸 필요 없다"고 했다. 내가 "이종오, 박봉흠과 셋이 대학 동기라서 일이 공교롭게 되었습니다." 하니 "아 그렇습니까?" 하고는 대통령은 8시 반에 일어섰다. "난 일이 있어서 먼저 실례합니다." 하고 방을 나가면서 고개를 꾸벅 숙이는 모습이 천생 장난꾸러기 같고 권위주의라고는 찾아볼 수 없었다.

위원회의 전성시대

12월 30일(화) 내가 수석회의, 국무회의에 계속 참석하는데 민간인 신분이라서 좀 문제가 있겠다고 하니 노 대통령이 정책특보로 임명하겠다고 했다. 오후 6시 영빈관에서 열린 장차관 송년 모임에 부부 동반 250명이 참석해 대통령 내외와 일일이 악수하고 인사했다. 처음 시도하는 송년회 양식이라는데 괜찮아 보였다. 내 차례가 되자 노 대통령과 권양숙 여사가 이구동성으로 "1년 동안 고생 많이 했습니다"라고 따뜻한 말을 해 주었다. 이날《동아일보》고기정 기자가 '현실 경제 벽은 높았다'는 제목으로 문민정부의 박재윤, 국민의정부의 김태동, 참여정부의 이정우 비교 기사를 썼다. 학자 출신이 정부에 들어오면 반드시 실패하는 것처럼 묘사했다. 글쎄요, 희망 사항을 사실인 것처럼 써 놓아 동의하기 어려웠다.

2004년 1월 2일(금) 오전 9시, 김병일 기획예산처 장관, 박봉흠 정책실장과 함께 내가 정책기획위원장 임명장을 받은 뒤 차 한잔을 했다.

2004년 1월 2일 노무현 대통령이 이정우 신임 정책기획위원장에게 임명장을 수여하고 있다.
자료 출처: 노무현재단

대통령이 수석회의 자리 배치 이야기를 꺼냈다. "밑에서 고민하기에 내가 그냥 앉던 자리에 그대로 앉으라고 정했다. 대통령 자문위원장이니 예우를 해 드리는 게 맞지 않겠나. 박 실장한테는 좀 미안하지만." 박봉흠 실장이 "아닙니다. 당연한 일입니다"라고 선선히 양보했다. 그래서 나는 수석회의에서 원래 앉던 자리(대통령 왼쪽)에 그대로 앉게 됐다. 하던 일도 그대로, 자리도 그대로, 아무 변화가 없었다.

그런데도 언론은 내가 밀려난 것처럼, 학자가 관료한테 밀린 것처럼 쓰기를 즐겼다. 《동아일보》 최영해 기자는 왕특보, 위인설관이라고 비판했고, 《매일경제》는 이정우의 청와대 자리 배치가 기형적이라고 공격했다. 반면 《한국경제》 허원순 기자는 '예우받는 정책특보'라고 점잖게 썼다. 나는 원래대로 12개 대통령 자문위원회를 총괄하며 국정과제회의를 진행했다. 노 대통령은 밑에서 다 결정된 것을 최종 추인하는 국무회의를 총리에게 맡기고 장기 결석하는 한편, 토론이 있는 국정과제회의를 좋아해 64회나 참석해 중요한 결정을 해 나갔다. 동북아 경제중심, 균형발전, 신행정수도, 전자정부, 정부혁신, 보육 확대, 아동 빈곤 해소, 근로장려세제 등 참여정부의 주요 정책들이 모두 여기서 결정되고 실행에 옮겨졌다. 바야흐로 위원회의 전성시대였다.

59. 이정우가 그만둔다는데 땅을 사 놓을까?

○
●

2005년 5월 26일(목) 누가 보내 준 '삼성 공화국' 보고서를 읽었다. 삼성카드의 5% 이상 지분 보유는 금산법 24조 위반인데도 금감위가 제대로 감독하지 않고 재경부는 친절히 법을 개정해 봐주려 한다는 내용이 있었다. 축구 선수가 반칙을 했는데 심판이 호루라기를 불지 않고 경기 규칙을 고쳐 봐주려는 격이다. 나는 이 보고서를 대통령에게 올렸다.

금산법 24조 개정안의 쟁점

2005년 7월 4일(월) 늦은 밤에 송민경 보좌관한테서 전화가 왔다. 내일 아침 국무회의에 금산법 24조 개정 안건이 올라온다며 김상조 교수와 의논하더니 자정 지나 팩스와 이메일로 자료를 보내왔다. 7월 5일(화) 오전 7시 10분, 서별관 경제장관회의에 참석한 뒤 8시 20분에 윤태영 비서관에게 전화해 대통령에게 금산법 개정 문제점을 긴급 보고하겠다고 하니 윤 비서관이 말렸다. 내가 올린 '삼성 공화국' 보고서를 어젯밤 대통령이 읽고는 복잡하고 어려워 손대지 않겠다고 했으니 이야기를 꺼내면 짜증 낼 거라며 만류했다. 그래도 너무 중요한 문제라 바로 본관으로 달려가 8시 40분, 출근하는 대통령과 만나 1층 작은 방에 대통령, 윤태영과 내가 앉았다. 조금 뒤 김우식 비서실장도 왔다. 금산법 24조 개정안의 문제점을 지적하니 노 대통령이 소극적 태도를 보이다가 점차 화를 냈다. "왜 미리 협의하지 않았습니까?" "제가 5월 말에 보고했고, 정책기획위원회에서 부처 공무원들을 불러 회의하기 어려운 구조입니다." 노 대통령이 말했다. "삼성 잘되는 것을 국민들은 좋아한다. 자기 돈 갖고 투자한다는데 왜 막나? 갑자기 국무회의 직전에 갖고 오면 대통령인들 어떻게 막나? 국무회의에서 통과 안 됐다고 하면 난리가 날 거다." "제가 어젯밤 자정 넘어 전모를 파악해서 이렇게 됐습니다." 대통령의 목소리가 커지면서 "안 된다"고 선언했다. 국무회의에서 문제 제기라도 하겠다고 부탁했는데 그것마저 거절했다. 대통령이 정색한 채 화를 내며 말했다. "정부 안에서 일하면서 어떻게 그런 식으로 일합니까? 오늘 배석도 하지 마세요. 만일 발언하면 해임하겠습니다." 일어나 본관 밖으로 나오니 만감이 교차했다. 이래서는 안 되지 싶어 대통령 지시를 어기고 국무회의장으로 발길을 돌렸다. 애국가가 끝나고 천정배, 이재용 두 신임 장관이 인사말을 하고 있었다.

한덕수 부총리가 금산법 개정 안건을 설명하자 노 대통령이 질문을 했다. "어젯밤 누가 문제 제기를 하던데, 이게 사회적으로 쟁점이 있는 법이지요? 의결권은 어떻게 되며 초과 지분 처분은 어떻게 됩니까?" 한덕수 부총리가 설명을 하는데 불충분했다. 윤증현 금감위원장이 보

노무현과 함께한 1000일

충 설명을 하는데 역시 핵심 파악이 안 돼 있었다. 강철규 공정거래위원장이 발언하려고 마이크 불을 켰지만 발언 기회가 오지 않았다. 장내 분위기가 고조되고 장관들이 웅성거렸다. 뜻밖에 노 대통령이 "이정우 위원장, 무슨 문제인지 한번 설명해 보세요"라고 했다. 내가 말했다. "본문에는 문제가 없으나 부칙에서 예외를 인정해 줘 의결권 감축, 초과 지분 처분이 안 되는 문제가 있습니다." 다시 소란해지면서 이해찬 총리가 이 안건은 좀 더 알아본 뒤 맨 끝에 재론하자고 중재안을 냈다. 조금 뒤 오상호 비서관이 불러 나가니 회의장 옆방에 윤증현 금감위원장과 권태신 정책기획 비서관(뒤에 국무조정실장)이 앉아 있었다. 고교, 대학 동기인 권 비서관이 왜 미리 이야기해 주지 않았느냐고 묻기에 "나도 자정 지나 알았다"고 답했다. 재경부와 금감위에 전화해 법률 조문을 하나하나 확인하는데 여전히 의문이 남았다. 그래서 오늘 일단 통과시키되 국회에 가서 박영선 의원이 발의한 법안과 묶어 재론하는 조건부 통과가 좋겠다고 합의하고 돌아와 이해찬 총리에게 말하니 이미 그렇게 결론을 내렸다고 했다.

떠날 때가 되다

7월 7일(목) 오후 7시, 인수위 경제1분과 5인 동지들이 모였다(인사동 태화). 국무회의 금산법 사건을 설명해 주니 모두 나더러 이제 나올 때가 됐다고 하는데 정태인만 반대했다. 그래도 참여정부가 성공해야 하고 내가 계속 일해야 한다고 강한 애착을 보였다. 7월 8일(금) 새벽, 정태인 비서관이 《한겨레》 박순빈 기자가 국무회의 금산법 개정 사건을 상세히 보도했다며 걱정하는 문자를 보내왔다. 오전에 세종실에서 열린 반부패 회의를 마치고 나오는 길에 문재인 수석에게 '삼성 공화국' 보고서와 금산법 24조 자료를 주니, 안 그래도 아침 현안 회의에서 이 건을 논의했다고 한다. 강철규 위원장이 "공무원의 속임수는 공직 기강 차원에서 조사, 엄벌해야 한다"고 주장했고, 천정배 법무부 장관은 "어제 열린우리당 정무위 소속 의원들이 삼성 지배구조를 비판했다"고 말했다.

7월 9일(토) 대구 아버지께 전화를 걸어 금산법 때문에 그만두게 됐다고 말씀드리니 잘했다며 옛날이야기를 하셨다. 1960년대 삼성이 영남대를 소유, 지배할 때 이병철 회장이 차남 이창희를 영남대 운영 책임자로 보내며 노동법 전공 이 아무개 교수를 자르라고 지시했다. 경북 노동위원회 공익위원을 하면서 삼성의 주력 기업인 제일모직에 불리한 결정을 자주 내리고 노동자 편을 들었다는 이유였다. 그러나 뜻밖에 사카린 밀수 사건(이 사건은 박정희가 기획한 것인데 삼성이 덮어썼다)이 터져 이병철 회장이 경영 일선에서 물러나고 영남대도 손을 떼는 바람에 아버지는 해임을 면했다고 한다. 듣고 보니 하근찬의 '수난 2대'다. 7월 12일(화) 해외 출장 중인 박영선 의원에게서 국제 전화가 왔다. 금산법을 잘 막았다고 격려 전화를 한 것이었다. 귀국 후 만나 의논키로 했다.

프랑스 혁명 발발일인 7월 14일(목) 오전 6시 50분, 관저에서 대통령, 윤태영 비서관과 함께 아침을 먹었다. 윤 비서관은 노 대통령이 가장 신임하는 최측근이다. 집이 일산인데 매일 아침 6시 반에 출근하니 대단한 헌신이다. 내가 말했다. "일한 지 2년 반, 이제 에너지와 아이디어가 고갈됐고 참여정부도 반환점을 돌았으니 고향으로 돌아가겠다.

언론이 쉴 새 없이 저를 흔들어 왔는데 다른 대통령이라면 벌써 잘랐을 텐데 오래 지켜 줘 감사하다." "언론은 괜찮고 하는 수 없다. 그동안 수고 많았다. 균형을 잘 잡아 줬고, 위원회도 잘 이끌어 주어 여러모로 도움을 많이 받았다. 이제 다른 사람 자문도 좀 받고 싶다." "당연합니다." 끝으로 사회 정책 주력과 노사정 사회 협약을 건의했다. 대통령이 답했다. "전자는 하겠고 지금 이 위원장이 올린 최장집 교수 강연과 EU의 빈곤 퇴치 보고서를 읽고 있다." 그러나 후자는 거절하면서 조흥은 행 건과 철도청 파업을 예로 들며 노조에 대한 서운함과 불신을 표출했다.

7월 19일(화) 오후 4시, 재경부 김석동 국장, 추경호(윤석열 정부 경제부총리), 고광희 3인이 금산법 파동을 해명하러 찾아왔다. 부칙이 처음과 달라진 것은 재경부 작품이 아니고 법제처에서 장시간 쥐고 검토하는 과정에서 발생했다고 변명했다. 김석동 국장이 나에게 오해가 풀렸는지 묻기에 일부는 풀렸고 일부는 아직 의문이라고 답했다. 공무원은 특정 기업에 유리하게 해 줘도 안 되고 불리하게 해도 안 되며 나라를 위해 일해 달라고 부탁했다. 떠나기 전 청와대 브리핑에 올릴 마지막 글 〈분배가 잘 돼야 성장이 잘 된다〉를 밤에 완성했다.

7월 20일(수) 아침부터 사임 여부를 묻는 기자들의 전화가 폭주했다. 김만수 청와대 대변인이 "이정우 위원장이 나가도 정책 기조는 바뀌지 않는다. 정책특보는 계속한다"고 발표했다. 주가가 연일 상승하다가 이날만 하락했다. 이튿날 모든 신문이 이정우 사임을 보도했고 여야 4당이 각양각색의 논평을 냈다. 나의 사임에 대한 최고의 헌사는 살구색 신문 《문화일보》에서 나왔다. 《문화일보》는 어느 날은 나를 공격하는 기사를 1면부터 끝면까지 사설 포함 5개 면을 쓸 정도로 나에게 적대적이었다. 《문화일보》의 엽색 연재소설 《강안 남자》는 당시 인기 절정이었다. 남성 직장인들이 점심 먹고 커피 한잔하며 《강안 남자》 읽는 재미로 직장 다닌다는 말이 있을 정도였다. 주인공 조철봉이 이렇게 중얼거리는 대목이 등장했다. "땅을 사 놓는 것이 나을까? 이정우가 그만두었다는데 이제 좀 풀릴까?"

60. 약자와 정의를
우선한 학자 군주

○
●

　　2005년 7월 나는 청와대를 떠나 대구로 돌아왔다. 청와대에서 일할 때 내 좌우명은 제갈량의 후출사표에 나오는 '국궁진췌 사이후이鞠躬盡瘁 死而後已(나라 일에 전심전력을 다하고 죽은 뒤에야 멈춘다)'였다. 오직 일에만 매달렸다. 하루에 8차례 회의를 열기도 했다. 다른 참모들은 연무관 헬스장이나 수영장을 이용하기도 했지만 나는 근처에 얼씬도 하지 않았다. 나라 일을 하는데 나 자신을 돌본다는 생각은 내 머릿속에 없었다. 자연히 내 몸은 만신창이가 되어 2년 반 내내 크고 작은 건강 문제에 시달렸으니 실은 바보였다. 나는 청와대 일이 너무 힘들 때나 밤에 잠이 오지 않을 때 내일 청와대를 그만두고 대구에 내려가는 상상을 하며 〈내 고향으로 날 보내주〉 노래를 흥얼거리곤 했다(이 노래는 일본 유학 시절 윤동주 시인의 애창곡이었다). 그러면 기분이 좋아져 스르르 잠이 잘 왔다. 이제 드디어 고향에 돌아왔다. 대통령 정책특보 직함은 유지했으나 아무 할 일이 없었다.

노무현, 봉하로 돌아가다

그러던 중 2006년 초, 갑자기 한미 FTA 소문이 들려 이창동, 문성근, 안희정, 정태인과 함께 청와대에 들어가 노 대통령을 만류해 보았으나 실패했다. 대통령의 의지는 이미 확고했고, 우리들의 반대 논리는 아직 엉성한 수준이었다. 그 뒤 우리도 FTA를 열심히 공부했다. 정태인 비서관은 전국 방방곡곡을 다니며 한미 FTA 반대 강연을 수백 회 했다. 나는 신문에 반대 글을 쓰는 정도였다. 그 무렵 박봉흠, 변양균 정책실장이 좀 보자고 해서 만났더니 청와대에서 일한 사람으로서 정부 정책 비판을 자제해 달라는 부탁을 아주 점잖게 했다. 그러나 나는 청와대 떠날 때 밖에 나가서도 비판할 건 비판하겠다고 공언한 처지였다. 우리들이 한미 FTA를 반대한 이유는 이렇다. 한미 FTA로 관세가 폐지되더라도 전자, 조선, 철강 등 한국의 주력 수출품은 이미 무관세라 한국이 얻을 이익은 없다. 관세 인하로 이익 보는 분야는 섬유, 자동차인데 섬유는 '원산지 규정'이라는 복마전을 뚫기 어렵다. 유일한 잠재 이익이 자동차인데 그것마저 막판 협상에서 한국이 크게 양보했다. 그 대신 투자자국가소송제ISD, Investor State Dispute라는 괴물이 등장한다. 한국에 투자한 미국 기업이 한국의 어떤 법률이나 제도 때문에 손해를 봤다고 국제투자분쟁조정센터에 제소할 수 있고, 여기서 패소하면 거액을 배상해 줘야 하는 제도다. 유럽은 이 제도를 요구하지 않는데, 미국은 이걸 요구한다. 실제 이 제도 때문에 한국이 거액을 배상하는 사건이 지금까지 두 건(론스타, 엘리엇) 발생했다. 금액도 금액이지만 이 조항 때문에 한국 관료들이 정책 입안 시 위축되어 정책 주권이 위협받는다는 것이 더 근본적인 문제다. 미국은 한미 FTA 직전 호주와 맺은 FTA에서 호주의 요청을 받아들여 ISD를 빼 주었다. 그런데도 한국의 교섭 당국은 이걸 빼지 못했으니 오호통재라! 우리의 반대 논리의 핵심은 바로 ISD였다. 그 무렵 노 대통령이 "그래도 이정우, 정태인이 애국자야"라고 말했다는 소문을 들었다. 노 대통령은 옹졸하지 않았다.

그 뒤 청와대와 왕래가 없다가 참여정부 막바지에 대통령, 내각, 수석들이 참석하는 참여정부 5년 평가 학술 행사(영빈관)에 가서 기조 발제를 했다. 또 그 무렵 나는 〈참여정부의 빛나는 노을〉이라는 글을 언론에 투고했다. 오래전 참여정부가 사방에서 뭇매를 맞을 때는 '참여정부는 구름에 싸인 달'이어서 언젠가는 사람들이 진가를 알아줄 날이 올 거라는 글을 청와대 브리핑에 올린 적도 있다. 참여정부가 끝날 무렵 어느 날 연락을 받고 청와대 관저에 가서 노 대통령, 성경륭 정책실장과 점심을 먹고 차를 한잔했다. 궁금해서 내가 물었다. "오늘 무슨 일로 저를 보자고 하셨는지요?" "그냥 고마워서 밥 한번 먹자고 한 겁니다. 요즘 밖에서 도와주는 사람은 이 교수밖에 없어서…." 대통령이 외로워 보였다.

2008년 2월 25일 퇴임식 날, 대통령과 함께 일했던 사람들이 서울역에서 특별 열차를 타고 봉하로 내려갔다. 지방으로 내려가는 최초의 전임 대통령이라는 특별한 의미가 있었다. 도움을 줬던 노무현 대통령에게 감사 인사를 하려고 서경석 목사가 조선족 교회 교인들을 대거 이끌고 서울역에 와서 환송 플래카드를 흔드는 훈훈한 장면을 보았다. 특별 열차 안에서 노 대통령은 모든 칸을 돌면서 같이 일한 사람들과 일일이 악수했다. 노 대통령은 밀양역 광장에 내려 연설을 했다. 독립투사 김원봉이 해방 후 수십 년 만에 귀향했을 때 밀양 사람들이 구름처럼 모여 환영했다고 하는데, 이날도 밀양역 광장을 인파가 가득 메

2008년 2월 25일 경남 김해 봉하마을에서 열린 노무현 대통령 귀향 환영 행사. 노무현 대통령이 연단에 오른 유시민 전 복지부 장관과 함께 참석자들에게 인사하고 있다. 자료 출처: 노무현재단

웠다. 봉하마을에 도착해서는 "야, 기분 좋다!"고 외쳤다. '노무현과'에 속하는 정치인이 있다며 청중 속에 있던 유시민 전 복지부 장관을 연단 위로 불러올려 박수갈채를 받기도 했다. 그때는 밝은 미래가 펼쳐질 것처럼 보였다.

그가 그립다

2009년 2월 21일(토)과 3월 21일(토) 국가 경영에 관한 책을 같이 쓰자고 학자들을 불러 성경륭, 최병선, 김용익, 송기도, 이병완, 장하진, 조기숙, 김은경, 김수현, 김성환, 김창호, 윤태영과 함께 봉하에 내려갔다.

이날 종일 책 집필 계획을 세우던 게 마지막 만남이 될 줄이야. 노 대통령이 나에게 물었다. "이 교수, 차비 대 줄 테니 자주 좀 오세요. 요새 서울, 대구 어디 있어요?" "왔다 갔다 합니다." "사람이 왔다 갔다 하면 안 되는데." 옆의 권 여사도 웃고 모두 웃었다. 저녁을 먹고 서재에 모여 차 한잔할 때였다. 노 대통령의 손이 계속 앞에 놓인 강냉이 뻥튀기에 갔다. 권 여사가 보다 못 해 입을 열었다. "손님들한테는 권하지도 않고 혼자서 계속 드시면 어떻게 해요." "뭐, 별로 권할 만한 음식이 못 돼서." 좌중의 폭소가 터졌다. 노 대통령은 여전히 유머가 많았다. 그때 노 대통령은 오직 책 읽고, 책 쓸 생각밖에 없어 보였다. 그 뒤 사태는 급전직하, 두 달 뒤 2009년 5월 23일 아침, 대통령 서거 비보를 들었다. 아뿔싸! 돌이켜 생각하니 노 대통령은 평소 자기의 모든 것을 던질 수 있는 사람이었다. 유서에 나오는 "책을 읽을 수도, 글을 쓸 수도 없다"는 구절이 내 머리를 때렸다. 나는 노 대통령의 최후 염원을 실현하고자 학자 39명의 힘을 모아 《노무현이 꿈꾼 나라》라는 제목의 책을 출간했다.

장례식 날 나는 《한겨레》에 추도문 〈학자 군주 노무현을 그리며〉를 썼다. 노무현 대통령은 이익보다 정의를 추구했다. 맹자가 양나라 혜왕을 찾아가자 혜왕이 물었다. "선생께서 불원천리 찾아오셨으니 우리나라에 큰 이익을 주시겠지요?" 맹자가 답했다. "왕께서는 하필 이익을 말씀하십니까? 오직 인의가 있을 뿐입니다.王何必曰利 亦有仁義而已矣" 그렇다. 노무현은 평생 이익 대신 정의를, 약자에 대한 배려를 앞세웠다. 늘 손해 보고 지는 길을 갔다.

노무현을 싫어하는 사람들은 말실수와 학벌을 든다. 노 대통령은 자신을 학벌사회, 연고 사회의 바다에 떠 있는 외로운 돛단배에 비유한

적이 있다. 노 대통령은 가난 탓에 학벌은 낮았으나 책을 많이 읽어 학식이 높았다. 학자 군주였다. 조선 왕조 500년 27명의 왕 중에 학자 군주는 단연 세종과 정조다. 세종, 정조는 독서광이었고 집현전, 규장각을 설치해 학자들과 대화했다. 노 대통령도 독서를 좋아했고, 위원회를 설치해 학자들과 대화했다. 정책을 만들 때도 눈앞의 인기보다 논리적 타당성과 진정 국민을 위한 정책인지를 따졌다.

시간 여유가 생길 때 노 대통령의 화제는 역사였다. 동서양 여러 나라의 역사에 대해 이야기하거나 질문하는 일이 많았다. 중국 최고의 명군으로 불리는 당 태종은 자신이 3개의 거울을 가지고 있다고 말했다. 얼굴 보는 거울, 직언하는 신하 위징, 그리고 역사였다. 위징이 죽었을 때 태종은 거울을 하나 잃었다며 슬피 울었다. 노 대통령은 끊임없이 역사를 되돌아보려고 노력한 점에서 당 태종과 비슷하다. 직언을 잘 수용한 점도 비슷하다. "요즘 청와대에 위징이 너무 많아 일하기 힘들어"라고 농담하던 노 대통령이었다. 역대 대통령 중 단연 최고다. 그런 대통령 밑에서 일한 나는 행운아였다. 지금도 문득문득 그때 일이 생각나고, 노무현 대통령이 그립다.

노무현과 함께한 1000일

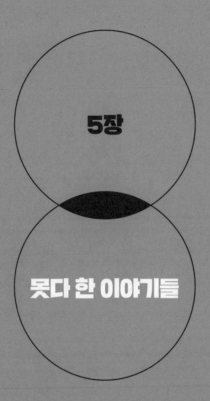

5장

못다 한 이야기들

61. 심야에 걸려 온
대통령의 전화

○
●

2004년 8월 10일(화) 어쩌다 보니 나는 귀중한 일주일 휴가를 논문 쓰는 데 바치고 있다. 청와대 일을 하는 사람이 학술 논문을 쓴다는 것은 아주 이례적인데 한국경제학회의 요청을 인간적으로 거절하지 못해 고역을 자초한 셈이다. 여러 신문에서 이번 경제학회에 이헌재, 이정우가 동시에 강연한다고 예고돼 관심을 끌고 있었다. 신문은 원래 싸움 붙이기를 좋아한다. 누워서 논문을 읽는데 갑자기 글자와 종이가 빙 돌았다. 이 무렵 나를 괴롭히던 이석증이 재발한 것이다. 무리를 하면 쉽게 재발하는 병이다. 지난 일주일 동안 무더위 속에 논문을 쓰느라 너무 무리한 모양이다. 아내가 컴퓨터 키보드를 쳐 주어 새벽 4시에 겨우 최소한의 논문 모양을 갖추었다.

10·29 대책을 둘러싼 이견

8월 11일(수) 오전 9시 반에 겨우 논문을 완성해 보냈다. 후유, 한숨 돌리는데 김수현 비서관이 내 방에 와서 10시에 있을 종부세 회의를 걱정했다. 10시가 되어 국민경제자문회의 부동산 문제 회의장에 들어가는데 김영주 경제수석이 오더니 내일 한국경제학회에서 이헌재 대 이정우 대결을 언론에서 주목한다고 걱정했다. "걱정 마시오, 아무 문제 없을 거요. 정 걱정되면 오후에 내 논문을 보내 주겠다"고 말했다. 10시에 대통령이 주재하는 부동산 주제 국민경제자문회의가 시작됐다. 이규방 국토연구원장이 10·29 대책 기조 유지를 강조하는 발제를 했고, 이종규 재경부 세제심의관이 종부세 연기론을 주장하는 발제를 해서 초장부터 대결 양상이 됐다.

김성태 교수(청주대)가 10·29 대책을 비판하며 연기 내지 완화를 주장했다. 김경환 교수(서강대)는 언론에 자주 등장하는 보수적 시장 만능주의자인데 예상대로 10·29 대책을 비판했다. 김윤상 교수의 발언 차례가 되자 간단명료하면서 강력한 발언을 했다. "10·29 대책의 기본 방향은 옳다. 반대자는 두 부류가 있다. 첫째, 시장주의자. 그러나 투기 소득까지 보호해 줄 필요는 없다. 둘째, 경기론자. 그러나 현재 상황은 자연스런 시장 조절 상황이며 일종의 금단 현상으로 봐야 한다. 이걸 봐준다면 알코올 중독자에게 다시 술을 주는 격이다."

노영훈(조세연) 박사가 예상대로 10·29 대책을 공격하고 나섰다. "보유세 강화, 양도세 강화, 신고제로 시장을 꽁꽁 묶어 놓았다. 보유세가 능사가 아니다." 허성관 행자부 장관이 젊은이들의 꿈을 빼앗아서는 안 된다며 10·29 대책을 옹호했다. 이헌재 부총리는 실제 종부세 반대론자인데도 이날은 의외로 온건하고 중립적 발언을 하기에 나는 구태여 발언하지 않았다. 이해찬 총리의 발언 후 노 대통령이 마무리 발언을 했다. 중요한 순간이었다. "부동산 정책 기조는 그대로 간다. 종부세는 다소 준비 부족해도 약속한 대로 가야 한다. 언제 우리가 완벽하게 준비해서 법을 만든 적이 있었나?" 부동산 정책이 내 손을 떠나 재경부와 조윤제 경제보좌관으로 넘어갔지만 그래도 기조는 유지되니 다행이다 싶었다. 며칠 전 노 대통령이 김수현 비서관 보고 밑에 메모로 '부동산 정책 기조 유지하겠음'이라고 썼다고 하지만 그래도 일말의 걱정이 있었는데 오늘 회의로써 말끔히 정리됐다. 만세!

8월 12일(목) 오전 10~12시 반, 연세대에서 열린 한국경제학회에서 이헌재 부총리와 내가 대결하는 모양새가 됐다. 나는 발표 논문에서 참여정부에 대한 각종 비난을 반박하고 국가 경쟁력 강화 방안을 역설했다. 지방화, 장기주의, 개혁, 통합을 강조했다. 나중에 알고 보니 내 발표를 녹음해 일요일(8월 15일) 아침, KBS 라디오에 나간다고 한다. 제2 발제자로 나선 안국신 교수(중앙대)가 참여정부를 맹비난해 깜짝 놀랐다. 참여정부를 좌편향이라고 공격하면서 이정우 위원장은 믿지만 대통령과 '386'은 못 믿겠다고 했다.

12시 반에서 2시까지 오찬(알렌관). 1884년 갑신정변 때 권력 실세 민영익이 5군데나 칼을 맞아 빈사 상태에 빠졌을 때 미국에서 의대를 졸업하고 조선에 막 부임한 알렌이 수술해 살려 냈다. 살아난 민영익이 크게 후사했다고 하는 바로 그 알렌의 이름을 딴 방이다. 이헌재 부총리 옆에 내가 앉아 있으니 기자들 수십 명이 몰려와 사진 세례를 퍼붓고 말 한 마디 한 마디를 다 기록했다. 이헌재 부총리 연설의 요지는 자본주의적 시장경제에 대한 신념을 강조하는 것이었다. 그런데 이 부분은 은근히 나를 지목하는 것 같은 느낌을 받았다. 이 무렵 이헌재 부총리가 청와대 386을 두고 경제에 무지하다고 공격해 연일 신문에 대서특필되고 있었다. 어떤 기자는 나를 보고 "이헌재 부총리가 이정우 위원장 나이를 386으로 아는 모양이지요"라고 농담하기도 했다. 사실 청와대 386 중에서 경제정책에 관여하는 사람은 없었으니 그 실체가 누구인지 좀 의심스럽기도 했다. 연설을 마치고 이 부총리와 악수하고 밖으로 나오는데 부총리 보좌관이 나한테 오더니 "혹시 위원장님 마음에 들지 않는 부분은 없습니까?" 하고 물었다. 전혀 없다고 답은 했으나 속으로 좀 웃음이 나왔다. 김광두 교수(서강대)는 예상대로 삐딱하게 논평했다.

소통에는 밤낮이 없다

이날 밤 11시 반, 대통령 전화가 왔다. 이런 심야에 전화가 온 것은 처음이다. 낮에 한국경제학회에서 발표한 내 논문을 잘 읽었다고 하면서 "늘 옆에 있어 잘 몰랐는데 이렇게 뛰어난 분인 줄 몰랐다"고 칭찬해 부끄러웠다. 오늘 대통령은 울산에 다녀왔는데 아마 조윤제 경제보좌관이 권한 내 논문을 밤에 읽은 모양이었다. 이어서 노 대통령이 말했다. "어제 부동산 회의 때 조세연구원의 박사인가 하는 사람이 이상한 소리를 하데요." 그래서 내가 그 사람은 최근 KBS 토론에 나와 10·29 대책을 비판했던 사람이고 그 대신 김윤상 교수는 헨리 조지의 명저 《진보와 빈곤》의 번역자이면서 평생 부동산 공부를 한 개혁적인 천재다. 작년에 정부혁신위 위원으로 제가 대통령에게 특별히 추천했는데 안 나타났던 바로 그 사람이라고 소개했다. "아, 그렇습니까?"

이게 무슨 이야기인가 하면, 2003년 초 이런 일이 있었다. 새로 발족하는 대통령 자문 정부혁신위원회에 김윤상 교수를 위원으로 내가 추천했다. 당시 대통령 자문위원회는 인기가 높아 교수들이 서로 들어오려고 하던 때다. 정부혁신위원회 출범 및 위촉장 수여식 하루 전날 내가 노 대통령에게 보고를 마친 뒤 "내일 정부혁신위원회 위원 중 김윤상 교수라는 뛰어난 인물이 올 테니 유심히 보십시오"라고 권했더니 노 대통령이 알겠다고 했다. 그런데 다음 날 회의장에 김윤상 교수가 보이지 않았다. 아니, 이게 웬일인가 놀라 물어보니 본인이 위원직을 사양했다고 한다. 나중에 본인에게 이유를 물어보니 대구 사람들이 참여정부에 많이 들어갔으니 본인은 양보하려고 생각했다는 것이다. 그 전에는 참여정부 인수위에서 초대 내각을 짤 때 내가 김윤상 교수를 국토교통부 장관에 추천했다. 옆에서 호응이 없어 실현되지 못했는데, 만일 그리됐더라면 틀림없이 부동산 투기를 잡았을 것이다. 김윤상 교수는 경북고를 수석 졸업하고 서울대 법대에 갔는데 처음부터 사법 시험을 외면했다. 내가 대학생일 때 중고교 1년 선배인 김윤상의 집에 놀러 간 적이 있는데 서가에 법률 책은 없고 세계 사상 전집이 잔뜩 꽂혀 있었다.

전화 너머로 노 대통령이 이어 말했다. "부동산 정책의 기조를 바꾸지 않겠다. 재경부 부동산기획단에 김수현 비서관을 넣고, 국민경제자문회의 위원 인선 때도 이 위원장이 좋은 사람을 좀 추천해 넣으세요"라고 해서 내가 대통령 말씀에 감사를 표했다. 노 대통령이 덧붙였다. "조윤제 경제보좌관은 시장주의자이긴 하지만 그래도 균형 있는 사람이다." 나도 동의했다. "제가 오늘 발표한 논문에서 강조한 대로 미봉적 경기 부양책은 안 된다고 생각하는 경제학자입니다." 조윤제 보좌관은 내가 젊은 시절 서울대 상대 조교를 할 때 학부생이어서 오래 겪어 보았다. 대통령 말씀대로 시장주의자이지만 그렇다고 시장 만능주의자는 아니고 늘 균형을 생각한다. 조윤제 보좌관과 나는 청와대 일을 하며 자주 대화하고 의논하는 사이였다. 조윤제 경제보좌관 말에 의하면 대통령과 때로는 1시간, 어떤 때는 무려 3시간 동안 경제 문제를 토론할 정도로 대화를 많이 했다고 한다. 노무현 대통령은 고정관념을 싫어했고 귀를 열어 여러 의견을 경청한 뒤 합리적으로 의사 결정을 하는 스타일이었다.

62. '머리와 발'로 구분한 노무현의 용인술

○
●

2003년 3월 5일(수) 오전 7시, 대통령 관저 조찬 모임에 갔더니 문희상, 유인태, 문재인, 정찬용, 이해성, 박주현이 참석했다. 실장, 수석 중 일부만 참석한 것이다. 노 대통령은 오늘 참석 범위는 '일반인generalist'이라고 했다. 노 대통령은 참모를 분류하는 독특하고 독창적인 방법을 갖고 있었다. 머리를 빌리는 '전문가specialist'와 그렇지 않은 일반인으로 구분했다. 간략히 전자를 머리, 후자를 발로 표현하기도 했다. 그러니 오늘은 '발'의 모임이다. 그런데 희한하게도 발들도 입이 있어 밥을 먹고 황희 정승, 퇴계 이야기, 청와대 판공비 이야기를 했다. 아직 공석인 몇몇 장관 후보를 놓고 난상 토론도 벌였다.

5월 2일(금) 오후 6시, 수석들이 참석한 관저 만찬에서 노 대통령이 "보좌관은 머리를 빌리는 사람이고 일반 참모는 마음이 통하는 사람이다" 이렇게 설명했다. 대체로 보좌관은 머리, 수석은 발에 가까웠다. 그러나 반드시 그런 것은 아니다. 정찬용 인사보좌관이 바로 질문했다. "그럼 저는 머리입니까, 발입니까?" 대통령이 "당신은 발이오"라고 답했다. 그러니 발과 머리를 가르는 데 중요한 것은 수석이냐, 보좌관이 냐가 아니라 참모의 성향에 달렸다는 이야기다.

2003년 7월 23일(수) 오후 9시, 비서실장실에서 농림부 장관 후보 세 사람을 놓고 고건 총리 이외에 문희상 실장, 유인태, 문재인, 정찬 용, 이해성, 박주현, 나까지 8인이 면접관 역할을 했다. 면접관은 모두 발이었다.

참모 자랑하는 대통령

8월 29일(금) 오후 6시 반, 이해성 홍보수석 송별 모임이 열렸다(조선호 텔 37층 중국 음식점). 이 치료 중인 문재인 수석을 빼고 모두 참석했다(문 수석은 과로로 이를 여러 개 뽑았다). 유인태 정무수석이 "지난번에 대통령 이 수석회의에서 '유 수석도 경기고 나오고 나와는 다르다'고 핀잔을 준 이후 일부 비서관들 말에 의하면 청와대에 토론 문화가 줄어들었 다. 대통령은 주로 정책실장과 정책수석을 자주 만난다"고 말했다. 문 희상 실장이 "내가 3개월 지나면 정책실 중심으로 갈 거라고 예고하지 않았느냐"고 동조했다. 이런 이야기를 들으며 내가 더 자중해야겠구나 생각했다. 조윤제 보좌관이 "나는 경제보좌관이지만 사실 안보가 더 중요하다"고 말하니 김희상 국방보좌관이 나중에 나갈 때 엘리베이터 앞에서 조윤제를 포옹하며 감사를 표시했다. 모임은 11시에 마쳤는데 참석자 중 절반 정도의 주당들은 2차를 갔다. 이런 일은 아주 드물다.

9월 2일(화) 오전 7~8시 반, 관저 조찬(대통령 57회 생신)에 수석, 보좌 관 14인과 대통령 주치의 2인, 윤태영, 정만호 비서관이 참석했다. 문

실장이 큰 도자기 한 개를 선물로 준비했고 생일 케이크를 자르고 식사를 했다. 반기문 외교보좌관이 "원래 소원을 세 가지 말하는 겁니다"라고 했다. 누군가 대통령이 소원 두 개, 권양숙 여사는 한 개를 말해보라고 하니 권 여사는 '무엇보다 건강'이라고 했고, 노 대통령은 "쑥스러워서 (잠시 침묵) 속으로 할랍니다"라고 했다. 응접실로 자리를 옮기면서도 쑥스럽다는 말을 두 번 더 했다. 각종 화제 중에 노 대통령이 "부동산 보유 과세가 신문마다 크게 났더군요"라고 말했다. 그래서 내가 "몇 십 년 동안 못 하던 일을 해낸 것이니 대서특필할 만합니다. 그런데 일부 신문에서 '부유세'라고 쓴 것은 오해"라고 답하고는 부유세, 상속세, 재산세의 차이를 설명했다.

문재인 민정수석이 "사회주의 몰락, 그 반면 미국의 번영 이유를 잘

2003년 9월 2일 대통령 생일을 맞아 축하 오찬 중 케이크를 자르고 있는 노무현 대통령 부부. 축하 자리에 참석한 국무위원들에게 "1년 뒤에도 이 얼굴, 이대로 만나는 것이 소원"이라고 뜻을 밝혔다. 자료 출처: 노무현재단

모르겠다. 한때 북한도 경제 기적이라 불렸는데…"라고 하기에 내가 "1960년대가 사회주의 전성기였다. 흐루쇼프가 1960년에 UN 총회에서 연설할 때 스스로 흥분해 구두를 벗어 연단을 내리치면서 호기롭게 사회주의의 우월성을 자랑했다. 소련이 미국을 무력 아닌 경제력으로 때려잡겠다고 큰소리친 게 1960년이었는데 그 뒤 몰락의 길을 걸었다"라고 설명했다. 그러니 김희상 국방보좌관이 "북한의 군사비 부담이 북한 경제에 큰 부담"이라고 말하기에 내가 "맞습니다. 소련도 국방비가 GDP의 12~13%인데 미국의 6%보다 훨씬 큰 부담이고 그게 소련 경제 몰락의 한 원인이 됐다"고 설명했다.

노 대통령이 말했다. "내가 김해 봉하마을에서 부산상고에 진학했고 동네에서 제일 똑똑했다. 군대 가서도 더 똑똑한 사람 못 봤고. 사시 합격하고 연수원에 갔더니 60명 중에 47등(사시 성적도 47등) 해서 '아, 이거 똑똑한 사람 많구나' 싶었다. 그래도 그 사람들이나 나나 비슷하고 별 차이 아니라고 생각했다. 그 뒤 뛰어나다는 사람 많이 만나 봤지만 크게 감동을 받은 적 없고…. 아, 그런데 청와대 와서 참모들 보니 정말 현란할 정도의 지식에 탄복하고 있다. 자기 전공 아닌 분야까지 대단한 지식에 놀란다. 특히 보좌관들이 수석보다 낫다." 그러자 영부인이 이렇게 보탰다. "정말이에요. 집에 와서 가끔 참모들 자랑하며 진짜 놀랐다고 하세요." 노 대통령이 결론을 내렸다. "참모들이 이렇게 훌륭하니 틀림없이 성공할 것을 확신합니다." 유인태 정무수석이 내 옆에 앉아 아침부터 코를 골며 졸기에 두 번 깨웠다. 그래도 방을 나오면서 이렇게 말했다. "그래도 중요한 말은 다 들었다. 보좌관이 수석보다 더 똑똑하대." 하하, 재미있는 사람이다.

9월 14일(일) 오후 5~6시 반, 마산-김해공항-서울공항으로 가는 공

　　　　　　　　　　　　　　노무현과 함께한 1000일

군 1호기에서 대통령이 문희상 실장, 문재인 수석, 나를 호출해 4인이 대화를 했다. 노 대통령이 이라크 파병에 대한 의견을 구하기에 세 사람 모두 부정적으로 답했다. 나는 1963년에 박정희가 방미 시 스스로 월남전 파병을 제의한 것은 역사적 과오였다고 말했다. 케네디는 깜짝 놀라 처음에는 설마 농담이겠지 했는데, 다음 날 또 그렇게 말하니 진심이구나 하고 반겼다. 미국으로서는 불감청 고소원不敢請 固所願이었을 것이다. 한국 군인들이 하루에 3달러씩 받고 전투에 참가했는데 필리핀의 비전투병보다 낮은 대우를 받았다는 이야기와 함께 원칙 없는 파병에 반대했다. 노 대통령이 "한반도 평화 보장(북핵 문제 해결)이 아닌 한 파병을 반대하겠다. 지난번 파병 결정은 대통령 뜻을 묻지도 않고 외교부가 먼저 치고 나간 것이다. 대통령이 하는 수 없이 추인해 주었는데 이번에는 그렇게 하지 말라고 정책실장이 경고하시오"라고 말했다.

9월 17일(수) 오후 6시 반에서 9시, 비서실장 공관에서 열린 보좌관 회식에서 이라크 파병 문제를 토의했다. 오늘 아침《동아일보》1면 톱에 유인태 수석이 이라크 파병을 반대한다는 기사가 났다. 여기서 수석, 보좌관들의 의견이 갈렸는데 대체로 발들은 파병 반대, 머리들은 파병 찬성으로 갈라졌다. 사람의 사고방식이라는 게 이렇게도 일관성이 있나 신기한 생각이 들었다.

참모 노릇도 쉽지 않다

2004년 1월 1일(목) 오전 8시, 관저에 가서 대통령에게 세배를 하고 떡국을 먹었다. 나종일 안보실장이 영국 총리는 토론의 달인이라고 말하니 노 대통령이 영국 의회를 방문해 토론하는 걸 직접 본 적이 있는데 너무나 치열하게 논쟁하는 것을 보고 놀랐고 부럽더라고 답했다. 김희상 국방보좌관이 한국 대통령은 '여당 총재+영국 총리' 역할인데 《손자병법》에 나오듯이 싸우지 않고 이기는 게 최선이라고 말했다. 노 대통령이 반기문 외교보좌관에게 "캐나다 트뤼도 총리와 미국 잭슨 대통령의 일화를 좀 조사해 달라. 나는 사람 모아서 떠들고 하는 것을 좋아하는 체질이라 말을 줄이기 어렵다. 고상한 문자보다는 '절구통에 새알깨기' 같은 식의 표현을 좋아하는데, 사람들은 이런 것은 별로 안 좋아하고 대통령이 고상하게 이야기하는 것을 좋아한다"고 말했다. 그 뒤 반기문 외교보좌관이 수석회의에서 트뤼도 총리와 잭슨 대통령에 관한 보고를 했는데 흥미로웠다. 특히 '서민 대통령'이라는 별명을 가졌던 미국 제7대 대통령 앤드루 잭슨은 직선적 성격과 정의감에서 노무현 대통령과 유사한 점이 많아 보였다.

오후 6시 반에서 9시, 다시 관저에 가서 저녁을 먹었는데 이번에는 발들만 참석했다. 노 대통령이 농담 삼아 말했다. "JP가 노상 국정 안정을 강조하며 대통령의 힘을 실어 주는데 입당시키면 어떻겠느냐?" 박봉흠 정책실장이 답했다. "JP는 10선을 노리는데 지역구는 안 되고, 전국구 1번을 받아도 당 지지율이 3%가 안 되면 불가하다. 자민련 득표가 3% 될동말동하다." 이병완 홍보수석이 "각계 전문가들을 초청해 대통령과 토론하면 좋겠다. 정치 이야기는 될 수 있으면 하지 말고"라고 권하니 노 대통령이 답했다. "며칠 전 경제·민생 점검회의에 원로들이 와서 노상 했던 이야기를 또 하고, 김 아무개는 틀린 이야기를 함부로 하고, 유명하다는 사람들 만나 봤자 소용없더라. 오면 하는 이야기가 뻔하다. 말 줄여라, 경제 챙겨라, 386 멀리해라, 인재를 널리 써라, 더

들을 것도 없다."

유인태 정무수석이 말했다. "최병렬이 박원순한테 전국구 1번과 차기 후보를 제의했는데 박원순이 거절했다. 김문수가 손석희를 만나 뭔가 제의했다는데 손석희는 수락하지 않고 방송 일에 전념할 듯하다." 노 대통령이 박주현 수석에게 "박 수석 생각은 어떤가?"라고 물었다. 박 수석이 "오래전에 정동영 당의장이 전국구 생각 있느냐고 물은 적이 있는데 그 뒤로는 아무런 이야기가 없다"고 답했다. 노 대통령이 "○○○ 씨가 불체포 특권을 포기하고 검찰 조사를 받으러 가면 분위기가 확 달라지고 좋을 텐데, 그렇게 권할 수도 없고…"라고 하니 문희상 실장이 "대통령 같으면 그렇게 하겠지만 ○○○은 절대 그렇게 할 사람이 아니다"라고 답했다.

정찬용 인사수석이 "이정우 실장처럼 전혀 국회의원에 안 어울리는 사람도 있고…" 하니 모두 웃었다. 정 수석이 좀 미안한지 "거짓말을 못 해서 그렇다"고 덧붙였다. 그 무렵에 이런 일도 있었다. 수석, 보좌관들이 대통령과 식사를 하던 중 노 대통령이 정찬용 보좌관에게 4월 총선 출마를 권했다. 아마 그전에도 권한 적이 있는 것 같은데 정 보좌관이 계속 거절하는 것 같았다. 하기 싫은 출마를 자꾸 권하니 정 보좌관이 약간 언성을 높이며 대통령에게 대들었다. "대통령님은 왜 저기 있는 이정우, 문재인한테는 한 번도 출마하라는 소리를 안 하고 저한테만 자꾸 출마하라 하시는 겁니까?" 그러자 노 대통령이 씩 웃으며 답했다. "저 사람들은 정치할 사람이 못 돼." 참석자들이 모두 웃으며 고개를 끄덕였다.

2004년 2월 16일(월)은 포근한 봄 날씨였다. 정오부터 오후 1시 반까지 백악실 오찬에 노 대통령, 김우식, 박봉흠, 박정규, 이병완과 내가 참석했다. 대통령이 "왜 나종일 국가안보보좌관은 안 보이나?"라고 물었다. 연락 실수였다. 김우식 비서실장이 《중앙일보》 회견은 잘하셨다. 앞으로 대통령이 골프도 치세요"라고 건의하고는 국회의장과 2시 약속이 있다며 일찍 일어섰다. 그러면서 "오늘 한·칠레 FTA 관련 법안은 한나라당과 열린우리당이 당론으로 지지하기로 결정했으므로 통과될 것으로 전망한다"고 말했다. 단, 민주당은 자유 투표를 한다고 한다. 노 대통령이 "강금실은 코드 인사, 고건과 박봉흠은 온건 중도이고, 이 위원장은 좌파인가?" 하기에 내가 "저도 온건 중도입니다" 했더니 모두 웃었다. 점심 식사를 마치고 나오면서 대통령에게 2주 동안 유럽 3개국 노사관계를 견학하고 오겠다고 보고하니 노 대통령이 쾌히 허락하면서 "단, 여비 보태 드리고 그런 건 없습니다. 그 대신 선물은 안 사 와도 됩니다"라고 농담을 했다.

2005년 1월 8일(토) 망월사를 방문했다. 1월 9일(일)에는 일기를 쓰고 낮잠을 자고 '흙서점'에 가서 책을 몇 권 샀다. 강추위가 계속 이어졌다. 뉴스에 청와대 인사 추천 위원 6명이 몽땅 사표를 제출했다고 나온다. 막 임명된 이기준(전 서울대 총장) 신임 교육부 장관에 관한 각종 의혹이 언론에 보도되면서 사태는 걷잡을 수 없이 커졌다. 그래서 인선에 관여했던 참모들이 인사 검증 책임을 지고 사표를 낸 것이다. 이날 이기준 장관의 사표도 수리되어 장관 일을 시작도 못해 보고 낙마했다. 1월 10일(월) 한강 결빙, 예년보다 빠르다. 9시 반에 수석회의가 새로 지은 여민관에서 열렸다. 어제 교육부 장관 인선 문제로 청와대 수석들이 집단 사표를 제출한 뒤 열리는 첫 회의라 오늘 수석회의에 관심이 집중되었다. 무거운 분위기 속에서 진행된 회의 말미에 노 대통령이 말했다. "핵심 결정을 내가 했기 때문에 참모들의 책임을 묻기

노무현과 함께한 1000일

가 난감하다. 그러나 정무직은 정치적 판단이 필요하다. 민정, 인사 두 사람의 사표는 수리하겠다. 두 분은 나란히 앉아 있는데 한 말씀씩 하세요." 박정규 민정수석은 빙긋이 웃기만 하고 아무 말도 안 했다. 정찬용 인사수석은 "(둘이 나란히 앉아 있어서) 회의 시작할 때 기자들이 사진 찍기 좋았을 겁니다"라고 했다. 김우식 비서실장이 "두 사람을 자른다고 하니 착잡합니다"라고 말했다. 이번 일은 두 수석이 크게 잘못한 것도 아니고 얼마든지 일어날 수 있는 실수였는데, 책임을 오롯이 다 지게 되니 상당히 억울하겠다는 생각이 들었다. 대통령 참모 노릇하기는 쉽지 않다.

노 대통령은 머리(전문가)와 발(일반인)이라는 개념으로 참모를 기용했다. 정권 초기에는 특히 머리(전문가)의 지식을 활용하고자 자주 대화를 하곤 했는데 시간이 지날수록 대통령 업무가 많아지고 시간 내기가 어려워지니 자연스레 그런 대화가 줄어드는 것 같았다. 인사 문제에 대해서는 코드가 중요하니 머리보다는 발(일반인)의 의견에 좀 더 귀를 기울였다. 그러나 머리와 발의 구분은 처음에는 확실히 있었는데 나중에는 희미해지고 구분 자체를 하지 않는 것 같았다. 대통령이 발들을 소집하는 회의도 처음에는 더러 있었는데 나중에는 없어졌다. 머리와 발, 하여튼 노 대통령의 독특한 인재관이고 기발한 작명이어서 이 기록을 남겨 둔다.

63. 그거 다 적어서
언제 써먹을 겁니까?

○
●

　　　　　　　2003년 8월 10일(일), 또 비가 왔다. 올여름
은 노상 비가 내리고 더위는 언제 올지 모르겠다. 아침에 김수현 비서
관한테서 전화가 와 빈곤층 대책 예산을 걱정했다. 오후 4시경 청와대
교환 전화를 통해 대통령의 연락이 왔다. 저녁 식사를 같이하자고 한
다. 오후 6시 반, 관저에 가서 된장찌개와 밥을 먹었다. 대통령과 단독
식사는 처음이다. 내가 소응접실에서 기다리며 《우리가 몰랐던 아시
아》라는 책을 읽고 있는데, 노 대통령이 들어오더니 항상 그렇듯 책에
관심을 갖고 질문을 했다. 이 책 내용 중에 캄보디아의 '킬링 필드' 사
망자가 모두 폴 포트 책임은 아니고 그중 60만~80만 명은 미군 폭격
으로 인한 사망이라고 나와 있어 노 대통령에게 설명했다. 말이 나온
김에 월남전 때 백악관 안보보좌관이었던 월트 휘트먼 로스토Walt Whit-
man Rostow(경제성장 5단계론으로 유명한 경제학자)의 북폭론(무조건 월맹을 폭
격하면 전쟁을 이긴다는 주장으로 틀린 것이 증명됐음), 그리고 월남전 때 미
국 수뇌부의 의사 결정 과정의 맹점을 예리하게 분석한 미국 기자 데

이비드 핼버스탬David Halberstam의 《최고의 인재들The Best and the Brightest》이란 책을 소개하고 월남전은 세계 역사상 강대국이 약소국에 패배한 최초의 전쟁이라고 설명했다.

나는 청와대에서 일할 때도 늘 책을 끼고 다녔다. 처음에는 책을 가방에 넣고 다니며 틈틈이 꺼내 읽었는데 이것은 교수 시절의 오랜 버릇이다. 그랬더니 하루는 양길승 부속실장이 내게 말하기를, 높은 사람은 원래 가방을 들고 다니는 법이 아니라고 해서(그리고 보안 검색상 불편해서) 그 뒤로는 책만 들고 다녔다. 언젠가 기자들이 청와대에서 일하면서 책을 얼마나 읽는지 묻기에 대충 계산해 보고 지난 1년간 100권밖에 못 읽었다고 하니 자기들보다 더 많이 읽었다고 놀랐다.

일기와 기록의 중요성

노 대통령이 지난번 수석회의에서 협동조합으로 유명한 스페인 몬드라곤 마을의 성공은 예외적 헌신 덕분이지 보편적 모델이 아니라고 발언해서 내 주장을 다소 반박했다. 여기에 대해 약간 미안한 듯한 이야기를 했다. 그래서 내가 협동조합 이론, 투간 바라노프스키Tugan Baranovskii의 협동조합 쇠퇴론, 유럽과 미국의 협동조합 현실을 잠시 설명했다. 나는 경북대 경제통상학부에 '경제민주주의' 과목을 신설하고 매년 강의를 해 왔기 때문에 이런 문제는 내 전공 분야였다. 노 대통령이 말했다. "학자 출신은 크게 보는 대신 실무에 약하고, 관료 출신은 실무는 강하지만 크게 보는 눈이 부족하다." 대체로 맞는 말이다.

오후 8시가 되자 노 대통령이 글을 쓸 게 있다고 해서 일어서서 나오는데 갑자기 대통령이 물었다. "정책실장 반년 해 보니 어떻습니까?" 나는 이렇게 대답했다. "처음에는 막막했는데 반년 해 보니 이대로 가면 괜찮겠다는 생각이 듭니다. 자신 있다고 하면 어폐가 있겠지만 적어도 과거 여러 정부보다는 잘할 것 같습니다. 지금 장관들 인선이 잘됐고 언론의 공격에도 불구하고 이대로 꾸준히 가면 내년쯤은 성과가 나타날 겁니다." 노 대통령이 "중요한 사건은 기록해 두세요"라고 당부하기에 안 그래도 인수위 첫날부터 일기를 쓰고 있다고 대답했다. 밖으로 나오니 비가 내리고 있었다. 노 대통령이 문밖까지 배웅해 주며 "일요일에 쉬는데 나오라고 해서 미안합니다. 하여튼 정책 쪽은 꽉 장악해서 잘해 주십시오"라고 했다. "예, 알겠습니다"라고 답하고 물러 나왔다. 노 대통령의 개혁에 대한 강한 의지와 열망이 느껴지는 동시에 처음 가는 길에 대한 일말의 불안 심리도 보였다. 전에도 대통령이 고건 총리와 권오규 정책수석에게 "이대로 가면 성공하겠습니까?" 하고 질문하는 걸 보았다.

8월 13일(수) 오전 8시 40분, 버스로 서울공항에 가서 공군 1호기를 타고 대구에 갔다. 거기서 다시 헬기를 타고 경주 문화엑스포 개막식에 참석했다. 개막식 후 장터를 한 바퀴 돌고 현대호텔에 가서 경북도민과의 오찬 및 간담회에 참석했다. 경주 행사를 마치고 나는 오랜만에 임구호 씨를 만나 잠시 이야기하다가 아차! 포항 가는 헬기를 놓쳤다. 차를 하나 얻어 타고 급히 포스코 본관 간담회장으로 직행하니 다행히 일정이 조금 늦어져 대통령 연설 중이었다. 헬기로 5~10분 거리를 차로 1시간 걸려 온 셈이다. 도착하니 문희상 비서실장, 김세옥 경호실장, 허성관 장관이 집 떠난 자식이 돌아온 듯 반겨 주었다. 문희상 실장이 "이제부터는 밖에 나오면 내 뒤만 바짝 붙어 다니세요. 이래 봬도 내가 동작이 아주 빠르답니다." 하하, 문희상 실장은 '외모는 장비, 지략은 조조'라는 별명이 있는데 거기에 '동작은 조자룡'을 추가해야 겠다.

포항 해병대 부대에서 공군 1호기를 다시 탔다. 아까 탔던 자리에 앉아 있으니 서갑원 비서가 와서 대통령이 나를 찾는다고 한다. 앞쪽 방으로 갔더니 대통령, 권 여사, 문희상, 김세옥 실장이 앉아 차를 마시고 있었다. 어떻게 된 일이냐고 묻기에 경주에서 임구호 씨를 만나 잠시 대화를 하다가 헬기를 놓쳤다고 했다. 노 대통령이 "아니, 임구호 씨를 어떻게 아세요?"라고 물어 "대구에서 임구호, 이강철 등 인혁당, 민청학련 관계자들과 진보 교수들은 자주 만나 온 사이"라 답했다. 권양숙 여사가 힐러리 클린턴의 책 이야기를 하기에 내가 권 여사에게 일기 쓰기를 권유했다. 대통령은 워낙 바쁘니 일기는 무리이지만 간단한 느낌 정도라도 기록해 둘 것을 권했다. 이순신의 《난중일기》가 화제에 올랐다. 내가 이순신이 백의종군하게 된 진짜 이유, 고니시 유키나가와 가토 기요마사의 갈등을 이야기했다.

기록을 실천한 참여정부

8월 25일(월) 오후 7시 반, 하버드대학교 옌칭연구소의 에드 베이커Ed Baker 부소장이 한국에 와서 저녁 식사를 같이하고 오랜만에 회포를 풀었다(롯데호텔). 베이커 선생은 한국 민주화의 숨은 공로자로서 김대중 내란 음모 사건에도 김대중 조력자로 등장하는 정의파 변호사다. 내가 유학 시절 5년간 옌칭연구소의 장학금을 받았으므로 오래전부터 잘 아는 사이다. 헤어질 때 충고 한마디를 해 달라고 하니 "지금까지 해 온 대로 하라, 그리고 일기를 쓰라"고 하기에 인수위 첫날부터 쓰고 있다고 답했다. 귀갓길 TV 뉴스에 윤성식 고려대 교수를 감사원장으로 내정했다는 소식이 떴다.

9월 6일(토) 오전 9시, 세종실에서 디지털 청와대 시연이 있었다. 대통령, 수석, 비서관, 선임행정관들이 참석한 가운데 전기정 업무과정개선 비서관이 시연을 한 뒤 노 대통령이 참석자들의 소감을 물었다. 문희상 실장이 "저는 컴맹이라 잘 모르지만 이렇게 하면 잘될 것 같습니다"고 했고, 조윤제 보좌관은 IMF 사태 때의 경험담을 바탕으로 뭔가 길게 설명했는데 무슨 소린지 잘 모르겠다. 정찬용 수석은 "이렇게 정보를 다 모아 놓았다가 도둑맞으면 어떻게 합니까?"라고 물었다. 이어서 내가 말했다. "장점은 기록을 남기지 않는 문화 극복과 수석실 간 정보 공유다. 단점은 회사, 사무실에서 많이 쓰는 화이트보드 방식의 일목요연함, 편리함의 결여다"라고 대답했다. 노 대통령이 기록 문화, 정보 공유의 중요성을 길게 강조한 뒤 화이트보드 기능은 컴퓨터에서도 얼마든지 가능하다고 말했다. 원래 10시 반에 마칠 예정이었으나 노 대통령이 이건 중요하다며 1시간이나 회의를 연장했다.

2월 7일(토) 오전 9시에서 12시까지, 'e지원' 보고회에 수석부터 행정관까지 400명이 모였다(영빈관). 차현진 등 4명이 보고한 뒤 참석자들에게 뭐든지 질문하라 하니 조윤제 보좌관 한 명만 질문하고 모두 침묵이었다. 9시 반부터 11시까지 90분 동안 대통령 혼자 발언했다. 화면을 바꿔 가면서 크고 작은 것을 일일이 지적하는데 지식이 감탄스러웠다. 11시 40분에 보고회를 마치자 모두 박수를 치며 해방을 맞은 기쁜 얼굴로 일어서려는데 노 대통령이 너무 오래 이야기해 미안하다면

노무현과 함께한 1000일

서도 다시 e지원의 중요성을 강조하며 20분을 더 연설했다. 중요성은 알겠지만 1시간 정도면 충분한 내용을 2시간 반은 너무 심했다. 문희상 실장과 유인태 수석은 계속 조는데 나는 하필 대통령 바로 뒤에 앉아 카메라가 비치는 바람에 졸지도 못하고 3시간을 고생했다.

노 대통령은 청와대 정보화에 대단히 관심이 많아 전문가를 불러 토론하고 더 나은 방식을 찾는 데 정말 열심이었다. 그렇게 해서 개발된 것이 e지원이다. 설명회에서도 수석, 직원들은 대개 시큰둥했고 대통령이 가장 열성적으로 토론에 임했다. 나는 사실 이런 데 별로 관심이 없어 시큰둥파에 속했다. 언젠가 노 대통령에게 "저는 100% 문과인데 대통령은 상당히 이과 적성이 높은 것 같습니다"라고 말한 적이 있다. 노 대통령은 누워서 책 읽는 독서대를 발명해 특허를 따기도 했다니까 아마 내 말이 맞지 싶다.

2월 14일(토) 9시 40분에서 11시 45분까지 세종실에서 청와대 비서실 업무 연계 회의가 열렸다. 김우식 비서실장과 박정규 민정수석이 처음 참석해 인사했다. 노 대통령이 업무 디지털화의 중요성을 2시간 동안 강조했다. 조윤제 보좌관이 1년이나 일해 놓고 "제 임무가 무엇인지 대통령이 좀 말씀해 주세요"라고 엉뚱한 질문을 했다. 노 대통령이 "좋은 문제 제기다. 경제보좌관은 수시로 적절히 잘 보좌하고 있다. 예를 들면 문국현 모델에 대해 이의를 제기해서 대통령의 주의를 환기하는 등 잘하고 있다. 문국현 위원회 이름을 두고 최근에 정책기획위원장과 의논했는데 '생산적 일자리나누기위원회'가 어떨지?"라고 물었다. 다른 대통령 같으면 1년이나 지난 시점에서 이런 엉뚱한 질문을 하는 참모가 있으면 화를 낼 텐데 노 대통령은 무척 관대하고 이견을 소중히 여겼다. 과거에는 이런 일도 있었다. 보여 주기를 좋아하는 어떤 대통령이 뭔가를 보여 주려고 경제비상회의를 청와대 벙커에서 열었다. 대통령이 입장을 하는데 마침 어떤 수석이 옆 동료에게 이렇게 빈정대는 게 들렸다. "회의를 이런 벙커에서 할 필요가 어디 있어?" 맞는 말이다. 그런데도 그 참모는 바로 해임됐다. 이런 옹졸한 대통령과 비교하면 노무현 대통령은 매우 관대하고 포용적이었다.

4월 20일(화)은 날씨가 쾌청했다. 오전 9시~11시 10분, 대통령 탄핵 중 관저를 방문했다. 배순훈, 김안제, 전성은, 장원석, 조재희, 박남춘과 내가 참석했다. 처음 잠시 동안 어색한 침묵이 흘렀다. 노 대통령이 입을 뗐다. "아무 할 말도 없는 때가 더러 있지요." 말을 잘하는 김안제 신행정수도추진위원장이 "청와대에는 몇 번 왔지만 관저는 오늘 처음이고 영광입니다"라고 말했다. 노 대통령이 "오늘 돌아가서 기록하실 거지요?"라며 지난번 선물로 받은 2000쪽짜리 《김안제 평생 기록》 책을 화제로 올렸다. 김안제 위원장이 그 책이 부산대와 몇몇 대학 사회학과의 부교재로 채택됐다고 했다. 그리고 영국 기네스북에서 등재 검토를 위해 보내라고 하는데 영문 번역 비용이 많이 들어 생각 중이라고 답했다. 노 대통령이 나를 향해 "보니까 이 위원장도 매일 기록을 열심히 하고 있던데요"라고 물어 "예, 제가 원래 게을러서 일기 같은 것은 평생 쓰지 않았는데, 인수위에 오면서 첫날부터 기록을 하고 있고 이제는 지금까지 해 놓은 것이 아까워서 아무리 피곤해도 기록을 해 놓습니다"라고 대답했다. "이 위원장은 저녁때 술을 잘 안 하는 모양이지요?" "예, 저녁 약속이 있는 날은 피곤해서 일기를 못 쓰고 며칠 미뤄 두었다가 한꺼번에 쓰기도 하고 일찍 들어가는 날은 바로 씁니다."

2004년 5월 10일(월) 정오에서 오후 2시까지 관저 오찬. 최초로 구속된 육군 대장 신일순 사건은 표적, 기획 사정이 아니니 장관이 밝힐 필요가 있다. 미국 육사 졸업생은 대개 인권을 존중하는 전통이 있고 신사적인데 신일순은 예외다. 인정 없고 인기가 없다. 회식에 늦게 온 장교를 엎드려뻗쳐 시킨 적도 있다. 이탈리아에서는 군인이 인사에 불복 시 법원에 제소가 가능한데 지금까지 두 건 있었다. 노 대통령이 몽테스키외의 말을 인용했다. "이성적인 군인은 도망갈 것이다." 왜냐하면 공포심 때문에. 이성이 마비되니 싸우는 것이다. 김우식 비서실장이 예전 노무현의 부기 합격증이 경매에 올라 850만 원에서 1억 원까지 올라갔는데 경매가 중지됐다고 말했다. 부산상고에 다닐 때 살던 집주인이 갖고 있었던 것 같다고 말했다. 정상문 총무비서관이 나중에 대통령 기념관을 지으면 진열할 만하니 한번 알아보겠다고 말했다. 그밖에도 여러 화제로 대화가 오갔는데 내가 메모를 하고 있었더니 내 옆에 앉은 노 대통령이 내 메모지를 물끄러미 보다가 "그거 다 적어서 언제 써먹을 겁니까?"라고 농담을 했다. 모두 웃으며 일어섰다.

2005년 2월 25일(금) 참여정부 2주년 기념 오찬(인왕실)에서 노 대통령이 이런 말을 했다. "김우식 비서실장을 발탁한 이유는 열심히 메모를 하기 때문이다. 사람이 메모를 하면 품위는 없으나 신뢰가 간다."

2005년 5월 16일(월) 오후 3시, 대·중소기업 상생 협력 회의가 열려 5개 경제단체장과 이건희, 정몽구, 구본무, 최태원, 이구택, 한준호, 이윤우, 장흥순이 참석했다(세종실). 원래 4시 반까지 예정된 회의인데 중간에 커피 브레이크까지 더해 1시간 연장했다. 재벌 총수들이 돌아가며 한마디씩 하는데, 정몽구 회장이 이례적으로 10분 동안 긴 발언을 했다. 정태인 비서관이 "뭔가 적으려고 했는데 한 줄도 쓸 게 없어요"라고 했다. 김우식 비서실장이 내가 메모하는 걸 보고는 "뭐 적을 게 있나요?" 묻기에 "그래도 기록을 위해 적어 둡니다"라고 답했다.

2004년 8월 10일 제36회 국무회의 중 휴식 시간. 노무현 대통령이 무언가 골똘히 생각에 잠겨 메모를 하고 있다. 자료 출처: 노무현재단

노무현과 함께한 1000일

노 대통령은 기록을 매우 중시하고 정보의 체계적 관리를 강조했다. 참여정부 내내 정보 체계의 디지털화에 노력해 e지원을 만들어 국정 운영에 직접 활용했을 뿐 아니라 그 과정에서 생산된 수많은 자료를 축적해 후대에 남겼다. 과거의 정부는 기록을 거의 남기지 않았는데, 이것은 과거 조선 시대의 숱한 사화에서 보듯이 기록을 남긴 것이 오히려 화근이 되어 큰 재앙을 불러오는 것을 보고 반면교사로 삼았기 때문일 것이다. 과거 국정원이 갖고 있던 자료를 한꺼번에 소각해 시커먼 연기가 몇 시간 동안 하늘을 뒤덮었다는 이야기를 들었다. 얼마나 많은 귀중한 자료가 소실되었겠는가. 야만의 시대였다.

　　현대는 정보의 시대라고 하듯이 정보의 체계적 축적과 활용이 정부를 포함한 모든 조직에 필수적이다. 노 대통령은 이런 시대적 추세를 잘 파악해 과거의 나쁜 관례를 타파하고 모든 사실을 투명하게 기록하며 공개하는 새로운 국정 운영 방식을 개척한 선구자였다. 참여정부는 역대 정부의 비밀주의를 따르지 않고 과감히 공개주의를 택했다. 참여정부가 끝났을 때 남긴 정부 기록물의 건수는 약 825만 건으로 이전 모든 정부의 전체 기록을 다 합한 약 35만 건보다 20배 이상 많았으니 완전히 차원이 다르다. 뒤를 이은 이명박, 박근혜 정부가 다른 건 다 참여정부를 부정하고 폄훼하면서도 기록 문화만은 거부하지 못하고 계승할 수밖에 없었고 그리하여 방대한 기록을 남기는 전통이 지금까지 단절 없이 이어지고 있다. 이것도 참여정부의 중요한 공로다.

64. 2004년 총선 전후 청와대의 풍경

○
●

2004년 4월 5일(월) 식목일. 탄핵 중이지만 노무현 대통령 내외가 청와대에서 직원들과 함께 나무 심는 행사를 하고 관저에서 수석, 보좌관들과 오찬으로 비지 백반을 먹었다. 노 대통령이, 한때 전라도에서는 애를 많이 낳자는 이야기가 있었고 미국은 흑인이 인구의 12%이지만 애를 많이 낳으니 시간이 지날수록 흑인 인구 비중이 늘어난다는 이야기를 했다. 그래서 내가 옛날 중국의 오월 吳越 전쟁에서 월나라 구천이 이긴 것은 장기간의 인구 증가 정책 덕분이라는 설을 설명했다. "여자 17세, 남자 20세가 되면 결혼이 의무였고, 그때까지 결혼을 안 하면 벌금을 매겼으며 애를 두셋 이상 낳으면 양육비를 국가가 부담했다"고 설명하니 노 대통령이 "아, 옛날에도 국가가 아이 보육을 책임지는 제도가 있었군요"라고 했다.

정동영의 실언과 위기

시기가 시기인지라 며칠 뒤로 다가온 총선 이야기가 주요 화제였다. 모두 정동영 의장의 노인 폄하 발언을 걱정했다. 며칠 전 정 의장이 대구에서 인터뷰하면서 "앞으로 우리나라를 짊어지고 갈 젊은이들이 꼭 투표해 달라. 60, 70대 노인들은 투표 안 해도 좋다"고 발언한 것이 문제가 됐다. 노인들의 분노가 하늘을 찔렀고 열린우리당 표가 우수수 떨어졌다.

4월 6일(화) 정동영 발언의 여파가 컸다. 특히 노인들이 많이 사는 시골에서 문제가 심각했다. 게다가 열린우리당이 머지않아 보수, 진보로 쪼개질 거라는 문성근, 명계남의 발언 때문에 표가 더 떨어지고 있었다. 선거 초반에는 탄핵에 대한 분노 때문에 무난히 압승을 거둘 기세였는데 연이은 말실수가 선거판을 흔들어 지금은 위기 상황이다. 그렇다고 노인들을 달랠 뾰족한 수단도 없다. 답답한 마음에 노년유권자연맹 전수철 총재에게 전화해 무슨 수가 없겠느냐고 의논하니 전수철 총재가 이렇게 말했다. "원래는 오늘 기자회견을 해서 정동영 실언을 용서하고 지지하겠다고 선언하려고 했는데, 김근태 대표가 약속을 어기고 안 나왔다. 그래서 화가 많이 났다. 열린우리당 사람들은 못 믿는다. 정동영, 김근태는 안 믿지만 그래도 노무현 대통령과 이정우 위원장은 믿는다"고. 그래서 정동영 의장의 발언은 잘못됐고 큰 실수이지만 하여튼 용서하고 잘 도와달라고 부탁하니 알았다고 했다.

전수철 총재는 노인회 단체들을 초청한 청와대 행사에서 몇 차례 만났다. 이야기를 나누어 보니 이분은 해방 직후 격동의 정치에도 깊이 관여했던 독특한 이력의 소유자였다. 정의감이 있고 경우에 어긋나는 것을 보고는 못 참는 성격이어서 나하고도 통하는 바가 있었다. 전 총재는 원래 우익이고 처음에는 참여정부에 부정적 태도였는데 노 대통령과 나를 만나 몇 차례 이야기해 보고는 대통령과 내 성격이 거짓말을 하지 않는 것 같아 생각을 바꾸어 참여정부를 지지하기로 했다고 말했다.

4월 7일(수) 실제로 전수철 총재는 열린우리당 당사에서 기자회견을 자청해 "노인들은 젊은이들의 잘못을 용서하고 포용해야 한다. 노년유권자연맹은 23년 만에 처음으로 정치적 중립을 깨고 열린우리당 지지를 선언한다"고 발표했다. 이 장면이 YTN '돌발 영상'에 그대로 나왔다. 다음 날 노 대통령이 전화를 했다. "이번에 노인 단체 태도가 바뀌는 데 이 위원장 전화가 도움이 됐다면서요?" 그래서 그분이 작년 노인 단체 초청 때 청와대에 왔던 노년유권자연맹 대표인데, 원래 참여정부에 아주 비판적이었지만 대통령 말씀을 듣고 '거짓말을 하지 않는 최초의 대통령이 나타났다'며 지지로 돌아섰다고 설명했다.

4월 12일(월) 정오에서 오후 1시 반까지 관저 오찬에 참석했다. 오랜만에 권 여사도 참석했다. 점심 내내 분위기가 침통했다. 대구, 경북은 열린우리당이 전멸 상태이고 우세하던 이영탁마저 밀린다고 했다. 부산, 경남도 조경태 한 명 정도 건질까 다른 데는 밀리고 있다고 했다. 박주현 수석이 흥분해서 "대구, 경북 출신 공직자들은 모두 삭발이나 단식하든지 사표를 내야 하는 것 아니냐?"고 하기에 답할 말도 없어 그냥 웃어넘겼다. 노 대통령이 "대구, 경북을 한나라당이 싹쓸이하면 박주현 수석은 이혼한다고 선언하는 게 어떻겠나"고 농담을 해서 모두 웃었다. 박주현 수석은 호남인데 남편은 대구 사람이라서 하는 소리다. 박봉흠 실장이 "이강철 후보가 동대구역 지하화를 공약으로 내세웠다"

고 하니 누군가가 이런 농담을 했다. "지하화는커녕 동대구역은 열차 서지 말고 그냥 통과하도록 해야 한다." 모두 폭소. 하하, 나는 어떡하라고.

노 대통령이 "지역주의 극복을 위해서는 권역별 비례대표제 같은 것이 필요하다. 반드시 개헌을 해야 한다"고 선언했다. 내가 "유럽을 보니 지역 대표와 비례 대표가 반반 정도이고 벨기에, 네덜란드는 전적으로 비례 대표밖에 없다고 하는데 우리는 비례 대표가 너무 적다"고 말했다. 모두들 말이 없고 대통령도 오늘따라 말이 적어서 자꾸 침묵에 빠지고 무거운 분위기가 됐다.

노 대통령이 정동영의 실언을 가리켜 이런 말을 했다. "정치인은 반드시 정점에서 실수가 나온다. 나도 경선 되고 나서 (김영삼 시계 차고) 김영삼 찾아가 완전히 망해 버렸다. 아무 생각 없이 찾아갔다." 그러더니 갑자기 대통령이 이병완 홍보수석에게 말했다. "나가서 기자들에게 이야기하라. 우리당 과반수 안 되면 대통령 그만둔다고." 깜짝 놀라 내가 만류했다. "유럽을 보면 여당이 단독으로 과반수 되는 경우는 거의 없고 대개 연립으로 과반을 유지한다. 이번에 민노당과 합쳐서 과반 되면 충분하고 이긴 선거다. 선거에 이겼는데 대통령이 물러난다면 말도 안 된다." 노 대통령은 잠자코 듣기만 했다. 농담으로 하는 이야기가 아니고 진심인 듯 무겁게 들렸다. 얼마 전부터 자꾸 하야할 듯한 뉘앙스의 발언이 계속됐다.

16년 만의 여대야소

4월 14일(수) 총선 전야다. 오전에 문화관광부 이창동 장관에게 전화로 최근 여론 조사 결과를 물어보니 그렇게 나쁘지 않다고 했다. 열린우리당은 140~160석을 예상하며 제1당은 무난할 것이라고 해서 안심이 됐다. 오전 11시 40분에서 오후 2시까지 이사한 균형발전위(생산성본부 건물, 구 정책기획위) 입주 축하 모임에 가서 점심을 같이 먹었다(가원). 오는 길에 성경륭 위원장이 차 한잔하자고 해서 다시 균형발전위원회로 갔다. 그런데 아까 오전에 들은 여론 조사 결과보다 훨씬 나쁜 뉴스를 들었다. LG연구원과 재벌 연구원, 그리고 《연합통신》의 조사 결과에 의하면 한나라당과 열린우리당이 아주 박빙으로 어제까지 괜찮았는데, 오늘 갑자기 수도권 붕괴 조짐이 있고 어쩌면 제1당을 한나라당에 뺏길지도 모른다고 했다. 그렇게 되면 헌재가 탄핵 인정 판결을 내릴 가능성이 있고, 그 경우 민중 봉기가 일어날 수도 있는 것으로 《연합통신》 기자들이 분석하고 있어 걱정이 됐다.

4월 15일(목) 드디어 제17대 총선. 덥고 쾌청한 날씨다. 투표율이 지난 선거보다 2~3%포인트 높게 나타나서 다행이다. 투표율이 60%를 넘으면 열린우리당이 유리하고, 안 넘으면 한나라당이 유리하다고들 하는데 대략 60% 정도가 될 것으로 예상된다고 했다. 아내가 일찍 투표하지 말고 일부러 늦게 투표하자는(그래야 투표율 낮다고 젊은이들이 분발해 많이 투표할 거라고, 하하하) 전략을 제시해 오후 3시에 투표하고 흙서점에 가서 책 몇 권을 샀다. 아내가 선거 결과를 초조해하기에 내가 들은 정보를 종합해 열린우리당 150석, 한나라당 120석 정도 예상한다고 말해 주었다.

노무현과 함께한 1000일

2004년 4월 15일 탄핵 중 제17대 총선을 맞은 노무현 대통령.
권양숙 여사와 함께 국립서울농학교 강당에 마련된 서울 종로구
청운동 제1투표소에서 투표했다. 자료 출처: 노무현재단

오후 5시 40분부터 자정까지 관저에 가서 개표 중계방송을 함께 시청했다. 김우식 비서실장, 박봉흠 정책실장, 박정규, 박주현, 이병완, 정찬용, 권오규, 윤태영, 윤후덕, 이호철, 오상호, 이진, 박재신이 함께 TV 앞에 앉았다. 도착하니 KBS(+SBS), MBC의 출구 조사 결과가 나왔는데 열린우리당 압승이란다. 160~172석 예상. 얼른 아내에게 전화해 주었다. 6시 직전에 대통령 내외도 거실로 나왔다. 6시 땡 하자 세 방송국에 일제히 '열린우리당 압승(160~172석) 예상' 자막이 떴다. 모두 박수 치

고 축하하자 대통령 내외가 환하게 웃었다. TV가 각 당사 분위기를 전하는데 열린우리당은 환호작약하고 정동영 의장은 눈물을 보였다. 한나라당은 조용하고 민노당은 환호했으며 민주당과 자민련은 초상집 분위기였다.

모두 가벼운 마음으로 저녁 식사를 시작하자 노 대통령이 오늘 아침에 있었던 일을 이야기했다. "경옥고를 먹으려고 뚜껑을 열었는데 갑자기 굴러가서 그걸 잡으려고 한 번 두 번 세 번 쳤더니 뚜껑이 부서졌다. 청와대에 온 이후 그릇 하나 깨지 않았는데 너무 기분이 나빠 하루 종일 불안했다. 꿈보다 해몽이 좋아야 한다는데…." 내가 "뚜껑만 깨고 단지는 깨지 않았습니까?" 물으니 그렇다고 했다. "그게 바로 열린 우리입니다" 하니 일동 폭소가 터졌다. 김우식 비서실장은 대통령의 장모님이 염주를 들고 관저를 빙빙 돌며 기원하는 것을 보았다고 했다. 포도주로 모두 축배를 들었다. 노 대통령은 기분이 좋은 듯 많이 마셔 얼굴이 빨갛게 된 채 말했다. "국회의원 딱 과반수보다는 조금 많은 것이 좋다. 각 상임위별 여분으로 한 사람 정도 더 있으면 아주 편리하다. 한 명 정도 결석할 때도 있기 때문에."

이병완 홍보수석이 이번 선거의 의미 세 가지를 탄핵 심판, 지역 구도 타파, 깨끗한 선거 열망으로 요약했다. 대통령이 말했다. "정동영은 자만심에서 나온 실수이고, 탄핵은 야당의 필연적 실수다. 정동영 발언은 노인 폄하가 아니고 실수다. 당은 겸손해야 한다. 권위주의가 아닌 열린 민주주의로 가야 한다. 민주주의는 모두에게 불리하고 불편하다. 그러나 분권과 자율로 가야 하고 새로운 정당 문화가 필요하다. 각정파가 규칙을 지키는 페어플레이를 해야 한다. 좌우의 문제가 아니고 승복의 문화를 만들어 가는 일단의 세력이 있어야 한다. 2~3개월 동안

노무현과 함께한 1000일

당을 정비해야 한다. 차기 대권 주자들은 납작 엎드리고 관리 중심으로 가야 한다."

노 대통령이 기분 좋은 듯 들뜬 목소리로 덧붙였다. "앞으로 비서실장, 정책실장, 그리고 정책기획위원장이 앞장서서 국가 개조를 합시다. 반쯤 잠수해서. 개혁은 국민에게 인기 없는 일이지만 반드시 해야 한다." 박정규 수석이 "강남 사람들은 2만 불에는 관심 없지만 명분 있는 일은 외면하지 않을 것이다. 《조선일보》도 끌고 가야 한다"고 했다. 김우식 비서실장은 계속 상생과 화합을 주장하며 《조선일보》와도 화해하라고 권유했는데 대통령은 이렇게 말했다. "'이 시간 《조선일보》의 표정을 보겠습니다' 하는 중계방송 좀 없나? 산돼지도 길들이면 사람을 따라오는데, 호랑이는 그렇지 않고…" 이병완 홍보수석이 "그냥 무시하고 가면 된다. 그 사람들은 박탈된 특권에 대한 향수 때문에 그런다"고 말했다.

노 대통령이 말했다. "특권을 포기해야 한다. 바빠서 그 사람들과 싸울 시간도 없다. 환멸을 느낀다. 강자에는 약하고 약자에는 강하고, 시대의 흐름을 모른다. 다만 열린우리당한테는 듣기 싫은 소리를 하겠다. 정부혁신해야 한다. 망한 나라들은 다 부패와 분열 때문에 망했다. 민주주의는 대화와 타협이다. 네트워크형 지배구조가 필요하다. 균형 사회, 정의는 중요한 가치다. 영남에서도 우리당 30%, 노동당 15% 얻는데 다 사표가 된다. 제도를 개선해서 소수자를 보호해야 한다. 지방 세력의 재원과 발언권을 높여 줘야 한다. 신주류는 하원에, 구주류는 상원에 배치하는 것이 선진국 관행이다. 우리도 새 헌법 틀이 필요하다."

시간이 지날수록 열린우리당이 151~153석 정도로 고착하는 경향이 나타났다. 10시가 넘어서는 거의 변동이 없고 대세가 판가름 났다. 갑자기 노 대통령이 갖고 있던 복안을 발표했다. "원래 이런 계획을 갖고 있었다. 첫째, 총선 과반수 획득=신임으로 간주. 둘째, 제1당이되 과반수 안 되면 연립 정부 세우고 조각권을 주고 공동 정권 체제로 간다. 셋째, 한나라당이 제1당 되면 대통령에서 물러나 새로 선거. 이런 계획이 있었는데 탄핵을 당하는 바람에 발표를 못 했다. 역포위론… 이런 말은 하면 안 되지." 자정을 지나 12시 15분에 모두 박수를 치고 가벼운 발걸음으로 귀가했다.

4월 16일(금) 조간에 열린우리당 152석, 한나라당 121석, 민노당 10석, 민주 9석, 자민련 4석으로 최종 결과가 보도됐다. 절묘한 결과, 이보다 더 좋을 순 없다. 민주와 자민련의 몰락, 조순형과 추미애 참패, 김종필 퇴진, 16년 만의 여대야소라고 보도했다. 한국 정치의 괄목할 만한 성장이고 역사의 진보, 사필귀정이다. 오후 6시 반에 토속촌에서 비서관 회식. 12명이 식사하는데 중간에 주인이 들어와 잠시 인사를 했다. 자기는 노무현 대통령에게 반해서 따라다니고 지원했는데, 이번에도 대통령 덕에 선거 혁명이 일어났다고 했다. 대부분 대통령 덕분에 당선되었다며 하여튼 대단한 분이라고 평가했다. 토속촌 삼계탕은 노 대통령이 하도 좋아해 청와대에서 배달을 시켜 먹은 적도 있다.

총선이 끝나자 신문에 정치권에서 탄핵 철회 움직임이 있다는 보도가 나온다. 이제 좀 철회해 주면 좋겠는데 대통령 권한 정지가 너무 길다. 진작 4월 초쯤 했더라면 선거가 어떻게 될지 몰랐겠는데 한나라당, 민주당은 크게 잘못했다. 탄핵이라는 큰 자충수를 둔 것이 첫째 잘못, 잘못했다고 사과하고 물릴 수 있는데 안 물린 것이 둘째 잘못, 우리나라 사람들은 마음이 좋아서 사과하면 선선히 용서하고 잊어버린다. 두 가지 악수 중 하나만 두었더라면 우리 당이 과반수를 차지하기는 어려

노무현과 함께한 1000일

웠을 것이다. 두 당은 욕심 때문에 결국은 망하는 길로 갔다. 사필귀정. 멀쩡한 대통령을 밀어내려다 자기들만 쫓겨났고, 한국 정치는 단숨에 수십 년 진보했다. 우리나라에 대운이 트일 모양이다.

65. 잘 먹고 잘 자는(?)
탄핵의 나날

○
●

2004년 3월 12일(금) 오후 2시 20분, 12일 간의 유럽 노사관계 견학을 마치고 인천공항에 도착했다. 인천공항 사장이 마중을 나와 대통령 탄핵안이 오전에 국회에서 통과됐다는 충격적인 소식을 전해 줬다. 짐 찾을 겨를도 없이 청와대로 직행했다. 장관들이 긴장한 얼굴로 한 명씩 청와대로 집결했다. 강금실 법무부 장관이 들어오면서 "우째 이런 일이…"라고 했다.

창원에 갔던 노 대통령이 헬기를 타고 오후 5시쯤 청와대 앞마당에 내렸다. 수석, 비서관, 행정관들이 본관 앞에 도열하여 대통령을 맞이하며 박수로 응원했다. 노 대통령과 권 여사는 헬기에서 내리자마자 농담을 했다. "초상집도 아닌데…" 그러더니 나를 보고 물었다. "어, 이 위원장 출장 잘 다녀왔습니까?" "저는 잘 다녀왔는데 오니까 난리가 나 있네요." 노 대통령이 청와대 앞마당에서 전 직원들을 상대로 짤막한 연설을 했다. "지금까지 쓰러진 적 많았지만 늘 이겨 왔다. 그러니 잘될 겁니다." 그리고 바로 세종실로 가서 장관들과 긴급 간담회를 시작했다.

폭탄 발언이 이어지다

노 대통령이 말했다. "이번 탄핵은 근본 원인이 검찰 수사 때문이고, 지역주의의 마지막 발호다. 대통령으로 다시 복권될 가능성이 높을 것이다. 그동안 회의는 못 하지만 학습 토론은 할 수 있지 않겠느냐." 이창동 문화관광부 장관이 공연 관람을 권유했고, 강금실 법무부 장관은 다음 주 세종문화회관에서 바흐의 〈마태수난곡〉을 관람하는 것도 의미 있을 것이라고 말했다. 이헌재 경제부총리가 주말 부부 동반 골프를 권유하니 대통령은 기분이 좋은 듯 "그 제안을 1번으로 접수하겠습니다"라고 반겼다.

오후 6시 반, 관저 수석 만찬에 참석했다. 엘리베이터에서 박정규 민정수석을 만났는데 주위에서 대통령더러 사과하라고 많이 권했다고 한다. 그러나 박 수석은 사과는 안 하는 게 맞다고 생각한다기에 나도 동감을 표시하며 "대통령이 별로 잘못한 거 없으면서 괜히 사과하면 두 번 죽는다"고 말했다.

노 대통령이 말을 꺼냈다. "내가 정치를 좀 과격하게 한 것 같다. 지금까지 숱하게 넘어졌는데 이번에도 넘어졌지만 좀 쉬었다가 일어나면 되고, 못 일어나면 그뿐이다. 검찰 수사 때문에 야당이 탄핵까지 몰고 간 거다. 그게 근본 원인이다." 김우식 비서실장이 "공연 관람과 골프는 좀 자제하시는 게 옳겠다. 그 대신에 시장이나 양로원, 복지 시설 같은 데 방문하시는 게 좋겠다"고 건의했다. 노 대통령이 "시장이나 복지 시설에 가면 경호가 복잡하지만 공연 관람은 괜찮지 않겠습니까. 그것도 안 가고 죽은 듯이 웅크리고 있을 수는 없지요. 살아 있는 것의 표시인데." 그러더니 느닷없이 나를 쳐다보며 "로베스피에르가 왜 처형당했는지, 이정우 위원장은 모르는 게 없으니까 그 이유를 알겠지요?"라고 질문했다. 모르겠다고 하니 노 대통령이 "로베스피에르가 부패 척결 운동을 벌이는 바람에 동지들이 공포심을 느껴서 죽였다고 어느 칼럼에서 읽었는데 더 이상은 나도 모릅니다." 권오규 정책수석이 "마라, 당통이 로베스피에르를 죽였다"고 하기에 내가 "당통도 역시 처형당하지 않았느냐?"고 물으니 그렇다고 대답했다. 그러더니 권오규 수석이 "대처가 11년 집권하며 많은 비판을 받고 어려움을 겪었지만 대차게 이겨 냈다"며 대통령에게 대처를 본받을 것을 권고했다. 나중에 집에 가서 찾아보니 마라는 1793년에 어떤 여자에게 암살당했고(50세), 당통은 1793년에 부패 혐의로 기요틴으로 처형됐으며(35세), 로베스피에르도 1년 뒤인 1794년 7월에 기요틴으로 처형당했다(36세). 이를 '테르미도르(7월)의 반동'이라고 부른다.

3월 13일(토) 밀린 각종 보고를 받고 오전 11시에 비서관 회의를 열었다. 대통령 업무가 정지돼도 국정과제 위원회들은 조를 짜서 대통령과 학습 토론을 계속하기로 했다. 오후 6시부터 밤늦게까지 광화문에서 7~8만 명이 모여 촛불시위를 했다. 부산, 광주, 대구 등 분위기가 심상찮다. 탄핵이 잘못됐다는 의견이 70% 이상이고 열린우리당 지지율이 10%포인트 상승해 35%, 한나라당 15%, 민주당 7%로 나왔다.

3월 22일(월) 오후 6시 반, 수석들이 관저 만찬에 참석했다. 관저 입구에서 갑자기 대통령이 보이길래 차를 세우고 내리니 대통령 부부와 여직원 한 명이 경내 산책 중이었다. 대통령이 진달래 꽃망울을 가리키며 이게 매실 나무인지 물었다. 실제 노 대통령은 식물, 꽃에 대해 많이 알고 특히 문재인 수석은 박사급이다. 노 대통령은 기분이 좋아 보였다. 돋아나는 새싹을 보며 이야기하다가 느닷없이 나를 보고 "삼라만상이 무슨 뜻입니까?" 물었다. 불교 용어이니 불교 신자가 잘 알 거라고 하니 옆에 있던 김세옥 경호실장이 대답했다. 대통령이 며칠 전에는 느닷없이 로베스피에르를 질문하더니 오늘은 삼라만상을 질문한다.

관저에 들어가 내가 며칠간 프랑스 혁명사 책을 몇 권 읽었다고 하니 노 대통령이 설명해 보라고 했다. 노 대통령은 오래전 노명식 교수가 쓴 《프랑스 혁명에서 파리 코뮌까지, 1789~1871》라는 책을 읽었다고 했다. 그 책은 유명해서 나도 읽었다. 노 대통령이 "그때 무슨 옷 이야기가 나오던데…." "아, 퀼로트(귀족들이 입는 반바지)입니다. '상 퀼로트'(반바지 없는 사람)는 평민이란 뜻입니다." 노 대통령이 "시에예스는 초기 혁명가였는데 뒤에 반동으로 갔다." "맞습니다. 라파예트도 역시 초기 혁명 지도자였는데 나중에 변절했습니다." "그렇다. 프랑스 혁명 초기의 지도자 다수가 변절했다." 그다음 나폴레옹 이야기로 가고, 나폴레옹과 대포를 숭배했던 박정희 이야기로 번졌다. 이병완 홍보수석이 "프랑스 혁명을 연구한다는 것이 밖에 소문나면 곤란합니다"고 농담했다. 노 대통령이 갑자기 《용비어천가》 첫머리를 박봉흠 정책실장에게 질문하니 "다음에 연구해 오겠습니다"라고 답해 내가 "《용비어천가》를 연구한다는 소문도 곤란합니다" 하니 모두 웃고 분위기가 화기애애해졌다.

노 대통령이 1990년대 초 정치 비사를 이야기했다. "12층 건물에서 전당 대회가 있어 걸어 올라가는데 조폭들이 설치고 있었다. 사회가 정상구였던가. '이의 있습니까?' 묻기에 '이의 있습니다' 외치며 일어서려고 하니 주위에서 잡아 내렸다. 의장이 다급해 '거의 만장일치로 통과입니다' 하더라." 일동 폭소가 터졌다. 노 대통령이 계속했다. "옛날에는 거의 조폭 수준의 정치를 했다. 요새는 천지개벽이다. 촛불집회를 보니 줄이 쳐 있고 중간중간에 통로도 마련돼 있고, 이런 통로 마련하는 건 예수쟁이들뿐이지. 앗! 예수쟁이라 하니 비서실장 얼굴이…." 그러자 옆의 김우식 비서실장이 답했다. "안 들은 걸로 하겠습니다."

노 대통령이 덧붙였다. "정치가 엄청나게 발전했다. 내가 가만히 있어도 나라가 엄청나게 발전하니, 앞으로 업무 재개하더라도 아무 일 안 하고 책이나 읽고 산보나 하고 일주일에 한번 수석들과 식사나 해야겠다." 말 끝에 내 팔을 툭 치면서 "세상이 엄청 좋아지고 있지요?" 하기에 얼떨결에 "예, 몇 십 년 걸릴 변화가 단숨에 일어나고 있습니다"라고 대답했다. 노 대통령이 일어서면서 "(총선까지) 남은 25일이 걱정이다"라며 정찬용 인사보좌관에게 인사를 잘 챙길 것을 지시했다. 사람들이 평소에 신문 칼럼을 쓴 것도 모두 데이터베이스화하고 있는지 물었다.

3월 24일(수) 오후 3~5시 반, 관저에 보고하러 김병준, 김용익, 성경륭, 조재희와 함께 갔다. 노 대통령은 탄핵 기간 동안 학자, 위원장들과 자주 만나 토론했다. 원래 1시간 예정이었는데 2시간 반으로 늘어났다. 보고 말미에 탄핵 정국이 화제에 올랐다. 내가 총선 뒤에는 개혁 드라이브를 걸어야 한다고 주장했다. 성경륭 위원장이 대통령에게 보다 온건하고 부드러운 아버지상 지도자를 건의했다. "선거는 잘될 것 같고. 그러면 조중동도 약화할 것이고 국정은 탄탄대로를 갈 것이다." 그러자 노 대통령이 정색하며 반대했다. "저 사람들이 절대로 호락호락 물러설 사람이 아니다. 끝까지 물고 늘어질 거다. 조중동과의 싸움이 어제오늘이 아니고 10년이 넘었다. 이번 사태가 끝나면 그만두겠다"고 폭탄선언해 모두 깜짝 놀랐다. 김병준이 "지금까지 대통령이 해 온 일이 모두 시대정신에 앞서갔다"고 했고 나도 거들었다. "도덕성과 지적 능력에서 노 대통령만 한 대통령이 없었다. 달리 개혁을 해낼 만한 사람이 없다"고 하자 노 대통령이 "측근들이 다 잡혀 들어갔는데 무슨 도덕성이 있습니까?"라고 자탄했다.

테이블 위에 방금 보고하고 나간 김우식 비서실장이 두고 간 것으로 보이는 《중앙일보》의 문창극 칼럼 〈당신은 울고 있습니까?〉가 놓여 있었다. 문창극은 《중앙일보》의 보수파 3인 중 1인으로 소문난 보수 논객이다. 얼른 읽어 보니 대통령의 자중과 포용을 주장하는 글이다. 노 대통령이 말했다. "나는 원래 공격수인데 나보고 풀백 맡으라고 하면 안 된다. 사람이 할 수 있는 게 있고 할 수 없는 게 있다. 대통령의 리더십에 관한 연구를 정책기획위원회에서 좀 해 주세요. 요즘 드골 전기를 읽고 있는데 드골은 2차 대전 영웅이라는 카리스마에도 불구하고 1945년 대통령이 된 뒤 1년 만에 사임했다. 드골 같은 인물도 1년을 못 가서 사임하는데 나 같이 자격 없는 사람이 어떻게 대통령을 하나." 노 대통령이 작년부터 몇 차례나 도중하차를 시사해 사람을 깜짝깜짝 놀라게 만든다. 폭탄선언이 불쑥 공개적으로 나올까 봐 걱정이다.

3월 29일(월) 정오에서 오후 1시 반까지 관저 오찬. 개나리와 진달래가 만발이다. 노 대통령이 정점에서 내려온 사람들의 이야기를 하는데 의미심장하게 들렸다. 영국의 제임스 해럴드 윌슨James Harold Wilson 총리, 캐나다의 장 크레티앙Jean Chretien, 그리고 드골. 드골은 1968년 5월 학생혁명 후 사소한 문제를 국민 투표에 붙여 패배하자 바로 사임한 뒤 고향에 돌아가 1년 남짓 살다가 사망했다. 유서에 장례식은 가족장으로 하고 장관들은 오지 말 것이며 20세에 요절한 딸 옆에 묻어 달라고 했다는 이야기를 노 대통령이 했다.

노 대통령이 "내 정점은 4월 16일(총선 다음 날)이 될 것"이라고 다시 불길한 이야기를 하기에 내가 탄핵 직후 대통령에게 권했던 책인 지용희의 《경제전쟁시대 이순신을 만나다》 이야기를 꺼내니 노 대통령이 안 그래도 조금 전 이순신 이야기를 하고 있었다고 했다. 나는 "이순신은 5번 파직, 2번 백의종군이란 역경을 뚫고 이겨 낸 인물이다. 대통령도 이 책을 읽고 용기를 가지라고 권해 드린 거다. 이순신과 넬슨은 최후의 전투에서 전사하며 정점에서 그만둔 사람이지만 그전에 역경에 굴하지 않은 불굴의 정신이 높이 평가돼야 한다. 대통령도 할 일이 많다"고 말했다.

화제가 바뀌어 위인들의 사생활을 놓고 이야기했다. 내가 "유럽은 공사를 구분한다. 독일 차기 총리 후보는 4번이나 이혼했고 빌리 브란트, 미테랑, 퐁피두도 여자 문제가 있었다. 스캔들에 관대하다. 그 반면 영미는 엄격하다"고 하자 노 대통령이 말했다. "한국은 이중 잣대다. 대통령에게 엄격한 도덕주의를 요구한다. 골프도 치지 마라, 뭐도 하지 마라. 엄격한 도덕주의는 위선을 낳는다. 링컨이 그때 암살당하지 않았다면 탄핵당했을 것이다. 그 뒤를 이은 존슨 대통령은 탄핵 공격을 받았는데 1표 차로 탄핵을 면했다. 링컨은 처남, 동서가 남군 소속이라서 의심을 많이 받았다." 참 맞는 말이다.

2004년 4월 5일(월) 맑음, 제59회 식목일이다. 오전 10시 반~정오까지 청와대 경내 식목 행사에 갔다. 130명이 참석했다. 직원이 참석한 첫 식목일 행사라고 한다. 담벼락 밑 가파른 땅에 잣나무 550그루를 심었다. 11시 반, 대통령 내외가 등장해 나무 한 그루를 심은 후 마이크를 잡고 인사말을 시작했다. 두 번이나 "무슨 이야길 하지?" 하다가 꽤 긴 연설을 했다. "25일 만의 공식 행사 참석이다. '내일 지구가 망한다

2004년 4월 5일 노무현 대통령은 탄핵 기간 중에 제59회 식목일을 맞았다. 이날 청와대 비서실 직원들과 함께 경내에 잣나무를 심었다. 자료 출처: 노무현재단

해도 나는 오늘 사과나무를 심겠다'고 하면 좋을 것 같은데… 여러 사람이 많은 책을 읽으라고 추천해 줬는데 《경제전쟁시대 이순신을 만나다》를 읽었다. 정책기획위원장이 추천한 책이다. 이순신 자살설 내용도 있었다. 이순신 시신을 육지로 올려 처음 모셨던 이락사李落祠에도 가 보고 싶은데 주위에서 말린다. 왜냐하면 선거 격전지라고(김두관 대 박희태). 현충사에도 가 보고 싶고, 나를 이순신에 비유할 수는 없지만…." 길게 연설했다. 대통령 개혁 과제가 안 되고 있는 것을 걱정하면서 "원래 일상 업무는 총리에 맡기고 개혁 과제는 대통령이 직접 하려고 했는데… 대통령 없어도 국정이 잘 돌아가니 사표 내라고 하는 사람도 있는 모양인데 그렇게 하지는 않겠다." 정찬용 인사수석이 "자꾸 비감한 말씀을 하시니 다음에는 광개토대왕 책을 읽으시는 게 좋겠다"고 했다.

4월 8일(목) 오후 3~6시, 관저 간담회. 김금수, 고철환, 김용익, 조재희, 박남춘이 참석했다. 노 대통령은 점퍼 차림으로 기분이 좋아 보인다. 며칠 전의 우울함이나 이상한 충격적 발언은 없다. 고철환 지속가능발전위원장이 한탄강 댐 갈등 조정을 보고하면서 앞으로 갈등 관리 워크숍을 갖겠다고 하자 노 대통령이 참석을 희망했다. 그냥 청중석에 앉아도 좋으니 꼭 가 보고 싶다고 했다. 노 대통령이 고철환 위원장에게 그동안 일을 많이 했다고 격려했다. 나도 맨 끝에 국정과제 추진 체계를 보고했다. 노 대통령이 위원회에서 정책 아이디어를 생산, 조정하되 추진은 정책실을 매개로 하라고 지시했다. 노 대통령은 국정과제가 잘 돌아간다고 만족감을 표시했다. 박남춘에 의하면 며칠 전 대통령이 "이제 권한이 재개되면 일상적 업무는 총리한테 맡기고 나는 국정과제나 해야겠다"고 말했다고 한다. 그밖에 영화 이야기가 나와서 노 대통령이 〈태극기 휘날리며〉 〈실미도〉를 봤다고 했다. 〈실미도〉에 나오는 '적기가'는 미국의 19세기 노동운동, 메이데이 무렵 나온 노래라고 김금수 위원장이 설명했다.

4월 11일(일) 날씨가 화창하다. 노 대통령이 청와대 기자들과 등산하면서 '춘래불사춘春來不似春'을 읊었다고 신문에 났다. 당나라 시인 동방규가 읊은 시 〈소군원〉에 나오는 오랑캐 땅에 끌려간 왕소군王昭君이 신세를 한탄하는 내용이다. 호지무화초 춘래불사춘胡地無花草 春來不似春. '오랑캐 땅에는 꽃도 풀도 없으니 봄이 와도 봄이 온 것 같지 않구나.' 아마 대통령의 요즘 심경이 이런가 보다.

미국과 한국의 탄핵 비교

4월 19(월) 오랜 가뭄 끝에 단비가 내렸다. 산불 걱정도 덜겠다. 정오~오후 2시까지 관저 오찬. 노 대통령이 옛날이야기를 했다. "우리 모친이 해방 후 쌀 공출 안 내려고 깊이 감추어서 순사와 면 서기 눈을 속였는데, 허 아무개 구장이 오더니 숨구멍 보고 찾아내서 빼앗아 갔다. 모친은 그 뒤로 늘 허 구장을 욕했다. 일제 시대에는 놋그릇 공출이 있었다. 학교에서는 애들한테 공출 내야 한다고 가르치니 누나, 형들은 집에 와서 내라 하고, 어머니는 안 된다고 노상 싸웠다. 결국 들켜서 놋그릇 이고 가서 압수당하고 매까지 맞게 되었다. 집안 친척 중에 치안관이 있어서 매 맞는 것은 겨우 면했다. 아마 순회 재판소 서기 정도 되었던 듯하다. 부친은 타이어 재생 기술자인데 보국 헌금 내라고 강요받아 월급의 절반을 강제로 저축했다. 보국 헌금 증서를 보여 주며 항의해 겨우 처벌을 면했다. 당시 시골에서는 소작 비율이 3 대 7로 착취가 심했는데 그것도 못 얻어 안달이었다. 소작 끊기지 않으려고 온갖 뇌물을 바치고. 우리 집에서도 암탉을 바치고 그랬다."

박주현 수석이 "신문에 탄핵과 대선 수사 종결 빅딜설 운운하던데 말도 안 된다"고 하자 노 대통령이 말했다. "여야 대화 채널은 필요하고 흥정은 곤란하다. 빅딜설 그런 건 이쪽에서 아니라고 해도 잘 곧이듣지 않을 것이고 결국 시간이 지나면 해결될 거다. 지금 박근혜의 정치력이 시험대에 올라 있다. 당의 정책 기능 강화 운운하는데 사실 관리가 잘 안 된다. 나는 원외에 오래 있어서 원내 정당에 반감이 있다. 과거 대통령과 당 대표들이 만나는 주례 회동이란 것이 있었다. 그걸 왜 하나 했는데 이제 좀 이해가 된다. 그런데 만나고 나면 당 사람들이 언론에 이런저런 이야기를 해서 정보를 유출한다." 김우식 비서실장이 "당 사람들 만나면 말조심하시라"고 하니 노 대통령은 "농담도 안하고, 입 꾹 다물고, 그냥 이렇게…" 하며 입을 우스운 모양으로 만들었다. 노 대통령은 장난꾸러기 같은 데가 있다. "오늘 신문에 총리 누구, 입각설 운운했다는데, 누가 입각하는 것으로 되어 있습니까? 그런데 고건 총리는 왜 나한테 의논도 없이 그만둔다 합니까?" 노 대통령이 묻자 박봉흠 실장이 "총선 뒤에는 그만둔다고 이미 선언을 했습니다"라고 했고 정찬용 수석은 "그만두고 미국에 한 1년 다녀오겠다고 이야기했습니다"라고 설명했다. 노 대통령이 말했다. "아, 그렇습니까? 나는 내게 유감이라도 있어서 그만두는가 했더니…."

4월 26일(월) 정오에서 오후 1시 반까지 관저 오찬. 탄핵 두 달 동안 노 대통령은 독서를 많이 하고 학자들을 불러 토론도 많이 했다. 이날 노 대통령은 책을 한 권 들고 어슬렁어슬렁 입장했다. 박세일, 김병국 교수가 쓴《대통령의 성공조건》1권이다. "이 책이 참여정부의 바이블이니 뭐니 해쌓는데, 그건 전혀 아니지만 더러 참고할 만한 데는 있다. 그러니 한번 읽어 볼 필요는 있고 괜찮은 것 있으면 우리가 먼저 해 버리면 된다. 다 읽어 본 것은 아니지만 그중에서 인사, 규제 개혁 부분은 잘됐다."

정찬용 인사수석이 "요즘 잠은 잘 주무십니까?" 물으니 노 대통령은 "너무 잘 자서 문제지요. 밤에도 잘 자고 낮에도 꾸벅꾸벅 졸고. 공부를 해야 하는데 잠이 와서 공부가 안 될 지경"이라고 했다. 잘 먹고 잘 자고 해서 자꾸 살이 찐다며 운동의 필요성을 이야기했다. 박정규 민정수석이 "의사 말로는 나이 50 넘으면 살찌는 것이 정상 체질이다. 살 안 찌고 그대로인 사람은 무언가 병이 있거나 문제가 있다고 하더라"고 했다. 노 대통령은 청와대 안 산책 코스 이야기를 하다가 정상문 총무비서관에게 신관에서 본관으로 오는 길에 오솔길을 만들 것을 검토하라고 지시했다. 아스팔트 말고 그냥 흙길로 오솔길이 있으면 좋겠다고 했다.

노 대통령 앞에 놓인 또 한 권의 책《미국과 한국의 탄핵 비교》가 잠시 화제였다. 아직 아무도 안 읽었고, 지난 주말 TV에서 탄핵 소식을 다룰 때 잠시 소개되었던 책이다. 내가 "TV에서 보니 저자가 말하기를 미국, 프랑스에서는 탄핵돼도 최종 결정 때까지는 업무를 계속하는 데 반해 한국은 바로 정지되는 차이가 있는데, 한국 제도는 문제가 있는 것 아니냐?"고 하니 박정규 민정수석이 "그러면 혹시 군대를 동원한다든가 그런 문제가 있을까 봐 그런 것이고, 한국 현실에는 일리가 있다"고 답했다. 노 대통령이 "그렇지 않다. 역시 바로 정지하는 것은 좀 문제가 있다"고 덧붙였다.

5월 6일(목) 영국의 권위 있는 경제 신문《파이낸셜타임스》에 한국의 탄핵을 비난하는 기사가 실렸다. '억지 탄핵Impeachment on flimsy grounds'이라고 썼다. 미국 블룸버그 통신은 2002년 대선 사흘 전 이회창보다 노무현이 돼야 한국경제에 도움이 된다고 보도했다. 윤태영 비서관이 "그때 많이 선전했다"고 했다.

승리 뒤에 점수 까먹는다

5월 14일(금) 오전 10시, 헌재 탄핵 심판 결정의 날. 윤영철 헌재소장이 30분간 이것저것 지적, 훈계한 뒤 맨 끝에 주문을 발표하는데 '기각'. 사필귀정이다. 김해와 광화문 주위가 온통 노란 풍선 물결이다. 끝내 소수 의견을 안 밝히는 건 비겁한 행동이다. 헌재 재판관쯤 되면 돌팔매를 맞을 각오하고 의견을 밝혀야 하는 것 아닌가. 정오에 청와대 본관 현관에서 실장, 수석들이 대통령 내외를 환영하는 박수를 쳤다. 대통령이 일일이 악수하고 인왕실로 자리를 옮겨 점심 식사를 했다.

노 대통령이 "그동안 여러분들 마음고생이 많았다. 내가 머리를 짧게 깎은 이유를 알겠느냐?"고 윤태영 비서관에게 질문했다. "초심으로 돌아가겠다는 뜻이 아니겠느냐." "저칸다 카이. 그게 아니고 머리 손질하는 시간을 절약하기 위해서다. 아침에 머리 손질하는 데 15분 걸리는데, 10분이 넘어가면 짜증이 난다. 이번 탄핵 기간에 시험을 해 봤다. 옛날이야기에 도깨비와 사투를 벌이다가 칼로 찔러 죽이고 다음 날 아침에 가 봤더니 빗자루에 칼이 꽂혀 있더라는 이야기가 있다. 이번 탄핵이 그런 것 아닌가. 아, 이건 '오프 더 레코드off the record'로 해야 한다.

노무현과 함께한 1000일

국회의 3분의 2 의석을 넘으면 앞으로 대통령 여럿 다치겠다. 입조심해야 한다."

5월 15일(토) 오전 10시, 청와대 본관 앞에서 대통령 업무 복귀 담화문 발표가 있었다. 약한 빗방울이 떨어지는데 노 대통령은 15분 정도 담화문을 읽었다. 사람들의 예상은 상생, 화합이었으나 의외로 개혁을 강한 톤으로 말했다. '이제는 경제다' 식으로 위기를 과장하여 개혁의 발목을 잡는 행위에 경고를 날렸다. "반짝 경기를 살리는 것은 하지 않고 장기적 성장 잠재력 배양에 노력하겠다. 중병에 걸렸는데 영양제 몇 대 놓고 걸어라, 뛰어라 하면 안 된다."

담화문 발표 후 다과회(인왕실)에서 노 대통령이 말했다. "온 신문이 '이제는 경제다'라고 새까맣게 보도하고 기업인 심기를 건드리는 것은 금기라고 주장한다. 1989년에 금융실명제 준비단을 만들었지만 1990년에 주저앉았다. 언제나 기조는 같고, 신문도 모두 같고. 언제 '경제' 아닌 적 있었나. 경제위기 강조해서 번번이 개혁을 좌절시켰다. 분배, 개혁하려는데 '이제는 경제다' 하면 개혁의 싹이 올라오다가 죽는다. 이런 공세에 과거 정부들이 다 밀렸다. 상황에 대한 명확한 인식을 갖고 대처해야 한다."

"우리가 언론 공격에 공세적으로 대응해야 한다. 1988년에 부동산 가격이 폭등하자 1989년에 조순 부총리가 부동산을 잡으려 했고 나도 지지했다. 그러나 1990년에 신문에서 엄청나게 얻어맞고 노선 선회했다." 안병영 교육부 장관이 "실용주의라야 된다. 이념 논쟁은 무익하다"고 하자 노 대통령은 "정책 논쟁은 얼마든지 좋다. 기업 투자가 안 되는 것은 다 풀어 주겠다 하는데 '솔째 내놔라' 한다"고 했다. 한덕수 국무조정실장이 "영국《파이낸셜타임스》에서 '노무현은 행운아다. 두 번 기회를 얻었다. 탄핵은 안식년semi-sabbatical'이라고 썼다. 정치 개혁은 DJ도 못한 어려운 과제다"라고 하자 노 대통령이 "DJ는 IMF한테 쌍권총으로 위협받아 아얏 소리도 못 내고…" 했다. 이런 대화를 마치고 노 대통령은 퇴장했다.

5월 29일(토) 오후 5시 반에서 9시까지 청와대 영빈관에서 열린우리당 당선자 만찬이 열렸다. 김부겸 의원의 사회로 진행되었다. 여성 국회의원들과 중앙위원들이 권양숙 여사와 함께 〈만남〉을 합창했고, 이광철(전주) 의원이 〈심청가〉를 불렀다. "이렇게도 깊을 줄을 난 진정 몰랐었네." 베르디의 〈축배의 노래〉를 "마누라 때리지 말아요"로 가사를 바꿔 불러 만장의 폭소가 터졌다. 노 대통령이 노래 〈허공〉과 〈부산갈매기〉를 불렀다. 김부겸이 "대통령은 열린우리당 막내 당원"이라고 농담을 했다. 식사 후 자유 발언에서 광주 의원 3명이 모두 인사 부탁, 민주화 보상 부탁 등 민원성 발언을 했다. 부산 최성 의원은 남북 관계에 관한 건의를 했고, 인천 안영근 의원은 대통령이 왜 깍두기 머리를 했는지 질문해 좌중의 폭소가 터졌다.

노 대통령이 아주 긴 마무리 발언을 했다. "열린우리당은 원래 당선 전망이 없었다. 분열의 역사 극복 일념으로 창당했고. 지역 기반을 버리고 결단한 감동적 역사다. 대통령 덕분에 당선된 것이 아니고 당선될 가치가 있어서 당선된 것이다. 100년짜리 정당 한번 해 봅시다… 13대 국회 때, YS에게서 공천장을 받고 내려오니 공항에 누가 차를 갖고 기다리더라. 아, 공천만 받아도 이렇게 차가 다 나오는구나 했는데 알고 보니 누가 YS한테 공천 받게 말 좀 잘해 달라고 차를 갖고 나왔더라. 여러분은 무지무지 행복한 정치인이다. 줄서지 않아도 되니 행복하다. 진실 이상의 덕목은 없다. 명분 없는데 줄서다가 쫄딱 망한다. 잘

노무현과 함께한 1000일

모를 때는 손해 보는 쪽으로 가는 게 좋다… 과거 대통령들은 삶과 죽음의 고비를 넘겼다. 나까지 저항, 투쟁의 경험이 있다. 앞으로는 창의, 대안의 정치가 될 것이다. 이제 용기와 역량의 시대가 온다. 열심히 공부하고 일하고 바른말 해야 한다. 옛날 정치는 보스 앞에서 바른말을 못 했다. 152명은 큰 승리다. 그러나 승리 뒤에 꼭 점수를 까먹더라. 여러분들 모두 신선하고 선의가 있으니 앞으로 잘될 것이다."

만당의 박수갈채 속에 총선 승리 파티가 끝났다. 이때는 천지개벽이 일어난 것 같았고, 앞으로 개혁 세력이 못할 게 없어 보였다. 그러나 열린우리당은 과반 의석을 갖고도 제17대 국회에서 개혁 입법을 별로 하지 못했고, 핵심으로 내걸었던 4대 개혁 입법(국가보안법, 언론관계법, 사립학교법, 과거사 진상규명법)에도 실패해 빈축을 샀다. 한나라당은 4대 국론분열법이라고 비난하며 극렬히 저항했다. 한참 뒤 제21대 국회도 더불어민주당이 180석의 의석을 갖고도 제대로 된 개혁 입법을 하지 못했다. 그래서 무능하다는 소리를 듣고, 운동권 정치를 청산해야 한다는 소리마저 나온다. 왜 개혁 세력은 가뭄에 콩 나듯 국회를 장악하고도 성과를 못 내는가? 수수께끼다.

66. 노무현과 룰라
"대통령 못해 먹겠다"

○
●

2003년 8월 12일(화) 오후 2시 반, 장원석 농업특위 위원장과 박명재 공무원교육원장(나중에 한나라당 국회의원) 임명식을 마치고 차 한잔하는 자리에서 노 대통령이 말했다. "브라질의 룰라가 나보다 잘하는 것 같다. 정책실장이 빙긋이 웃고 있는데, 어떻게 생각해요?" 내가 답했다. "그렇지 않습니다. 밀릴 것 없습니다."

남미 방문 이야기

2004년 11월 23일(화) 저녁에 연세대 강의(나중에 이헌재 부총리와 양도세 중과 문제로 불화가 생길 줄 까마득히 모른 채)를 마치고 9시 반에 청와대로 돌아갔다. 남미 방문을 마치고 귀국하는 대통령 내외를 영접하기 위해서다. 딸 노정연, 사위 곽상언 변호사, 외손녀 곽이경도 왔다. 노 대통령은 며칠간 해외여행에도 불구하고 늠름했다. 대통령은 외손녀를 안

노무현과 함께한 1000일

고 어르며 관저 안으로 들어갔다.

　2004년 11월 26일(금) 낮에 첫눈이 내리고 추워졌다. 정오~오후 1시 20분, 관저에서 수석 오찬이 있었다. 김우식 비서실장이 이헌재 부총리와 이정우의 갈등설을 대통령에게 보고했다고 한다. 노 대통령이 나를 보더니 "이 위원장, 오랜만입니다"라며 평소와 달리 아주 반갑게 악수를 청했다. 순간 이헌재 부총리와의 갈등설 보고를 읽고 일부러 격려해 주러 악수를 청한 게 아닌가 하는 생각이 들었다. 멀고도 먼 남미 여행 뒤라 몹시 피곤할 텐데 노 대통령은 평소 그대로다. 노 대통령은 명랑하게 농담을 했다. 의자에 앉으면서 "여기서는 앉을 때 의자를 뒤에서 밀어주는 사람이 있는데, 외국에 나가면 아무도 안 도와주기 때문에 모르고 앉다가 꽈당탕 넘어질까 봐 걱정된다"고 하기에 내가 "진짜로 넘어진 적이 있습니까?" 물으니 "아니요" 한다. 하하, 깜짝 놀랐다.

　노 대통령이 남미 여행 화제를 꺼냈다. 비행기에서 내려다본 브라질의 소농과 대농, 아르헨티나의 대평원(팜파스) 이야기를 하기에 내가 말했다. "세계에서 가장 불평등한 나라가 브라질과 중동이다. 브라질의 부잣집에는 개를 산책시키는 하인을 별도로 둘 정도로 빈부격차가 심하다." 노 대통령이 말했다. "아르헨티나 같은 나라가 왜 발전을 못 하는가 궁금했는데 이번에 가 보니 부자들이 외국에 돈을 빼돌려 놓고 있더라. 그런 점에서 한국 부자들은 훌륭하다. 흔히 페론주의 때문에 경제가 망했다고들 하는데 그게 아니더라." 내가 말했다. "페론의 선심 정책은 처음에는 인기가 있었지만 나중에 경제에 큰 부담이 됐고 인기가 떨어져 권좌에서 쫓겨났다. 그러나 인기 영합주의도 문제지만 그것보다 19세기부터 내려오는 지주-자본가 계급의 공고한 지배구조가 더 문제다. 페론은 흔히 민중의 수호자처럼 알려져 있지만 실은 파시스트다. 페론이 제일 숭배한 사람이 무솔리니와 스페인의 프랑코 총통이었다. 그래서 나치 잔당들이 대거 아르헨티나로 도망갔다."

노 대통령이 재미있는 이야기를 했다. "한국 언론들이 하도 브라질의 룰라 대통령을 칭찬하는 바람에 내가 기분이 나빴는데 이번에 가서 만나 보니 기분이 좋아졌다. 왜냐하면 룰라 대통령이 나에게 '다음에 여유를 갖고 한 번 더 방문해 달라'고 하기에 뭐라 할 말이 없어서 '대통령 임기 마치고 오겠다'고 했더니 임기가 언제까지인지 묻더라. 그래서 2007년 말까지라고 대답했더니 룰라가 '안 된다. 내 임기는 2006년 말까지다.' '그럼 재선하면 될 것 아니냐?' '아니다. 죽을 지경이다. 대통령 못해 먹겠다. 이런 소리 아무한테도 안 했지만 사실 다시는 하고 싶지 않다.' '나도 그런 이야기를 가끔 아내한테 하는데 그럴 때마다 꾸중을 듣는다. 한번 물어봐라.'" 그러면서 노 대통령이 권양숙 여사를 돌아보며 물었다. "룰라 대통령이 당신한테 그것 안 물어봅디까?" "아니요." "하여튼 대통령 못해 먹겠다고 하는 바람에 나 말고도 그런 사람이 있구나 싶어 기분이 아주 좋아졌다." 김병준 정책실장이 "앞으로 해외에 나가실 때는 그런 대통령을 꼭 한 명씩 넣어야겠습니다"라고 해서 일동 폭소가 터졌다.

노 대통령이 "아르헨티나 면적이 얼마더라?"라고 하니 옆에 앉은 김세옥 경호실장이 "한반도의 12.5배"라고 답했다. 대통령이 감탄하며 "하여튼 인터넷이 필요 없다니까. 브라질은 37배라고 하던데 그게 한반도 대비인지, 남한 대비인지 잘 모르겠다"고 했다(한반도 대비 37배가 맞음). 권 여사는 피곤이 덜 가서서 일찍 자리를 뜨고 노 대통령은 계속 열변을 토했다. 청와대에 새로 도입하는 문서 관리 카드 이야기를 길게 하고 난 뒤 나를 보고 "이 위원장은 아직 쓸 줄 모르지요?"라고 물었다. "아니요, 쓸 줄은 압니다. 한두 번 써 봤습니다." 노 대통령이 문서 관리 카드를 길게 설명하자 김병준 정책실장이 맞장구를 쳤다. 노 대통령이 "정책실장이 의견을 적절히 잘 달더라"고 칭찬했다. 모임을 파하고 나오는 길에 박정규 민정수석에게 문서 관리 카드를 쓰는지 물어보니 "아직 못 쓴다. 볼펜으로 쓰면 직원들이 나 대신 입력해 준다. 전에 검찰총장이 컴퓨터 사용법을 몰라 걱정하기에 '컴퓨터 쓸 줄 몰라도 되는 자리가 제일 좋은 자리'라고 말해 준 적이 있다"고 했다. 하하, 맞는 말이다. 고위층은 그런 거 몰라도 된다. 밖에 나오니 눈발이 흩날렸다.

3선 대통령 룰라와 노무현

2005년 5월 25일(수) 쾌청. 오후 6시 반, 방한 중인 룰라 브라질 대통령 초청 만찬에 참석했다(영빈관). 2층 연회장 입구에서 노 대통령 내외, 룰라 대통령 내외가 나란히 서서 참석자들과 일일이 악수했고 그 뒤 손님들은 연회장에 입장했다. 청와대 참모들은 긴 줄의 맨 끝에 서는 것이 관례다. 내가 긴 줄의 거의 끝에 서 있다가 노 대통령 내외와 악수하고는 옆의 룰라 대통령 내외와 악수했다. 악수를 하고 난 뒤 룰라 대통령에게 "10년 전에 당신의 하버드대학 강연을 들었습니다"라고 말하니 순간 룰라 대통령이 아주 반가워했다. 그러고는 악수를 한 번 더 하자면서 자기 자리를 이탈해 나에게 몇 발 걸어왔다. 옆에 서 있던 노 대통령 내외가 왜 저러나 싶어 쳐다보고 있었다.

2005년 5월 25일 브라질의 룰라 대통령이 방한해 청와대를 찾았다. 이를 기념하기 위해 열린 공식 환영식에서 의장대가 사열하고 있다. 자료 출처: 노무현재단

나는 1993~1994년 하버드대학교에 1년간 교환 교수로 가 있었다. 1994년 6월쯤 광고가 붙었는데 브라질의 노동자당 대통령 후보 룰라가 강연을 하러 온다는 것이었다. 하버드대 법대의 강연장에 가니 200석 정도 되는 큰 교실이 만원이었다. 주위를 둘러보니 한국인은 나밖에 없었다. 하버드에는 자주 유명 인사들이 와서 강연을 하는데 나는 거의 빠지지 않고 듣는 편이었지만 가 보면 대개 한국인은 나 혼자였다. 룰라 강연을 들은 그해 가을 대선에서 룰라는 유력 후보였지만 패배했고 4년 뒤 재도전에서 또 실패, 2002년 세 번째 도전에서야 기어코 대통령에 당선됐다. 그래서 작년 노 대통령의 브라질 방문에 대한 답방으로 이번에 한국을 방문한 것이다. 나는 하버드대학교 강연을 들은 한국인이 있었다는 사실을 룰라에게 알려 주고 싶어 한마디 한

노무현과 함께한 1000일

것이었는데 룰라가 엄청나게 반가워했다.

룰라 대통령과 노무현 대통령은 공통점이 많다. 가난한 집안 출신이고, 고생 끝에 대통령에 오른 진보 대통령이다. 룰라의 아버지는 본처와의 사이에 룰라를 포함해 12남매를 낳았다. 그것도 부족하다고 생각했던지 첩을 두어 다시 12남매를 낳았다. 하루는 본처, 첩, 그리고 24명의 자녀를 이끌고 합동 야유회를 갔다. 유원지에서 파는 아이스크림은 아이들이라면 다 좋아하지 않는가. 그런데 룰라의 아버지는 아이스크림을 첩의 자식들에게만 사 주고 본처 자식들은 본체만체했다. 이 사건은 어린 룰라에게 큰 상처를 남겼고 아버지에 대한 원한을 평생 안고 살았다. 그런데 룰라의 어머니가 워낙 인자하고 훌륭한 인격자여서 반항적인 룰라가 비뚤어지지 않도록 바르게 키웠다(세계의 위인 중에는 폭군 아버지와 인자한 어머니 밑에서 자란 경우가 꽤 많다). 룰라는 온갖 간난신고艱難辛苦 끝에 2002년 대통령에 당선돼 취임식을 마친 뒤 "아, 어머니가 살아 계셨으면 누구보다 기뻐하셨을 텐데"라며 눈물을 흘렸다.

룰라와 노무현은 원래는 그렇게 진보적이지 않았는데 어떤 계기로 생각이 바뀌고 진보 투사가 됐다는 공통점도 있다. 룰라는 젊었을 때 축구광이어서 축구 중계방송만 열심히 보고 정치, 사회 문제에는 아무 관심이 없었다. 그러다가 아내가 첫 아이의 임신 중에 병으로 사망했는데 그 처리 과정에서 억울함을 당한 것이 계기가 돼 사회의 부조리를 절감하고 민주 투사로 변신했다. 룰라는 그 뒤 완전히 새 사람이 되어 노조 운동을 열심히 하고 정치에 뛰어들어 3수 끝에 대통령에 당선됐다. 노 대통령도 부산에서 변호사를 하던 초기에는 정치, 사회 문제에 그다지 관심이 없었고 돈 많이 버는 것과 바다에 나가 요트 타는 걸 즐겼다. 그러던 어느 날 부림 사건의 변호를 맡으면서 대학생들이 고

문을 받아 만신창이가 된 걸 목격한 뒤 세계관과 역사관이 바뀌었다.

희한하게도 대통령 못해 먹겠다는 생각도 공통적이다. 그러나 대통령을 하기 싫어하던 룰라는 2006년 재선에 성공해 8년을 집권했다. 8년간 국정 운영을 아주 잘해서 성장과 분배의 두 마리 토끼를 잡았다. 룰라의 재임 기간 평균 성장률이 3%였는데 이것은 브라질 역사상 최고로 높은 값이다. 게다가 빈곤층에 대한 가족 수당Bolsa Familia 제도 도입과 최저임금 대폭 인상으로 브라질의 악명 높은 빈곤과 불평등을 크게 줄였다. 그리하여 2010년 말, 룰라 대통령이 퇴임(취임이 아님)할 때 국민 지지율이 무려 87%나 됐다. 그 뒤 룰라는 부패 혐의로 옥고를 치르는 등 우여곡절이 있었지만 오뚝이처럼 일어나 2022년 대선 도전에 다시 성공해 브라질 최초로 3선 대통령이 되었다. 여전히 대통령 못해 먹겠다는 생각을 하고 있는지 궁금하다.

67. 노무현 스타일
"여기 내 찍은 사람 없지요?"

○
●

　　　노무현 대통령은 대통령이라는 지고의 자리에 있으면서도 한 번도 권위를 내세우는 걸 본 적이 없다. 항상 솔직하고 소탈하고 인간적이었다. 만인은 평등하다는 생각이 확고해 청와대에서 허드렛일은 하는 직원에게도 하대하지 않았다(모 대통령은 초면인 사람에게 대뜸 말을 놓는 것을 TV에서 두 번 봤다). 마음속 깊이 인간에 대한 사랑, 꽃과 생명에 대한 사랑이 있었다. 과거 이런 대통령이 있었을까? 노 대통령의 이런 인간적 면모 때문에 시간이 흐를수록 사람들이 노 대통령을 좋아하고 존경하는 것 같다. 별로 알려지지 않은, 내가 목격한 몇몇 장면을 기록으로 남겨 둔다.

말도 유머도 많은 대통령

2003년 초, 노무현 당선자가 대구를 방문해 재계 인사 30여 명과 간담회를 가졌다. 회의장에 들어와 인사를 하고 자리에 앉자마자 노 당선자가 말했다. "여기 내 찍은 사람 한 명도 없지요?" 이런 게 노무현 스타일이다. 다른 대통령 같으면 속으로 그런 생각을 해도 겉으로 표시하지 않고 점잔을 부릴 텐데…. 이것은 간담회에 참석했던 김동구 금복주 회장(전 대구 상공회의소 회장)한테서 들은 이야기다.

2003년 5월 2일(금) 오전 7시, 관저 조찬. 당시 보수 언론은 걸핏하면 대통령에게 말을 줄이라고 요구했다. 어제 TV 토론이 화제가 됐다. 유인태 정무수석이 "청와대에서 말이 제일 많은 수석이 대통령더러 말 줄이라고 한 것"이라고 했다. 문희상 비서실장이 "말도 생각인데 어찌 줄이냐"고 했고 노 대통령은 "이것저것 챙길 것이 너무 많아 말을 많이 할 수밖에 없다"고 했다. 내가 말이 나온 김에 한 말씀 드리겠다고 했다(나는 2002년 8월 노무현과의 첫 만남에서 말을 줄이라고 조언했었다). "이것저것 챙기는 것은 아무 문제없다. 그러나 한 가지 주제에 대해 너무 길게 말하는 것은 좋지 않고 짧게 하는 게 좋다. 일본 속담에 '위 8부에 의사가 필요 없다(위를 8할만 채우면 배탈 날 일이 없다는 뜻)'는 말이 있다. 말을 100만큼 하고 싶어도 80 정도 하는 게 더 효과적이다." 노 대통령은 빙긋이 웃으며 듣고 있었다. 박주현 수석이 자기도 말이 많다면서 "변호사의 공통점인가?"라고 했다.

5월 20일(화) 12시 20분, 백악실 오찬에 고건 총리, 문희상, 나종일 실장과 내가 참석했다. 노 대통령이 정치권에서 연설 잘한다고 소문이 나서 여기저기 찬조 연설자로 불려 다니던 이야기를 했다. "강릉의 최욱철 대 김명윤의 선거 대결에 내가 가서 명연설로 최욱철의 당선에 일조했는데 정작 나는 낙선했다. 그러나 부산이라는 사지에 출마했던 용기가 오늘의 대통령을 낳았다"고 했다.

노무현과 함께한 1000일

5월 27일(화) 9시 국무회의 직전에 문희상 비서실장을 대신해 대통령을 모시러 갔다. 노 대통령이 얼굴 화장을 받으면서 서갑원 비서와 대화하고 있었다. 권오규 정책수석의 작년 조달청장 재직 시 회계 실수 건인데 별 문제가 아닌 것으로 판단했다. 서갑원 비서가 노 대통령이 변호사 시절 공사公私, 두 개의 호주머니를 차고 다니며 항상 회계를 엄격히 분리했던 이야기를 했다. 노 대통령이 "내가 성질이 별난 데가 있어서"라고 덧붙였다.

8월 25일, 참여정부 출범 6개월을 맞아 《매일경제》에서 장관, 참모의 인기 설문 조사를 했다. 설문 답변자들은 재계 인사들과 상경계열 교수 중 보수적 학자 일색이었으니 당연히 편향된 답변이 예상된다. 아니나 다를까, 인기 있는 장관들은 거의 관료 출신들이었고, 교체 대상 장관과 참모는 대부분 비관료 개혁파들이었다. 나는 그 조사에서 교체 대상 참모 1위의 영광을 차지했다. 다음 날인 8월 26일(화) 오전 7시, 관저 조찬과 금감위의 대통령 보고에 이정재 위원장, 김석동 국장, 권오규, 조윤제와 내가 참석했다. 신용 불량자, 금융감독기구, 한투와 대투 상황에 대한 보고가 끝난 뒤 내가 노 대통령에게 어제 《매일경제》에 난 '교체 대상 장관, 참모' 기사를 읽었는지 문의하니 "안 읽었어요. 만일 읽었더라면 인터뷰 안 할 걸 그랬어요. 그런 식으로 사람을 평가하는 데가 어디 있어요" 하며 흥분했다. 이어서 조윤제 경제보좌관이 노 대통령이 쓴 책 《노무현이 만난 링컨》에 대해 문의하니 노 대통령이 답했다. "거의 표절이지요." 노 대통령은 항상 지나치게 겸손하고 솔직했다. 내가 그 책을 읽었지만 전혀 표절이 아니다.

9월 9일(화) 어제 노 대통령이 부산에 가려고 서울공항에 도착했을 때 활주로에 헬기가 4대나 대기 중이었다. 노 대통령이 말했다. "대통령 한 명 움직인다고 어지간히 야단들이다. 사고 나서 도중에 그만둬도 뭐 큰일 아닌데. 언젠가 기자들한테 가서 대통령 못하겠다고 얘기해 버릴까 보다."고건 총리와 문희상 비서실장이 기겁해서 "행여 농담이라도 그런 말씀하면 안 됩니다"라고 만류했다.

노 대통령은 "대통령 못해 먹겠다는 생각이 든다"고 말했다가 욕을 많이 먹었다. 실제로 노 대통령이 권력을 놓아 버릴 듯한 발언을 하는 걸 나는 여러 번 들었다. 그러나 최근 EBS 〈위대한 수업〉에서 영국 런던대학교 정치학 교수 브라이언 클라스Brian Klaas (권력 연구의 권위자)는 이렇게 말했다. "권력에 욕심이 없는 사람에게 권력을 주는 것이 최선이다. 최악의 지도자는 권력에 집착하고 자기가 아니면 안 된다고 생각하는 사람이다." 그런 관점에서 한국의 대통령을 평가하면 최선은 노무현, 최악은 이승만, 박정희가 된다. 이승만, 박정희는 헌법을 고치고 또 고치며 권력 연장에 혈안이었다.

9월 22일(월) 오전 9시, 수석회의에서 이병완 홍보수석이 권양숙 여사와 관련한 《동아일보》의 악의적 허위 보도(부산 장백아파트 미등기 전매)에 대해 어제 춘추관에 나가서 앞으로 홍보수석실은 《동아일보》 취재에 불응한다고 통보했다고 보고하자 노 대통령이 만족한 표정을 지으며 말했다. "보도에는 홍보수석실만이 아니고 청와대 전체의 취재 거부인 것처럼 났던데, 보도된 대로 하지요."

9월 23일(화) 정오, 6인 화요 오찬(백악실). 실업 교육의 문제점이 화제에 올랐다. 내가 "미국 유학 시절 보스턴의 술집에서 옆자리에 앉은 트럭 운전수와 대화를 했는데, 내가 하버드대학에서 공부하는 것에 연민을 표시하며 자기는 트럭 운전해서 돈 잘 벌고 행복하다고 자랑했다. 나갈 때 술값까지 그 운전수가 내줬다. 자기 직업에 대한 자부심이

노무현과 함께한 1000일

있었다"고 말하니 노 대통령이 말했다. "한국에서는 모두 다 일류 대학, 좋은 과 나와서 머리 쓰는 일만 하려 하니 전 국민을 공인회계사 만들든지 하고, 손 쓰는 일은 모두 외국인 들여다 쓸 수밖에 없는 것 아닌가. 어제 실업고 교육의 위기를 이야기하던데, 실업고는 사실 문 닫아야 하는데 교사들 밥그릇 문제 때문에 개혁이 안 된다. 이런 이야기가 목구멍까지 올라오는데 도저히 이야기 못 하고 참았다."

이어서 노 대통령이 자녀의 진로에 대해 이야기했다. "아들딸 교육이 마음대로 안 된다. 아들(건호)은 수산대나 해양대 가기를 원했는데 동국대 화학과에 들어갔다가 군대 갔다 오더니 법학과로 옮겨야겠다며 재수를 했다. 수능 시험 성적이 아주 잘 나와 집 가까운 성대 법대로 갔으면 했는데 연대로 갔다. 부전공 비슷하게 컴퓨터를 열심히 하더니 회사에서 요즘 해결사 노릇을 하고 있다. 딸(정연)은 영남대 유홍준 교수 있는 학과에 갔으면 했는데 딴 데로 갔고⋯."

2003년 9월 24일(수) 오전 10시 45분부터 12시 15분까지 대통령의 부산, 울산, 경남 언론 회견에 배석했다. 이라크 파병에 관한 마지막 질문에 노 대통령이 아랍의 민심, 한반도 안보, 위험도 등 몇 가지 원칙을 잘 설명하다가 느닷없이 "불투명할수록 우리의 협상력이 높아지는 것 아닙니까?" 했다. 맞는 말이긴 한데 사람들이 보기에 계산적으로 비쳐 별로 체통이 서지 않는 데다가 미국과의 관계에서 하나 좋을 게 없는 너무 솔직한 이야기다. 회견 도중 옆에 앉은 문희상 실장과 유인태 수석이 번갈아 가며 졸았다. 한때 내 주위의 문희상, 유인태, 문재인, 김세옥 네 명이 다 졸고 있는 장면이 TV 카메라에 찍혔다는데 윤태영 대변인이 부탁해 화면에서 뺀 적도 있다. 문재인 수석이 언젠가 나한테 물었다. "어떻게 그렇게 조는 일이 없습니까?" 나는 나라 걱정에 밤에도 잠이 잘 오지 않는데 하물며 낮에야. 하하하.

바로 이어서 언론인과의 오찬(인왕실). 시작 직전에 이병완 홍보수석에게 아까 대통령의 발언 중 '불투명할수록'이 문제될 것 같다고 하니 역시 같은 생각이라고 한다. 이병완 수석이 기자들 대표 격인 권 아무개 MBC 보도국장에게 그 말은 좀 빼 달라고 부탁했다. 권 국장이 큰 소리로 마지막 대목의 '불투명할수록' 발언은 국익을 생각해서 빼자고 제의했다. 어떤 기자가 질문했다. "그건 누구 입장입니까?" 권 국장이 "청와대 입장입니다"라고 대답했다. 그런데 조금 뒤 오찬을 시작하는데 보니 《조선일보》의 신정록 기자(이름은 '곧게 기록하는' 이름인데 실제는 그렇지 못해서… 라고 말하던 겸손한 기자)가 풀기자로 들어와 열심히 노트에 받아 적고 있어 조금 걱정이 됐다. 아까 그 말을 들었는지? 들었으면 과연 협조해 줄는지? 나중에 보니 협조해 줬다.

오찬 도중 어느 기자가 태풍 오던 날 저녁에 연극 관람한 일에 관해 사과할 생각이 없는지 질문했다. 노 대통령이 답했다. "원래 연극을 좋아하고 아는 연극인이 많다. 연극은 다른 예술과 달리 돈도 못 벌고 고생하니 좀 도와주어야 한다는 평소 생각이 있다. 표는 예약해 둔 것이고 그날(2003년 9월 12일)은 추석 연휴인데 낮에 태풍 대비 지시 등 할 일은 다해 놓고, 저녁에 가느냐 마느냐 고민했다. 그날 연극이 초연인데 우리가 안 가서 앞자리 10개쯤 텅 비면 너무 미안할 것 같아서 갔는데 잘못됐다. 국민들한테 죄송하게 생각한다. 외국에서는 부시도 이라크 전쟁 중에 휴가 가고 하는데, 우리나라는 이런 점에서 지도층에 대한 도덕적 요구가 너무 높은 게 아닌가 하는 생각도 든다." 그렇다. 우리나라는 도덕 기준이 너무 높고 또 이중적 기준이 있어서 때로는 별 잘못 없이 몰매를 맞고 매장되기도 한다. 다시 생각해 볼 문제다.

10월 6일(월) 발리. 오후 7시 반에서 9시 반까지 가든 카페에서 수행원 만찬이 있었다. 노 대통령이 말했다. "내일 회의는 준비할 필요 없다. 내가 1989년 청문회 스타라고 하는데 자세를 한껏 낮추자고 한 것이 성공 비결이었는지 모른다. 1986년 권인숙 성고문 사건 진상 보고서를 읽고 아내(권양숙 여사)는 구토할 뻔했다. 민정당 출신 이종찬을 서울 시장으로 만들 수 없다고 보고 종로구 유지들을 모아 망년회 때 만취해서 '부산에 가겠다'고 폭탄선언하고 두 달 뒤 결국 눈물을 흘렸다. 부산 선거 여론 조사는 내가 8% 앞섰는데 막상 6·15 선언 여파로 실패했다(선거는 6월 18일). 영남 사람들은 얍삽한 것을 싫어한다. 정몽준 배신은 미스터리다. 한나라당의 집요한 공작, 그리고 감정이 작용했을 것이다. 명동에서 신촌으로 가는 차 속에서 폰으로 정몽준이 항의하더라. '왜 나를 다음 후보로 선언하지 않느냐?' 두 번째 전화가 오길래 화가 났다. 마지막 날 유세에 정몽준이 정동영, 추미애를 연단에 못 오르게 막았다. 내가 두 사람에게 올라오라고 하자 정몽준이 김민석, 신낙균까지 올려 물타기 했다. '치아뿌라!' 밤중에 정몽준 집에 찾아가 헛걸음하고 돌아와 오히려 잘됐다고 생각하고 잘 자는데 새벽 4시에 김원기, 정대철 등이 몰려왔다. 모두 얼굴이 노래져서 걱정하더라. 나는 앓던 이가 빠진 기분인데 내가 이상 감각인가? 다시는 동업하고 싶지 않다. 사물을 보는 눈이 나하고는 다르다. 내년 총선에 나는 자신있다. 수석들은 모르는 비책이 있다."

12월 1일(월) 6시 관저 만찬(김병준, 정찬용, 나). 국정과제 추진 방식을 논의한 뒤 식사하면서 잡담을 했다. 노 대통령은 방금 머리를 감았고 티셔츠 차림에 맨발로 등장했다. 조금 전에 본관 뒷산 25분 등산 코스를 다녀왔다고 했다. "매일 등산을 해야겠다. 불필요한 담장이 너무 많다. 물어보니 제1, 제2 저지선이라 하니 우습다. 그게 무슨 의미가 있나? 경호원들이 너무 많이 따라온다. 가라고 할 수도 없고. 그래도 예전에 비하면 많이 달라졌다."

이어서 이렇게 말했다. "청와대 생활은 감옥 같다. 영화관 같은 데도 가고 싶은데 경호상 도저히 불가능하다. 며칠 전 청와대 사슴을 동물원에 보내 줬다. 삽살개, 진돗개도 있었는데 하도 짖어대 청안당淸安堂에 갈 수 없었다. 아무리 얼굴을 익히려 해도 옛 주인과 달라서 그런지 자꾸 짖어 결국 바깥으로 내보냈다. 아무리 그렇지만 사람과 같이 살아야지 싶어서 진돗개는 애견가에게, 삽살개는 대구 삽살개 박사(경북대 유전공학과 하지홍 교수)에게 보냈다."

"부처 간 이견 조정을 총리실에 맡겨 뒀는데 문제는 부처에서 믿지 않는다는 것이다. 총리실에 힘이 없다는 것 잘 안다. 총리가 직접 나서면 좀 조정되는데 솔직히 총리하고는 코드에 문제가 있으니 대통령이 이래라저래라 지시할 수도 없고 비서실장이나 정책실장을 통해 메시지를 전달하면 그쪽에서 잘 알아서 처리한다."

2003년 12월 18일(목) 오전 10시 40분~정오, 충북 지역 언론 인터뷰(영빈관). 어느 기자가 청와대 생활에 대해 질문하자 노 대통령이 이렇게 답했다. "부부 사이가 더 좋아졌다. 일을 마치고 관저로 퇴근할 때 즐겁다. 나는《조선일보》를 안 보는데 아내(권양숙 여사)가 읽고 이야기를 해 준다. 아내는 야당 입장에서 이것저것 걱정한다." 이어서 12시 반부터 2시까지 인왕실 오찬에서 누군가 국운의 융성과 인류 평화까지 들먹이며 거창한 건배사를 했다. 충북 사람들은 좀 다르다. 통 질문을 안 하고 대통령 이야기를 메모하는 사람도 없다. 다른 지역 사람들은 좋은 기회라 여겨 안달인데 충북은 양반이라 그런지 뭔가 다르다. 노 대통령이 어릴 때부터 말 잘한다는 칭찬을 들었고 장차 변호사가 되겠다는 얘기도 들었다고 했다. 어느 기자가 "천마가 날아오는 태몽을 꾸었다는데…"라고 질문하니 "그건 형님 태몽이다. 형제 중 나 혼자 태몽이 없다고 하더라. 나는 태몽이 없어서 다리 밑에서 주워 왔다고 놀림을 받았다"고 답했다.

12월 19일(금) 12시 반, 강원 도민과의 오찬(강원도 경찰청). 헤드 테이블에 자리한 강원도 김진선 지사가 독감에 걸려 환영 인사만 하고 얼른 자리를 옮기려 하자 노 대통령이 팔을 붙들어 김 지사는 그대로 앉아 함께 식사했다. 역시 헤드 테이블에 작년 대선 때 10만 원 우편환을 부쳤던 삼척의 김경황 할머니(80세, 기초생활보장 대상자)와 반갑게 인사했고 연설할 때도 김경황 할머니를 언급하며 감사를 표했다. 노 대통령이 마무리 연설에서 작년 대선 때 합법, 불법 합쳐 350억~400억 원밖에 안 썼다고 말하며 세계에 유례없는 모범 선거였다고 자랑했다. 그중 합법이 260억인가 280억이라고 덧붙였다. 그러면 불법 자금이 70억~140억 원이라는 계산이 나온다. 언론에서 온통 난리가 났다. 노 대통령은 지나치게 솔직해서 탈이다.

솔직해서 손해 보는 스타일

12월 20일(토) 오전 7~9시, 관저 조찬 겸 수석회의. 월요일 대통령의 해인사 방문 때문에 수석회의를 앞당겨 열었다. 노 대통령이 "잠잘 때 베개가 불편하다. 잠잘 때는 팔도 하나 없었으면 좋겠다. 옆으로 누워 자는데 팔이 거추장스럽다. 신혼 때는 좁은 방에 같이 누워 있으면 팔이 두 개라서 불편하더라. 팔 하나 없으면 좋겠다" 했다. 참 기발한 생각이다.

12월 23일(화) 백악실에서 열린 대통령, 총리, 3실장 오찬에서 나종일 안보실장이 언젠가 노 대통령이 부시 대통령과 통화할 때 통역 없이 영어로 "very good English"라고 칭찬했던 일화를 소개했다. 한국

2004년 7월 16일 포항을 찾은 노무현 대통령이 제35회 국제물리올림피아드 대회 개회식에서 축사를 하고 있다. 노무현 대통령의 재치를 만끽할 수 있는 축사 중 하나다. 자료 출처: 노무현재단

노무현과 함께한 1000일

대통령이 미국 대통령에게 "당신, 영어 참 잘한다"고 했으니 얼마나 재미있는 유머인가.

2004년 7월 16일(금) 포항에서 열린 제35회 국제물리올림피아드 개막식에서 노 대통령이 격려 연설을 했다. 대통령은 연설 도중 "학생 여러분, 대통령은 저기 통역하는 사람이 아니고 내니까 통역하는 중에도 저쪽을 보지 말고 내 쪽을 쳐다봐야 됩니다"라고 해서 청중들이 폭소, 박수갈채를 보냈다.

8월 26일(목) 제주 지역혁신 토론회에 가는 비행기에서 노 대통령이 문재인 수석과 나를 불러 입시제도를 토론한 뒤 자신이 약골이라고 뜻밖의 이야기를 했다. 음식을 잘못 먹으면 1시간 동안 고생하고, 아침에 깨서도 바로 못 일어나 엉금엉금 기어 나오기도 하고, 스트레칭을 해서 겨우 몸을 맞춰 하루 활동을 시작한다고 했다. 내가 말했다. "뜻밖입니다. 저는 대통령이 매우 건강 체질인 줄 알았습니다. 대통령이 약골이라면 일본에서 '재계의 신'으로 불리는 마츠시타 고노스케松下幸之助와 세 가지 공통점이 있습니다. 첫째, 가난한 집에 태어나 풍요에의 열망을 갖게 됐다. 둘째, 초등학교밖에 못 나와 남보다 배로 열심히 공부해야겠다는 결의를 했다. 셋째, 몸이 약골이라 늘 조심하고 절제하는 생활을 한 덕분에 장수했다." 제주공항에 도착하니 김태환 지사가 마중을 나와 있었다.

9월 17일(금) 오후 6시 반~8시 반, 관저에서 대통령 58회 생신 잔치가 있었다. 노 대통령이 변호사 시절 이야기를 길게 했다. "인권, 노동 변호사로서 영남 지방 여러 곳을 다니며 변론해 줬는데 거의 무료 변론에 실비만 사무실에서 건당 3만 원을 수령했다. 그런데 하루 3건이면 9만 원을 받아 가는 재미가 있었다. 운전은 아내(권 여사)가 하고 온

데 다 다녔다. 사무실 관리는 문재인 변호사에게 넘겨주고 돈을 타서 썼다." 문재인 수석이 "월 100~200만 원밖에 못 받았으니 권 여사께서 고생을 많이 하셨을 겁니다" 하자 권양숙 여사가 "그때 집을 사 둔 게 터널이 생기는 바람에 손해만 보고…"라고 했다. 노 대통령이 말했다. "내가 변덕이 심해 매일 출근하면 책상이든 서류함이든 하나씩 위치를 바꾸라 하고 별나게 굴었는데 문재인 변호사가 성격이 좋아 하자는 대로 다 따라오고 그랬다."

문재인 수석을 보면서 "내가 그때 장수천 물장사를 할 때 사람들은 다 안 된다고 하는데 나 혼자 금방 뭔가 될 거 같은 착각에 빠져 계속 꼬라박고 있었다. 그때 문재인 변호사한테 4000만 원을 빌렸는데 아마 안 갚았을 거다"라고 하자 문재인이 "그 뒤 제가 《한겨레》 부산지사를 한다고 하다가 1억 원 손해를 봤는데 그때 대통령에게 2000만 원 빌린 게 있습니다"라고 답했다. "그때 부산 운동권 변호해 주고 친해져서 노상 같이 어울리고 워크숍도 가고. 워크숍 한다고 우리 집을 통째로 빌려주고 우리 부부는 처갓집에 가서 자기도 하고 그랬지."

내가 궁금해서 물었다. "잡지에서 읽으니 노 대통령의 사고방식과 생활방식이 이호철 등 부림 사건 때문에 확 바뀌었다고 하던데 맞습니까?" 노 대통령이 답하기를 "대체로 그렇다고 할 수 있지요. 그때는 그놈들이 하도 밉고 분해서 밤낮 그런 생각만 하고…." 문재인도 거들었다. "당시 운동권 서적을 많이 읽고 생활도 일부러 낮춰서 하려고 버스 타고 다니고 그랬죠." "밥 먹을 때도 노상 돼지갈비만 먹고 소갈비는 안 먹고…." 또 문재인이 "그때 운동권 학생 면회 가면 '변호사님은 R(Revolution)을 믿습니까?' 질문하고 그랬다. 학생들이 '판사는 적, 검사는 더 적' 하던 시절이었다"고 했다.

노 대통령이 말했다. "1987년 6월 항쟁 때 휴대폰이 있었으면 훨씬 빨리 끝장났을 거다. 변호사 사무실에 앉아 전화로 시내 상황 보고받고 지시 내리고 그랬다. 그때 인터넷이 있었으면 좋았을 텐데… 당시 유인물을 인쇄하러 다녔는데 한번은 인쇄소가 바로 경찰서 옆이었다. 삐라를 잔뜩 인쇄해 차 트렁크에 가득 싣고 오기도 했다." "김재규(민청학련 부산 총책임자)가 운동 자금 마련한다고 김구 선생 글씨 복사판을 갖고 와 팔아 달라고 해서 변호사 사무실마다 다니며 팔아 주었는데 어떤 데는 10만 원 받고, 어떤 데는 3만 원, 5만 원도 받고 그랬다." 이런 대화를 마치고 관저를 나오면서 정상문 총무비서관이 문재인 수석한테 말했다. "잘했습니다. 대통령이 오늘처럼 기분 좋은 모습은 근래 처음입니다."

2005년 2월 25일(금) 정오, 참여정부 2주년 기념 오찬(인왕실) 뒤 본관 입구 계단에서 실장, 수석들이 대통령과 함께 기념 촬영을 했다. 노 대통령이 "이것은 희귀한 사진이 될 것이다. 왜냐하면 대통령이 눈꺼풀 수술을 해서 쌍꺼풀이 됐다"고 했다. 권진호 안보실장도 "실은 저도 쌍꺼풀 수술을 해서 사람 눈을 바로 못 쳐다보겠다. 1급 국가 기밀이다. 만일 새 나가면 여기서 나간 것으로 알겠다"고 덧붙이자 노 대통령이 말했다. "그러려면 밥이라도 사 주고 부탁해야지. 옛날 친구 중에 '땡가리'란 별명을 가진 친구가 있었다. 친구들 불러 술 사 주면서 앞으론 제발 별명 부르지 말아 달라고 부탁했다. 술 마시고 나오면서 친구들이 말했다. '오늘 땡가리 술 잘 얻어먹었다.'"

노무현 대통령은 너무 솔직해서 손해를 많이 보았다. 워낙 소탈한 성격이라 꾸밈없는 시골 할머니들의 소박한 화법을 좋아했다. 유머가 많아 항상 주위에 웃음꽃이 피었다. 같이 있으면 마음이 편안하고 즐거운 사람이었다. 이런 여유와 솔직함은 선진국 정치에서는 장점으로 높이 평가받았을 것이나 격식을 중시하는 한국에서는 오히려 감점 사유가 되고 비난받았다. 노 대통령이 떠나고 나니 이제야 사람들이 진가를 알아보기 시작하는 것 같다. 노무현 스타일의 정치인이 또 나올지 궁금하다.

68. 고건, 행정의 달인 유머의 달인

○
●

2003년 5월 15일(목) 오후 7시 반부터 10시까지 총리 공관 만찬에 청와대 실장, 수석들이 참석했다. 부동산 문제, 새만금 문제가 화제에 올랐다. 이날 고건 총리에게서 들은 옛날 서울대 문리대 다니던 시절 이야기는 특히 흥미로웠다.《조선일보》의 보수 논객 류근일이 젊을 때 맑스, 엥겔스의《공산당 선언》을 문리대 학보에 게재하는 바람에 난리가 났다. 류근일을 신진회에 가입시킨 혐의로 고건도 붙들려 가 철야 조사를 받았던 일이 1957년 또는 1958년의 일이라고 한다. 고건 총리의 부친 고형곤 (연희전문) 교수는 수필가로 유명한 이양하와 친구였는데 아버지는 학보사 주간을 맡았고, 이양하 교수는 학장을 맡았다고 한다. 이양하의 수필《경이와 건이》가 중3 국어 교과서에 실렸는데 거기에 등장하는 건이가 바로 고건 총리다.

고건 총리의 총장 시절

2003년 9월 23일(화) 정오, 백악실에서 대통령과 청와대 3실장, 총리와 국무조정실장의 6인이 화요 오찬을 가졌다. 내가 유럽이 중세까지는 후진국이었으나 대포와 항해술 덕에 역전에 성공했다고 이야기했다. 금속 인쇄술은 한국의 《고금상정예문》이 구텐베르크의 성경에 비해 시기적으로 더 빠르긴 한데 인쇄 수량이 적어 보편화라고 보기는 어렵다. 아랍의 역사를 보면 서양 제국주의 세력이 석유 지배를 목적으로 정치적 분할 통치를 해 왔고, 더 과거로 거슬러 가면 십자군 전쟁에서 아랍 사람들이 너무 참혹하게 당해 1000년이 지난 지금까지도 기독교 문명에 대한 증오가 크다고 말했더니 노 대통령이 "아, 그렇습니까?"라고 했다. 노 대통령은 어제 수석회의에서 이야기한 이라크 파병의 3대 원칙(첫째, 전투 혹은 치안 유지[민주화]에 참가. 둘째, 국내 안보[북핵]에 불안 요소 없을 것. 셋째, 규모나 지역, 위험도 등을 충분히 고려해서 결정한다)을 고건 총리에게 설명하면서 나종일 안보실장에게 적당한 시기에 발표하라고 지시했다.

노 대통령이 민주당에 남은 사람 중 일부는 그대로 보내기에 (그동안 도움을 많이 받아) 너무 미안한 사람들이니 불러서 식사라도 한번 했으면 좋겠다며 김효석, 이낙연, 이정일 등을 거명하기에 내가 "그러면 신당으로 꼬셔 가려 한다고 언론에서 야단들일 텐데요" 하니 고건 총리도 "기회를 잘 봐서 하셔야 합니다"라고 했다. 문희상 비서실장은 침묵을 지키다가 식사 후 밖으로 나오면서 총리와 나를 보고 "그 사람들 부르면 큰일 나지요. 그 사람들이 돌아가 나팔을 불 것이고 그러면 드디어 마각이 드러났다, 이렇게 쓸 텐데요. 그런 식으로 하면 안 되고 지금 정무수석과 내가 뒤에서 계속 이야기하고 있으니…"라고 했다.

노 대통령이 "신당이 경북은 강하고, 대구는 약하고, 경남은 의외로 별거 없고…"라고 하자 이영탁 국무조정실장이 말했다. "이건 총리께도 아직 말씀드리지 않은 건데, 어제 국회 상임위에 나갔더니 국회의원들이 정보 보고에 이영탁 실장이 출마하려고 주말마다 고향에 내려간다고 공격하기에 '주말에 그런 시간이 제발 있었으면 좋겠다'고 대답했다." 고건 총리가 "사실 나도 그런 정보 보고를 읽었지만 아무 소리 안 하고 있었다"고 말했다.

2003년 11월 18일(화) 정오, 화요 오찬(백악실)에 대통령, 총리, 이영탁 국무조정실장, 문희상 비서실장과 내가 참석했다(나종일 안보실장은 독일 방문차 오전에 출국). 노 대통령이 말하기를 "윤영관 외교부 장관이 이라크 파병을 주장하면서 그 이유로 미국이 세계은행, IMF, 아시아은행 등을 지배하고 있는데 장차 북한 개발 자금을 빌리려면 미국을 거스르면 안 된다고 주장한다"고 했다. 나는 그런 논리에 찬성할 수 없다고 말했고, 문희상 비서실장도 이제는 미국 눈치 좀 그만 보고 자주적 외교를 펼 때가 됐다고 역설했다. 노 대통령이 고건 총리에게 윤영관 장관은 온건 우파이고, 이정우 정책실장은 온건 좌파라고 소개했다. 고건 총리가 당시 현안인 담뱃값 인상 문제를 보고하자 노 대통령은 "김화중 복지부 장관은 국무회의에서 발언할 때마다 좀 부담스러운 면도 있지만 그 대신 의료계의 반발이 많은 건강보험 문제를 잘 해결해 가고 있으니 담뱃값 문제는 웬만하면 복지부 장관이 원하는 대로 해 주라"고 권유했다.

2004년 4월 3일(토) 정오, 총리 공관 오찬에 12대 국정과제위원장 중 8명의 위원장이 참석했다. 오랜만에 학자들이 대거 참석해서 그런지 고건 총리가 명지대 총장 시절 이야기를 했다. 대학에 처음 갔을 때 무엇보다 교수, 학생 사이에 대화가 없어 놀랐다고 한다. 그래서 '총장 과 대학생 호프집 대화' 광고를 4일간 붙여 놓고 가 보니 학생이 200명 이나 참석해 대성황이었다. 그 뒤 학과별 호프집 행사를 유도해 학내 에 소통 분위기를 만들었다. 외국의 어느 대학 총장이 왔을 때 서울시 장과 대학 총장 중 어느 쪽이 더 하기 어려운지 질문을 받고 이렇게 답 했다. "서울시 1100만 시민보다 1만 1000명 대학생 다루기가 더 어렵 고, 그보다 더 어려운 것은 500명 교수 다루기다." 하하, 재미있는 이야 기다(항간에 이런 유머가 있었다. 서울에서 부산까지 돼지 세 마리를 몰고 가는 것 보다 교수 세 명을 데리고 가는 게 더 어렵다). 이 이야기를 받아 김안제 신행 정수도추진위원장이 이진설 전 건설부 장관이 안동대 총장을 할 때 만 났던 이야기를 했다. 이진설 안동대 총장이 이렇게 말하더란다. "장관 하기는 누워서 떡 먹기다. 대학을 다스릴 줄 알면 우주를 다스릴 수 있 다." 좌중에 폭소가 터지고 화기애애한 분위기가 됐다. 고건 총리가 한 덕수 국무조정실장 쪽을 흘깃흘깃 돌아보며 "공무원들은 말은 잘 듣지 만 아무것도 되는 게 없어요"라고 두 번이나 말해 일동 폭소가 터졌다.

고건 총리는 오늘따라 아주 기분이 좋은지 본인이 옛날 서울대 문리 대 다니던 시절 학생회장에 출마했는데 나를 찍었느냐고 문리대 출신 김안제, 김금수, 두 위원장에게 질문했다. 김안제 위원장은 찍었다고 답하고 김금수 노사정위원장은 서울고 출신 후보를 찍었다고 답했다. 당시 선거는 경기고의 고건, 경북고의 이동호, '부산고+서울고' 후보의 3파전이었는데 고건 총리는 두 사람의 대답이 본인 예상과 다르게 나 와 놀랐다고 했다. 명랑한 김안제 위원장이 신이 나서 "초등학교부터 지금까지 투표해서 당선자를 찍은 비율이 95%"라고 자랑했다. 내가 속으로 생각해 보니 독재자를 계속 찍었다는 이야기인가 싶었다. 하하, 지금까지 내가 찍은 후보가 당선된 경우는 그다지 많지 않다.

안타까운 이별

2004년 5월 21일(금) 정오, 고건 총리와 신행정수도건설위원회가 점심을 같이 먹었다(정부1청사 국무위원 식당). 고건 총리가 본인의 영어 이름을 'Go Gun'으로 하자니 어감이 안 좋아 'Goh Keun'으로 쓴다고 했다. 37세에 도지사가 됐고, 서울대 행정대학원을 6년이나 다녔다고 한다. 계장 때 입학해 과장, 국장 때도 다녔다고 한다. 그런데 당시 시험에 'park and ride' 뜻을 추측해 쓰라는 문제가 나왔다고 한다. 교수가 일명 'kiss and ride'라고도 한다는 부연 설명을 해 주는 바람에 더 헷갈려 답을 못 쓰고 말았다고 했다. 부부가 자가용을 타고 와서 공용 주차장에 주차한 뒤park 남편이 부인에게 키스하고kiss 대중교통으로 갈아타는 것ride을 뜻한다고 한다. 이것은 선진국의 대표적인 교통 방식인데, 한국은 이 방식이 아직 정착하지 못해 교통 체증이 심하다. 나는 교통개발연구원의 어느 박사가 "혼자서 자가용을 몰고 출퇴근하는 나라는 한국밖에 없다"고 말하는 걸 듣고 깜짝 놀란 적이 있다. 우리나라 교통 체제의 근본적 문제다. 오찬 후 오후 2시, 신행정수도추진위원회 현판식에서 고건 총리, 김안제 위원장, 강용식 자문위원장, 강동석 건교부 장관, 김영주 경제수석과 내가 테이프를 끊었다.

고건 총리는 훤칠한 키에 '행정의 달인'이란 별명대로 카리스마가 있고 경험이 많으며 언변이 좋아 좌중을 압도하곤 했다. 연설을 할 때 길게 말하는 법 없이 간결하고 기억에 남는 표현을 적절히 구사하는 능력이 뛰어났다. 사석에서는 유머도 많고 말을 재미있게 했다. 노무현 대통령이 2004년 탄핵을 당해 두 달간 직무 정지됐을 때 고건 총리는 대통령 직무 대행을 맡아 행정의 달인답게 아무런 잡음 없이 국정을 잘 통괄했다. 다만 총리에서 물러나면서 참여정부와 다소 소통이 부족했는지 서로 섭섭한 게 남아 있는 것 같아 매우 안타깝다.

69. 박정희 이야기

○
●

2003년 4월 14일(월) 오전 9시, 수석회의에서 유인태 정무수석이 박정희기념관 국민 모금에 100억 원이 달성됐다고 보고했다. 그러나 말이 국민 모금이지 내용을 보면 대부분 재벌이 낸 돈이라 문제가 있다고 덧붙였다. 노 대통령이 말했다. "시간 벌기보다 법적 근거가 있는지를 좀 더 검토하라. 유야무야하는 건 좋지 않다. 민정수석실에서 돌이킬 수 있는지도 조사하라." 조금 뒤 청와대와 총리실 사이의 업무 분장 문제가 나왔을 때 노 대통령이 "예를 들어 박정희기념관 문제는 총리와 대통령의 생각이 다르다"고 했다.

현대사의 중요성

4월 18일(금) 오후 6시~8시 반, 관저 만찬에 참석했는데 이번이 두 번째다. 재미있는 화제가 많았다. 나폴레옹과 박정희가 화제에 올랐는데 김희상 국방보좌관이 뜻밖에도 이런 말을 했다. "박정희는 훌륭한 지도자가 아니다. 왜냐하면 도덕적으로 하자가 많고 안보 문제를 개발독재에 악용했기 때문이다." 육군 중장 출신인 김희상 국방보좌관이 이런 정의로운 말을 해서 놀랍고 존경스러웠다. 군 출신이라고 해서 무조건 박정희, 전두환을 옹호하면 안 되고, 군인일수록 정의감을 가져야 한다. 내가 김희상 보좌관의 말에 이어 박정희는 일제 강점기와 해방 후 여러 차례 출세를 위해 변신하고 민족과 동지를 배신했던 기회주의자라고 비판했다. 그래서 박정희기념관을 반대하러 내가 김대중 정부의 정책기획위원회에 들어갔고 청와대에 세 번 초청을 받았지만 대통령 앞에서 발언할 기회가 없었다고 말했다. 그러자 조윤제 경제보좌관은 박정희는 비전이 있는 지도자라고 반박했다. 권오규 경제수석은 1970년대 말에 경제발전의 틀이 바뀌어야 했으나 박정희는 그것을 몰랐고 김재익 경제수석의 그런 아이디어를 수용한 것이 1979년 4월쯤이었는데 그 뒤 10·26 사건으로 모든 게 끝났다고 했다.

10월 10일(금) 오전 11시, 이종오 정책기획위원장한테서 전화가 와 노 대통령이 방금 기자회견에서 '재신임'을 묻겠다는 폭탄선언을 했다고 해 깜짝 놀랐다. 얼마 전 아세안+3 정상 회담차 발리에 갔을 때 노 대통령이 무슨 비장의 묘수가 있는 것 같은 뉘앙스로 말하는 걸 들었는데 그게 바로 이건가 싶었다. TV를 틀어 보니 온통 난리가 났다. 한나라당과 민주당은 재신임을 반기며 빨리 하자고 독촉하며 일수불퇴一手不退를 외치고 있었다. 5년을 기다릴 필요 없이 빨리 기회가 왔다고 희색만면이었다. 오후 4시 문희상, 유인태, 문재인, 박주현 수석과 내가 헬기를 타고 전주 전국체전 개막식에 갔다. 문희상 비서실장이 말했다. "참 독특한 분이다. 아침에 구내 이발소에서 머리를 감고 있는데, 대통

노무현과 함께한 1000일

령이 찾아서 가 보니 갑자기 재신임을 묻겠다고 하더라. 그래서 제발 다른 건 다 좋으니 재신임 말만은 하지 마시라고 그렇게 말렸는데도 워낙 황소고집이라서… 작년 대통령 경선 때 지방 선거 연계 이야기를 꺼내기에 그렇게 말렸는데도 소용없었다."

이날 오후 6시, 제84회 전국체전 개막식에 참석했다. 노 대통령은 원고를 무시하고 즉석연설을 했다. "여러분, 다리 아프시죠? 원고 있지만 무시하고 그냥 짧게 하겠습니다. 열심히 싸워 승리하십시오. 그러나 정정당당하게 싸우십시오"라는 요지의 짧은 연설을 했다. 오후 7시, 특별 열차를 타고 서울로 돌아왔다. 기차에서 전주비빔밥을 먹었다. 노 대통령이 건배를 제의하며 '승부수를 위하여' 하더니 권 여사를 돌아보며 '우리 부부의 자유를 위하여'라고 건배사를 해서 모두 웃었다. 승부수란 재신임을 뜻하고, 부부의 자유란 대통령을 그만두고 자유롭게 쉬겠다는 뜻이다. 노 대통령이 대통령 못해 먹겠다는 발언으로 엄청난 욕을 먹은 것은 모두 다 아는 사실이지만 실제로 대통령직에 아무런 미련이 없는 사람처럼 대통령 그만둔다는 말을 가끔 하곤 했다. 내가 보는 앞에서도 노 대통령이 이런 발언을 해서 고건 총리, 문희상 비서실장과 내가 질겁하고 만류하는 일이 있었다(2004년 초 내가 정책실장을 그만두고 정책기획위원장으로 옮길 때 후임 박봉흠 실장에게 딱 하나 부탁한 것이, 노 대통령이 불쑥 사임한다고 할지 모르니 잘 지켜보라는 것이었다).

돌아오는 기차에서 3시간 동안 온갖 이야기를 했다. 유인태 정무수석이 학교 시절 교사의 중요성을 이야기하기에 내가 일제 강점기 때 대구사범학교 현준혁 선생(대구사범학교 교사 시절 학생들의 민족의식을 깨우치다 해임됐고, 해방 직후 북한에서 민족 지도자로 활동 중 의문사) 이야기를 했다. 이어서 박정희, 황태성, 김형욱 이야기를 했다. 노 대통령이 "대구의 어느 교수가 《알몸 박정희》라는 책을 썼던데…"라고 하기에 그 책은 내가 최상천 교수에게 쓰라고 권해서 나왔다고 말했다. 나는 유인태 정무수석과, 여순 사건 이후 방첩대장 김창룡에게 체포된 박정희가 동지들을 배신하고 혼자 살아남은 이야기를 주고받았다. 박정희는 일제 시대 다카키 마사오高木正雄로 창씨개명하고 일본군에 지원해 출세하려는 순간 해방이 오는 바람에 목적을 달성하지 못했다. 만주에서 낙동강 오리알 신세로 있다가 고개 푹 숙이고 고향 구미에 내려와 숨어 지냈다. 그러다가 해방 직후 세상 돌아가는 걸 보니 좌익 세상이 올 것 같으니까 남로당에 가입했다(좌익이었던 가장 존경하는 셋째 형 박상희의 영향인지도 모른다. 박상희는 1946년 10월 항쟁 때 구미에서 지도적 역할을 하다가 경찰 총에 맞아 사망했다). 그러나 1948년 제주 4·3 항쟁에 이어 일어난 여순 반란 사건에 정부가 깜짝 놀라 군부 내 좌익 숙청에 나섰을 때 박정희는 체포돼 악명 높은 특무부대장 김창룡 앞에 끌려갔다. 이 방 저 방에서 고문받는 비명이 처절했다. 박정희는 자리에 앉자마자 "내 이런 날이 올 줄 알고 있었습니다" 하고는 동지들의 이름을 술술 불기 시작했다. 그것도 모자라 김창룡과 지하 유치장에 동행해 철창 속에 갇힌 죄수 중 누가 진짜 좌익인지를 일일이 일러바쳤다. 동지들 앞에서 차마 부끄러워 말은 못 하고 눈짓, 손짓으로 넌지시 가리켰다. 박정희가 지목한 동지는 모두 처형됐다. 이런 이야기를 유인태 정무수석과 내가 주고받고 있으려니 듣고 있던 노 대통령은 금시초문이라고 했다. "아, 그런 일이 있었습니까? 여자 문제 등 다른 건 그렇다 치고 그건 심하네요. 만일 그게 사실이라면 정말 용서하기 어렵네요. 그럼 박정희는 나쁜 사람이라고 결론 내리죠."

10월 14일(화) 오전 10시부터 비서실장실에서 최병렬 한나라당 대표의 연설을 시청했다. 처음부터 끝까지 독기 어린 표현으로 참여정부를 공격하는데, 품위나 여유를 찾아볼 수 없었다. 이어서 오전 10시 40분, 장승우 해양수산부 장관 임명장 수여식에 참석하고 둘러앉아 차 한잔을 했다. 노 대통령이 장승우 장관에게 해양수산부 일 말고도 종합적 경제정책을 도와 달라고 부탁했다. 과거 노 대통령이 해양수산부 장관 시절 당시 장승우 금통위원에게 차관을 맡아 달라고 부탁했으나 거절했다고 한다(장승우는 그전에 해양수산부 차관을 한 적이 있었다). 자연스레 박정희의 경제정책, 김재익 경제수석 이야기가 나와서 내가 국가 주도와 시장 주도 모델의 차이를 설명하고 박정희의 극단적 국가 주도 경제관이 1930~1940년대 만주국을 지배했던 5명의 관료, 소위 '니키 산스케(도조 히데키와 기시 노부스케를 포함, 2명의 '키'와 3명의 '스케')' 모델에 뿌리를 둔다고 설명하니 노 대통령이 "이 실장은 박정희의 약점은 모두 조사해 놓고 있다"고 놀렸다.

실은 나는 조갑제의 《내 무덤에 침을 뱉어라》(전 8권), 진중권의 《네 무덤에 침을 뱉으마》(전 2권)부터 시작해 박정희 관련 책은 거의 다 읽었다. 왜냐하면 좋든 싫든 박정희는 우리나라 현대사에서 중요하기 때문이다. 초중고에서 한국사를 가르칠 때 현대사를 소홀히 하기 때문에 우리 국민은 가장 중요한 현대사를 잘 모른다. 우리나라에 이승만, 박정희를 존경하는 사람이 많은데 이들이 실제로 현대사를 제대로 공부해 실체를 알고 나면 계속 존경하지는 못할 거라고 본다. 사실 삼국 시대, 고려 시대는 좀 모르더라도 우리가 살아가는 데 큰 문제는 없지만 현대사는 그렇지 않다. 지금 우리가 겪고 있는 정치, 경제, 사회, 외교, 안보, 모든 것이 현대사의 산물이고, 현대사를 모르고는 그 진정한 의미를 알 수 없는 것이 많다. 현대사를 모르는 사람은 등불 없이 밤길을 가는 사람이다. 나는 오래전부터 현대사에 대한 무지를 깨닫고 그것을 탈피하기 위해 역사책을 찾아 읽는 노력을 해 오고 있다. 학교가 가르치지 않으니 개인이 스스로 공부하는 수밖에 없다.

기념관 건립의 유감

권오규 정책수석이 "박정희는 시장을 불신한 국가 개입론자인데, 김재익 수석이 시장의 중요성을 강조하는 보고서를 1년간 올려도 계속 거부하다가 마지막으로 1979년 4월 17일에 가서야 처음으로 인정했다"고 설명했다. 노 대통령이 말했다. "누구든지 한번 머리에 들어온 것은 좀처럼 바뀌지 않는다. 김해에 신용리(고지대)가 있고 내가 살던 곳은 봉하마을(중간 지대), 그리고 술모리(강가 저지대)가 있다. 내가 어릴 때 큰형이 술모리에 데려가면서 '무현아, 봐라. 지구는 둥글데이. 신용리는 높고 점점 낮아지잖아'라고 설명하는 바람에 그 뒤 오랫동안 헷갈렸다." 청와대에 도착해 사무실에 들어가면서 권오규 정책수석이 자기가 본 김재익 수석 이야기를 계속하는데 흥미로웠다. 김재익은 서울대 외교학과를 졸업 후 스탠퍼드대학교에 유학을 가서 통계학, 경제학을 공부해 석사와 박사를 땄다. 경제를 보는 눈은 시장론자였고, 인간적으로는 신사였다. 아주 점잖으면서 논리적으로 설득하는 타입이었다. 외국 손님들이 오면 향원 식당에서 식사를 대접하면서 동석한 고위 공무원들뿐 아니라 시중드는 아가씨들까지 일일이 외국 손님들에게 소개했다고 하니 인간적으로 훌륭한 인품의 소유자임에 틀림없다. 신현확, 김재익, 강경식 트리오가 소신 있게 개혁을 추진했다고 권오규 수석은 말했다(김재익 수석은 1983년 전두환 대통령을 수행해 버마에 갔다가 애석하게도 아웅산 테러로 희생됐다).

2003년 10월 16일(목) 오전 8시 반, 행자부 기획관리실장이 찾아와 박정희기념관 건립 문제를 보고했다. 1999년에 김대중 대통령의 박정희기념관 건립 발언이 있었다. 민간이 100억 원을 모금하면 정부가 100억 원을 지원하기로 2000년, 2001년에 결정됐으나 민간 측 모금이 부족해 정부가 지원할 필요는 없었다. 2003년 2월, 국민의정부 막바지에 이근식 행자부 장관이 승인을 안 했으면 그걸로 끝났을 텐데 사인을 하고 나가는 바람에 명맥이 살아나 다시 100억 원을 조건부 지원하기로 결정됐다. 민간 모금은 처음에는 저조했는데 최근에 와서 겨우 100억 원을 달성(전경련 50억 원, 상공회의소 10억 원, LG 10억 원, 박근혜 5억 원 등이 주축이다)했다는 이유로 정부 지원 100억 원을 요구한다. 행자부에서 공문으로 지원을 약속했으므로 안 주면 소송을 할지도 모른다. 전임 김두관 장관은 지원을 거부했는데, 허성관 장관은 생각이 다르다. 모레 총리 주재 국정 현안 조정 회의의 안건으로 올라간다고 한다. 그래서 민정수석실에 법률 검토를 요청하고 문재인 민정수석과 통화를 했다. 둘이서 박정희기념관 건립에 반대하기로 의기투합했다. 민간 추진 측에서 모금 시한을 여러 번 어겼으므로 정부가 지원을 거부해도 법률적으로 문제가 없을 거라고 했다. 그래서 내가 허성관 장관과 권오규 정책수석을 설득하기로 했다. 허성관 장관에게 전화해 정부 지원을 안 해 줘도 법률적으로 문제가 없어 전임 장관이 막아 온 대로 가자고 하니, 내 생각과 비슷하긴 한데 정치적, 정서적 문제를 들면서 약간 망설이는 눈치였다. 결국 대통령 결심에 달린 문제가 되겠구나 싶었다.

정오부터 오후 1시 40분까지 원로들과 대통령 오찬이 있었다(백악실). 조순, 나웅배, 사공일, 김종인, 이헌재, 김진표, 문희상, 조윤제와 내가 참석했다. 주로 부동산과 교육 문제 언급이 많았다. 고교 평준화를 해제하고 경쟁 체제로 가야 한다는 주장이 다수였고, 부동산은 강력 조치론과 반론이 팽팽히 맞섰다. 조순 교수가 FTA 신중론을 폈다. 이헌재 전 부총리가 신용 불량자들에 대한 채권 추심에 반대 의견을 냈다. 김종인 박사는 각종 정책에 반대만 하고 대안 제시는 없었다. 전체적으로 평이한, 다 알고 있는 이야기였고 귀가 번쩍 뜨이는 내용은 없었다. 오찬 모임을 마친 직후 대통령에게 박정희기념관 문제에 관한 3페이지짜리 보고서를 드리니 심각한 표정으로 찬찬히 읽고서는 일어서며 말했다. "하지 맙시다. 부담스러워서 내 임기 중에는 못 한다고 하세요." "잘 결정하셨습니다." "내 양심상 이건 못 합니다." 하도 기분이 좋아 방을 나서면서 저절로 큰 소리로 "감사합니다" 소리가 나왔다.

2003년 10월 29일(수) 오후 4시 50분~5시 20분, 행자부 장관의 대통령 보고에 배석이 무려 5인(문희상, 유인태, 문재인, 권오규, 나)이었다. 핵심은 박정희기념관 지원 문제. 허성관 장관은 은근히 정부 지원을 계속하자는 투로 대통령에게 건의했다. 국민 모금을 추진하는 쪽에서 DJ를 동원해 압력을 넣을 것이라고 하자 노 대통령이 "그래도 못 한다고 하면 되지요"라고 답했다. 후유, 다행이다. 청와대에 들어온 이래 가장 기분 좋은, 역사적 결정을 보았다. 나오면서 내가 농담으로 "행자부가 세긴 세네요. 장관 한 명 보고에 5명이나 배석을 하니"라고 하니 유인태 정무수석이 "박정희기념관 지을까 봐 달려왔지, 뭐"라고 해서 모두 웃었다. 노 대통령이 엘리베이터로 1층으로 내려가고 우리는 계단으로 걸어 내려가다가 1층에서 다시 마주쳤다. 노 대통령이 우리 일행을 향해 뒤돌아보면서 "그래도 엘리베이터가 다섯 걸음은 더 빠르네요"라고

노무현과 함께한 1000일

농담했다.

2004년 1월 27일(화) 오전 9시, 국무회의. 안건은 적은데 가금 인플루엔자, 위기 가정 지원, 고속철 시대, 신기술 제품 등 하나하나 토론하느라 3시간이나 걸렸다. 노 대통령이《친일인명사전》이야기를 했다. "이 사전을 출판하려고 3년간 35억 원을 모금할 계획인데 대통령과 행자부 장관도 돈을 냈고, 나도 후보 시절 100만 원 냈다. 앞으로 법을 바꾸어 정부 승인 없이 자유롭게 모금할 수 있도록 하라. 다양한 견해가 존중되어야 한다. 김대중과 박정희는 서로 상극인 줄 알았는데 김대중이 박정희기념관을 건립하는 것도 있을 수 있다." 박정희기념관에 대해 종래 노 대통령의 반대 의견이 다소 누그러진 것인가. 박정희기념관은 노 대통령과 청와대 수석들이 다수 반대하는데도 불구하고 그 뒤 법률적으로 더 이상 막기 어렵다는 결론에 도달해 결국 상암동에 건립됐다. 천만 유감이었다.

70. 김대중 이야기

○
●

2004년 10월 9일(토) 한글날. 약간 덥지만 쾌청하다. 아직 모기가 설친다. 정오에 이해찬 총리, 한덕수 국무조정실장, 이기우 총리 비서실장과 점심 식사를 같이 했다(배동받이 식당). 10분 전에 식당에 도착해 이기우 비서실장과 잠시 대화를 나누었다. 이 실장은 9급 공무원으로 시작해 교육부 차관까지 올라간 전설적 인물이다. 이해찬 총리가 교육부 장관 시절에 일을 잘한다고 격찬했던 바로 그 공무원이다. 이기우 실장은 이해찬 총리의 능력이 대단하다며 모든 보고를 거의 기억하고선 다음에 이야기해서 깜짝깜짝 놀랄 때가 많다고 했다.

철저하고 성실한 사람

이 총리가 나를 보자고 한 용건은 건설 경기 연착륙론, 특히 투기과열지구 중 수도권은 빼고 부산, 광주 등 투기가 사라진 지역은 좀 풀면 어떨까 하는 문제를 의논하려는 것이라고 했다. 그래서 내가 말했다. "종부세가 곧 발표될 텐데 그때 이제 부동산 투기는 끝났다는 확실한 메시지를 주면서 필요한 지역에 대해서는 민생 경제 활성화 차원에서 좀 풀어도 되겠지요." 말이 나온 김에 내가 매입 임대 사업자의 경우 종부세 감면 기준을 몇 호로 정하느냐 하는 문제를 놓고 이견이 있음을 이 총리에게 전했다. 청와대는 5호로, 재경부와 열린우리당은 2호로 하자고 주장이 갈린다. 내 생각으로는 5호로 하는 게 맞고 자칫 2호로 정하면 투기꾼의 도피처가 될 우려가 있다고 하니 이해찬 총리도 내 말에 동의했다.

이날 이해찬 총리에게서 재미있고 중요한 이야기를 많이 들었다. 프로 기사 차민수 이야기도 나왔다. 차민수는 바둑 4단에 불과하고 미국에 이민을 가 살기 때문에 다른 프로 기사와 대국할 기회가 없는데도 불구하고 세계 대회에 출전해 중국, 일본 선수들을 격파한 놀라운 기사다. 내가 보기엔 타고난 승부사다. 차 프로가 국내에서 계속 바둑에 정진했다면 엄청난 수준에 올랐을 것이다. 차민수 4단이 이 총리의 용산고 1년 선배로서 친한 사이라고 한다. 차 프로는 미국에서 도박 서열 10위 이내인데 '포커는 바둑에 비하면 너무 쉽다'고 했다. 돈을 따면 20%는 유니세프UNICEF 같은 데 기부하고, 1만 달러짜리 칩 형태로 로커에 저장해 놓았다가 환전 시 소득으로 간주해 세금을 낸다. 이 총리는 바둑을 좋아해서 유인태 정무수석과 미국행 왕복 비행기에서 4점 놓고 무려 40판을 둔 적이 있고, 조훈현 9단에게 7점을 놓고 두기도 했다고 한다.

김대중 전 대통령은 바둑을 싫어했는데 바둑 고수인 이수인, 박종태 의원이 밤 11시까지 의원 회관에서 바둑을 두다가 들켜 다음 선거에 공천 탈락했다. 박종태 의원은 김대중 총재와 친한 사이라 항의하러 갔더니 "당신은 국회의원 말고 바둑이나 둬라"는 말을 듣고 돌아왔다고 한다. 하루는 이해찬 의원이 국회에서 잠시 정회 중 바둑을 두고 있는데 김대중 총재가 불쑥 나타났다. "잠시 정회 중이라 멀리 갈 수도 없고 해서…"라고 변명했더니 김대중 총재가 옆에 앉으며 "아, 멀리 갈 수도 없지요" 하며 양해하더란다. 하마터면 5선 의원이 공천을 못 받을 뻔했다. 이 총리의 이야기가 이어졌다. "김대중 총재는 술, 담배를 안 하고 매사를 기록한다. 매사를 다 기억하고 지시하는 철저하고 성실한 사람이다. 순전히 개인기로 대통령이 됐다. 국정 감사 때 상임위 별로 소집해 준비 상황을 보고하게 하고 일일이 지시한 뒤 쓸 비용을 나눠 줬다. 그에 비하면 요즘 당 대표는 거저먹기다."

"1997년 12월 대선 날 밤, 당선이 유망하다고 예상해 당선 소감문을 준비하라고 해서 써 갖고 동교동에 갔더니 밤 12시경 이미 청와대 경호실에서 나와 2층 복도를 못 올라가게 막더라. 2층은 김대중 후보 혼자뿐이고 주무신다고 하더라. 박상천 의원 등 4명이 밑에서 기다리니 4시가 넘어 당선자가 기상, 문장을 제시하니 당선자가 몽땅 다 고치라고 지시하고는 직접 구술을 시작했다. 그중 한 대목은 곤란하겠다 싶어 일부러 뺐다. 아침에 김대중 당선자가 당선 소감을 낭독할 때 아까 뺀 그 대목에 가서 없는 부분까지 즉석에서 넣어 낭독해서 깜짝 놀랐다. 끝나고 김대중 당선자가 이해찬 의원한테 '그거 왜 뺐어? 하라는 대로 해야지'라고 지적하더라. 더 혼이 났을 텐데 밤 새워 기다리고 고생했기 때문에 봐준 것이다."

그 이야기를 듣고 나도 2000년 2월경 세계은행과 한국 정부의 공동

　　　　　　　　　　　노무현과 함께한 1000일

주최로 환란 극복 기념 심포지엄(서울)에서 있었던 일을 소개했다. 그 대회에는 조지프 스티글리츠, 아마르티아 센Amartya Sen, 데이비드 엘러먼David Ellerman 등 쟁쟁한 경제학자들이 참석했다. 김대중 대통령의 환영 연설문 작성팀(한상진, 최상룡, 이경태, 이영훈, 임혁백 등)에 나도 들어가 공동 작업을 했다. 며칠 뒤 고려대 임혁백 교수(2024년 총선 더불어민주당 공천관리위원장)와 함께 개막식에 참석해 대통령 연설을 듣는데 내용이 완전히 바뀌었더라. 한국의 문제점을 반성하는 내용은 빠지고 자랑하는 내용으로 바뀌어 있었다. 누가 원고를 고쳤는지 물어보니 대통령이라고 해서 놀랐다. 국정에 바쁜 대통령이 그다지 중요하지 않은 이런 연설문까지 직접 수정하는 것을 보고 깜짝 놀랐다.

이해찬 총리에 의하면 김대중 전 대통령은 참여정부 초기에 있었던 대북 송금 관련 특검을 아주 섭섭하게 생각했다고 한다. 그러나 그 뒤 참여정부에서 남북 화해 기조를 유지하는 걸 보고 생각이 바뀌었고, 지금은 고마워하고 있다고 해서 천만다행이라는 생각이 들었다.

나는 대학교 4학년 때인 1971년, 대통령 선거 유세 마지막 날에 있었던 김대중 연설회가 평생 기억에 남아 있다. 장충단공원의 넓은 운동장이 인산인해, 발 디딜 틈이 없었다. 지방 유세를 마치고 서울로 올라오는 일정이 늦어져 청중들은 오래 기다려야 했으나 돌아가는 사람 없이 모두들 목이 빠져라 기다렸다. 드디어 김대중 후보가 연단에 오르니 운동장이 떠나갈 듯 박수와 환호가 쏟아졌다. 완전히 쉰 목소리로 사자후를 토하는데 온몸에 전율을 느꼈다. 나는 드디어 정권 교체가 되겠구나 하는 희망을 가졌으나 아쉽게도 결과는 석패였다.

민주 투사의 회고

2004년 10월 21일(목) 오후 6시 반에서 9시 반까지 김대중 대통령 때 정책기획위원회 위원들의 만찬에 참석했다(롯데호텔 38층). 한상진 위원장과 이용기 간사가 준비한 이 모임에 50인 위원 중 20인 정도가 참석했다. 임혁백 교수(고려대)는 춘천 행사 도중 일부러 참석하고는 춘천으로 되돌아가는 대단한 성의를 보였고, 열린우리당 이은영 의원은 헌재 결정에 관한 의원 총회에 불참하고 '김대중 대통령한테 한 수 배우러 참석했다'고 했다. 서울대 문용린 교수(도덕심리학 전공, 교육부 장관 역임)는 이광수의 《민족개조론》을 읽고 감명을 받았다면서, 조지 워싱턴이 마운트버넌에서 사망한 뒤 버크셔Birkshire가 작은 수첩 기록을 발견했는데 워싱턴이 14세부터 기록한 110개조의 야소회 도덕률Rule of Civility이 빽빽이 적혀 있었다는 이야기도 덧붙였다. 이은영 의원은 김대중 대통령도 늘 검은 수첩을 갖고 다니며 메모하는 습관이 있다고 말했다.

김대중 전 대통령이 과거 자문위원들을 오랜만에 만나니 반가운지 굉장히 많은 이야기를 했다.

"당선 이틀 뒤 클린턴한테서 전화가 와서 외환위기를 수습할 자문역을 보내겠다고 하더니 재무 차관을 파견했다. 클린턴이 르윈스키 사건으로 곤욕을 치를 때 에이펙APEC 회의에서 만나 위로해 줬다. '스타Starr 검사도 당신보다 더 도덕적이지 않다. 꿋꿋이 이겨 내기 바란다.' 나중에 클린턴이 동교동 김대중도서관 방문 시 '그때 대단히 고마웠다'고 인사하더라.

대북 송금 특검은 솔직히 서운하다. 그러나 국가 일과 혼동해서는 안 된다. 노 대통령이 성공하면 좋겠다. 나는 앞으로 정치에는 관여하지 않으려 한다. 플러스보다 마이너스가 더 크다. 정치 이외 분야에 기여하기를 희망한다. 폴 케네디에 의하면 한국은 4마리의 코끼리 사이에 끼여 있는 신세다. 1971년 대선 때 내가 4대국 평화 보장을 주장했더니 박정희 후보가 '중공, 소련은 적성 국가라서 안 된다'고 했다. 그런데 지금 6자 회담을 하고 있지 않느냐. 북한은 핵 포기하고, 미국은 안전 보장과 경제 제재 중단, 6자 회담 상설화를 통한 동북아 평화를 장쩌민에게 제의했더니 찬성하더라. 한국은 4대국을 이용해야 한다. 청일, 노일 전쟁을 보라. 태프트-가츠라 협약을 보라. 미국과의 동맹도 중요하지만 한반도 문제는 반드시 대화로 해결해야 한다. 일본 사회의 최근 우경화 경향은 걱정이다. 중국은 거대한 경제 파트너다. 외교에는 영원한 적도 동지도 없다. 남북 관계 개선은 중요한 과제다. 한꺼번에는 안 되고, 성질대로 해서도 안 된다. 어차피 북한은 변화할 수밖에 없다.

김정일을 만나 민족 문제의 자주적 해결을 강조했다. 북한의 연방제 철회(=남북 연합)는 큰 진전이다. 평양 갈 때 할 말은 다 한다는 각오로 갔다. '영원히 사는 사람 없고, 높은 자리도 영원히 있는 것 아니다.' 잘못하면 7000만 동포가 공멸한다. 적화 통일은 꿈에라도 안 된다. 독일식 흡수 통일은 안 하고 못 한다. 평화 공존, 교류 협력, 북미 관계 개선을 해서 10년 내지 20년 뒤 통일하는 원원으로 가자고 했더니 김정일의 얼굴이 풀리고 기분이 좋아지더라. 서울 방문을 초청하니 김정일이 '남에서는 나를 전범 운운하지 않느냐?'고 하기에 '그렇지 않다. 당신의 방문을 여론 80%가 지지한다. 당신은 효자라고 들었다. 우리는 동방예의지국이 아니냐. 나도 왔는데 왜 당신은 못 오느냐?' 했더니 '전라도 사람이라서 고집이 세다'고 하기에 '당신도 전주 김씨 아니냐'고 했다.

대북 특사는 노 대통령이 신임하는 인사라야 한다. 한반도 평화적 해결, 김정일은 핵을 포기할 용의가 있으나 두려움을 갖고 있다. 미사일, 대량 살상 무기, 장사포 못 믿으면 외상 거래 못 한다. 직접 거래해야 한다. 미국 대선은 중요하다. 클린턴 체제가 유지되면 6자 회담으로 가고, 부시가 이기면 네오콘이 등장할 것이니 다음 달 미국 대선 뒤 북핵 문제는 큰 변화가 올 것이다." 긴 설명에서 남북문제와 통일에 대한 해박한 지식과 뚜렷한 소신을 느낄 수 있었다.

모임이 파할 무렵 송하중 교수(경희대)가 오래전 미국에서 있었던 중고차 매매 이야기를 했다. 내가 하버드 유학을 끝내고 귀국할 때 내 고물차 그랜 토리노(거대한 8기통 차, 1973년 석유파동 전에 출시된 구 모델로 기름 먹는 하마라 소문난 차. 클린트 이스트우드 주연의 동명 영화도 있음)를 700불에 판다고 광고를 냈다. 할인해 달라고 하면 500불 정도 받을 속셈이었다. 그런데 사겠다고 연락 온 사람이 막 하버드대학에 유학 온 한국인이 아닌가. 그래서 300불로 깎아 줬다. 송 교수가 너무 싸다고 500불 수표를 썼는데 내가 수표를 좍 찢고는 300불만 받았다고 이야기했다. 그게 1983년 여름의 일이다. 그해 김대중, 이희호 부부가 오랜 투옥을 끝내고 보스턴에 도착해 하버드대학에서 미국 망명 생활을 시작했는데 마침 송하중 교수가 사는 하버드대학의 고색창연한 '29가든 스트리트29 Garden Street' 기숙사에 거주했다. 김대중, 이희호 부부는 차가 없으니 주말에 그 차로 같이 시장을 보러 다녔다고 한다. 송하중 교수가 20년 전 이야기를 하니 김대중, 이희호 부부는 깜짝 놀라며 재미있어 했다. 김대중 전 대통령은 오늘따라 기분이 아주 좋은 듯, 다음에 꼭 초청하겠다고 약속하고 3시간의 회식을 끝내고 일어섰다. 파란만장한 일생을 산 위대한 민주 투사의 역사적 회고를 들은, 기억에 남는 밤이었다. 그리고 이건 나중 일이지만 송하중 교수는 내 뒤를 이어 노무현 대통령의 정책기획위원장을 맡았으니 나와는 희한한 인연이다. 그는 사석에서, 내 차도 물려받고 위원장도 물려받았다고 농담하곤 했다.

71. 김영삼 이야기

○
●

　　지금은 없어졌지만 예전 대구 시내 한복판
에 금호호텔이 있었고 그 주인은 김영기 회장이었다. 김 회장과 내가
어떤 인연으로 처음 만났는지는 기억나지 않지만 가끔 만나 식사하거
나 차를 마시는 사이가 됐다. 김영기 회장은 경북고 무려 13년 선배였
는데 한 번도 내게 말을 놓는 법 없이 깍듯이 대해 주고 내 말에 귀를
기울여 주었다. 성격이 호방하고 말을 거침없이 하는 대장부 타입이
었다. 김 회장은 애주가여서 자주 독한 양주를 마셨는데 내가 술이 워
낙 약하다는 걸 잘 알아서 절대 권하지 않았다. 김 회장은 "매일같이 술
을 마셔도 건강이 끄떡없으니 내 간은 특수 간인가 봐요"라고 큰소리
치곤 했다. 만나는 장소는 늘 금호호텔이었는데 어떨 때는 이재오 의
원을 거기서 마주친 적도 있다. 두 사람은 격의 없는 사이로 보였다. 무
엇보다 김영기 회장은 야당 정치인 김영삼과 매우 가까운 사이라는 것
이 널리 소문이 나서 뭔가 부탁하러 찾아오는 사람도 있는 것 같았다.
나와 만나면 주로 역사, 경제, 세상 돌아가는 이야기를 했는데 사업가

답지 않게 정의감이 강해 나하고는 의기투합하는 면이 많았다. 김영삼 대통령 임기 중에는 자주 대통령과 통화했고 거침없이 직언하는 것 같았다. 스스로 '밤의 비서실장'이라 불렀다.

민주화 투쟁의 대미

2001년 연말 쯤, 김영기 회장이 나에게 전화를 했다. 김영삼 전 대통령 부부가 대구에 오는데 교수, 언론인들과 점심 식사를 같이하기를 원하니 참석해 달라는 부탁이었다. 나는 한번도 김영삼 대통령을 만난 적이 없어서 기꺼이 참석했다. 금호호텔에서 점심을 같이 먹는데 김영삼 대통령 내외, 김영기 회장, 그리고 10여 명의 교수, 언론인들이 모였다. 김영삼 대통령과 김영기 회장은 막역한 관계여서 오래전부터 정치인 김영삼이 대구를 방문하면 으레 금호호텔에 묵는 것으로 되어 있었다. 언젠가 김영삼 대통령의 발언이 군부를 자극하는 결과를 가져와 상이 군인들이 대구를 방문한 김영삼에게 대거 몰려가 거친 항의 시위를 벌인 살벌한 사건이 있었는데 그 장소도 바로 금호호텔이었다.

금호호텔의 꽤 큰 회의실에서 김 대통령 내외와 인사하고 함께 식사하면서 간담회를 하게 됐다. 김영삼 대통령의 부탁인즉슨 내년 대선에서 본인이 어떤 역할을 하면 좋을지 조언해 달라는 것이었다. 앉은 순서대로 돌아가며 발언을 하는데 대개 논조가 비슷했다. 즉, 김대중 대통령과 사이가 나쁘다는 것을 알고 이래저래 김대중 대통령을 비난하면서 내년 대선에는 당연히 신한국당 후보를 도와 정권 교체를 하는데 힘을 보태야 한다는 것이 대부분의 의견이었다.

거의 끝으로 내 차례가 됐을 때 나는 이렇게 말했다. "김대중과 김영삼은 우리나라 민주화 투쟁의 쌍벽이다. 지금은 비록 서로 다른 정파에서 대립하고 있지만 그것은 긴 세월을 보면 짧은 시기에 불과하고, 그것보다 훨씬 큰 비중을 차지하는 것은 민주화 동지라는 점이다. 결국 그것이 역사에 남을 것이다. 그러므로 내년 대선에서 김영삼 전 대통령은 신한국당의 보수적 후보를 지지할 것이 아니고, 우리나라의 민주화를 완수할 참신한 개혁적 후보를 지지해야 한다. 그것이 정치인 김영삼이 평생의 민주화 투쟁의 대미를 장식하는 일이다."

여러 명의 대구 지식인 중에서 나 혼자 전혀 다른 이야기를 한 셈이 됐다. 조금 뒤 김영삼 전 대통령이 상경할 기차 시간이 되어 모임이 파했다. 김 대통령이 차례로 한 사람 한 사람과 악수를 하며 작별 인사를 했다. 나는 거의 끝에 서 있었는데 김 대통령이 내 앞에 오더니 힘차게 내 손을 잡으며 이렇게 말했다. "이 교수가 오늘 솔직한 이야기를 해 줘서 대단히 고마워요." 그때만 해도 민주당에 참신한 개혁적 후보가 보이지는 않았고 내 말은 그냥 일반적인 방향을 이야기한 것에 불과했다. 실제로 다음 대선에 노무현이라는 정치 신인이 혜성처럼 나타났는데, 아직은 그런 단계가 아니었다. 1년 뒤 노무현이 대통령에 당선되는 이변이 일어났고, 내가 그 정부에 들어가 일하게 됐으니 참 희한한 운명의 장난이라고나 할까.

정의감 넘치는 두 사나이

2004년 2월 2일(월) 12시 김영기 회장과 오랜만에 만나 오찬을 같이했다(플라자호텔, 고도부끼). 전에는 호텔 회장과 교수의 관계로 만나 내가 늘 얻어먹었는데 오늘은 내가 점심을 샀다. 김 회장은 그토록 간을 혹사하더니 그사이 기어코 간암에 걸렸다. 2년 전 간암 수술을 했는데 그 뒤 폐에 전이돼 폐 수술 후 지금 항암 치료 중이라고 했다. 얼굴은 의외로 건강해 보이고 목소리도 여전히 쩌렁쩌렁했으나 항암 치료 때문인지 손은 쪼글쪼글했다. 김 회장이 "나는 곧 죽을지 모르기 때문에 중요한 이야기를 남겨야겠다"며 이야기를 시작했다.

"YS는 나(김영기)보다 7살 위다. 처음 만난 건 부친이 정치인 장택상의 친구인데 중학교 때 처음 만났다. 둘이서 가까이 지내라 해서 가끔 만났고, 그 뒤 YS는 장택상의 비서로 들어갔다. YS는 DJ와 나이는 비슷하지만 정치는 20년 선배라 항상 DJ를 무시했다. DJ가 정치를 시작할 때 YS는 벌써 다선 의원이었고 원내총무였다. YS는 부잣집 아들이라서 그런지 항상 자신만만하고 당당한 성격인 반면, DJ는 항상 핍박받고 고생하며 커서 그런지 눈치 보고 그런 성격적 차이가 있다.

YS가 호랑이 잡으러 호랑이굴에 들어간다면서 신한국당에 들어간 뒤 수구파들이 내각제를 추진해 YS를 물먹이려고 다 준비해 놓았는데 YS가 버티고 싸워서 이겼다. YS가 대통령 당선 직후 나를 동교동에 밀사로 보내 DJ와 권노갑을 만났다. 내가 DJ를 보고 '앞으로 당신이 할 일은 통일이다. 국가 원로로서 통일을 위해 뭔가 일해 달라'고 부탁하니 DJ가 눈을 번쩍 뜨면서 좋은 이야기를 해 줘서 고맙다고 했다. 이날 합의는 DJ가 영국으로 출국하겠다고 선언하면 YS가 연락해 청와대로 초청해 위로, 화해하는 걸로 되어 있었다. 그 합의문을 장 아무개 비서가 왜곡해 DJ가 먼저 연락하겠다는 엉터리 보고를 하는 바람에 YS는 연락이 오기만을 기다리고 있었다(장 아무개는 그 뒤 돈 먹고 감옥에 갔다).

DJ도 전화가 오기를 기다리다가 실망하고 출국했다. 그래서 양자 화해가 실패했다.

1997년 대선 때 DJ가 JP와 손잡는 것을 나는 반대했다. 그때 DJ는 괜찮다면서 대통령이 인사권을 쥐고 있으니 걱정할 것 없다고 했다. 나에게 YS로 하여금 DJ를 지지해 줄 것을 부탁하기에 YS에게 그리 권했다. YS는 처음에는 소극적이었는데 민주화 세력이 정권을 이어받아야 한다고 내가 계속 설득했다. 당시 DJ 비자금이 폭로됐을 때 내가 YS에게 덮을 것을 권유했다. DJ를 수사하면 호남에 폭동이 일어날 것이라고 말했다. YS가 김태정 검찰총장을 불러 수사 중단을 지시했다. 그 밖에도 YS가 DJ를 많이 도와주었다. 안 도와줬으면 DJ는 이길 수 없었을 것이다.

그런데 DJ가 전두환, 노태우를 청와대로 초청하는 걸 보고 YS가 화가 나 DJ를 멀리했다. 자기가 둘을 감옥에 집어넣었는데 DJ가 풀어 주고 청와대에 초청하는 걸 보고 화가 난 것이다. 전두환, 노태우 두 사람 구속은 내가 김영삼 대통령에게 건의했다. 당시 청와대 주요 보고가 나한테도 팩스로 왔고, 수시로 전화해서 김영삼 대통령에게 건의하고 반대하고 그랬다. 대통령이 잘못하는 것이 있으면 전화로 고함을 지르며 반대했다. 그래도 YS가 나를 신뢰한 이유는 수십 년간 지켜봤지만 한 번도 청탁한 적 없고, 국회의원을 하라는 권유도 거절했기 때문이다. 내가 한 번도 욕심 부린 적이 없기 때문에 김영삼 대통령이 나를 신뢰한다. YS가 신뢰하는 유일한 TK가 나라고 해도 좋다. 김영삼 대통령에게 전, 노를 잡아넣어야 한다고 권고하니 김 대통령이 깜짝 놀라며 안 된다고 했는데, 내가 계속 강력하게 주장하고 잡아넣어도 걱정할 것 없다고 안심시키자 드디어 대통령이 결심했다.

나는 얼마 전 안양교도소에 구속 수감됐다. 검사와 의사가 와서 신체검사를 하더니 형집행 정지 결정을 내려 풀려났다. 원래 배임 혐의로 징역 2년을 선고받았다. 권노갑을 수뢰 혐의로 잡아넣으려고 나를 잡아들였다. 내가 권노갑에게 돈 준 것이 없는데 온갖 것을 다 조사해서 신세기통신 매각 과정에서 잘못을 들춰내 배임 혐의로 나를 구속했다. 당시는 그게 법에 걸리는 줄도 몰랐다."

　이상이 내가 김 회장에게서 들은 역사적 증언이다. 김 회장은 그다음 해 경북대 병원에 입원했을 때 문병을 가 만난 게 마지막이 됐다. 항상 씩씩하고 호방한 대장부였지만 결국 병마를 이기지 못했다. 우리나라에서 보기 드문 정의감 있는 사업가이자 솔직한 의리의 사나이가 생의 막바지에 남긴 말이라 나는 대부분 진실이라고 믿는다. 김영삼, 김영기, 이름이 비슷한 두 사람은 솔직하고 정의감이 넘치는 사나이였다.

72. 기억에 남는 사람들

○
●

　　　　　나는 청와대에서 일한 2년 반 동안 엄청나게 많은 사람을 만났다. 청와대를 떠나 대구에 내려와 그동안 받았던 명함을 정리하려고 꺼내 보니 정말 거짓말 좀 보태 한 가마니쯤 됐다. 대한민국에서 이름 좀 알려진 사람은 거의 다 만난 것 같다. 그중에서 특히 기억나는 사람들과 기억나는 순간들이 있다.

개혁파 이동걸의 고뇌

2003년 9월 15일(월) 오후 6시 반에서 10시 반까지 관저 만찬. 김진표 부총리, 박봉흠 예산처 장관, 강철규 위원장, 이정재 위원장, 이동걸 부위원장, 문희상, 조윤제, 권오규와 내가 참석했다. 주로 생명보험사 상장 문제 때문에 소집한 회의다. 법대로 해야 한다고 주장하는 이동걸 부위원장과 정서법은 곤란하다고 반박하는 노 대통령의 의견이 대립

　　　　　　　　　　　　　노무현과 함께한 1000일

했다. 당시 시민단체들은 삼성의 2조 원과 교보 3000억 원 차익은 공익 재단에 출연해야 한다고 주장했으나 노 대통령은 동의하지 않았다.

문희상 비서실장이 "지난 6개월 동안 청와대의 모든 모임이 크게 증가했다. 특히 관저 식사 모임은 국민의정부 때는 거의 없다시피 했는데(김진표 부총리가 맞다고 동의) 아주 대조적이다. 다만 국민의정부 때와 비교해 장관 독대 횟수만 감소했다"고 말했다. 교육 문제, 강남 집값 문제 등 끝없는 화제가 이어졌다. 노 대통령은 좀처럼 일어설 기색이 없고 대화를 계속해 무려 4시간이 지나 밤 10시 반이 되어서야 파했다.

2004년 2월 23일(월) 기자들을 만났더니 노 대통령이 너무 관료를 좋아하고 과신해 큰 걱정이라고 이구동성으로 말했다. Y기자가 이동걸 부위원장을 걱정하는 이야기를 했다. 부위원장이 작년 봄에 이정재 위원장을 찾아가 "다른 일은 다 위원장이 하시고 자기는 두 가지 일만 좀 맡아서 하겠다고 제의했는데 이정재 위원장이 '뭣 때문에 그런 일을 하려고 하느냐'고 거절했다. 그 뒤 이동걸 부위원장의 힘이 빠지고 계속 배제 상태다. 위원장이 받쳐 주지 않으면 부위원장은 일하기 정말 어렵다. 강철규 위원장도 힘이 별로 없고 요즘 분위기는 공정위가 재경부의 1국 정도로 취급된다. 현재는 관료 득세, 학자 후퇴다"라고 했다. 내가 "정책실장 바뀐 것밖에 없는데 무슨 관료 세상이냐?" 하니 "전반적으로 관료 힘 실어 주려는 분위기가 문제다. 그리고 이정우도 2선으로 밀려난 것으로 본다"고 했다.

3월 16일(화) 오후 4시 반~5시 반, 이동걸 부위원장이 찾아와 며칠 전 삼성생명 부당 이익 폭로 건을 설명했다. "반년 전에 우연히 발견하고 몇 달간 조사하고 심사숙고했다. 어차피 위원장에게 이야기해 봤자 뻔하기에 혼자 행동했다. 기자 5명에게 이야기했고 그 직전에 직원들에게 이야기했으니 위원장에게 보고했을 것이다. 그 뒤 아무 말이 없다. 삼성 잘못은 명백하다. 원칙을 어겨 계약자로부터 주주로 1999~2003년 사이 2조 수천억 원의 이익이 옮겨졌다. 내용은 자신 있으나 두 가지 문제가 있다. 하나는 반反삼성, 또 하나는 위원회 내 반反위계질서다."

지난 1년간 이동걸 부위원장은 말 못 할 고민이 많았다. 위원장에게 이런 일을 해 보겠다고 두 번 말했는데 묵살됐고 일을 안 주고 인사 의논에서도 배제했다. 다만 이정재 위원장은 사심은 없어서 다른 경제 관료들과는 다르다. 인수위 때 모 관료가 "6개월만 지나면 재경부 세상이 올 것"이라고 하더니 그렇게 되어 간다고 둘이서 걱정했다. 그래도 최대한 버티며 개혁을 성공시키자고 다짐했다.

그러나 정의를 실현하려고 안간힘을 쓰던 이동걸 부위원장은 불리한 환경을 견디지 못하고 2004년 8월 중순, 기어코 사표를 내고 말았다. 참여정부 개혁파의 큰 패배였다. 이것은 생명보험사의 성격을 둘러싼 문제다. 법적으로 생명보험사는 주식회사지만 상호 회사의 성격도 갖는다고 보는 것이 학계의 통설이고, 그렇다면 상장 시 그동안 기여해 온 보험 계약자들에게도 상장 차익이 돌아가야 한다는 이동걸의 주장이 옳다. 그러나 이동걸이 나온 뒤 2007년 금감위의 결정은 보험 계약자들의 입장은 깡그리 무시한 채 오직 주주들에게만 이익을 안겨 준 친親삼성 결말이었다. 노 대통령이 개혁파 이동걸의 주장에 손을 들어 줬더라면 참여정부는 더 큰 금융개혁 성과를 이루었을 텐데 하는 진한 아쉬움이 남는다. 노 대통령은 언젠가 나하고 둘이 앉아 있을 때 "삼성이 잘못되면 나라 경제가 무너지지 않을까 하는 걱정이 든다"고 말한 적이 있다. 내가 말했다. "그런 걱정 안 하셔도 됩니다. 삼성이든 현대

노무현과 함께한 1000일

든 재벌이 잘못된다고 나라 경제가 무너지는 일은 없습니다."

강제규 감독

2004년 6월 10일(목) 12시, 강제규 감독과 성경륭 위원장과 점심 식사를 했다(조선호텔 호경전). 얼마 전 송기숙 아시아문화수도위원장과 성경륭 균형발전위원장을 만났을 때 내가 이순신을 주인공으로 하는 영화를 만들면 성공할 거라고 이야기했더니 성경륭 위원장이 중간에 소개를 받아 강제규 감독을 초청한 것이다. 강 감독에게 이순신 영화를 만들면 세계적 성공작이 나올 거라고 권했더니 자기도 몇 년 전부터 생각은 하고 있는데 해전 촬영이 어려워 국내 기술로는 잘 안 되고, 미국과 합작하면 비용이 너무 비싸 타산이 맞지 않다고 했다. 한 달쯤 검토해 보겠다고 했는데 그 뒤 작품이 나오지는 않았다. 10년 뒤 배우 최민식이 이순신 역을 맡은 영화 〈명량〉이 대히트를 쳤다. 그 영화를 보면서 강제규 감독이 내 권유를 받았더라면 좋았을 텐데 하고 생각했다.

강제규 감독이 영화 〈쉬리〉 〈태극기 휘날리며〉에 이어 남북을 주제로 대결이 아닌 영화를 만들고 싶다기에 내가 장기려 박사 이야기를 해 주며 강력 추천했더니 강 감독이 관심을 갖고 열심히 메모를 했다. 강 감독은 한국 영화가 천만 관객을 돌파하는 등 뜨고 있으나 아직 기반이 약하다고 말했다. 〈태극기 휘날리며〉도 투자자를 못 구해 집을 잡히고 주위 사람들 돈을 끌어들여 겨우 만들었다고 했다. 영화는 시나리오부터 여러 단계를 거치는데 한국 영화는 기초 인프라가 미비해 외화 내빈이라고 했다. 할리우드도 초기에 형편없었으나 100년간의 시행

착오 끝에 오늘의 성공을 이루었다고 하면서 한국 영화도 갈 길이 멀다고 했다. 전혀 몰랐던 영화의 세계에 대한 설명을 명감독으로부터 들은 즐거운 시간이었다.

서울포럼과 김재익

2004년 8월 21일(토) 오후 3~6시 반, 강원도 용평에서 열린 '서울포럼' 세미나에 참석했다. 참석자는 김경원, 김기환, 김진현, 김철수, 이상우, 이인호, 이홍구, 정구현, 조동성, 현홍주 등 우리나라의 보수 진영을 대표하는 쟁쟁한 인물들이었다. 모임은 어제 시작해 이틀째인데 방상훈, 홍석현, 장대환 등 언론사주들은 오늘 오전에 서울로 돌아갔다고 한다. 내가 참여정부의 국정 운영 목표와 전략에 대해 발제한 뒤 참석자들과 질의, 응답이 있었다. 이인호 교수(서울대, 전 러시아 대사)가 장기 목표는 좋지만 달성 가능한가? 부자를 죄인 취급하는 거 아닌가? 실력주의 meritocracy를 어떻게 보는가? 이런 질문을 했다.

주미 대사를 지낸 김경원 전 청와대 비서실장은 언론이 위기론을 조장한다는 내 말에 동감을 표시하면서 그래도 언론 대응이 과잉이면 일이 어려워지니 느긋한 태도를 가지라고 조언했다. 카드 대란은 손쉬운 대책을 찾으려 한 DJ 정부의 책임이고 정책의 도덕성 문제라고 했다. 수도 이전의 분산 효과는 의심스럽다면서 과거 1970년대에 수도 이전을 검토할 때 보니 호주 캔버라의 자살률, 이혼율이 제일 높더라는 이야기를 했다. 그리고 참여정부가 지난 40년의 성과를 인정하는지 질문했다. 김경원 실장은 이야기하는 도중 내가 김재익 전 경제수석을 닮았다고 두 번이나 말했다. 그러자 김기환 전 대사가 《김재익 평전》을 보내 주겠다고 했다.

김기환 전 대사는 노사정위는 IMF 때 정리 해고를 위해 한시적으로 도입한 것이므로 폐지해야 한다고 주장했다. 기업인들이 비자금 문제로 불안해하고 전전긍긍하고 있으니 정부가 용단을 내려 1회성 대사면 조처를 하라고 제안했다. 과거에는 개혁을 방해한 것이 군인들인데 지금은 누가 개혁을 방해하는지 물으며, 개혁은 필연적으로 욕먹기 마련이니 꾹 참고 일하라고 격려성 발언을 했다.

김철수 서울대 법대 명예교수(헌법학)는 내 발표를 듣고 나니 그간 품었던 우려가 많이 불식됐다면서 "쌀 시장 개방 문제로 총리 2명, 부총리 1명, 장관 3명이 사임했다. 재정에 큰 부담을 주는데 관세화하는 게 어떠냐?"는 질문과 한일, 한중 FTA에 대해 질문했다. 김진현 논설위원도 농업에 이미 65조 원을 쏟아부었는데 다시 119조 원을 투입하는 것은 낭비라고 비판했다. 유럽은 산별 노조이고 한국은 기업별 노조인데 노사 대타협이 가능한지도 물었다. 토론은 아주 진지한 분위기에서 진행됐다. 토론을 마친 뒤 함께 저녁 식사를 하고 나는 서울로 돌아왔다. 한국 보수를 대표하는 인사들과 터놓고 대화한 좋은 모임이었다. 용평골프장은 밤에도 불이 훤하게 켜져 있는 부자들의 별천지였다.

나는 김재익 수석을 닮았다는 김경원 전 비서실장의 말이 귀에 남았다. 인수위 때 강대형 공정거래위 부위원장한테서도 똑같은 이야기를 들은 적이 있다. 그래서 김기환 전 대사가 보내 준 《김재익 평전》을 열심히 읽었다. 김재익 수석은 겸손하고 조용한 성격이었다. 과천 정부청사에 볼일이 있어 들어가려 하니 수위가 막았다. 김 수석은 조용히 말했다. "저 청와대에서 왔는데요. 신분증 보여 드릴까요?" 권력자와 거리가 먼 소박한 이미지다. 1970년대는 박정희의 개발주의가 극단으로 치달아 돈을 마구 찍어 내 물가가 폭등할 때였다. 아무도 물가 안정을 이야기하지 않고 오직 성장, 개발만을 외칠 때 김재익은 물가 안정의 중요성을 강조했다. 그러나 경제 안정은 박정희의 관심 밖이었다. 그래서 김재익은 관가에서 인기가 없고 이단아 취급을 받았다. 청와대에서 화장실에 가려고 복도로 나가면 옆 사무실 직원들이 인사도 안 하고 외면할 정도였다니 참으로 외로운 개혁가였다. 시간이 지나고야 그의 말이 진실이라는 것을 사람들이 알아차렸다. 박정희는 김재익을 외면했지만 전두환은 그의 안정론을 채택했다. 그는 전두환 밑에서 경제 수석을 하던 중 1983년 버마 아웅산에서 다른 장관들과 함께 순직했다. 성실하고 뛰어난 인재가 나라를 위해 일하다가 희생되었으니 애석한 일이다.

그로부터 20년 뒤 내가 청와대에 들어갔는데 공교롭게도 김재익 경제수석이 쓰던 방을 사용했다.《김재익 평전》을 읽으면서 자연히 나하고 비교해 보았다. 김재익과 나는 경제를 보는 눈에서 공통점이 있다는 생각이 들었다. 경제학 교과서에는 한 나라의 경제를 운영하는 3대 목표를 성장, 안정, 분배의 형평이라고 가르친다. 박정희 정권은 이 중 2개는 철저히 무시하고 오직 성장만을 향해 돌진한 정부다. 성장은 물론 중요하지만 안정이나 형평도 그 못지않게 중요하다. 김재익 수석은 성장 일변도의 환경 속에서 안정의 중요성을 역설했으나 아무도 귀 기울이지 않았다. 뭐 저런 이상한 소리를 하느냐는 식으로 무시당했다. 그의 말이 진실이라는 것을 사람들은 나중에 깨달았다.

내가 강조한 것은 3대 목표 중 형평이었다. 한국의 소득, 자산 분배는 지나치게 불평등하므로 분배 개선이 필요하다는 것, 그리고 불평등

개선이 성장에도 도움이 된다는 것을 기회가 있을 때마다 역설했다. 역대 정부의 장관이나 수석 중에서 분배 이야기를 한 사람은 없었으므로 내 주장은 듣기에 생소했으리라. 나는 급진 좌파로 의심받고 '분배주의자'라고 매도당했다. 심지어 나의 존경하는 은사인 조순 선생님한테서도 분배 이야기 하지 말라는 지적을 받았다. 그런 점에서 내 위치는 김재익과 비슷한 이단아였다고 할 수 있다. 나의 주장이 국내 보수파로부터 철저히 외면을 받았지만 10년 뒤 IMF, 세계은행, OECD에서 정설로 확립됐으니 그런 점도 김재익과 비슷하다. 다만 차이가 있다면 청와대 복도에서 나와 만난 옆방 직원들은 외면하지 않고 반가이 인사를 했다는 점이다. 나는 대통령을 잘 만나 우대받았고 무사히 물러난 것도 차이라면 차이다.

성격적으로도 김재익 수석과 나는 비슷한 점이 있어 보인다. 김재익은 지극히 겸손해 접객업소의 시중드는 아가씨에게도 말을 높이고 외국 손님들에게 고위 관료와 똑같이 소개했다고 하니 놀라운 인품의 소유자임에 틀림없다. 나는 그런 수준은 아니지만 역시 술집이나 식당의 종업원 아가씨한테든 누구한테든 말을 낮추지 못한다. 차이가 있다면 김재익은 독실한 기독교인인데 나는 무교라는 점이라고나 할까.

내가 인수위 시절 어떤 유명한 관상가로부터 성삼문이라는 평가를 받았다는 것은 앞에서 이야기했다. 성삼문은 모진 고문에도 굴하지 않고 단종 복위의 정당성을 주장했다. 처형장에 끌려가는 수레 속에서 울며 따라오는 어린 딸에게 이렇게 말했다. "너는 다행히 여자아이라서 죽이지는 않을 거다. 가서 엄마하고 잘 살아라." 이 장면을 생각하면 가슴이 먹먹해진다. 아, 악의 무리들이 충신열사를 다 죽이니 불공정한 세상이여!

참여정부 중반쯤 나는 제1회 최은희 여기자상에 빛나는 원로 언론인 신동식을 만나 식사를 한 적이 있다. 그런데 은퇴한 원로 여기자가 나를 보고 하는 소리가 조광조를 보는 것 같다고 하는 게 아닌가. 그래서 나는 용인에 있는 조광조의 묘를 찾아가 절을 하고 돌아왔다. 묘 아래로 큰길이 나서 차들이 쌩쌩 달리고 있었다. 조광조가 무덤 속에서 편히 쉴 수 있을지 걱정됐다. 나는 평소 조광조를 존경해 청와대 정문을 지날 때마다 맞은편 경복궁의 북문인 신무문을 바라보며 조광조를 생각하곤 했다(광화문을 지날 때는 며느리 민비를 죽이러 가던 대원군을 생각했고, 영추문을 지날 때는 정철의 《관동별곡》을 생각했다). 남곤, 심정이 평소 출입이 불가한 신무문을 통해 밤늦게 경복궁에 들어가 중종에게 참소해 조광조가 체포되고 결국 사약을 받았다. 기묘사화의 피바람이 불어 많은 사림파가 죽임을 당했다. 조선 500년 역사는 사화의 연속이요, 곧은 선비들의 공동묘지였다.

내가 일하면서 닮았다는 소리를 들은 성삼문, 조광조, 김재익을 생각해 보니 모두 시대를 거슬러 간 개혁파라는 공통점이 있다. 본인이 옳다고 생각하는 바를 향해 옆눈을 돌아보지 않고 똑바로 나아갔다. 결코 비굴하게 타협하지 않았다. 그리고 모두 젊은 나이에 세상을 떠났다. 정태인 선생이 술을 마시면서 가끔 이런 농담을 했다. "옛날에 태어났더라면 우리는 벌써 사약을 받았고, 마누라와 딸들은 노비가 됐을 거다." 그럴지도 모른다. 그렇게 말하던 10년 후배 정태인 선생도 세상을 떠났는데 나는 아직 비루하게 살아 있다.

시대의 책사 임종철

2004년 6월 15일(화) 오후 7시, 서울대 상대 은사인 임종철 선생님을 모시고 권태신 재경부 차관, 김대환 노동부 장관, 장세진 교수(인하대), 조우현 교수(숭실대), 조학국 공정거래위 부위원장 등 경제학과 동기들이 저녁 식사를 했다(강희제). 임종철 선생님은 외국 유학을 가지 않은 국내파인데 워낙 공부를 많이 해서 대단한 실력파이고 머리가 비상해 '서울대 3대 천재'로 꼽히는 분이다. 내가 20대 때 그 밑에서 조교를 1년 하면서 정말 많은 것을 배웠다. 외부에서 원고 청탁이 들어오면 아무리 긴 글이라도 일필휘지, 단숨에 써내는데 원고지를 보면 고친 자국이 거의 없었다. 학과장으로서 중요한 의사 결정을 할 때도 오래 생각하지 않고 단숨에 결정할 뿐 아니라 웬만한 것은 조교에게 맡기는 리더십을 보여 주었다.

유머 사전 권태신이 미국의 앨런 그린스펀Alan Greenspan 연방은행 총재를 웃겼던 유머를 소개했다. "딸들은 아버지 닮은 남자와 결혼하는 경향이 있다. 그래서 결혼식 날 어머니가 슬피 운다." 조학국 부위원장이 다른 유머를 했다. "길에서 크롬웰 해골을 파는 남자가 있었다. 손님이 물었다. '왜 해골이 이렇게 작으냐?' '이건 크롬웰 어릴 때 해골이라서 그래요.'" 대학입시를 놓고 토론이 벌어졌는데 온갖 아이디어가 백출했다. 임종철 선생님은 내신을 무시하고 수능을 4등급으로 하자는 아이디어를 냈다. 서울대는 상위 1등급(25%)의 학생들을 받아 가르치면 충분하다는 견해인데 일리가 있다고 생각했다. 이렇게 하면 과외가 별로 필요 없어질 것이다. 나는 그 뒤 임 선생님의 아이디어를 노 대통령과 문재인 수석에게 소개하기도 했다. 조우현 교수는 서울 각 대학의 입시를 공동으로 관리하자는 아이디어를 냈다. 나는 대학 입학은 쉽게 만들고 그 대신 대학 졸업 시 대학 졸업 시험GRE을 도입해 입사 시험이나 대학원 입학시험에 활용하자고 주장했다. 임 선생님을 댁까지 차로 모셔 드리고 귀가했다. 임 선생님은 내가 맡은 각종 정책 과제 목록을 만들어 채택 여부와 진행 상황을 잘 기록해 두라고 권했다. 임 선생님은 언젠가 내가 댁을 방문했을 때 과거에 작성해 둔 각종 정책 카드를 보여 주며 한국에 꼭 필요한 몇 가지를 권하기도 했다. 아이디어가 독창적이고 깊이가 있어 감탄을 금할 수 없었다.

청와대에서 일하다 보면 나라를 살리기 위해 꼭 필요한 아이디어가 있다며 만나자는 사람이 무수히 많다. 바쁜 시간을 쪼개어 만나게 되는데 막상 만나 보면 별게 없다. 십중팔구 내용이 없거나 틀렸거나 허황된 것들이었다. 항상 '혹시나' 했다가 '역시나'로 끝나곤 했다. 그렇다고 안 만나 주면 섭섭해하고 이정우가 거만하다는 나쁜 소문을 퍼뜨리니 진퇴양난이다. 그러나 내가 만난 수많은 사람 중 가장 아이디어가 풍부하고 배울 게 많은 두 명의 고수가 있었는데 그중 한 분이 임종철 선생님이었다(또 한 명은 《내일신문》 장명국 사장이다). 이런 이유 때문에 내가 국민경제자문회의 부의장(의장은 대통령)에 임종철 선생님을 추천했는데, 자문회의를 주관하는, 역시 제자인 조윤제 경제보좌관이 어떤 이유에선지 받아들이지 않아 아쉬웠다.

의사 한영우

2004년 9월 4일(토) 오전 8시, 한영우 박사와 조찬(소피텔 앰배서더호텔

1층 양식당). 내가 2004년 3월 초 유럽 노사관계 견학 차 스웨덴에 갔을 때 스웨덴 한국 대사가 초청한 만찬 모임에서 한영우 박사를 처음 만났다. 그 뒤 한영우 박사가 한국에 올 때마다 만났다. 그는 6·25 때 경기고 3학년 학생이면서 스웨덴 야전 병원장의 통역관으로 일했다. 그 인연으로 1953년 스웨덴에 가서 의과 대학을 졸업하고 의사로 평생 스웨덴에서 살았다. 사민당 당원이었던 의과 대학 지도 교수의 추천으로 1970년에서 1990년까지 내각 주치의로 일했다. 스웨덴의 왕족, 장관들을 진료하며 자연히 친해졌다. 올로프 팔메Olof Palme 총리도 진료했다고 한다. 팔메는 귀족 출신으로서 부자와 상류층이 가난한 사람들을 끌어안고 가야 한다고 생각했다. 팔메가 교육부 장관을 할 때 미국의 베트남 침략을 규탄하는 횃불 시위에 가담한 것은 유명한 사건이다. 현직 총리로 있을 때 경호원을 퇴근시키고 부인과 영화를 보러 갔다가 괴한의 총격을 받아 사망했다. 그 극장 앞에는 길바닥에 팔메 총리 피격 장소라는 금속판이 새겨져 있다.

한영우 박사에 의하면 1975년 월남전 종전 때 한국 대사관에서 일하던 2명이 탈출하지 못하고 억류됐다. 한국 정부가 2명을 구출하려고 노력했으나 실패했다. 스웨덴은 평소 인도주의적 원조를 많이 했기 때문에 베트남과 우호적 관계였다. 1980년 스웨덴 외무부 차관이 베트남에 가서 한국인 2명을 특별기에 태워 데리고 나왔는데 이 구출 작전에 한영우 박사가 막후 노력을 많이 했다고 한다.

2002년 월드컵 유치 결정에 기여한 일화도 들었다. 당시 FIFA 유럽위원장 요한슨의 영향력이 막강했다. 정몽준 축구협회장이 스웨덴의 칼 구스타브 국왕 접견을 시도했으나 길을 뚫을 수 없었다. 한영우 박사가 국왕의 비서실장에게 부탁해 정몽준 회장과 함께 국왕을 접견했다. 이날 대화에서 구스타브 국왕은 한국을 아주 좋아한다고 말했다. 당시 쌍용그룹 김석원 회장이 세계 보이스카우트 총재였고 스웨덴 국왕이 명예 총재였다. 정몽준은 이 일화를 《동아일보》에 4회 칼럼을 연재할 때 잠깐 언급했다. 그런데 정몽준은 한영우 박사한테 식사 한 끼 대접하지 않고 떠나 한 박사는 섭섭하게 생각하고 있었다.

김대중 대통령이 노벨 평화상을 받을 때도 한 박사가 자문해 줬다. 김대중의 《옥중수기》를 번역하고, 남궁진 등 측근들에게 노벨상을 받기 위해 로비를 하면 역효과가 나니 조심하고 제3자 외국인을 이용하라고 조언해 줬다고 한다. 노벨 문학상 후보에 한국의 아무개가 유력하다는 기사가 한국 신문에 나면 주한 스웨덴 대사관에서 본국에 다 보고하기 때문에 오히려 불리해지므로 절대 그런 짓은 하면 안 된다고 한다.

한영우 박사는 귀화 외국인 중 국왕 훈장 제1호이고 구스타브 국왕이 매년 각계 대표 250명을 초대하는 만찬에 20년 이상 참석해 왔다. 노벨재단의 자문관 3인 중 1인이며 그해 수석자문관이 될 예정이라고 했다. 외국 출장을 갈 때 호텔 방값이 노벨재단 총재는 하루 280달러 한도인데 수석자문관은 420달러 한도라니 위상을 알 만하다. 노벨재단의 미카엘 슐만 총재는 외교부 차관 출신인데 장관 예우를 받는다. 조부가 노벨의 보좌관이었고 초대 노벨재단 총재였다. 부친도 외교관이었고 모친은 러시아 귀족이다.

한영우 박사가 지난 6월 방한 시 경기고 후배인 오명 장관을 통해 현명관 삼성 부회장을 만나 노동자 대표의 이사회 참가를 제안했더니 현 부회장은 의외로 유연한 태도를 보이더라고 한다. 그 반면 이수영 경총회장을 4월에 만나 똑같은 제의를 했더니 경영권을 빼앗는 것으로 오해해 "선배님, 그런 일에 관여하지 마십시오"라고 완강히 반대했다. 한영우 박사가 노동자 대표를 대기업 이사회에 참석시키는 문제에 관심을 갖게 된 것은 1년 전 내가 공격받았던 '네덜란드 모델' 파동을 보면서 한국은 야만국이구나 생각한 것이 배경이라고 했다. 한 박사는 스웨덴의 팔메센터에 한국의 노사 대표, 정당 대표들을 초청하는 일을 열심히 하고 있었다. 그렇게 해서 한국의 지나치게 보수적인 노사관계를 스웨덴식으로 민주화하는 데 강한 열의를 갖고 있었다. 이렇게 진보적 생각을 가진 의사를 한국에서는 거의 볼 수 없다.

그 뒤 2006년 12월, 내가 청와대를 떠나 경북대에서 학생들을 가르치고 있을 때 한영우 박사가 나와 권기홍 전 노동부 장관을 부부 동반으로 노벨상 시상식에 초청해 주었다. 노벨상 시상식은 엄격히 제한된 초청받은 사람만 입장이 가능하므로 외국인으로서는 참석하기가 쉽지 않다. 지금까지 한국 참석자가 별로 많지 않다고 들었다. 그런 시상식을 직접 참관하고 큰 연회장에서 스웨덴 국왕 가족과 장관들의 옆자리에서 식사를 한 것은 오로지 한영우 박사의 배려 덕분이었다. 그해 노벨 문학상 수상자인 튀르키예의 오르한 파묵은 감동적인 수상 소감 연설을 했다. 가서 본 시상식은 영화 〈뷰티풀 마인드〉와는 상당히 다르게 진행되었다.

민주 인사들과의 만남

2004년 10월 27일(수) 정오에서 오후 2시까지 임재경, 박형규, 김정남, 성유보, 신홍범 선생과 점심 식사를 했다(인사동 하연). 이름만 들어도 쟁쟁한 민주 인사들이다. 박형규 목사는 호치민 묘 옆에 살던 집을 방문했던 이야기를 하며 깊은 인상을 받았다고 했다. 전 세계 지도자 중 호치민만큼 도덕적으로 흠결 없는 고귀한 인품의 소유자가 또 있겠는가. 김정남 선생은 "너무 싸우는 모습을 보이는 것보다 천천히, 조용히 개혁을 하는 게 좋다. 패배를 시인하는 모습을 보이는 게 좋다. 그건 김영삼 대통령의 특기"라고 말했다. 김정남 선생은 천하 명문장이다. 내가 경북대 강의 시간에 학생들에게 가끔 그의 글을 읽어 준 적도 있다. 특히 김재규 중앙정보부장의 부관이었던 박흥주 대령에 관해서 쓴 〈부끄러움 없이 부를 수 없는 이름〉이라는 글은 감동적인 명문장으로 읽고 나면 누구나 숙연해진다.

그리고 성유보 선생이 방송위가 SBS 폐업을 심각히 검토 중이라고 이야기했다. SBS가 처음에는 방심하다가 최근에는 현실로 올 수도 있겠다며 긴장한다고 했다. 열린우리당이 추진하는 4대 개혁 중 일부를 유보하고 전략과 기술과 팀워크를 재정비해야 한다고 말했다. 팀워크는 열린우리당보다 한나라당이 강하다고 했다. 성유보 선생은 《한겨레》에 회고록을 연재하다가 너무 무리를 했는지 일찍 세상을 떠났다. 배울 게 많은 훌륭한 경북고 선배가 작고해 애석하기 짝이 없었다.

인문학의 대가 이윤기

말이 난 김에 경북고 동문 이윤기를 만난 이야기를 해야겠다. 이윤기는 경북 군위군 출신 촌놈인데 경북중에 입학했다. 어릴 때부터 집에서 한문을 배웠고 소설류를 많이 읽어 아주 유식했다. 경북중 3학년 주산 시간에 몰래 소설책을 읽다가 들켰다. 교사가 와서 '일어서!'라고 고함을 쳤다. 일어서는 이윤기의 머리를 교사가 주산으로 밀었다. 일어서는 힘과 주산 미는 힘이 합쳐져 빡빡 깎은 이윤기 머리에 핏자국 줄이 생기면서 피가 뚝뚝 책상 위로 떨어졌다. 피를 보는 순간 이윤기는 분격해서 그길로 교실 밖으로 뛰쳐나갔다. 그리고 다시는 학교로 돌아오지 않았다. 시내 한복판 금은방에 점원으로 취직했다가 성광고에 3년 전면 장학생으로 입학했다. 조금 다녔지만 수준이 맞지 않아 중퇴하고 나중에 미국에 가서 공부했다.

이윤기는 영어를 엄청나게 잘해서 어려운 소설, 예를 들어 난해하기로 유명한 움베르토 에코의 《장미의 이름》을 번역했다. 우리나라 번역의 1인자로 불렸다. 그리스 신화에 정통해 이윤기가 번역한 《그리스 로마 신화》(전5권)는 지금도 최고의 스테디셀러다. 번역을 주로 하다가 나중에는 직접 소설을 써서 동인문학상을 받기도 했다. 경북고에 가면 역사관이 있고 거기에는 대통령, 국회의장, 대법원장, 장관, 국회의원을 지낸 동문의 이름을 벽에 새겨 놓고 있다. 명단이 아주 화려하다. 내가 보기엔 고관대작 100명보다 동인문학상 1명이 더 큰 자랑인데도 거기에 이윤기 이름은 없다.

그런 이윤기를 내가 청와대에서 일하던 중 문화 행사에서 우연히 두 차례 만났다. 나는 사대부중을 거쳐 경북고에 갔고, 이윤기는 경북중을 다니다가 중퇴했다. 그러니 우리 둘은 같이 학교를 다닌 적이 없다. 그러나 경북중·고등학교에서는 중학이든, 고등이든 하나만 해당되면 다 동기 동창으로 인정하는 것이 관례다. 그래서 이윤기와 나는 경북중고 49회 동기 동창이다. 다른 친구들을 통해 말로만 듣던 전설적인 인문학자 이윤기를 만나니 매우 반가웠다. 경북고 동창들은 대개 보수적이고 노무현을 싫어하며 한나라당을 지지하지만 이윤기는 전혀 달랐다. 매우 진보적이고 나와는 말이 잘 통했다. 그래서 첫 만남부터 의기투합했다. 안타깝게도 이윤기는 회갑을 갓 넘긴 나이에 심장마비로 세상을 떠났다. 평소 심장이 약했다고 들었다. 국가적으로 아까운 인재를 잃은 상실감과, 생각이 비슷한 동지를 잃은 허탈감이 밀려왔다.

행정병과 출신 유홍준

2005년 1월 29일(토) 정부혁신 토론회(외교부 3층 국제회의실). 유홍준 문화재청장을 만나 광화문 현판을 박정희 글씨에서 정조 글씨로 바꾸었다는 이야기를 듣고 잘했다고 칭찬해 주었다. 전국에 박정희 글씨 현판이 엄청나게 많다고 한다. 몇몇 신문이 노무현 대통령을 정조에 비긴 유홍준을 아첨했다고 공격했는데《경향신문》은 사설까지 써서 비판했다. 유 청장에게 나도 노 대통령과 정조가 비슷한 면이 있다고 생각한다고 말해 주었다. 유홍준 청장이 말했다. "내가 왜 대통령에게 아부하나, 대통령이 나한테 아부해야지. 노 대통령이 평생 살면서 못 한 일 두 가지를 후회하는데 하나는 아들 건호를 거창고에 못 보낸 것이고, 다른 하나는 딸 정연이를 영남대에 보내 유홍준 제자로 만들려고 했는데 본인이 안 가겠다고 해서 실패한 것이라고 하더라." 이 이야기는 나도 노 대통령에게 직접 두 번이나 들었으니 틀림없는 사실이다.

5월 27일(금) 쾌청, 오전 7시 반에서 9시까지 경제 장관 간담회(정부 1청사 국무위원 식당). 유홍준 문화재청장이 처음으로 참석해 문화재 보호 구역의 규제 완화를 논의했다. 설명이 끝나자 오거돈 해양수산부 장관이 감탄하면서 이렇게 말했다. "유홍준 청장은 문화재만 잘 아는 줄 알았더니 행정에 대해서도 어떻게 이렇게 잘 아느냐. 이렇게 알기 쉽게 설명하는 사람은 처음 본다." 유홍준 청장이 답했다. "군대 행정병과 출신이다." 재치 있는 대답이다.

이어서 다음 주제인 쌀 공공 비축제에 대해 박병원 재경부 차관보가 설명하면서 "쌀을 몇 년간 창고에 썩히고 있다"고 했다. 박홍수 농림부 장관이 기분이 나쁜지 "저 사람이 누구냐?"고 물었다. 한덕수 부총리가 "우리 차관보다"라고 대답하니 박홍수는 "마치 우리가 쌀을 썩힌 것처럼 이야기한다"며 불쾌감을 표시했다. 박병원 차관보가 작은 목소리로 옆 사람에게 말하는 게 내 귀에 들렸다. "농림부가 그랬다고 한 것도 아닌데…."

윤광웅 국방장관, 나폴레옹과 조선

2005년 4월 28일(목) 오전 10시, 국방부 보고에 참석했다(국방부 신청사). 윤광웅 국방부 장관의 사회로 20분 보고 뒤 첫 논평을 내가 맡았다. 나는 원래 외교, 안보 쪽 회의는 별로 참석하지 않았다. 안보 전문가인 문정인 동북아시대위원장이 논평을 맡아야 하는데 마침 일본으로 출장을 가고 없어 대타가 됐다. 내가 기라성 같은 육해공 장성들 앞에서 말해야 하니, 공자 앞에서 문자 쓰는 격이다. 동북아시대위원회에서 미리 적어 준 참고 자료가 있긴 한데 너무 밋밋해 재미가 없다. 에라, 모르겠다 싶어 독창적 발언을 시작했다.

역사학자 폴 케네디의 명저 《강대국의 흥망》을 보면 국력은 상대적이고 주변 국가에 달려 있다. 한국은 4강에 둘러싸여 불리한 위치다. 그러니 예전부터 침략 불가, 평화 애호 심성이 탄생했다. 그래서 한 번도 외국을 침략하지 않은 역사가 만들어졌다. 그러면서 나폴레옹의 에피소드를 소개했다. 19세기 초, 조선을 방문했던 영국의 해군 제독 홀이 조선에 왔다가 귀국하는 길에 세인트헬레나 섬에 유배 중인 나폴레옹을 면회했다. 홀의 아버지가 나폴레옹과 프랑스 육군사관학교 동기였다. 홀이 나폴레옹에게 조선에서 가져온 장죽과 삿갓을 선물하면서 조선이란 나라는 지금까지 한 번도 외국을 침략해 본 적이 없다고 소개했다. 나폴레옹이 깊은 호기심을 표시하며 장차 꼭 한번 방문하고 싶다고 말했다. 오늘이 마침 이순신 탄생일이다. 그래서 이순신, 영국의 넬슨, 일본의 도고 헤이하치로의 공통점이 학익진 전술이라는 이야기를 했다. 그밖에 내가 평소 주워들은 협력적 자주 국방, 국방 개혁(문민화, 구조개혁, 과거사 진상 규명 등) 이야기를 했다. 윤광웅 장관이 "이정우 위원장은 하도 독서량이 많아서 모르는 게 없다. 다음에 꼭 강연을 요청하겠다"고 과찬했다. 보고회를 마치고 식당으로 가면서 윤 장관이 다시 나에게 나폴레옹 이야기는 처음 들었다고 했다.

5월 10일(화) 윤광웅 장관이 약속한 대로 나를 계룡대 강연에 초청했다. 서울역에서 KTX를 타고 대전에 내리니 육본에서 온 차가 대기 중이었다. 계룡대에 도착하니 황송하게도 육해공 3군 참모총장이 영접차 건물 입구에 나와 있었다. 어이쿠, 이런 영광이 있나. 김장수 육군(나중 별명이 꼿꼿 장수), 남해일 해군(이름이 해군 대장감), 이한호 공군 참모총장과 악수를 하고는 백선엽 기념방에서 차 한잔을 했다. 그 뒤 대회의실에서 70분간 강연을 했는데 3군 참모총장, 차장과 고위 장성 90여 명이 수강생이었다. 강연 내용은 며칠 전 국방부에서 했던 폴 케네디의 국력론과 동북아 4강의 지정학적 위치, 나폴레옹과 홀 선장의 에피소드, 임진왜란, 이순신, 넬슨, 도고 헤이하치로, 중국의 제갈량, 위징, 계포, 청일 전쟁, 노일 전쟁, 노기 대장, 국방 개혁, 자주 국방, 과거 유신 독재 시절 호기로운 윤태림 교수의 '똥별' 비판에 이어 끝으로 참여 정부의 자세를 설명하며 강연을 마무리했다. 같이 간 송민경 보좌관에 의하면 강의를 마치고 장성들끼리 이야기하는데 "억수로 박학다식하다"고 하더라니 휴, 전공도 아닌데 천만다행이다. 평생 다시없을 기억에 남는 강연이었다.

무골 김종국

군인 이야기가 나온 김에 한 명의 특별한 군인을 이야기하고 싶다. 5·16 쿠데타 때 장도영 육군 참모총장의 부관으로 일했던 김종국이라는 군인이 있다. 이 사람은 5·16 쿠데타를 끝까지 반대하다가 군복을 벗고 미국으로 이민 가서 살았다. 참군인 김종국 씨가 2004년 11월 4일(목) 오후, 내 사무실을 찾아왔다. 용건은 공기 중의 이산화탄소 증가로 인한 해수면 상승 현상을 경고하기 위해서였다. 그는 2002년에 남극의 큰 빙산이 깨졌고 현 추세대로 가면 세계의 해수면이 상승하는데 특히 한국을 둘러싼 해수면은 8~17미터 상승할 것이므로 강원도, 충북의 산간 지방을 빼놓고는 한반도가 거의 바다에 잠기는 충격적인 지도를 보여 줬다. 따라서 해안 침수를 대비해 고지대에 도시 건설을 준비해야 한다고 주장했다. 이것은 제임스 한센James Hansen 박사의 가설에 의존한 주장인데 엄청 공포스런 시나리오였다. 노 대통령에게 보고

해 달라고 요구하는데 나 자신이 이 방면에 무지하니 우선 전문가들의 의견을 들어 본 뒤 필요하면 대통령에게 보고하겠다고 약속했다.

그는 1982년경 한국을 방문했을 때 김재익 경제수석을 만나 1시간 정도 대화했던 이야기를 하면서 그가 '선비'였다고 회상했다. 미국이 전두환은 싫어하면서 김재익은 신뢰했는데 그것은 김재익 수석이 자유 경쟁, 개방을 강조했기 때문이다. 그러면서 김종국 씨가 신문에 난 내 사진을 보는 순간 김재익을 연상했다고 말했다. 나더러 김재익 닮았다는 사람을 또 만난 셈이다.

5·16 때 장도영 참모총장의 부관으로 있었다고 하기에 당시 상황에 대해 질문했다. 그랬더니 그때 현석호 국방장관과 보좌관, 부관은 군사 반란을 일절 인정하지 않는 단호한 분위기였다고 했다. 만일 5·16 때 뛰어난 무골 이한림(당시 1군단 사령관, 박정희와 만주군관학교 동기)이 육군 참모총장이었더라면 탱크를 동원해서라도 쿠데타를 막았을 것이라며 아쉬움을 표시했다(최근 영화 〈서울의 봄〉의 장태완 수도경비사령관을 연상시킨다). 그는 장도영 총장의 기회주의적 처신을 설명하면서 밤중에 반란군 탱크가 한강을 넘는 순간에도 국방장관에게 전화해 "안심하고 주무십시오"라고 했다고 격한 어조로 비난했다. 김종국과 장도영은 둘 다 5·16 이후 얼마 뒤 군복을 벗었고 미국으로 이민을 가서 제2의 인생을 살았는데 정의감과 군인 정신에서 장도영은 부끄러웠고 김종국은 훌륭했다.

나는 무골 김종국에 대한 존경심에서 그의 해수면 상승 시나리오를 심각하게 받아들이고 그 뒤 관계 전문가들을 불러 두 차례 회의를 열었다. 학자들은 대체로 해수면 상승 가능성은 인정하나 그 심각성은 과장됐다는 의견이 우세했다. 그래서 이 문제를 대통령에게 보고하지

는 않았다. 어쨌든 참군인 김종국의 지구와 나라에 대한 걱정, 그리고
부당한 군사 반란에 분노하는 정의감은 매우 존경스러웠다.

73. 내가 걸어온 길

나는 평범한 사람이라 감히 자서전을 쓴다는 생각을 해 본 적이 없다. 그러나 이 책을 다 쓰고 나니 독자들이 이정우가 도대체 어떤 사람인지 궁금해할지도 모르겠다는 생각이 들었다. 그래서 내가 살아온 길을 간략히 소개하려고 팔자에 없는 짤막한 자서전을 쓰기로 한다.

열등감 속 학창 시절과 독재

나는 1950년 8월 31일 대구 남산동에서 태어났다. 6·25 전쟁 발발 직후였다. 대구는 아직 인민군 수중에 들어가지 않았으나 멀리서 대포소리, 총소리가 수시로 들렸다. 전세가 불리해지니 대구 사람들도 피난 갈 각오를 하고 집집마다 피난 짐을 다 싸 놓았다. 그 와중에 아기가 태어났으니 보통 문제가 아니었다. 어른들은 이구동성으로 "저 아기는 업고 가다가 결국 논두렁에 버려야 할 거다"라고 했다. 그런데 아기의 표정이 밝고 방실방실 웃어서 동네 사람들이 "저 아기를 보고 있으면 전쟁의 시름을 다 잊는다"고 했다고 한다. 그런데 전황이 유리하게 전개돼 운 좋게도 대구 시민은 피난을 가지 않아도 되었고 나는 살아났다.

내가 태어난 남산동에서 나보다 2년 먼저 전태일이 태어났다. 지금 대구에는 전태일이 살던 집을 보존하려는 운동을 하는 사람들이 있다. 우리 집은 조금 뒤 대봉동으로 이사를 갔다. 당시 대봉동에는 가수 백년설(본명 이창민)이 백년설 문패를 걸고 살았고, 집 옆에 백년설의 부인이 고아원을 운영하고 있었다. 그리고 당시 대봉동에서 뛰놀던 아이 중에는《전태일 평전》을 쓴 유명한 조영래 변호사가 있었고, 나중에 가수 김광석이 있었다.

그때 금달래라는 이름난 여자 거지가 대구에 살았다. 추운 겨울에 제대로 된 방한복도 없이 낡은 흰색 치마저고리를 입고 다녔는데 행색이 말이 아니었다. 아이들이 금달래에게 돌멩이를 던지며 쫓아내는 걸 보고 나는 측은하다고 생각했다. 전쟁이 끝난 직후여서 상이군인이 많았고 집집마다 문을 두드리며 칫솔 같은 걸 사라고 강매하곤 했다. 내 친한 친구는 당시 세탁용 양잿물을 만들어 파는 집 아이였는데 판잣집에 들어서면 큰 솥에 양잿물 끓이는 냄새가 진동했다. 그 집에 놀러 가 얻어먹는 밥은 늘 꽁보리밥이었는데 아주 맛있었다.

나는 대봉동 좁은 골목길에서 하루 종일 나가 노는 데 재미를 붙여 동네 아이들과 정신없이 놀았다. 그런데 시간이 지날수록 애들 숫자가 줄어들었다. 물어보니 학교라는 곳에 갔다고 했다. 그래서 아무것도 모르고 나도 학교에 보내 달라고 부모님을 졸랐다. 하도 졸라 대니 내 나이가 아직 학령 미달인데 아버지가 어찌어찌 서류를 만들어 입학을 시켰다. 그때는 개학일이 4월 1일이었고 그래서 3월 31일 출생까지 입학이 가능했다. 내 생일은 8월 31일이었는데 슬쩍 3월 31일로 고쳐 한 해 빨리 입학했다. 그때는 아직 행정이 어수룩했던가 보다.

내가 입학한 학교는 집에서 제일 가까운 경북대학교 사범대학 부속 초등학교였는데 시내 초등학교 중 유일하게 입학시험이 있었다. 나는 최초의 입학시험에 합격했다. 학교는 걸어서 20분 거리에 있었다. 한 달쯤 다녔는데 내 짝이 백일해에 걸려 하루 종일 기침을 하더니 나도 옮았다. 이어서 홍역, 늑막염이 찾아왔다. 3개의 병을 연달아 앓으니 학교를 장기 결석하고 나중에는 경북대 병원에 입원했다. 늑막염 때문에 어른 팔뚝만 한 주사를 옆구리에 푹 찔러 물을 빼내곤 했다. 지금도 나는 건강 검진 시 엑스레이를 찍으면 왼쪽 옆구리가 허옇게 나와 재검진 지시가 나오는데 의사한테 어릴 때 늑막염을 앓았다고 하면 '아, 그렇군요' 하며 넘어간다.

3가지 병을 연달아 앓는 바람에 1학년을 한 달밖에 못 다니고 내내 집이나 병원에 누워 있었다. 빼빼 마른 병약한 아이였다. 1년을 투병하니 부모님은 저 녀석이 제대로 인간이 되겠나 걱정됐을 것이다. 다행히 병은 나았고 이제 1학년에 들어가면 학령이 맞다. 그런데 부모님은 무슨 배짱인지 나를 그냥 2학년에 올렸다. 2학년 수업에 들어가니 깜깜이였다. 가나다도 모르고 1, 2, 3도 몰랐다. 1학년을 빼먹었으니 글씨 쓰는 훈련도 받아 본 적이 없다. 그래서 지금도 나는 심한 악필이다. 어느 날 회의에서 내가 메모를 하고 있으니 이영탁 국무조정실장이 빤히 보더니 이렇게 물었다. "글씨를 왜 그렇게 못 써요?" 이렇게 말해 주고 싶었다. 조선 시대 선비들은 글씨 잘 쓰는 것을 부끄럽게 여겼다. 왜냐

1953년 세 살 때 부모님과 함께 찍은 사진.
자료 출처: 이정우

하면 글씨를 잘 쓴다는 것은 그만큼 책을 덜 읽었다는 뜻이므로. 그리고 천재 중에는 악필이 많다.

그래도 국어, 사회 과목은 좀 따라가겠는데 산수, 자연은 기초가 없어 무슨 소린지 몰랐다. 산수 시험은 노상 계산이 틀렸고 자연은 일식, 월식의 원리 같은 걸 도무지 이해하지 못했다. 내가 고등학교 때 문과를 선택한 것도 그 영향이지 싶다. 2학년 때 성적은 우리 반 60명 중 60등이었다. 나는 영락없는 지진아였다. 몸은 계속 허약해 잔병치레가 잦았고 결석을 자주 했다. 어떨 때는 내가 아파서 밥을 못 먹어 어머니가 미음을 쑤어 오기도 했다. 운동장 나무 그늘에서 내가 몇 숟가락 먹는 걸 보고 어머니는 그래도 다행이라는 표정으로 주섬주섬 도로 보따리를 싸서 집으로 돌아가셨다. 운동회 날 100미터 달리기는 6명이 뛰어 3등까지 부상으로 공책을 주었다. 나는 3등 안에 들어가는 게 소원이었지만 한 번도 들지 못했다.

집에서는 몸이 약하다고 아예 공부하라는 소리를 안 했고 나는 늘 골목에 나가 놀았다. 그때 읽은 동화책 중 《홍길동전》《의적 일지매》가 내 가슴을 뛰게 했으니 내게는 반골 기질이 있는지도 모르겠다. 그래도 다행히 성적은 1년에 10등씩 올라갔다. 6학년 때는 반에서 8등을 했다(추세로 보아 7학년까지 있었으면 1등을 했을 것이다). 대구에서 제일 좋은 학교인 경북중학교는 반에서 10등 정도까지 갈 수 있었다. 나도 경북중에 원서를 냈는데 마지막 날 아버지가 걱정이 된 나머지 원서를 빼서 사대부중으로 옮겼다. 그해 중학 입시는 학과 150점, 체력 시험 25점, 합계 175점 만점이었다. 나는 학과 성적은 합격권인데 몸이 워낙 허약해 체력 시험이 영 바닥이었다. 다른 애들은 20~25점을 받는데 나는 12점 정도밖에 못 받았다. 체력 시험에서 10점을 잃고 들어가니 도저히 불안해서 마지막 순간에 아버지가 경북중을 포기하고 사대부중으로 낮춰 원서를 낸 것이다.

그런데 체력 시험을 치는 날 나는 기적을 경험했다. 평소 두 번밖에 못 하던 턱걸이를 거뜬히 여덟 번 해서 만점을 받았고 달리기, 던지기 등도 펄펄 날았다. 아니, 이럴 수가! 사람이 긴장을 하면 엄청난 에너지가 몸에서 나온다는 걸 그날 경험했다. 그래서 체력 시험에서 23점을 받았으니 평소 점수의 2배였다. 그해 중학 입시는 특이하게도 전국 공통 고사로 치러져서 각 중학의 커트라인이 발표됐다. 그해 커트라인 전국 1위는 경기중으로 148점, 2위는 경북중 143점이었다. 나는 경기중학에도 합격할 성적으로 사대부중에 입학했다.

사대부중은 과거 일제 강점기 대구사범학교의 후신이다. 5년제 사범 학교를 졸업하면 초등학교 교사가 됐다. 과거 이 학교 졸업생 중에 박정희가 있었고, 우리 아버지가 경북고를 3년 다닌 뒤 전학해 졸업한 학교이기도 하다. 왜 사범학교로 전학했는지 여쭤보니 시골 교사가 되어 농민 운동을 돕는 것이 인생 목표였다고 했다. 사대부중은 남녀 공학인데 남녀를 다른 반에 배치해 멀찍이서 바라볼 뿐이었다. 믿거나 말거나 3년간 여학생과 대화해 본 적이 없다. 남녀칠세부동석을 철저히 지킨 셈이다. 집에서 사대부중에 가려면 경북중을 지나야 하는 것이 문제였다. 그 학교 앞을 지나다 보면 초등학교 동창을 가끔 마주치는데 그렇게 부러울 수가 없었다. 그래서 나는 3년간 부러움과 열등감을 안고 학교를 다녔다. 그러니 초등, 중학 합쳐 9년간 열등감을 안고 학교를 다닌 셈이다.

고교 입시에서 나는 다행히 경북고에 합격했다. 이제 집에서 더 가까워져 통학 시간은 불과 10분이었다. 경북고에 들어가니 매달 모의고사를 쳤다. 첫 달 시험에서 나는 우리 반 60명 중 34등을 했는데 기분이 괜찮았다. 경북중 출신이 다수라 나는 주눅이 들어 있었고 중간 정도의 성적에도 만족했다. 다음 모의고사에서는 점점 성적이 올랐다. 여전히 집에서는 공부 대신 소설책이나 잡서를 많이 읽었다. 초등학교 때 몸이 약해 공부를 면제받은 이래 공부보다는 친구들과 몰려다니며 노는 것에 몰두했다. 그래서 학창 시절 친구 중에는 공부 잘하는 애가 없었다.

몸은 여전히 약골이지만 운동에 재미를 붙여 이것저것 했다. 고등학교 때는 유행하던 핸드볼을 열심히 했다. 탁구도 쳤고 연식 정구도 쳤다. 오랫동안 놀고 있던 학교 수영장이 수리를 해 2학년 때 개장해서 수영도 했다. 그러다가 고3 여름에 당구를 배웠는데 어찌나 재미있는지 완전히 빠져 버렸다. 밤에 자려고 누우면 눈앞에 당구공이 어른거렸다. 하루는 친구와 같이 학교 부근 당구장에 갔다가 나오는데 마침 퇴근길의 교감, 훈육주임에게 딱 걸렸다. "내일 아침 교무실로 와!" 으악, 큰일 났다. 다음 날 아침 친구와 교무실로 가니 훈육주임이 구석에 꿇어앉아 있으라고 했다. 둘이서 쭈그려 앉아 있는데 온갖 생각이 들었다. 아마 일주일 정도 정학일까? 조금 뒤 담임 선생님이 출근하다가 우리를 봤다. 무슨 일이냐고 물어서 당구를 치다가 걸렸다고 했다. 깜짝 놀란 담임 선생님이 훈육주임한테 가서 수군수군하더니 호랑이 훈육주임이 와서 이번만은 특별히 용서하니 다시는 당구 치지 말라고 일장 훈계 뒤 풀어 줬다. 아마 짐작건대 담임 선생님이 훈육주임에게 저 학생은 수석 졸업 예정자라 말해서 풀려난 것 같았다.

그러고도 정신을 못 차렸다. 단속에 대비해 이번에는 학교에서 먼 곳으로 당구 치러 갔다가 다른 학교 선생님에게 걸렸다. 그래도 운 좋게 살아남았다. 그러고도 나는 정신을 못 차리고 계속 당구장을 들락거렸다. 미쳐도 단단히 미쳤다. 어느 날 밤 학교 근처 당구장에서 친구와 당구를 치고 있는데 갑자기 아버지가 나타났다. 아버지가 조용히 말했다. "정우야, 집에 가자." 가방을 들고 아버지를 따라나섰다. 밤길을 걸어 집으로 가는데 아버지는 한 마디도 하지 않았다. 아버지를 따라 밤길을 걸으며 비로소 나는 크게 뉘우쳤다. 열 마디, 백 마디의 훈계나 잔소리보다 무언의 가르침이 더 힘이 있다는 것을 그때 깨달았다. 그 뒤 나는 당구를 끊고 공부에 전념했다. 입시가 코앞에 와 있었다. 생각해 보니 걱정이 됐다. 수석 졸업생이 낙방하면 학교 망신이 아닌가. 그날부터 입시까지 두 달을 정말 열심히 공부했다. 그리하여 서울대 경제학과에 합격할 수 있었다. 마지막 두 달 동안 대오각성하지 않았다면 떨어졌을지도 모른다.

나는 고2 때까지는 장래 희망을 적어 내라고 하면 늘 법대에 가서 판사가 되겠다고 쓰곤 했다. 할아버지, 아버지가 법학 교수여서 그랬을 것이다. 할아버지는 경기고, 일본 메이지대학교 법학과를 졸업하고 해방 후 경북대에서 가르쳤는데 얼마 안 가 그만두고 평생을 책 쓰기에만 전념했다. 내가 어릴 때 대신동 할아버지에게 세배를 하러 가면 할아버지는 늘 책을 읽거나 원고를 쓰고 계셨다. 그런데 한 가지 특이한 점은 신문지에 구멍이 뻥뻥 나 있는 것이었다. 이승만을 미워해서 신문에 난 이승만 사진을 가위로 오려 냈다. 그 뒤 박정희 시대에는 박정희 사진을 오려 냈다.

아버지는 경북고, 대구사범학교를 졸업하고 경남 남해에서 4년간 교사 노릇을 하다가 남해에 농민 운동이 없어 실망한 나머지 일본 유학길에 올랐다. 일본 주오대학교 법학과를 졸업하고 대구대(나중에 영남대) 법학과에서 노동법을 가르쳤다. 해방 후 대구의 10·1 사건을 비롯해 여러 시국 사건에 걸려 취조를 받고 유치장에 가는 일이 많았다. 1960년 교원 노조 운동이 활발할 때 고문 자격으로 강연, 글쓰기를 통해 도왔다. 1960년, 내가 초등학교 5학년 때 하루는 담임 권오봉 선생님이 수업 시간에 이런 말씀을 하셨다. "나는 반드시 교원 노조에 가입해야 한다. 왜냐하면 저기 앉아 있는 이정우 군의 부친이 어제 강연에서 '교원 노조에 가입하지 않는 교사에게는 내 자식 교육을 맡길 수 없다'고 말했기 때문이다." 나는 어려서 무슨 뜻인지 몰랐는데 5·16 쿠데타 이후 사대부초에서 교원 노조 운동을 열심히 했던 권오봉, 소효영 선생님은 해직되는 고초를 겪었다.

나는 할아버지, 아버지의 영향으로 어릴 때부터 진보적 가풍에서 자란 셈이고 장차 판사를 하는 게 목표였다. 그런데 고2 때 사회 과목 수업에서 이종호 선생님이 칠판에 '경국제민'이라고 쓰는 게 아닌가. 나라를 다스리고 가난한 백성을 구제하는 것이 경제이고, 그것을 공부하는 것이 경제학이라고 설명했다. 내 가슴이 뛰고 그 순간 내 인생 행로가 달라졌다. 이종호 선생님은 어느 날에는 칠판에 '쿠데타'를 불어로 쓰고 쿠데타와 혁명은 다르다고 설명하고는 얼른 칠판 글씨를 지웠다. 선생님은 혹시 무슨 불이익을 당할까 봐 불안해하는 것처럼 보였다. 지금 젊은이들은 이해가 안 되겠지만 그때는 살벌한 박정희 독재 시대였다.

존경스런 스승과 선후배들

이렇게 해서 나는 1968년 서울대 상대 경제학과에 입학했다. 대학 입시 날 밤에 북한에서 내려온 김신조 등 무장 공비 사건이 터져 시내가 온통 뒤숭숭했다. 당시 한 학기 등록금이 1만 5000원, 한 달 하숙비가 5000원이었다. 입학시험은 종암동 상대에서 쳤는데 입학하고 나서는 교양과정부가 신설돼 공릉동 공대에 가서 1년을 공부했다. 나는 방이 10개나 있는 상업적 하숙집에서 기거했다. 다른 방에는 광주일고를 나온 법대의 안평수(별명 장비), 전주고를 나온 문리대 국문과의 박치문(바둑 해설가)이 있었다. 고수 박치문이 바둑을 두는 날은 모두 둘러싸고 구경을 했다. 박치문은 서울대 대표로 나가 동경대 바둑팀을 격파했던 전설적 선수다. 박치문은 바둑도 프로급인데다가 국문과 출신답게 문학적 표현을 구사해 우리나라 바둑 해설의 신경지를 열었다.

몇 년 전 그 하숙집 친구들이 모여 반세기 만에 회포를 풀었다. 박치문은 바둑계의 뒷이야기, 천재 조훈현의 에피소드를 들려주었다. 안평수는 이런 이야기를 했다. 그는 과외 아르바이트를 열심히 해서 2만 5000원을 벌어 다섯 달 하숙비를 선납했다. 다음 날 하숙집 주인이 안평수를 데려간 곳이 말죽거리라는 곳인데 하숙집 주인은 하숙비 선납 대신 거기 땅을 사라고 권유했다. 땅값이 평당 7원 80전이어서 2만 5000원으로 3000평을 살 수 있었다. 안평수가 땅을 보니 허허벌판에 질퍽거리는 진흙탕이었다. "이런 땅을 뭐 때문에 돈을 주고 삽니까?" 일언지하에 거절하고 돌아와 그냥 다섯 달 하숙비를 선납했다. 일생일대의 실수였다. 거기가 양재동이고 그 동네 땅값은 지금 평당 1000만 원을 호가하니 안평수는 순간의 판단 착오로 300억 원의 거금을 놓쳤다. 장비 안평수는 서울대 법대의 반독재 투쟁에 용맹한 선봉장이었는데 졸업 후 평온한 한국은행에 입사해 다소 의외였다.

다시 1968년으로 돌아오자. 나는 교양과정부 문B1반이었는데 같은 반에 법대의 이인제가 있었다. 당시 이인제는 성격이 활발하고 농구도 열심히 하며 반에서도 중심적 역할을 했다. 나는 대학에 오면 뭔가 새 세상이 열릴 것을 기대했으나 배우는 내용은 실망스러웠다. 다만 기억에 남는 것은 국어를 가르친 젊은 김윤식 교수가 엄청난 독서량과 신랄한 어투로 명강의를 했고, 정치학을 가르친 장위돈 교수는 당시 대통령 정치특보라는 직함을 갖고 있어서 학생들이 은근히 우러러보는 분위기였다. 철학은 처음 듣는 생소한 과목인데다가 교수가 창밖을 가리키며 "저기 보이는 미루나무가 말이여, 사실은 있는지 없는지 모른다 말이여" 이런 황당무계한 이야기를 반복하는 바람에 신뢰와 흥미를 잃어버렸다.

　그러나 대학에서도 오아시스 같은 과목이 있었으니 바로 경제학원론이었다. 이 과목만은 빼먹지 않고 열심히 들었다. 미국에서 막 귀국한 조순 선생님의 첫 강의였다. 교과서도 리처드 립시Richard Lipsey가 쓴 원서를 사용해 영어 공부에 도움이 됐다. 조순 선생님의 경제학원론 수업은 열강이고 인기가 많았다. 그런데 중간고사 시험 문제가 뜻밖이었다. '대학입시 지옥에 대해 논하라.' 아니, 이게 무슨 경제학 문제인가. 한참을 궁리해도 오리무중이라 시간은 계속 가고 에라, 모르겠다 생각나는 대로 엉뚱한 수필을 쓰고 나왔다. 나중에 성적을 받아 보니 C, 당연한 결과다. 이 문제는 평생 잊을 수 없다. 나중에 생각해 보니 수요와 공급을 묻는 문제였던 것 같다.

　교양과정부 1년을 마친 뒤 종암동 상대에 와서 3년을 다녔다. 당시는 박정희가 3선 개헌을 강행하고 유신 독재를 시작하던 암울한 시기여서 정의에 불타는 대학생들은 교련 반대 데모, 반독재 데모를 치열하게 했다. 우리 동기의 김대환, 조우현, 그리고 후배 중 장상환, 박진도, 김문수, 이영훈, 김병곤, 김형기는 열렬한 반독재 투사였다. 특히 민청 학련 사건에 걸려 검찰의 사형 구형을 받고는 최후 진술의 첫마디로 '영광입니다'라고 했던 3년 후배 김병곤은 보통 사람이 아니었다. 나와 같은 동네에 살아 등굣길에 7번 버스를 타고 가면서 더러 대화를 했는데 나중에 거목이 되겠다는 느낌을 받았다. 진정 후생가외後生可畏였는데 일찍 타계해 애석하기 짝이 없다. 3년 선배 김근태는 강의실에는 잘 들어오지 않았지만 구내 솔밭(향상림) 벤치에 앉아 후배들에게 정치나 역사를 가르친 벤치의 스승이었다. 그 많은 투사가 그 뒤 세상을 떠나기도 하고 변절하기도 해서 인생무상을 느낀다.

　　　　　　　　　　　　　　　　　　　　노무현과 함께한 1000일

나는 고등학교에서 배운 '경국제민'의 큰 뜻을 품고 경제학과에 입학했으나 대학에서 배우는 경제학은 스케일이 작고, 경국제민과 거리가 멀어 실망스러웠다. 수업을 자주 빼먹고 정신적 방황을 오래 했다. 3학년을 마치고 학교를 그만둘까 하는 생각까지 했다. 아버지에게 고민을 털어놓으니 경제학의 고전을 읽어 보라는 조언을 해 주셨다. 청계천 헌책방에 가서 스미스, 리카도, 맑스, 마샬, 케인즈의 5대 고전을 원서로 사서 혼자 읽고서 비로소 경제학의 매력을 발견했다. 그 뒤 방황을 멈추고 평생 경제학에 매진할 수 있었으니 나는 고전에 의해 구제받은 셈이다.

당시 종암동 캠퍼스는 낡고 후진 곳이었다. 건물이 6·25 전쟁 때 강원도에 있던 북한 인민군 사령부 건물과 흡사해 영화 촬영에 쓰이기도 했다고 들었다. 당시 서울 상대는 낙후한 건물 때문에 '고려대 변소'라는 아름답지 못한 별명을 갖고 있었다. 기실 가까운 고려대를 가 보면 캠퍼스의 규모와 아름다움이 비교가 안 됐고, 게다가 상대에 한 명도 없는 여학생이 많아 엄청 부러웠다. 나는 종암동에 하숙하면서 가끔 고려대 도서관에 잠입해 책을 읽기도 했다.

그해 서울 상대에 탁구 붐이 불었다. 본관 뒤 작은 창고에 낡은 탁구대가 하나 있었다. 창고이니 바닥은 먼지투성이고 조명은 희미한 백열등 하나뿐. 열악하기 그지없는 환경이지만 한두 명이 탁구를 치다가 차차 수가 불어나 나중에는 수십 명이 몰렸다. 그래서 그해 가을 체육대회에 탁구 종목이 신설됐다. 나는 복식에 출전해 우승했다(이건 내가 평생 자랑하는 역사적 사실이다). 체육대회 시상식에서 변형윤 학장이 수여하는 상장과 부상을 받았다. 그런데 부상이 뜻밖의 상품이었다. 노란색 와이셔츠 한 벌. 색깔 있는 와이셔츠를 그때 처음 봤다. '노란 셔츠의 사나이'가 되느냐 마느냐 고민하던 중 입어 보겠다는 용감한 친구가 나타나 주었다. 지금 같으면 자랑스럽게 입고 다닐 텐데.

변형윤 선생님은 1980년대 민주화 운동에 참여했다는 이유로 4년간 해직됐는데 그 기간에 선생님의 호를 따서 학현學峴 연구실을 열었다. 연구실 마련을 정운찬 교수가 도왔다고 들었다. 학현 연구실은 선생님을 따르는 수많은 제자의 공부방이 됐고, 선생님에게는 사람들을 만나는 사랑방이 됐다. 학현 연구실이 나중에 서울사회경제연구소로 발전했다. 언론에서는 흔히 한국경제학을 몇 개의 학파로 나누어 설명하는데 거기에 대표적인 것이 변형윤 선생님이 이끄는 학현학파, 그리고 조순학파와 서강학파가 있다. 보통 학현학파는 진보로 분류되고 조순학파는 중도 합리적 노선, 또는 케인즈주의로 분류된다. 서강학파는 과거 권위주의 시절 정부의 경제개발정책에 적극 협조, 참여했던 사람들이 중심인데 상대적으로 보수적이다. 나는 언론에서 흔히 학현학파에 속하는 것으로 보도하는데 실은 조순학파에도 속한다.

변형윤 선생님은 기억력이 비상해 과거에 있었던 일과 사람에 대해 모르는 게 없어 보였다. 4·19 때 교수 데모단에 참가했던 이야기 등 흥미진진한 이야기를 참 많이 들었다. 불의를 보면 못 참는 대쪽 같은 성격이라 독재 정권에는 일절 협조하지 않고 고고한 선비의 길을 걸어 후학들의 사표師表가 되었다. 항상 정의의 편에 서서 재벌과 불의한 권력을 비판하고 약자들을 옹호하는 입장에 섰다. 공자가 말한 대로 '정의롭지 못한 부귀영화는 나에게는 뜬구름과 같다'는 철학을 몸소 실천했다.

나는 대학원에서 케인즈의 실업 이론에 관한 석사 논문을 썼다. 주심이 조순 선생님이었다. 논문을 마치자 선생님이 나를 호출하기에 연구실로 갔더니 선생님이 지금 경제학원론 교과서를 집필 중인데 좀 도와 달라 하셨다. 석사 논문을 마친 터라 시간도 있고 해서 불감청고소원이었다. 광화문 네거리, 지금은 사라졌지만 국제극장 뒷골목의 운치 있는 한옥 여관에서 숙식하며 책을 집필하고 계셨다. 거기서 66학번 강호진, 김승진, 김중수, 박종안 선배와 함께 작업을 했다. 주로 교정을 보고 집필도 좀 했다. 특히 내가 실업에 관한 석사 논문을 썼기 때문에 실업과 인플레이션, 두 챕터를 한번 써 보라고 하셨다. 두 달 걸려 써서 갖다 드렸더니 약간 고친 뒤 교과서에 실어 주셔서 깜짝 놀랐다(2개의 챕터는 이후 개정판에서는 사라졌다). 특히 《경제학원론》 초판(1974)에서 조순 선생님은 이 책을 제자 5명(5수재라고 표현)이 다 쓴 것처럼 파격적으로 서문을 쓰는 바람에 나는 별로 한 일도 없이 유명해지는 과분한 보상을 받았다.

또 한 분, 서울상대 경제학과의 중심축을 차지하는 은사가 이현재 선생님이다. 이현재 선생님은 온후 관대한 성품이라 주위에 사람을 모으는 힘이 있었다. 그리고 기억력이 비상해 오랜만에 찾아뵈어도 제자들의 과거 행적과 집안 내력까지 두루 기억해 깜짝깜짝 놀라곤 했다. 젊을 때는 아예 출석부를 덮고 출석을 불렀다는 전설이 내려온다. 이현재 선생님은 행정 능력이 뛰어나 서울대 학생처장, 서울대 총장을 거쳐 국무총리까지 역임했다. 세간의 말을 따르자면 소위 입신출세의 정점까지 올라간 분인데, 자리에 대한 욕심 없이 항상 올바른 처신을 해서 제자들에게 모범을 보였다.

이현재 선생님은 얼마 전까지도 신촌 헌책방에서 우연히 마주치곤 했다. 이현재 선생님은 다방면에 박학다식했고 노후에도 늘 그 책방에 들러 책을 사고 읽는 독서가였다. 그 책방의 다른 단골은 내무부 장관,

건설부 장관을 역임한 이상희 대구시장으로서 10만 권 장서의 보유자였다. 경북 성주가 고향인 이상희 시장은 고향 사람인 가수 백년설의 전기 《오늘도 걷는다마는》을 썼다. 나는 헌책방에서 가끔 만난 이 시장에게서 재미있는 정치 비사를 많이 들었다.

변형윤, 조순, 이현재, 세 분을 가리켜 서울 상대의 트로이카라고 불렀다. 나는 트로이카의 훈도, 그리고 박학다식한 천재 임종철 선생님의 가르침을 받고 무사히 대학을 졸업했다. 많은 친구, 선후배가 데모를 하다가 제적당하고 군대에 끌려갔지만 나는 데모대의 후미를 따라가는 졸병에 불과했기 때문에 처벌받지 않고 무사히 졸업했다. 그래서 나는 처벌받고 감옥에 갔던 애국적 선후배들을 생각하면 항상 부끄럽고 빚을 진 느낌이 든다.

1972년 2월 졸업식은 문리대 교정에서 있었다. 졸업생들은 단대별로 모여 의자에 앉아 있었다. 매년 그래 왔듯이 박정희 대통령과 육영수 여사가 졸업을 축하하기 위해 참석했다. 사회자가 대통령 내외의 입장을 알리자 환영은커녕 '우!' 하며 야유가 쏟아졌다. 조금 뒤 사회자가 "대통령 각하의 치사가 있겠습니다"라고 하니 학생들은 "뭐, 대통령이 치사하다고?" 하며 아까보다 더 큰 소리로 야유를 보내고, 잡담을 하고, 심지어 의자를 뒤로 돌려 연단과 등지고 앉는 학생들도 있었다. 졸업식이 완전히 깽판이 됐다. 박정희는 분노를 삭이며 겨우 연설문 낭독을 마치고 돌아갔는데 그 이후 서울대 졸업식에 절대 오지 않았다. 1972년 졸업식이 박정희가 참석한 마지막 서울대 졸업식이었다. 그랬던 정의파 친구들이 지금은 많이 보수화해서 심지어 뉴라이트도 나오고 예전 같지 않다. 사람은 나이가 들면 보수화한다는 말이 있지만 젊은 날의 정의감을 상실한 주름진 얼굴의 친구들을 보면 마음이

씁쓸하다.

나는 대학 졸업 후 대학원에 진학했고 상대 조교를 맡았다. 학교가 관악산으로 옮기고 나서는 문리대 체제의 조교 중심 행정으로 바뀌는 바람에 조교는 하루 종일 격무에 시달렸다. 그래도 얻은 게 있다면 일이 되도록 하려면 어떻게 해야 하는지를 배운 것이라고나 할까. 학과장은 임종철 선생님이었는데 웬만한 일은 밑에 맡기는 타입이었다. 아주 중요한 것만 학과장에게 가져오고 다른 건 그냥 조교가 알아서 처리하라고 했다. 신뢰의 리더십이 얼마나 효율적인가 하는 것을 나는 몸으로 체험했다.

그리고 1977년 봄, 나는 27세에 경북대학교 경제학과의 전임 강사가 됐다. 석사 학위밖에 없는데도 교수가 됐으니 엄청난 행운이었다. 10년 서울 생활 뒤 고향 대구로 돌아왔으니 마음이 푸근했다. 그러나 강의 부담은 초인적이었다. 첫 학기에 나는 5개의 상이한 과목을 가르쳤다. 선배, 원로들이 가르치고 남은 과목, 가르치기 어려운 과목은 다 내 몫이었다. 5개 과목의 강의 노트를 새로 만들어 가면서 주 15시간 강의를 한다는 것은 엄청난 강행군이었다. 그러면서 해외 유학 준비도 했다.

나는 처음에 영국 유학을 목표로 했다. 나는 원래 반골 기질이 있어 보수적 신고전파 경제학보다는 영국의 포스트 케인지안 경제학에 더 끌리고 있었다. 그걸 공부하러 영국 케임브리지대학교를 목표로 유학 준비를 했다. 그러나 영국은 유학 첫해에는 장학금을 일절 주지 않는다는 것이다. 그래서 미국으로 방향을 돌렸다. 하버드, MIT, 미시건 등 6개 대학에 지원서를 보내 절반 정도 합격하고 절반은 불합격 통보를 받았다. 그런데 학비가 문제인데 그걸 해결하기 위해 하버드-엔칭

연구소에 장학금을 신청했다. 이 연구소에서는 한국의 제한된 10여 개 대학(경북대 포함)에 근무하는 젊은 교수에게 장학금을 주는 제도를 운영하고 있었다. 여기에 지원해서 운 좋게 합격했다. 그리고 나서 하버드대학교에서 합격 통보가 왔다. 둘을 합하면 나는 돈 들이지 않고 미국 유학을 가게 되었다. 만세!

미국 유학과 신뢰 사회

그렇게 경북대에서 3학기를 가르치고 휴직해 미국 유학을 떠났다. 김포를 출발한 KAL 비행기가 하와이, 댈러스를 거쳐 보스턴에 도착하는 데 무려 28시간이 걸렸다. 완전 녹초가 되어 미리 예약해 놓은 학생 아파트에 도착했다. 아파트는 찰스 강변에 자리 잡아 아주 운치가 있었다. 강물을 헤치고 달리는 요트는 좋은 구경거리였다. 강변에서 학생들은 웃통을 벗어 놓고 일광욕을 즐기고 있었다. 무릉도원에 온 듯했다.

하버드대학을 가 보니 한국 대학과 너무 달랐다. 하버드 스퀘어 지하철역에서는 듣도 보도 못한 신문과 잡지를 수십 종 팔고 있었다. '마오쩌둥 만세!' '체 게바라 만세!' 이런 벽보가 버젓이 붙어 있어 30년간 반공 세상에서 살다 온 나는 문화 충격에 빠졌다. 나중에 보니 이때는 한때 유행하던 좌파적 사조가 퇴조하는 끝물이었다. 하버드의 학풍은 진보적이고 사상의 자유를 최대한 보장하지만 실제 급진 좌파의 발언권은 급속히 쇠퇴하고 있었다.

하버드대학 경제학과는 대학원에 매년 30명 정도 신입생을 받는다.

국적은 아주 다양하다. 첫 학기 수업은 경제학의 기본적인 세 과목(미시, 거시, 계량)이었다. 미시경제학을 가르친 케네스 조지프 애로Kenneth Joseph Arrow 교수는 훌륭한 인품의 소유자로서 경제학계에서 존경받는 경제학자다. 수업 시간에 자기가 노벨상을 받은 '(불)가능성의 정리'를 설명하다가 중간에 막혀 버렸다. 얼굴이 벌게져서 교단 밑으로 내려와 한참 칠판을 쳐다보며 궁리를 거듭하더니 도저히 안 되겠다고 수업을 중단했다. 다음 시간에 와서는 바로 여기서 막혔다며 다시 설명하는데 웃는 얼굴이 아이처럼 천진난만했다. 애로는 수리경제학의 대가이지만 사상적으로는 매우 진보적인 학자다. 그는 '신중한 사회주의 옹호론'이란 글을 쓰기도 했다.

학기 초에는 교수들의 영어를 알아듣기 어려웠지만 석 달쯤 지나니 비로소 말이 좀 들리기 시작했다. 중간고사로 '집에서 치는 시험take-home exam'은 아주 신기했다. 문제를 받아 와 집에서 풀어 다음 날 제출하는 방식이다. 책이나 논문은 마음대로 찾아봐도 되는데 다른 사람의 도움을 얻으면 안 된다. 야, 사람을 믿어 주는구나 싶어 좋은 인상을 받았다. 신뢰 사회는 이런 것인가 싶었다.

신뢰 사회에 대한 내 경험을 하나 이야기하고 싶다. 아내와 나는 2주에 한 번씩 장을 보러 큰 슈퍼마켓에 갔다. 차를 주차하고 슈퍼 안에 들어가 물건을 고른 뒤 계산대에서 계산을 마치면 커다란 누런 종이 백에 구매한 물건을 담아 준다. 여러 개의 백을 안고 가기 어려우니 서비스 차원에서 백은 컨베이어 벨트를 타고 주차장 쪽으로 가고, 사람은 번호판을 받아 차 쪽으로 간다. 차를 타고 물건을 나누어 주는 곳으로 가서 번호판을 주면 직원이 종이 백들을 차 트렁크에 실어 준다. 손님은 차에서 내릴 필요도 없으니 아주 편리한 제도다.

그런데 장을 보고 와서 밤중에 우유를 마시려고 냉장고를 여니 어라, 우유가 없다. 아니, 분명히 낮에 샀는데 어디로 갔나? 이상해서 영수증과 대조해 보니 우유뿐 아니라 몇 가지 품목이 없었다. 알고 보니 서너 개의 종이 백 중 백 하나가 통째로 차에 실리지 않은 것이다. 자정이 다 된 시간인데 아까운 생각이 들어 누락된 품목을 체크한 영수증을 들고 다시 그 슈퍼에 갔다. 혹시나 하는 마음으로. 계산대에 이야기하니 안쪽 사무실 지배인에게 가 보라고 한다. 가서 중년 남자인 지배인에게 설명하니 조금 들어 보고는 대뜸 이렇게 말했다. "아, 그런 일은 종종 발생한다. 우리가 그 물건들을 다 주겠소." 내 귀를 의심했다. 이렇게 남의 말을 믿어 주는 것이 신기했다. 우리나라 같으면 대개 당신 말을 어떻게 믿느냐, 이렇게 나올 것이다. 그러더니 지배인이 한마디 더했다. "당신은 여기서 기다리시오. 내가 체크한 물건을 다 가져오겠소. 당신보다는 내가 그 물건의 위치를 더 잘 아니까." 그러고는 영수증을 들고 휙 나가더니 잠시 후 우유 등 여러 물건이 가득 찬 누런 백을 들고 나타났다. 정확히 백 하나가 꽉 찼다. 이렇게 고마울 데가 있나. 나는 거듭 감사를 표시하고 집으로 돌아왔다. 이런 게 신뢰 사회다. 집에 와서 생각하니 한국과 미국의 차이가 이런 게 아닌가 생각이 들었고, 우리가 갈 길이 멀구나 싶었다.

다시 공부 이야기로 돌아오자. 첫 학기 시험에서 아주 좋은 성적을 받았다. 로버트 도르프만Robert Dorfman 교수에게 자본 논쟁을 주제로 공부하고 싶다고 했더니 그건 이미 다 끝난 논쟁인데 그걸 해서 뭐 하겠느냐고 반문했다. 한국에서 독학한 내 한계를 보는 것 같았다. 그래서 주제를 바꾸어 거시경제학을 공부해 볼까 하고 거시를 강의했던 마틴 펠드슈타인Martin Feldstein 교수를 찾아갔다. 당시 일본 신문에서 전면 특집으로 펠드슈타인 교수를 소개하면서 '경제학계의 떠오르는 태양'이라고 불렸던 경제학자다. 사무실에 가니 여비서가 교수님은 워싱턴에 가셨다고 했다. 대통령 경제자문위원장이니 무척 바쁜 것 같았다. 그래서 집에 돌아와 다시 생각했다. 여러 날을 혼자 궁리한 끝에 소득 분배를 전공해 보자는 결론에 도달했다. 이건 경제학에서 아주 중요한 주제인데 지금까지는 뒷전으로 밀려난 변방의 분야였다. 경제학의 주요 분야는 아니지만 공부할 가치가 있다고 생각했다. 문제는 틀이 갖춰진 다른 분야와 달라 어떻게 공부할지 막막했다.

다행히 하버드대학에서는 학생 각자의 독자성을 인정해 주면서 뭐든 좋으니, 어떤 방법을 써도 좋으니 새로운 발견이나 가설을 주장하면 존중해 주는 학문적 전통이 있었다. 반대쪽 끝에 있는 시카고대학은 조금만 틀을 벗어나도 인정하지 않고 바로 파문하는 살벌한 전통이라고 들었는데 하버드의 학풍은 훨씬 자유롭고 진보적인liberal 데가 있다. 소득 분배를 전공 분야로 정하고 노동경제학의 세계적 대가인 리처드 프리먼Richard Freeman 교수를 지도 교수로 정했다. 그리고 소득 분배에 대해 읽어야 할 저작의 목록을 작성한 뒤 내가 이것을 읽고 프리먼 교수를 매주 찾아가 토론식 수업을 했다.

그리고 소득 분배에 관한 유명한 책을 쓴 MIT의 레스터 서로Lester Thurow 교수의 강의를 들었다. 하버드와 MIT는 보스턴 북쪽의 케임브리지시에 있는데 지하철 두 정거장 거리 정도 떨어져 있다. 상호 학점을 인정하므로 어디서 공부해도 학점을 받을 수 있는 편리함이 있다. 나는 MIT의 폴 사무엘슨Paul Samuelson, 로버트 솔로Robert Solow, 토머스 코칸Thomas Kochan(노사관계론의 대가) 교수의 강의를 청강했다. 사무엘슨은 이미 노쇠하여 의자에 앉아 강의를 하는데 목소리가 뒤에서 들릴락 말락했다.

또 하버드대학에서 유명한 존 롤스John Rawls, 로버트 노직Robert Nozick의 강의를 청강했다. 그리고 하버드대학에는 외부에서 강연하러 오는 유명 인사가 매우 많았다. 나는 아무리 공부가 바빠도 꼭 가 봐야 할 강의는 빠짐없이 들으려고 노력했다. 경제학자 중 유명한 존 케네스 갤브레이스John Kenneth Galbraith, 존 던롭John Dunlop, 폴 스위지Paul Sweezy, 앨버트 허쉬먼Albert Hirschman, 우자와 히로후미, 아널드 하버거Arnold Harberger, 그리고 과학 혁명 이론으로 유명한 토머스 쿤Thomas Kuhn의 강연도 들었다.

나는 2년 만에 강의를 다 듣고 졸업 시험을 쳐서 합격했다. 그 뒤는 박사 논문을 쓰는 순서다. 지도 교수와 의논을 거듭하면서 한국의 임

2013년 5월 23일 봉하 추도식 후 아내와 찍은 사진. 노란 유채꽃이 만발했다. 자료 출처: 이정우

노무현과 함께한 1000일

금 불평등 문제를 주제로 정했다. 나보다 앞서 이 주제를 갖고 코넬대학교에서 박사 논문을 썼던 박세일 교수의 학위 논문도 읽었다. 자료가 한국에 있어 불편하긴 했지만 열심히 자료를 모으고 준비했다. 통계 분석을 할 때는 2년 후배인 양동휴 교수(경제사, 뒤에 서울대 교수)의 도움을 많이 받았다. 그래서 나는 미국 유학 5년 만에 논문을 마칠 수 있었다. 논문 발표에서 합격 통보를 받던 날 나는 집에 가서 그간 뒷바라지한다고 고생한 아내와 축배를 들고 기쁜 소식을 국제 전화로 한국 양가 부모님께 알렸다. 그때는 국제 전화 요금이 비싸 평소에는 통화하기 어려웠고 통화할 때도 옆에 초침이 달린 시계를 놓고 했다. 왜냐하면 요금이 분 단위로 계산되므로 60초를 넘으면 요금이 올라갔기 때문이다.

인간만사 새옹지마

학위를 마치자마자 바로 귀국했다. 지금 생각하면 그새 바빠서 통 구경을 못 한 미국 여행도 하고, 한국에서는 멀지만 거기서는 가까운 남미도 여행했더라면 좋았을 텐데 그때는 그런 마음의 여유가 없었다. 그저 하루 빨리 귀국하고 싶은 생각뿐이었다. 1983년 8월, 꿈에 그리던 고국을 5년 만에 돌아왔다. 갈 때는 박정희의 유신 독재가 절정이었는데 돌아오니 전두환의 군사 독재가 기다리고 있었다. 파출소마다 '정의 사회 구현'이라고 써 붙여 놓았지만 그건 구호일 뿐, 불합리하고 불공정한 일이 비일비재했다. 양심적인 사람은 기를 펴고 살기 어렵고, 간사한 기회주의자들이 설치는 세상이었다. 정의감에 불타는 대학생들은 독재에 저항하며 민주화를 요구했다. 사건과 시위 사태가 이어졌고 여러 대학에서 민주 열사들이 목숨을 잃었다.

교수들에게는 강의보다 학생 시위를 막는 것이 더 중요한 임무로 주어졌다. 학생 시위를 막기 위해 교내 전 구간을 잘게 쪼개 각 교수에게 일정 시간에 그 구간의 감시를 맡기는 기막힌 일도 벌어졌다. 이게 교수인가, 형사인가? 나는 말도 안 되는 지시를 무시하고 아예 나가지 않았다. 그리고 민주화를 위한 전국교수협의회(민교협)에 가입해 민주화를 요구하는 서명 운동 같은 데 빠지지 않고 참여했다. 어느 해 교육부에서 경북대 감사를 나와 장기간 샅샅이 훑더니 이런 경고장을 보내왔다. '이정우 외 160명의 교수는 한 학기 내내 한 번도 출석을 부르지 않았으므로 엄중 경고함.' 나는 수강 학생 수가 워낙 많아 출석을 부르다가 날이 샐 것이므로 출석을 부르지 않았다. 그런데 내 성이 강씨도, 고씨도 아닌데 하필 내 이름이 맨 앞에 나오는 이유가 궁금했다.

1986년 고려대 교수들부터 시작해 각 대학 교수들이 민주화와 대통령 직선을 요구하는 서명 운동이 시작됐다. 전국 각 대학이 하나씩 이 운동에 동참했다. 어떤 보복이 올지 몰라 참여자 수는 적었으나 서명 운동이 꾸준히 이어졌다. 대구에서도 영남대, 계명대, 대구대에서 서명이 나왔고 언론에 명단이 보도됐다. 그래도 경북대에서는 서명이 나오지 않았다. 하루는 퇴근길에 경북대 후문을 향해 걸어가는데 바로 내 뒤에서 남학생 몇 명이 흥분해 떠드는 소리가 들렸다. "경북대 교수 인마들은 뭐 하노. 그까짓 서명도 하나 못 하고 다 나가 죽어야 된다." 내 얼굴이 화끈거렸다. 내가 교수인 줄 눈치채지 못하게 얼굴을 푹 숙이고 걸음을 재촉했다. 그날 저녁 나는 평소 가까운 김철수, 김형기, 주보돈 등 믿을 만한 교수들에게 연락해 몇 명이 모였다. 급히 성명서를 쓰

노무현과 함께한 1000일

고 서명에 동조할 만한 교수들에게 연락했다. 자정 넘어서까지 007 작전이 계속됐다. 다음 날 아침 드디어 경북대 교수 42명의 민주화 성명이 발표됐다.

1998년 1월, 명동성당에서 집으로 전화가 왔다. 나는 신자도 아닌데 웬일인가 했더니 그때 밀어닥친 IMF 환란을 맞이하여 '경제 난국 극복을 위한 특별 강연'을 기획하고 있는데 나더러 강연을 해 달라는 부탁이었다. 종교계 3명, 경제학자 1명, 철학자 1명, 이렇게 5명이 차례대로 강연한다고 했다. 종교계에서는 기독교, 천주교, 불교가 참여하는데 불교 대표는 법정스님, 기독교 대표는 가나안 농군 학교 김용기 교장의 아들(목사), 천주교는 어떤 주교가 강연을 맡는다고 했다. 1998년 2월 10일, 강연을 하러 명동성당에 가서 신부 식당에서 저녁을 얻어먹었다. 명동성당에 들어가 보기는 젊을 때 친구 결혼식에 참석한 이후 20년 만에 처음이다. 500명 신자 앞에서 환란의 경제적 원인과 앞으로의 대책에 대해 강연했다.

2002년에는 한국경제학회에서 학회 창립 50주년을 기념하는 대대적 학술 행사에 기조 발제 논문 '한국의 경제발전 50년'을 발표해 달라는 부탁을 받았다. 나는 영광스런 기회를 맞아 열심히 논문 준비를 했다. 그해는 마침 제16대 대선이 있던 해다. 나는 노무현 후보를 마음속으로 지지하고 있었으나 중요한 논문 쓰기에 몰두할 수밖에 없었다. 시간이 없어 선거 캠프에는 참여하지 못하고 선거 공약 아이디어를 가끔 이메일로 보내 주는 정도로 응원하고 있었다. 그러면서 8~9월에 세 차례 노무현 후보를 만났던 것은 앞에서 말했다. 그해 12월, 대선 직전에 한국은행에서 열린 한국경제학회 50주년 기념 심포지엄에서 나는 논문을 발표했다. 소문으로만 듣던 학회 창립자 최호진 교수가 노구를 이끌고 학회에 직접 참석해 맨 앞자리에서 발표를 경청해 더욱 영광스러웠다.

이상으로 나의 약전을 마친다. 나는 어릴 때 억지로 한 해 일찍 초등학교에 입학했다가 연달아 큰 병에 걸려 장기 결석을 했다. 병이 나은 뒤에도 병약한 아이, 지진아, 꼴찌로 학교를 다녔다. 제일 좋은 경북중을 못 가고 그 밑의 사대부중을 다녔는데 하필 등하굣길이 경북중 앞을 지나다녀야 했다. 나의 초중등 9년은 열등감, 상대적 박탈감의 세월이었다. 그 뒤로는 건강도 좋아지고 성적도 오르고 탄탄대로를 달렸다. 지금 생각하니 열등감 속의 어린 시절이 꼭 나쁜 것만은 아니었구나 싶다. 만일 내가 운 좋게 어릴 때부터 승승장구하고 실패가 없었더라면 오히려 뒤에 쓰러졌을지도 모른다.

내가 어릴 때 살던 대구 대봉동 집 앞에는 넓은 식물원이 있었는데 그곳의 판자 담장에 누가 '인간만사 새옹지마人間萬事 塞翁之馬'라는 글귀를 새겨 놓았다. 그 말의 뜻을 아버지에게서 배웠다. 그때는 잘 몰랐는데 크면서 생각해 보니 맞는 말인 것 같다. 인간만사는 새옹지마라서 누구도 앞날을 모른다. 불행이 오히려 행복을 가져다주기도 하고, 행복이 거꾸로 불행의 씨앗이 되기도 한다. 나의 평생을 뒤돌아보면 나는 참 운이 좋았다. 어쩌면 이렇게 운이 좋을까 싶을 정도로 나는 복받은 삶을 살았다. 나의 능력을 뛰어넘는 과분한 대우를 받으며 살아왔다. 이 행운을 수많은 불운한 사람들, 억울한 사람들, 큰 재주에도 불구하고 뜻을 펴지 못한 이웃들에게 돌려주는 것이 내가 할 일이라고 생각하며 살고 있다.

노무현과 함께한 1000일